Klaus D. Kubinger/Helfried Teichmann

Psychologische Diagnostik und Intervention in Fallbeispielen

Klaus D. Kubinger/Helfried Teichmann (Hrsg.)

Psychologische Diagnostik und Intervention in Fallbeispielen

BELTZ

PsychologieVerlagsUnion

Anschrift der Herausgeber:

Prof. Dr. Klaus D. Kubinger
Universität Wien
Psychologisches Institut
Liebiggasse 5
A - 1010 Wien

Prof. Dr. Helfried Teichmann
Institut für Rehabilitationswissenschaften der Humboldt-Universität zu Berlin
Sitz Georgenstr 36
Unter den Linden 6
10099 Berlin

Lektorat: Gerhard Tinger

Umschlaggestaltung: Dieter Vollendorf, München
Layout: Klaus D. Kubinger
Druck und Bindung: Druck Partner Rübelmann GmbH, Hemsbach
Printed in Germany
Gedruckt auf säurefreiem Papier

© 1997 Psychologie Verlags Union, Weinheim

ISBN 3-621-27382-4

Vorwort

Wir wollen ergänzend zu der im folgenden gegebenen „Einleitung" das Vorwort lediglich für Danksagungen nutzen:

Zunächst dem Verlag, der „Psychologie Verlags Union", und hier als Repräsentant Herrn Dipl.Psych. Gerhard Tinger, der dem Buchprojekt von Anfang an sehr interessiert und wohlwollend gegenüberstand; gedankt sei ihm wieder einmal für sein Verständnis gegenüber mehrfach verschobener Abgabetermine des Typoskripts.

Der wesentliche Dank gilt natürlich den vielen Autoren der Beiträge; abgesehen davon, daß sie kraft ihrer fachlichen Kompetenz für das Gelingen dieses Werkes hauptverantwortlich sind, haben sich etliche auch noch den manchmal restriktiven redaktionellen „Auflagen" der Herausgeber fügen müssen. Oft war damit ein mehrfaches Überarbeiten des Manuskripts nötig.

Gedankt sei Frau Hannelore Raudszus und Frau Katrin Winkler, die in Berlin sehr wesentlich an den redaktionellen Arbeiten mithalfen, sowie Frau Sabine Gölzner für ihre Korrekturarbeiten in Wien.

Großer Dank gilt auch unserem privaten Umfeld für viel Verständnis und Unterstützung: Der Ehefrau Christel Teichmann sowie den Kindern Annalena und Konstantin Kubinger.

Schließlich dürfen wir uns, die beiden Herausgeber, gegenseitig bedanken; wir haben einander prächtig ergänzt, und die Freundschaft wurde eher tiefer als getrübt.

Wien und Berlin,
im Februar 1997   *Klaus D. Kubinger* und *Helfried Teichmann*

Inhaltsverzeichnis

Einführung

Klaus D. Kubinger

Der Anspruch dieses Buches

Chronologisch „anekdotisch" betrachtet verdankt das vorliegende Buch sein Entstehen zunächst der verwunderten Beobachtung des Erstherausgebers, die dieser beim Verfassen seines Lehrbuchs *Einführung in die Psychologische Diagnostik* (Kubinger, 1996[2]) machte, nämlich dem Leser keinerlei Sammlung von Fallbeispielen „als Ergänzung, zur Vertiefung bzw. zur Illustration" (S. 5) empfehlen zu können - das sehr lehrreiche, wenn auch auf den Bereich schulpsychologischer Fragestellungen beschränkte Buch von Kormann (1988) war längst vergriffen und eine Neuauflage stand nicht zur Diskussion.

Diese „Marktlücke" galt und gilt es also in erster Linie zu schließen bzw. wichtiger: dieses „literarische" Loch in der Ausbildung deutschsprachiger Psychologie-Studierender zu stopfen. Denn die Erfahrung zeigt, daß die Vorstellung irgendwelcher Dutzendprobleme - mit dem Zweck, theoretische Erörterungen zum Fach besser zu begreifen - bei Studierenden regelmäßig nur unzulänglich gelingt; zu wenig transparent sind dem Laien wie auch dem diagnostischen „Anfänger" die mannigfachen Probleme in der Fallbearbeitung. Einerseits „funktionieren" Klienten und Patienten nur selten so, wie es theoretisch „bequem" wäre; andererseits können *praktische* Rahmenbedingungen *theoretisch* erst bei ausreichender Praxis und Routine antizipiert werden. Und so mögen ausgewählte Fallbeispiele stellvertretend Praxis und Routine bei Studierenden begründen. Zweifellos ist die Umsetzung der Theorie in die Praxis, d.h. die Abwicklung des pro Fragestellung spezifischen diagnostischen Prozesses samt sachgerechter Entscheidung im Sinn eines Maßnahmenvorschlags *(Intervention)* immer auch für den Praktiker eine große Herausforderung. Ihr sich gewachsen zeigen, das sei den Studierenden illustriert.

Dieser Herausforderung gemäß bietet die gegebene Fallbeispielsammlung in zweiter Linie den praktisch tätigen Psychologen und Psychologinnen eine Orientierung an der Fallarbeit der Kollegenschaft. Oft kommen sie nämlich, eingespannt in ihren spezifischen Routinebetrieb, eben nicht dazu, „Anleihen" an den Arbeiten anderer für die eigene Arbeit zu nehmen, sei es in Form alternativer diagnostischer Strategien, neuer diagnostischer Verfahren oder schlicht in Form besonderer Erfahrungen; und oft genug führt ein „Abschotten" seitens „der Praktiker" gegenüber wissenschaftlichen Fortschritten oder auch nur gegenüber dem Inventar*enrichment* der *Psychologischen Diagnostik* zu letztlich kaum rechtzufertigenden Praktiken - wie zwei neuere Umfragen befürchten lassen (Schorr, 1995; Floquet, 1995).

Mit den damit angedeuteten Mißständen in der psychologisch-diagnostischen „Szene" - sie reichen, am leichtesten aufzeigbar, wenn auch nicht exklusiv, vom Verwenden überholter Testkonzepte oder zumindest jahr*zehnte*alter Normen bis zur artifiziellen Interpretation klassischer Normwerte (z.B. Standardwert, Centil-Wert, T-Wert) - zielt der Anspruch dieses Buches auch auf „Qualitätssicherung" und „Konsumentenschutz" ab. Veranstaltungen, wie die Podiumsdiskussion: „Qualitätssicherung bei psychologischen Testverfahren" auf der *3. Arbeitstagung für Differentielle Psychologie der Fachgruppe der DGPs* in Trier 1995, Testrezensionen etablierter Tests, wie die vom Verfasser herausgegebene Sammlung als Themenheft der *Zeitschrift für Differentielle und Diagnostische Psychologie* (Heft 1/1997), Bemühungen der Berufsverbände um eine Normung psychologischer Testverfahren nach DIN und insbesondere die Schaffung des österreichischen *Psychologengesetzes* 1990, worin selbstverständliche berufsethische Grundsätze in den Gesetzesrang erhoben werden, machen deutlich, daß *psychologisches Diagnostizieren* künftig in jedem Einzelfall einer fachinternen wie -externen Kontrolle, eventuell sogar gerichtlichen Klagen standhalten muß. Hier mag das Buch dazu beitragen, daß ähnliche Fragestellungen wie die hier gegebenen nicht mehr *unter* dem exemplifizierten psychologisch-diagnostischen Niveau prozedierbar sind.

Sodann fiel die Abfassung dieses Buches mit jüngsten, ziemlich heftigen Kritiken zusammen, welche die *Psychologische Diagnostik* zwar bloß punktuell treffen, aber, einmal nach „außen", über die Grenzen der Psychologenschaft getragen, Gefahr laufen, unzulässig verallgemeinert das gesamte Fach in Mißkredit zu bringen: Tatsächlich waren schon im Vorfeld der Publikation des oben genannten Themenhefts in der begründeten Erwartung, einige einschlägige Tests würden bei einer sachlichen Rezension ihrer Mängel entblößt werden, Stimmungen vernehmbar, „das eigene Nest besser nicht zu beschmutzen", um eben diese Gefahr nicht zu schüren. Und in ihren „Perspektiven" kritisierten Jäger und Kubinger (1996) trotz „der fundierten Aufarbeitung des Fachs in der Literatur" (S. 101)[1] die Strukturqualität der *Psychologischen Dia-*

---

[1] Abgesehen vom Hinweis auf Kubinger (1996[2]) wollen wir auch hier „werben" für all diejenigen hervorragenden anderen (Lehr-) Bücher, welche das Fach jüngst, direkt wie indirekt, voranbrachten: Jäger & Petermann (1995[3]), Amelang & Zielinski (1994), Guthke, Böttcher & Sprung (1990; 1991), Tent & Stelzl (1993) - alle mehr oder weniger umfangreich, mehr oder weniger „hoch"-aktuell und mit unterschiedlichem Akzent und Tiefgang, aber alle grundlegend; dazu die testtheoretischen Werke von Krauth (1995) und Rost (1996).

gnostik in Hinblick auf Ausbildung sowie Fort- und Weiterbildung - womit sich der Kreis zur eingangs erwähnten Zielsetzung schließt. Weil die Herausgeber der vorliegenden Fallbeispielsammlung von den Möglichkeiten *psychologischen Diagnostizierens* trotz mancher Grenzen überzeugt sind, kann dieses Buch also auch dazu dienen, solchen punktuellen Kritiken Paroli zu bieten.

Ein letzter Anspruch des Buches kam erst bei der redaktionellen Bearbeitung der eingeladenen Beiträge auf: Mit der tatsächlich erzielten Breite der Themen und der illustrativen Aufbereitung der Fälle dürfte das Buch dem Laien eine Demonstration davon geben, welchen Problemen in der heutigen gesellschaftlichen Umwelt sich die Psychologie lösungsorientiert widmen kann.

In diesem Zusammenhang ist der Begriff „Intervention" als eigentlich: Einschreiten, möglichst weit zu fassen; es geht im Sinn von „lösungsorientiert" um *Entscheidungen,* um *Maßnahmen,* die dem Ergebnis des *psychologischen Diagnostizierens* folgen. Regelmäßig nicht geht es um bloßes Beschreiben - *„psychologisches Diagnostizieren ... implizert, daß keine Diagnose ohne einen (der Fragestellung entsprechenden) Maßnahmenvorschlag erfolgt."* (Kubinger, 1996; S. 1).

Daß auch bei ausgelesenen Fallbeispielen nach genauerer Betrachtung manches diagnostisch problematisch ist, bleibt der vorliegenden Sammlung nicht erspart: So offenbaren sich Inventardefizite, zum Beispiel im entwicklungsdiagnostischen Bereich, und so erweisen sich überraschend viele Testverfahren im Routineeinsatz, die sich der wissenschaftlichen Fachwelt insofern entziehen, als sie (noch) nicht verlagsmäßig vertrieben werden und also nicht allgemein zugänglich sind. Dieser letztgenannte Umstand wird dennoch nicht unseriösen Test-„Entwicklungen" Vorschub leisten, weil die hier betroffenen Beispiele hinsichtlich ihrer Testgütekriterien ziemlich gut belegt sind. Davon abgesehen liegt es genau daran, nämlich gütemäßig kaum belegte Testeigenentwicklungen innerhalb der Personalselektion einzusetzen, daß diese Fragestellung im Vergleich zu ihrer praktischen Relevanz in der vorliegenden Sammlung zu kurz kommt: Keiner der kontaktierten „Personalberater" konnte mit Tests aufwarten, die testtheoretisch ausreichend begründet gewesen wären. Wie auch immer - die erkennbaren Probleme sollten für Forschung und Entwicklung innovativen Wert haben.

Schließlich sind bezüglich des genauen Vorgehens bei der Fallbearbeitung zwischen einschlägigen Fachleuten als Leser und dem jeweiligen Verfasser eines Beitrags auch gelegentlich Meinungsunterschiede zu antizipieren; soweit dem so ist, könnte das wiederum Ausgangspunkt sein für die Entwicklung und Empfehlung modellhafter Strategien beim *psychologischen Diagnostizieren* - aber in manchen der vorliegenden Fallbeispiele scheinen durchaus solche modellhaften Strategien bereits gegeben.

Das Konzept dieses Buches

Die Strategie, eine möglichst große Breite an Themen im Buch zu erreichen, ist bereits angeklungen, ebenso die Schwierigkeit, alle typischen Fragestellungen der psychologisch-diagnostischen Fallbearbeitung mitaufzunehmen. Immerhin: Von entwicklungspsychologischen Fragestellungen über solche zur Schul- und Bildungsberatung bis hin zu Fragestellungen im Personalwesen einerseits, von klinisch-psychologischen bzw. neuropsychologischen Fragestellungen bis zu forensischen Fragestellungen andererseits, schließlich von verkehrs-, arbeits- und familienpsychologischen Fragestellungen handeln die Beispiele. Dabei ist jedes für sich typisch hinsichtlich des jeweiligen Praxisfelds, und nicht vom „Routinefall" essentiell abweichend.

Sie zeigen nachdrücklich auf, daß erst wissenschaftlich fundiertes *psychologisches Diagnostizieren* erlaubt, eine die Problemstellung lösende Entscheidung zu treffen bzw. Intervention zu setzen.

Obwohl so bereits sie mit vielen Vorurteilen, die der *Psychologischen Diagnostik* herkömmlich entgegengebracht werden, „aufräumen", ist ihnen doch ein Beitrag - quasi als Einleitungskapitel - vorangestellt, welcher sich genauer mit der *Psychologischen Diagnostik* „zwischen unrealistischen Erwartungen und ignoranten Vorbehalten" beschäftigt. Dabei geht es um das grundsätzliche Ausloten der Möglichkeiten und Grenzen *psychologischen Diagnostizierens*.

Ein anderes Einleitungskapitel widmet sich der *Psychologischen Diagnostik* „im Konzept der lebenslangen Entwicklung". Es zeigt die Notwendigkeit einer differentiellen, altersstufengemäßen Betrachtungsweise beim *psychologischen Diagnostizieren* auf. Dementsprechend sind auch die nachfolgenden Fallbeispiele nicht thematisch, sondern entwicklungspsychologisch, d.h., nach dem Alter der betreffenden Person geordnet.

Formalia

Es gilt noch zwei formale Belange anzusprechen.

Erstens, daß in den Beiträgen regelmäßig, ohne nähere Erläuterung, die Abkürzungen „Tp" für Testperson bzw. „Tpn" für Testpersonen verwendet werden.

Zweitens, daß die dort eingesetzten diagnostischen Verfahren (d.s. vor allem Tests) in den Beiträgen nur soweit genauer zitiert und in Fußnoten bezüglich ihres inhaltlichen Konzepts, ihrer Itemgestaltung und einschlägigen Gütekriterien beschrieben werden, als sie nicht ohnehin in der genannten *Einführung in die Psychologische Diagnostik* (Kubinger, 1996[2]) im *Anhang: Verfahrensbeschreibungen* genauer, und zwar in bezug auf ihre „technischen" Daten sowie Daten zu den Gütekriterien erfaßt sind; die eben dort abgehandelten Verfahren sollen also hier auf Grund „heutiger Bedeutung, psychologischer Vertretbarkeit und Aktualität" als „Ausbildungsminimum" (S. 9) und daher als bekannt vorausgesetzt werden. Im übrigen findet sich im Anhang dieses Buches ein *Testverzeichnis* in Form eines Stichwortverzeichnisses, in dem das genaue Zitat jeweils ergänzend angeführt ist.

Literatur

Amelang, M. & Zielinski, W. (1994). *Psychologische Diagnostik und Intervention*. Berlin: Springer.

Floquet, M. (1995). Was wissen die Praktiker über Psychologische Diagnostik? Eine Status"diagnose" der Psychologischen Diagnostik bei österreichischen Psychologen. Dipl.Arb.Univ.Wien, Wien.

Guthke, J., Böttcher, H.R. & Sprung, L. (1990)(Hrsg.). *Psychodiagnostik, 1*. Berlin: Deutscher Verlag der Wissenschaften.

Guthke, J., Böttcher, H.R. & Sprung, L. (1991)(Hrsg.). *Psychodiagnostik, 2*. Berlin: Deutscher Verlag der Wissenschaften.

Jäger, R.S. & Petermann, F. (Hrsg.)(1995). *Psychologische Diagnostik*. Weinheim: PVU.

Jäger, R.S. & Kubinger, K.D. (1996). Psychologische Diagnostik: Standortbestimmung und Perspektiven. In *Perspektiven der Psychologie*. (S. 101-118). Weinheim: PVU.

Kormann, A. (1988). *Testpraxis. Diagnose und Intervention bei Schullaufbahnproblemen*. Weinheim: Beltz.

Krauth, J. (1995). *Testkonstruktion und Testtheorie*. Weinheim: PVU.

Kubinger, K.D. (1996). *Einführung in die Psychologische Diagnostik*. Weinheim: PVU.

Rost (1996). *Lehrbuch Testtheorie Testkonstruktion*. Bern: Huber.

Schorr, A. (1995). Stand und Perspektiven diagnostischer verfahren in der Praxis. Ergebnisse einer repräsentativen Befragung westdeutscher Psychologen. *Diagnostica, 41*, 3-20.

Tent, L. & Stelzl, I. (1993). *Pädagogisch-psychologische Diagnostik, 1*. Göttingen: Hogrefe.

Psychologische Diagnostik im Konzept der lebenslangen Entwicklung

Helfried Teichmann

Vorbemerkung

Auf einer gemeinsam erlebten Bahnfahrt von Rostock nach Berlin beklagte *Klaus Kubinger* mir gegenüber, daß entgegen der Fülle an Publikationen *über* die *Psychologische Diagnostik* ein Mangel an Veröffentlichungen von Fallarbeiten *mit* der *Psychologischen Diagnostik* besteht. Und dieser Mangel werde von Studenten der Psychologie auch als solcher erlebt. Sollte man nicht einen Beitrag zu dessen Beseitigung leisten?

Zustimmung und Bedenken stellten sich bei uns gleichermaßen ein.

Die *Zustimmung* erwächst aus der überragenden Bedeutung des „Modellernens" im Bereich psychischer und psychosozialer Phänomene. Das hochkomplexe Kopieren von Verhaltensmustern bereits auf den unteren Stufen der ontogenetischen Hirnentwicklung frappiert den Fachmann wie Nicht-Fachmann: Welch eine vom situativen Einzelfall abstrahierende Leistung der kognitven Informationsverarbeitung mit dem Ziel der sozialen Mustererkennung und -speicherung! Das beispielhafte Vormachen zum Nachmachen stand phylogenetisch am Anfang der gesellschaftlich organisierten Aneigung kollektiv bewahrter Kenntnisse, war die erste Strategie einer „Pädagogik".

Wir Hochschullehrer sprechen darüber, setzen es aber viel zu wenig um. Als einer meiner hochgeschätzten Lehrer das Manuskript zur ersten Auflage seines Lehrbuches „Medizinische Psychologie" seinem Freund, einem jungen Mediziner, zur kritischen Durchsicht mit den Augen eines Praktikers zu lesen gab, erhielt er zur Antwort: „Ich bin gespannt darauf - am meisten freue ich mich auf die Beispiele!" Aber es waren gar keine drinnen.

Seit den bahnbrechenden Erfolgen des naturwissenschaftlichen Denkens strebt die Psychologie in ihrem wissenschaftlichen Tun zu Recht nach Regelhaftigkeiten und Gesetzmäßigkeiten, nach Invarianten im verwirrenden Getriebe um den Menschen und in ihm selbst. Lehrbücher müßten sich aber dadurch auszeichnen, daß sie den Studierenden durch Beispiele auch den Weg zurück zum Einzelfall aufzeigen: Wie wird das psychologisch-diagnostische Handwerkszeug theoriegeleitet im individuellen Fall gewinnbringend eingesetzt? Diesen Zusammenhang zwischen diagnostischem Werkzeug und Theorie mache ich meinen Studenten an folgendem Beispiel anschaulich: In der *neurologischen* Diagnostik ist das Erlernen des Auslösens von Reflexen mit dem Reflexhammer recht einfach; der diagnostische Informationsgewinn resultiert jedoch erst aus dem hochspezialisierten fachmännischen Hintergrundwissen über Morphologie, Topik und Funktion des Nervensystems. Und genau ein solcher Informationsgewinnungsprozeß wird erst im Anwendungsbeispiel demonstrierbar. Wenn dies nun Lehrbücher nur in begrenztem Maße zu leisten imstande (bereit) sind, müssen sie durch Fallbeispiel-Bücher ihre Ergänzung erfahren.

Bedenken erwachsen aus der elementaren Sorge um eine „Entblößung" der *Psychologischen Diagnostik*. Denn ihre Anwendung offenbart nicht nur Reife und Ausbildungsstand des Diagnostikers. Sie gibt darüber hinaus einen „ungeschützten" Einblick in den (Entwicklungs-) Stand der *Psychologischen Diagnostik* selbst, ihrer Praktikabilität, ihrer konditionalgenetischen Beweiskraft und Effizienz im Einzelfall. Ist das Motiv, weswegen auch in anderen Disziplinen der Humanwissenschaften, monographische Fallsammlungen zur Illustration diagnostischer Instumentarien ungleich seltener als wünschenswert sind?

Trotz vorhandener Unzulänglichkeiten gibt es kein Zurück auf dem Weg der diagnostischen Erfassung psychischer Wirklichkeiten, den die wissenschaftlich begründete Psychologie eingeschlagen hat. Wer heute folgenschwere Interventionen und prognostische Entscheidungen trifft, ohne die Möglichkeiten der instrumentellen *Psychologischen Diagnostik* ausgeschöpft zu haben, operiert wie ein Arzt, der die innersystemischen Zustandsbefunde aus dem Labor nicht anfordert. Entscheidungen nach Gut-Dünken, nach Selbst-Erfahrung und naivem Selbst-Verständnis führen auch zur Überbewertung der subjektiven diagnostischen Treffsicherheit - weil Mißerfolg generell schwer zu ertragen ist, ist er oft auch nicht „denk"-bar. Der Selbstgefälligkeit zur Sicherung der Selbstwertstabilität des Diagnostikers muß entgegengearbeitet werden: Das Bewußtsein, im diagnostischen und prognostischen Bereich nur unter Inkaufnahme einer gewissen Irrtumswahrscheinlichkeit aussagen zu können, d.h. das Bewußtsein, daß die auf psychologisch-diagnostischen Ergebnissen gründenden Interventionen von Natur aus Risikoentscheidungen sind, muß zu den elementaren Selbstverständlichkeiten des praktisch tätigen Psychologen, der praktisch tätigen Psychologin gehören. Er/Sie muß psychometrische Verfahren quasi als Supervisoren der Aktualgenese des eigenen, intrapsychischen, diagnostischen Prozeßgeschehens akzeptieren.

Die ordnungsbildende Funktion eines revidierten Entwicklungsbegriffs für psychologisch-diagnostische Fragestellungen

Jede(r) psychologisch-diagnostisch praktizierende Psychologe/Psychologin ringt darum, den kaleidoskopischen Zustand seines/ihres Wissens über Ursachen, Konditionalgenesen, Folgen und Symptome, über diagnostische Mittel und Interventionsmethoden übersichtlich ordnen zu können. Diese Ordnungsbildung gelingt am sinnfälligsten auf der Basis des Konzeptes der lebenslangen psychischen Entwicklung; denn *Psychologische Diagnostik* ist vor allem an Brennpunkten der Individualentwicklung gefragt. Die psychische Bedeutung der Altersstufen ist die wichtigste gemeinsame Schnittstelle der Entwicklungspsychologie und der *Psychologischen Diagnostik* (Rösler, 1991). So ergibt sich die Abfolge der Fallbeispiele des vorliegenden Buches sinnfällig aus dem Lebensalter der Kinder, Jugendlichen und Erwachsenen, um die es geht. Mit fortschreitendem Alter wandeln sich die Fragestellungen bzw. die zu diagnostizierenden Probleme, die anzuwendenden Verfahren und erst recht die einzuleitenden Interventionen. Diese „Wandlungen" als *Entwicklung* präzisiert zu haben, verdanken wir den erfolgreichen psychologischem Forschungsbemühungen der letzten drei Jahrzehnte (Baltes & Schaie, 1973). Bis dahin meinte man die Entwicklung von Kindern und Jugendlichen, wenn man von psychischer Entwicklung redete. Künftig würde man Psychologen und Psychologinnen zu Recht mangelnde Fachkenntnis nachsagen, wollten sie die Probleme eines Klienten oder Patienten psychologisch-diagnostisch erhellen, ohne Erkenntnisse über die psychische Entwicklung in der Lebensspanne zu berücksichtigen.

Thesen zur Entwicklungspsychologie

Deshalb seien die auch für die *Psychologische Diagnostik* wesentlichen Erkenntnisse der modernen Entwicklungspsychologie thesenhaft beschrieben.

1. Ontogenetische Entwicklung ist nicht nur Höher-Entwicklung:
Einem langen wissenschaftlichen Selbstverständnis entsprechend, wurde „Entwicklung" als fortschreitende Strukturierung und Differenzierung von Funktionen im Dienste der Adaptation definiert: Die Entwicklung von differenzierten Verhaltensprogrammen schafft Voraussetzungen für eine immer wirkungsvollere An-Passung an Lebensbedingungen. Historisch gesehen, wurden zunächst die *biologischen* Triebkräfte für die Höherentwicklung entdeckt. Die Entelechie *(Aristoteles)*, das innewohnende Formprinzip, das den Organismus zur Selbstentwicklung bringt, wurden von *Goethe*, vor allem von Wundt (1922) wieder thematisiert; Driesch (1923) nannte sie einen

ganzheitsstiftenden Faktor, der zur Entfaltung keimhaft angelegter Verhaltensweisen, Fähigkeiten und Funktionen führt.

Es läßt sich aber zeigen, daß Entwicklung nicht nur zur Neubildung und Stabilisierung funktionstüchtiger Verhaltenssysteme führt, sondern auch zur Labilisierung von Systemen und in bestimmten Bereichen sogar zu deren Elimination. So ist im Jugendalter für die Ablösung von der Herkunftsfamilie eine Labilisierung des sozialen Bindungsverhaltens zu deren Bezugspersonen erforderlich. Ein weiteres Beispiel: Die Bildung des willkürlichen Greifens geht mit dem Verschwinden des Handgreifreflexes einher.

2. Auf die ontogenetische Entwicklung des Menschen haben psychische Triebkräfte einen ungleich stärkeren Einfluß, als lange Zeit angenommen:

Unter Begriffen wie „Milieubedingungen", „Deprivation" ist zunächst der determinierende Einfluß *psychosozialer* Faktoren auf die Entwicklung in der ersten Hälfte unseres Jahrhunderts diskutiert worden. Die An-Passungs-Leistungen des Individuums an soziale Systeme standen im Vordergrund der Betrachtung.

Aber bereits *Piaget* (s. Piaget, 1983; die Originalarbeit stammt aus 1932) arbeitete heraus, daß Passung nicht nur im Sinne von Verhaltensänderung des Individuums, das sich in ein System einfügt, zu erreichen ist (passive Anpassung: „Akkomodation"). Das Individuum vermag auch die Passung durch Veränderungen in Systemen zu erzwingen (aktive Anpassung: „Assimilation"). Ökologische Modelle, wie das von *Bronfenbrenner*, haben den Menschen nicht nur als Produkt, sondern mehr und mehr als Produzenten seiner Entwicklung beschreiben können (Bronfenbrenner, 1981).

Das Niveau der psychischen Adaptabilität ist auch im Erwachsenenalter ganz wesentlich eine personale Leistung. Die im frühen Erwachsenenalter erreichte Leistungsfähigkeit kann lange erhalten werden, und Höherentwicklungen umschriebener psychischer Funktionsbereiche sind bis an das Ende des mittleren Erwachsenenalters möglich. Das wird bescheinigt durch den empirischen Nachweis einer hohen kognitiven Leistungsfähigkeit bis an das Ende des mittleren und den Beginn des höheren Erwachsenenalters in Abhängigkeit von den Inhalten beruflicher Tätigkeit (d.h., es findet ein kognitives Funktionstraining innerhalb bestimmter Tätigkeiten statt); das wird bescheinigt mit der Möglichkeit der Kompensation eines leichten Niveauabfalls der flüssigen *(fluiden)* Intelligenz durch den Einsatz erprobter kognitiver Strategien, wie zum Beispiel durch die Beherrschung „intelligenter" Streßbewältigungsstile oder bestimmter Konfliktlösungsstrategien (Roether, 1986).

Seit dem Vorliegen von Längsschnittuntersuchungen kann jedenfalls die „Adoleszenz-Maximum-Hypothese" für die kognitive Leistungsfähigkeit als endgültig widerlegt angesehen werden,.

3. Psychische Entwicklung vollzieht sich in der gesamten Lebensspanne:

Die soeben referierten Erkenntnisse belegen: Die biosoziale Steuerkette der ontogenetischen Entwicklung ist beim Menschen aufgebrochen. Das Resultat seiner psychischen Entwicklung ist nicht allein das Produkt genetischer Reifungsvorgänge und der vorhandenen Bedingungen im Lebensraum. Auf der Grundlage seiner personalen Kompetenzen, seiner Fähigkeit zur Selbstorganisiation steuert er im Selbstmanagement die eigene Entwicklung; sie kann durch psychosoziale Einflüsse begünstigt, geschützt oder gehemmt werden. Folglich kann der Entwicklungsverlauf psychischer Funktionsbereiche im Erwachsenenalter regressiv, stagnierend oder progressiv sein. Er vollzieht sich nicht in prästabilierter Harmonie mit biologischen Entwicklungsverläufen. Zum Beispiel *Fontane* hatte bereits das 6. Lebensjahrzehnt erreicht, als er seine literarische Laufbahn begann.

Personaler Einfluß auf die psychische Entwicklung entsteht aus der Wechselwirkung einer Person-Gruppen-Dynamik. Da das Selbstwertgefühl des Menschen seismographisch auf Erwartungen und Bewertungen sozialer Bezugsgruppen reagiert und sich deshalb zu einem guten Teil durch Bewertungen von außen konstituiert, wird das Streben nach sozialer Akzeptanz zu einer mächtigen motivationalen Quelle der Entwicklung. Die Lösungen sog. „Entwicklungsaufgaben" (s. unten) in der Ontogenese unterliegen permanent intra- und interpersonellen Bewertungen.

Items in psychologisch-diagnostischen Verfahren repräsentieren oft (kleine) Bestand-Teile solcher Entwicklungsaufgaben im entwicklungspsychologischen Sinne. Auf Grund der alten Fassung des Entwicklungsbegriffs für psychische Funktionen in Anlehnung an biologische heißen in der *Psychologischen Diagnostik* Testaufgaben nur im Vorschulalter Entwicklungsaufgaben.

4. Psychische Entwicklung als Bewältigung von Entwicklungsaufgaben:

In jeder Altersstufe sieht sich der Mensch vor spezifischen Lebenssituationen gestellt, die eine Neuorientierung seines Verhaltens erfordern. Beispiele sind die Notwendigkeit der Beherrschung der Blasenfunktion, der Erwerb der Schülerrolle, der Einstieg in das Berufsleben, der Einstieg in das Vater- und Muttersein, der Eintritt in das Rentenalter. Nach Havighurst (1953) stellt sich für die Persönlichkeit die psychische Entwicklung als fortwährende Bewältigung von Entwicklungsaufgaben dar. Ihre erfolgreiche Lösung führt zur persönlichen Zufriedenheit, zur gesellschaftlichen Anerkennung und zur Entwicklung und Stabilisierung von Kompetenzen, wodurch die Chancen zur Bewältigung späterer Aufgaben wachsen. Dagegen führt ihre Nichtlösung zur persönlichen Unzufriedenheit, zur Kritik durch die Gesellschaft und zu Schwierigkeiten bei der Lösung weiterer Aufgaben. Hierdurch werden Fehl-Entwicklungen begünstigt, die zu Fehl-Anpassungen führen und zusätzliche Lebensprobleme schaffen; die von der Persönlichkeit und seinem sozialen Umfeld primär erwünschten Entwicklungsprozesse können dramatisch erschwert werden. Während erfolgreiche Entwicklung zu Toleranz und Integration führt, wachsen bei Fehlentwicklungen die Gefahren des „Ausstiegs" des Individuums aus dessen Bezugsgruppen, die Gefahren wechselseitiger Intoleranz und damit der Konflikte.

Ob es der/die psychologische Diagnostiker(in) lediglich bei der Feststellung von Defiziten bewenden läßt, ist weniger eine Frage des Instruments, sondern der Bewertung der diagostischen Befunde. Die gängigen Leistungstests messen keine Defizite, wie immer wieder behauptet wird. Sie punkten, was die Testperson zu leisten imstande ist. Der Förderdiagnostiker bilanziert dies als Ressourcen (Suhrweier, 1996); der Statusdiagnostiker errechnet die Differenzen zu den Sollwerten. Folglich entscheidet der therapeutische Pessimismus oder Optimismus über Art der Intervention.

5. Psychische Entwicklung als Bewältigung von Risiken:

Während es sich bei Entwicklungsaufgaben im Sinne von Havighurst (1953) um vorhersehbare Ereignisse handelt, muß die Persönlichkeit im Laufe ihres Lebens immer wieder unvorhersehbare Lebensereignisse bewältigen; das sind *psychosoziale* Risiken, *biologische* und *psychische*.

Psychosoziale Risiken sind an anderer Stelle als „kritische Lebensereignisse" beschrieben worden. Hierzu zählt vor allem die Scheidung der Eltern, die ein Kind überrascht und deren Motive es nicht ergründen kann. Und „unvorhersehbare Trennungserlebnisse von Bindungspartnern" stehen als Streßursache in allen Lebensphasen ganz oben an. Die dabei nötigen Bewältigungsprozesse können nun lange Zeit das Denken und Fühlen eines Menschen thematisieren. Hier sind psychologisch-diagnostische Meßinstrumente gefragt, die das Zusammenspiel von Einstellungen und Verhaltensverfügbarkeiten erfassen können, ohne dessen Kenntnis keine individualprognostische Beratung möglich ist.

Zu *biologischen* Risiken zählen chronische Krankheiten und Krankheiten, die den Menschen mit Behinderung bedrohen. Sie können bereits in der perinatalen Lebensphase die Langzeitgesundheit nachhaltig beeinträchtigen. Eine diffizile neuropsychologische Diagnostik ist hier im frühen Kindesalter ebenso gefragt, wie im mittleren und höheren Lebensalter.

Als *psychische* Risiken sind alle Bedrohungen des Selbst-Wertes zu sehen, die durch Leistungsversagen, durch Versagen des Kontrollbewußtseins und der Sinngebungsfunktionen zu Depressionen führen (können); sie erfordern ein Krisenmanagement, für das die psychische Wirklichkeit rasch psychologisch-diagnostisch objektiviert werden muß, um helfen zu können. Eine große Zahl an Instrumenten steht hierbei zur Verfügung (Westhoff, 1993).

Ob Risiken die Entwicklung nachhaltig beeinträchtigen, hängt in der Regel nicht von der Natur dieser Faktoren „an sich" ab. Die Kompensation, die Bewältigung dieser Risiken bietet die Chance eines Entwicklungsschubs. „Unglück bildet den Menschen und zwingt ihn, sich selbst zu erkennen, Leiden gibt dem Gemüt doppeltes Streben und Kraft." *(Goethe)*. Deshalb gilt ganz allgemein: Die relative Wirkung einzelner Risikofaktoren ist begrenzt, sofern nicht weitere hinzutreten; sie wird aber um so erheblicher, je mehr Belastungsfaktoren von großer Dauer und Intensität gleichzeitig oder nachfolgend hinzukommen oder unmittelbar vorausgegangen sind (Teichmann & Meyer-Probst, 1991).

Schluß

Die Neufassung des Entwicklungsbegriffs gestattet es der *Psychologischen Diagnostik* nicht mehr, ihn für einen umschriebenen Lebensabschnitt zu reservieren. Die gängige Entwicklungsdiagnostik ist künftig als „vorschulische Entwicklungsdiagnostik" auszuweisen.

Die Neufassung des Entwicklungsbegriffs ist für die *Psychologische Diagnostik* aber sehr attraktiv. Wird sie in den Kontext der gesamten Lebensspanne gebracht, so müssen die zu einem bestimmten Zeitpunkt gewonnenen Daten des Einzelfalls zwangsläufig in einem großen zeitlichen Rahmen gesehen werden. Die *retro*gnostische Fragestellung heißt: Wie kann die gegenwärtige Lebensproblematik auf die individuelle Entwicklungsgeschichte zurückgeführt werden? Die *pro*gnostische Fragestellung heißt: Welche Ressourcen für die Selbstorganisation hat die Persönlichkeit in der gegenwärtigen Situation für die Gestaltung des weiteren Entwicklungsverlaufs?

Um Sicherheit in der Verarbeitung epidemiologisch gewonnener entwicklungspsychologischer Erkenntnisse mit den Einzelfalldaten zu relevanten psychologischdiagnostisch abgesicherten, relevanten Aussagen zu gewinnen, sind Fallbeispiele unverzichtbar. Die in den letzten Jahren entstandenen fallbeispielorientierten Monographien verfolgen ähnliche Intentionen (Vogel, Merod, Stark, Strauß & Zilly, 1994; Reinecker, 1995; Gauggel & Kerkhoff, 1997; Tent & Langfeldt, 1997). Sie beschränken sich jedoch auf eng umschriebene Anwendungsfelder der *Psychologischen Diagnostik*. Eine Monographie, die psychologisch-diagnostische Fallbeispiele über die gesamte Lebensspanne bringt und dadurch eine Vorstellung von der Anwendungsbreite *Psychologischer Diagnostik* vermittelt, liegt nicht vor.

Die Neufassung des Entwicklungsbegriffs, der den großen Einfluß der Selbstorganisation auf die psychische Entwicklung involviert, trägt auch zum Verständnis dafür bei, daß die prognostische Validität oft nicht so hoch wie wünschenwert ausfällt - geringe prognostische Validitäten werden nicht selten ungeprüft der unzureichenden Qualität psychometrischer Instrumente angelastet!

Literatur

Baltes, P.B. & Schaie, K.W. (1973). *Life-span developmental psychology. Personality and socialization.* New York: Academic Press.

Bronfenbrenner, U. (1981). *Die Ökologie der menschlichen Entwicklung.* Stuttgart: Klett-Cotta.

Driesch, H. (1923). *Leib und Seele.* Leipzig: Reinicke.

Gauggel, S. & Kerkhoff, G. (1997)(Hrsg.). *Fallbuch der Klinischen Neuropsychologie.* Göttingen: Hogrefe.

Havighurst, R.J. (1953). *Human development and education.* New York: Longmans & Green.

Piaget, J. (1983). *Meine Theorie der geistigen Entwicklung.* Frankfurt/M.: Fischer.

Reinecker, H. (1995)(Hrsg.). *Fallbuch der Klinischen Psychologie.* Göttingen: Hogrefe.

Rösler, H.D. (1991). Zum Konzept einer klinischen Entwicklungspsychologie. In H. Teichmann, B. Meyer-Probst & D. Roether (Hrsg.), *Risikobewältigung in der lebenslangen psychischen Entwicklung* S. 21-27). Berlin: Verlag Gesundheit.

Roether, D. (1986). *Lernfähigkeit im Erwachsenenalter.* Leipzig: Hirzel.

Suhrweier, H. & Hetzner, R. (1993). *Förderdiagnostik für Kinder mit Behinderungen.* Neuwied: Luchterhand.

Teichmann, H. & Meyer-Probst, B.(1991). Individuelle Langzeitentwicklungsverläufe und Individualprognose der individuellen Entwicklung. In H. Teichmann, B. Meyer-Probst & D. Roether (Hrsg.), *Risikobewältigung in der lebenslangen psychischen Entwicklung* S. 45-69). Berlin: Verlag Gesundheit.

Tent, L. & Langfeldt, H.P. (1997). *Pädagogisch-psychologische Diagnostik, Band 2: Anwendungsbereiche und Praxisfelder.* Göttingen: Hogrefe.

Westhoff, G. (1993)(Hrsg.). *Handbuch psychosozialer Meßinstrumente.* Göttingen: Hogrefe.

Vogel, H., Merod, R., Stark, A., Strauß, E.H. & Zilly, G. (1994)(Hrsg.). *Verhaltenstherapeutische Fallberichte.* Tübingen: Deutsche Gesellschaft für Verhaltenstherapie.

Wundt, W. (1922). *Grundriß der Psychologie.* Leipzig: Körner.

Psychologische Diagnostik zwischen unrealistischen Erwartungen und ignoranten Vorbehalten

22.11.98

Klaus D. Kubinger

Vorbemerkung

Die Fachliteratur zur gesellschaftspolitischen Kritik an der *Psychologischen Diagnostik* ist zu bekannt, als daß sie hier noch einmal bemüht werden müßte (vgl. vor allem Grubitzsch, 1991); sie ist auch mannigfach kommentiert bzw. oft genug ins „rechte" Lot gesetzt worden (vgl. z.B. Ingenkamp, 1981; Kubinger, 1996a), was demnach im vorliegenden Beitrag ebenfalls entfallen kann. Es braucht im folgenden auch nicht die testtheoretische Kritik gegenüber dem Fach behandelt zu werden, die äußerst fundiert seitens der *Probabilistischen Testtheorie* seit bald 40 Jahren geführt wird - und vielleicht trotzdem zuwenig Resonanz erfuhr (s. wieder Kubinger, 1996a). Vielmehr sollen hier zweierlei Einstellungen reflektiert werden, die *beide* den faktischen Möglichkeiten *psychologischen Diagnostizierens* nicht gerecht werden: Die laienhafte „Gläubigkeit" an die *Psychologische Diagnostik* zum einen und die unsachliche Disqualifikation ihrer Relevanz als eine entscheidungsvorbereitende psychohygienische Methode zum anderen.

1. Fehleinschätzung des Fachs vs. Fehler beim Einsatz der Methode

Vieles, das an Einstellung, d.h. Erwartung oder Skepsis dem Fach *Psychologische Diagnostik* entgegengebracht wird, ist laienhaft. Dem tatsächlichen Laien ist dafür kein Vorwurf zu machen. Ihm zur Information gilt daher dieser Beitrag. Vertreten demgegenüber ähnliche oder dieselben Einstellungen psychologisch „Vorgebildete", psychologisch vermeintlich beratene politisch Verantwortliche oder gar Psychologen und Psychologinnen selbst, ist diesen nicht mehr Naivität „zugute" zu halten; sie müssen sich dann den Vorwurf einer fahrlässigen Beurteilung der Sachlage gefallen lassen. Ihnen soll der Beitrag als Kritik gelten.

Fehleinschätzungen stehen zweifellos auch faktische Fehler in der Anwendung psychologisch-diganostischer Verfahren gegenüber. Um erstere von letzteren zum Ziel des Konsumentenschutzes - und auch zum Ziel der Imagebildung der *Psychologischen Diagnostik* als Fach - in Zukunft besser auseinander halten zu können, gilt es, die Vielfalt möglicher Fehler zu systematisieren. Dies wird allerdings erst am Ende des Beitrags geschehen; im folgenden geht es zunächst um Fehleinschätzungen in Form von *Über*schätzen, danach um Fehleinschätzungen in Form von *Unter*schätzen der Möglichkeiten *psychologischen Diagnostizierens*.

2. Fehleinschätzung des Fachs: Überschätzen der Möglichkeiten

Eine typische Fehleinschätzung von Laien betrifft die Verbindlichkeit eines Testergebnisses für eine Prognose über einen sehr weit in der Zukunft liegenden Zeitpunkt (und dabei insbesondere, was ein ganz spezifisches Verhalten betrifft): „Zum Beispiel würde ein Personalleiter gerne sicher gehen, daß ein heute als geeignet diagnostizierter Buchhalter auch in 30 Jahren verläßlich ist und nicht zum Defraudanten wird." (Kubinger, 1996a; S. 50). Kein seriöser Psychologe und keine seriöse Psychologin würde einen entsprechenden Auftrag überhaupt annehmen, weil eben die Vorstellung, eine solche Sicherheit je zu erhalten, schlicht *naiv* ist: „Eine valide Prognose in bezug auf ein einmaliges Verhalten, welches zwar schwerwiegt, aber allgemein selten auftritt, ist mit Hilfe psychologischer Tests völlig unrealistisch."

2.1. Beispiel

Im Zuge der Anpassung des österreichischen „Waffengesetzes" an die Maßstäbe der EU wurde vom Gesetzgeber unter anderem beschlossen[1], die Vergabe eines Waffenbesitzscheins vom Bestehen einer „Verläßlichkeitsprüfung" in Form einer psychologischen Untersuchung abhängig zu machen. In der teilweise medial geführten Diskussion zwischen diversen Interessensvertretern sowie zwischen den beiden Regierungsparteien in der Zeit kurz vor der entsprechenden Beschlußfassung durch das Parlament war dazu zum Beispiel folgendes zu vernehmen: „Es ist vereinbart zwischen den Regierungsparteien, daß es sich um ein *Multiple-choice*, also einen Fragebogentest handelt; das wird im Ausschußbericht, wo der Gesetzgeber seine eigenen Worte interpretiert, festgehalten, und da gibt es kein Rütteln und kein Deuteln mehr. ... *Gespräche* mit Psychologen (?) - so haben wir nicht tarockiert[2]!" (*Andreas Khol,* Klubobmann der ÖVP; aus der Fernsehsendung *Report* vom 3.12.1996).

---

[1] „*Bundesgesetz, mit dem das Waffengesetz 1996 erlassen und das Unterbringungsgesetz, das Strafgesetzbuch sowie das Sicherheitspolizeigesetz geändert werden.*" (BGBl. I Nr. 12/1997)
[2] Tarock: österreichisches Kartenspiel

2.2. Kommentar zum Beispiel

Ohne das angesprochene Thema hier fachlich genauestens abhandeln zu wollen, seien doch einige Grundsätze der *Psychologischen Diagnostik* angedeutet, die den sachlichen Ausgangspunkt aller im Zusammenhang denkbaren psychologischen Untersuchungen betreffen:

– Grundsätzlich ist zwischen Verhalten und Eigenschaft zu unterscheiden; bestimmte, einer Person zuzuschreibende Eigenschaften („Neigungen"; „Dispositionen") machen - vor allem unter gewissen Bedingungen - bestimmte Verhaltensweisen (Handlungen) mehr oder weniger wahrscheinlich, andere mehr oder weniger unwahrscheinlich. Eine Person, zum Beispiel, mit herausragender Fähigkeit im schlußfolgernden, logischen Denken als eine ihrer Eigenschaften, wird sich in (logisch lösbaren) Problemsituationen *wahrscheinlich* bewähren, d.h. *wahrscheinlich* ein Verhalten zeigen oder Handlungen setzen, als Folge davon es zur Lösung kommt. Imponderabilien aller Art können aber dieses Verhalten, diese Handlungen auch (gelegentlich) verhindern. Daraus folgt: mittels *Psychologischer Diagnostik* sind schwerlich konkrete Handlungen vorauszusagen, bestenfalls die grundsätzliche Disposition dazu.

– Selbst Eigenschaften müssen nicht stabil sein; im Gegenteil, Ansätze wie kognitive Rehabilitationsprogramme oder gar die Psychotherapie implizieren die Möglichkeit der Veränderung aufs eindrucksvollste. Es ist daher genau zu unterscheiden, ob es sich um eine Eigenschaft handelt, die sich erfahrungsgemäß bloß in Folge gravierender *life-events* entscheidend verändert (z.B. die „Intelligenz"; s. Hofstätter, 1971: Abb. 21), oder um eine Eigenschaft, die einem vielfältigen, entwicklungspsychologischen Wandel - auch ohne *life-events* - ausgesetzt ist (z.B. die „Persönlichkeit"; s. Hofstätter, 1971: Abb. 21).

– Und auch auf einen relativ kurzen Zeitraum beschränkt, ist mit Situationseinflüssen zu rechnen (vgl. die interaktionistische Persönlichkeitsauffassung z.B. bei Mischel, 1968, oder die im Widerstreit zwischen *needs* und *presses* stehende Motivationstheorie von Murray, 1938). In Verbindung damit, daß psychologisch-diagnostische Verfahren stets nur eine Verhaltens*stichprobe* erfassen - um daraus (situationsüberdauernde) Eigenschaften einer Person abzuleiten, welche ihrerseits die Vorhersage künftigen Handelns erlauben sollen -, muß also immer erst der Nachweis der Repräsentativität dieser Stichprobe erbracht werden, bevor Prognosen zu verantworten sind.

Im gegebenen Beispiel kann dem Gesetzgeber durchaus zugetraut werden, daß er nur auf eine (zu) hohe Wahrscheinlichkeit einer strafbaren, die allgemeine Sicherheit gefährdenden Handlung abzielt; ziemlich sicher ist ihm die Unmöglichkeit einer absolut sicheren Verhaltensprognose bewußt. Jedoch: Verfügte die *Psychologische Diagnostik* tatsächlich über Verfahren, die den entsprechend eingeschränkten Auftrag erfüllen können, wäre die Entscheidung trotz aller Psychologie erst recht ein Politikum, nämlich von der Frage abhängig, welche genaue Höhe der Wahrscheinlichkeit möchte der Gesetzgeber akzeptieren. - Mutmaßlich wird es ihm zum Beispiel nicht genügen, wenn das Gutachten eines Psychologen darauf hinaus läuft, es sei für eine Person wahrscheinlicher, daß die in Frage stehende Handlung nicht passiert als daß sie passiert! Und selbst im Fall, daß auch dies vereinbar ist: Für wie lange sollte die Prognose gelten bzw. wären nicht laufende „Kontrolluntersuchungen" angezeigt?

Das gravierende Problem aus der Sicht der *Psychologischen Diagnostik* stellt sich aber aus folgendem: Erstens existieren valide und reliable Verfahren nicht, die genau das interessierende Merkmal: *„Neigung/Disposition zum Kontrollverlust bei psychischer Belastung in Richtung selbst- und/oder fremdgefährdender gewalttätiger Handlungen"*, messen; zweitens sind diejenigen Verfahren, die es vordergründig doch tun, (fast) ausnahmslos Persönlichkeits*fragebogen*. Diese trifft aber grundsätzlich kritisch, daß ihre Meßintention regelmäßig leicht durchschaubar ist und sie folglich extrem verfälschbar sind - bekanntlich ist das Gütekriterium „Verfälschbarkeit" definiert als: „Das Ausmaß, in dem ein Test die individuelle Kontrolle über Art und Inhalt der verlangten bzw. gelieferten Informationen ermöglicht." (Testkuratorium, 1986; S.359). Aus Skepsis muß also immer mit Antworten im Sinne der „sozialen Erwünschtheit" oder mit Antworten im Sinne der Maximierung des individuellen Nutzens gerechnet werden.

Erst unlängst hat der Verfasser (Kubinger, 1996b) an Hand zweier Experimente gezeigt, wie groß derartige Verfälschungstendenzen bei der Beantwortung von Persönlichkeits*fragebogen* sind, selbst wenn für die Testperson kaum existenzielle Konsequenzen in Abhängigkeit vom Testergebnis auf dem Spiel stehen.

Im gegebenen Zusammenhang also Persönlichkeits*fragebogen* eingesetzt, kann wohl nur zweckorientierte Beantwortungen seitens der Testpersonen provozieren - zumal sich bei der Interessenslage bestimmter Personengruppen die Inhalte solcher Fragebogen ziemlich schnell herumzusprechen drohen.

Und sehen wir einmal vom gegebenen Zusammenhang ab, dann geht es bei Persönlichkeits*fragebogen* nicht nur um die absichtliche Täuschung seitens der Testperson. Vielmehr ist darüber hinaus noch zu problematisieren: Das *un*absichtliche nicht der Wahrheit entsprechende Antworten, etwa als Auswirkung von „Selbstbetrug"; das untypische bzw. willkürliche Antwortverhalten von Testpersonen im Sinne von Reaktanz als Folge der bei zweikategoriellem Antwortformat gegebenen „Freiheitsbeschränkung" (vgl. Karner, 1993); die absichtliche „simulante" Täuschung, etwa bei „hysterisch grundgestörten" Persönlichkeiten *sensu Riemann*. Letzteres bringt selbst das gelegentlich bemühte Argument ins Wanken, daß es bei der Vorgabe von Persönlichkeits*fragebogen* wenigstens innerhalb der Klinischen Psychologie und Psychotherapie infolge des „Leidensdrucks" der Testperson zu ehrlichen Antworten käme!

Werden Persönlichkeits*fragebogen*, in welchem Zusammenhang auch immer, trotzdem eingesetzt, dann seriöser Weise nur im Bewußtsein, daß das resultierende

„Persönlichkeitsbild" niemals zeigt, wie die Person „ist", sondern bloß, wie sie „sich beschreibt".)D.h., selbst wenn die Situationsbedingungen die Annahme, die Testperson bemühe sich um ehrliche Antworten, sehr wahrscheinlich erscheinen lassen, sind die erhaltenen Ergebnisse mit routinierter Skepsis zu interpretieren!

Eine besondere Funktion mögen Persönlichkeits*fragebogen* allerdings an der „Schnittstelle" von *Psychologischer Diagnostik* und Psychotherapie haben, insbesondere bei *systemischen* therapeutischen Ansätzen, wo also mehrere Personen involviert sind: Dort geht es oftmals nicht darum, die Fragebogenergebnisse als Grundlage für alternative Entscheidungen zu nutzen, sondern darum, sie als ein „Faktum subjektiver Sichtweise" zur Diskussion zu stellen; insofern sind die Ergebnisse Intervention *per se!* Die Vorgabe von Persönlichkeits*fragebogen* gleicht dann einem *„ Vehikel zum Bewußtmachen ".*

Weil in dem einleitend gegebenen Zitat das „*Gespräch* mit Psycholgen" zur psychologischen „Verläßlichkeitsprüfung" kurzerhand außer Diskussion gestellt wurde, muß an dieser Stelle zur Vermeidung von Mißverständnissen noch angeführt werden, daß *psychologisches Diagnostizieren* immer und grundsätzlich ein „entscheidungsorientiertes Gespräch" miteinschließt - und sei es gelegentlich bloß, um die Testbarkeit der Testperson sowie die Interpretierbarkeit der Ergebnisse (nach den Regeln der wissenschaftlichen Psychologie) abzuklären: Ohne dies zu tun, hätten psychologische Testergebnisse überhaupt keine Verbindlichkeit.

2.3. Beispiel

Abgesehen davon, daß innerhalb der gerichtlichen Beweisführung zum behaupteten Tatbestand des sexuellen Mißbrauchs eines Kindes der allfällige Auftrag an einen Psychologen/eine Psychologin als Sachverständige(n) ohnehin bloß dahingehend lautet, die generelle *Glaubwürdigkeit* des Zeugen (nämlich des Kindes) sowie die *Glaubhaftigkeit* seiner Sachverhaltsdarstellung (also der Kindesaussage) einzu*schätzen* - verschiedene Personenkreise hängen der Vorstellung durchaus an, mit Hilfe psychologischer Verfahren (Tests) wäre der Beweis der Tat *verbindlich* zu erbringen.[3]

2.4. Kommentar zum Beispiel

Wieder ohne Anspruch, dieses Thema im Detail fachlich abzuhandeln, ist allein aus den zum anderen Beispiel gemachten Ausführungen zu schließen, daß derartige Erwartungen völlig unrealistisch sind. Analog kann zwar das Argument ins Treffen geführt werden, mit Hilfe psychologischer Tests wäre der fragliche Tatbestand wenigstens als mehr oder weniger wahrscheinlich zu diagnostizieren; letzten Endes muß jedoch eine

---

[3] Dem Verfasser wurde dies bewußt durch zahlreiche Diskussionen, die er als Seminarleiter innerhalb der gesetzlich geregelten Ausbildung zum Psychotherapeuten mit Ausbildungskandidaten geführt hat, die gleichzeitig Mitarbeiter und Mitarbeiterinnen diverser einschlägig betroffener Vereine sowie öffentlichrechtlicher Institutionen waren (das sind vor allem Sozialarbeiter, aber auch Ärzte und Juristen).

wie auch immer (nur!) *wahrscheinliche* Diagnose den angesprochenen Personenkreis enttäuschen.

Das Problem besteht allerdings darin, daß in der gegebenen Fragestellung die bewußte Wahrscheinlichkeit seriöserweise nicht einmal grob bestimmt werden kann. Zumindest nicht mit denjenigen Verfahren, von welchen häufig ein entsprechender Eindruck geweckt zu werden scheint, allen voran: dem berühmten *Scenotest* (v. Staabs, 1995). Zu bedenken ist nämlich, daß im nun betrachteten Beispiel der Testperson, das ist das vermeintlich oder tatsächlich mißbrauchte Kind, quasi auftrags- bzw. definitionsgemäß zu mißtrauen ist; und zwar entweder im Sinn von *absichtlicher, bewußter* Verstellung der Wahrheit oder im Sinn von wirksam werdenden Abwehrmechanismen, wie *Verdrängen, Verleugnen, Verschieben,* einerseits, im Sinn von Phantasien andererseits. Das heißt nicht nur, daß die oben gemachten Vorbehalte gegen die Interpretation der gewonnenen Ergebnisse (in Persönlichkeits*fragebogen*) jetzt erst recht gelten; sondern das heißt auch: selbst wenn die *Psychologische Diagnostik* über funktionierende „Lügendetektoren" (s. dazu auch weiter unten) verfügte, würden diese im Fall *un*bewußter Entstellungen der Wahrheit nicht zwingend greifen!

Nun ist sicher dem *Scenotest*[4] als einem Projektiven Verfahren zugute zu halten, daß er grundsätzlich weniger leicht durchschaubar und insofern verfälschbar ist als Persönlichkeits*fragebogen;* es ist ihm außerdem zugute zu halten, daß er explizit (auch) die unbewußten Erlebnisweisen des Kindes, speziell was seine Beziehungen zu Mitmenschen betrifft, erfaßt. Zum Beispiel aus der letzten der zahlreichen Rezensionen dieses Verfahrens, nämlich der von Rollett (1997; in Druck), geht aber eindrucksvoll hervor, daß es dem *Scenotest* nicht nur am Beweis seiner Validität mangelt, sondern er nicht einmal objektiv und reliabel ist, indem oft genug „verschiedene Beurteiler sehr verschiedene Interpretationen derselben Szene vornehmen" und eine Testwiederholung „in der Regel eine völlig neue Szenerie" ergibt. So also sind verbindliche Schlußfolgerungen niemals möglich. Die Gefahr bloß spekulativer Aussagen ist dagegen groß. In der genannten Rezension heißt es daher auch ganz generell: „Je schwerwiegender die Diagnose in ihren Konsequenzen für die Tp ist, umso weniger kann man den Einsatz des Verfahrens ... empfehlen."

Was alles nicht heißen soll, daß im thematischen Zusammenhang dem *Scenotest* nicht doch, aber eben eine andere Bedeutung zukommt: Weil er - was unbestritten ist - ein probates Mittel innerhalb *psychologischen Diagnostizierens* darstellt, Hypothesen (!) über verschiedene Bedingungszusammenhänge zu gewinnen, mag, umgekehrt, gerade er erst den Verdacht eines sexuellen Mißbrauchs bei einem Kind kreieren, das wegen einer ganz anderen Frage- oder Problemstellung psychologisch untersucht wird. Und auftragsgemäß interessiert dann vielleicht weniger eine psychologische Beweisführung, als vielmehr die Relevanz der diesbezüglichen „Betroffenheit" des Kindes für

---

[4] Bekanntlich wird das Kind im *Scenotest* aufgefordert, mit Hilfe verschiedener Figuren, Bausteinen und Gegenständen des täglichen Bedarfs eine Szene zu gestalten; entsprechend seiner tiefenpsychologischen Ausrichtung werden mannigfache Deutungsrichtlinien gegeben.

die Lösung der ursprünglichen Problemstellung - wobei gemeint ist, daß oft genug allein Umstände, die angetan sind, den letztlich falschen Verdacht des sexuellen Mißbrauchs aufkommen zu lassen, das Kind „betroffen" machen.

Was nun bewußt gegebene „Unwahrheiten" betrifft, liegt das Dilemma im eigentlich diskutierten Beispiel, wie in der Gerichtsbarkeit überhaupt, darin, daß es „Lügendetektoren" nicht gibt: Die mit diesem Begriff assoziierte Messung der sog. „psychogalvanischen Reaktion" (PGR; heute: „elektrodermale Aktivität", EDA) erlaubt zwar heute, zuverlässig und situativ „Erregungen" eines Menschen zu diagnostizieren; die inhaltliche Qualität dieser Erregungen kann damit allerdings nicht bestimmt werden, wie zahlreiche Studien belegen (vgl. z.B. Boucsein, 1991).

Abschließend zu diesem Thema sei derjenige Leser, welcher trotz der gemachten Ausführungen weiter geneigt ist, daran zu „glauben", die *Psychologische Diagnostik* könne die bewußte Frage eindeutig klären, provokant gefragt: „Und was, wenn der Tatbestand des sexuellen Mißbrauchs zwar gegeben ist, aber das Opfer die Tat vom wahren Täter (z.B. dem Stiefvater) auf den Beschuldigten (z.B. den Großvater) unbewußt verschiebt?"

2.5. Beispiel

Wer als Psychologe oder Psychologin kennt nicht die beiden Reaktions-Stereotypien von Laien auf die Mitteilung, ihr - typischer Weise in privater Gesellschaft zufällig (?) gefundener - Gesprächspartner ist vom Fach (Psychologie)? „Aha" vs. „Oje"! Der ersten Reaktion, also „aha", sei hier einmal die (neugierige) Erwartung unterstellt, (endlich) über die eigene Persönlichkeit aufgeklärt zu werden, über sie bzw. die eigenen Schwierigkeiten Klarheit zu erlangen, indem dieser Gesprächspartner einen selbst ziemlich schnell, und das bloß im belanglosen Gespräch, „durchschaue". Und der zweiten Reaktion, also „oje", sei hier einmal unterstellt, sie rührt von der Erwartung, die eigene psychische Unzulänglichkeit, die intimen Geheimnisse würden dem Gegenüber völlig transparent werden, so bald dieser einen selbst mit den Blicken (und im Gespräch) erforscht.

2.6. Kommentar zum Beispiel

Stellen wir fürs erste noch weiter außer Frage, ob und wie häufig die Erwartungen von Laien tatsächlich dieser extremen Interpretation entsprechen: Wenn der Psychologie schon im privaten, kurzen Kontakt derart „allmächtige Qualitäten" zugeschrieben werden, wie erst müßte, diesen Erwartungen gemäß, das „Durchschauen" und „Erforschen" der Persönlichkeit mittels psychologischer Tests gelingen?

Daß die angesprochenen Erwartungen zumindest tendenzmäßig für viele stimmen, ist schlüssig daraus zu folgern, daß es „Institutionen" wie sog. „Testknacker" bedarf, um etwa Stellenbewerbern ihre aus der Luft gegriffene „Gläubigkeit" an die *Psychologische Diagnostik* zu nehmen: Denn wie sonst als durch die weitverbreitete

„Ehr-Furcht" vor psychologischen Verfahren könnte die bloße Existenz der vielen „Testknacker" erklärt werden, wenn dort zum Beispiel erst gegen folgende Erwartungen argumentiert werden muß: „... unbestreitbar ist es die Absicht des Psychotesters und seiner Auftraggeber, die intimen Probleme des Testopfers zu sezieren. Das wird allein schon aus dem Katalog der untersuchten Merkmale deutlich: Seelische Labilität, sexuelle Neigungen, Familienkonflikte, Trinkgewohnheiten, Ängste, Aggressionen und Abhängigkeiten sollen im Testergebnis offenbar werden. Die privaten Konflikte des einzelnen sollen vom Psychodiagnostiker ans Licht gezogen und in Form eines Gutachtens dem Arbeitgeber überreicht werden" (aus dem wohl bekanntesten „Testknacker": von Paczensky, 1976; S. 8.).

Die bereits zu den ersten beiden Beispielen gegebene „Abhandlung" der Grenzen *psychologischen Diagnostizierens* genügen freilich, um die im gemeinten Zusammenhang mitschwingenden Erwartungen als unrealistisch zu qualifizieren.

3. Fehleinschätzung des Fachs: Unterschätzen der Möglichkeiten

Recht häufig trifft schon die psychologische Absicht, psychische Phänomene überhaupt *messen* zu wollen., auf Unverständnis: Dem spezifischen, individuellen, *qualitativen* Charakter einer Person könne man durch den Versuch, ihn zu messen, zu *quantifizieren*, nicht Rechnung tragen. Die damit anklingende Grundsatzdiskussion braucht aber hier nur insofern geführt zu werden, als zu argumentieren ist, daß Aussagen insbesondere über die psychologische Wirkung konkurrierender Maßnahmen eben nur dann verantwortbar sind, wenn zuvor der wissenschaftliche Nachweis über den regelmäßigen Zusammenhang von bestimmten Beobachtungen des Diagnostikers einerseits und interessierenden Konsequenzen andererseits gelang - und solche Gesetzmäßigkeiten lassen sich erst unter entsprechend objektivierbaren Abstraktionen des erfaßbaren Informationsgehalts ableiten.

Zeugt also das genannte Unverständnis vom Unterschätzen der Möglichkeiten *psychologischen Diagnostizierens* in ganz extremer Weise - allein überzufällige Trefferraten psychologisch-diagnostischer Prognosen innerhalb von Validierungsstudien zu verschiedenen Tests genügen hier als Beweis -, so finden sich unter Laien auch weniger grundsätzliche „Argumente", die ihre Skepsis gegenüber der *Psychologischen Diagnostik* begründen. In einer nicht-repräsentativen Umfrage an einer sehr kleinen Stichprobe[5] konnten (mit häufigen Wiederholungen!) unter anderem folgende Vorbehalte festgestellt werden:

– Zweifel an den Theorien der Psychologie
– Zweifel an der Qualität der Tests
– Zweifel an der Relevanz der Tests

---

[5] Frau Sabine Gölzner sei für die entsprechende Durchführung gedankt.

– Zweifel an der Richtigkeit der Diagnose

Alle diese Vorbehalte hängen, wie der fachkundige Leser weiß, natürlich zusammen; und soweit diese Skepsis infolge von Fehlern beim *psychologischen Diagnostizieren* berechtigt ist, wird weiter unten auch noch darauf einzugehen sein. Worum es allerdings jetzt geht, ist die Anmaßung, sich als Laie im betreffenden Zusammenhang ein pauschaliertes Urteil über die *Psychologische Diagnostik* zu erlauben: „Psychologische Tests sind mir zu subjektiv", „Psychologische Tests sagen nichts aus", „Psychologische Tests sind ‚Interpretationssache'", „Ich nehme psychologische Tests nicht ernst" bis hin zu „Psychologische Tests sind doch Humbug" sind Formulierungen, wie sie ebenfalls in der genannten Umfrage vernommen wurden! Vertretern solcher Meinungen muß Ignoranz der Sachlichkeit gegenüber vorgeworfen werden.

Ähnliches gilt für die spezielle Skepsis mit dem Tenor: „Was kann man nicht in einem guten Gespräch viel besser herausfinden als mit Tests?" Hier verkennt der Laie die grundlegende Problematik *„intuitiv"* geführter Gespräche - wie er sie implizit zur Erfassung eines „ganzheitlichen Persönlichkeitsbildes" fordert: Neben den bekannten psychoanalytischen Phänomenen, wie *Projektion* und *Gegenübertragung*, lauert vor allem die Gefahr der *selektiven Wahrnehmung* beim Versuch, Persönlichkeit intuitiv zu erfassen; und zwar auch beim angeblich routinierten Gesprächsführer zumindest gelegentlich, bestimmten Personen gegenüber oder in bestimmten Situationen. „Häufig nehmen Interviewer von sich an, sie seien ihren Gesprächspartnern gegenüber ‚neutral' eingestellt. Wie jedoch die umfangreiche Literatur zur Personenwahrnehmung, zu Vorurteilen und Stereotypien oder impliziten Persönlichkeitstheorien zeigt, gibt es keine globale neutrale Voreinstellung." (Westhoff & Kluck, 1991; S.111). - Zu betonen ist, daß diese Beurteilung der Sachlage keinesfalls den weiter oben gemachten Ausführungen widerspricht, wonach *psychologisches Diagnostizieren* immer und grundsätzlich ein entscheidungsorientiertes Gespräch miteinschließt; letzteres hat erstens, eben wegen der angesprochenen Problematik, am besten nach einem genau ausgeführten Leitfaden zu erfolgen und bezweckt zweitens nicht, andere, den Ansprüchen an Objektivität leichter gerecht werdende psychologisch-diagnostische Verfahren, wie zum Beispiel Tests, zu ersetzen.

Außer Diskussion steht dagegen, daß manche Vorbehalte, die in der angesprochenen Umfrage genannt wurden, bloß ein *verständliches* Mißtrauen aus sachlicher Unkenntnis darstellen: „Angst vor ‚Hinterlist' der Psychologen", „Angst vor dem Verlust der Autonomie", „Angst vor dem Mißbrauch der Ergebnisse durch den Psychologen", „Angst vor Stigmatisierungen", „Angst vor zufälligem ‚Versagen'". Ihnen ist sowohl generell als auch (jedesmal) im speziellen Umgang mit Testpersonen „aufklärerisch" zu begegnen; und zwar durch Transparentmachung im Einzelfall (*„was wird wie* und *wie lange warum* diagnostisch getan?") sowie der Öffentlichkeit gegenüber zum Beispiel durch Falldemonstrationen, wie die im vorliegenden Buch.

Überhaupt sind Fallbeispiele dafür prädestiniert, Fehleinschätzungen des Fachs, nämlich in Richtung eines Unterschätzens der Möglichkeiten der *Psychologischen*

Diagnostik, zu „reparieren": Sie können aufzeigen, daß erst wissenschaftlich fundiertes *psychologisches Diagnostizieren* erlaubt, eine, die Problemstellung lösende Entscheidung zu treffen bzw. Intervention zu setzen. Trotz aller Grenzen sollte nach genügender Fallkenntnis die grundsätzliche Relevanz des Fachs nicht mehr zu ignorieren sein!

Dem dessen ungeachtet *skeptisch* bleibenden Leser sei stellvertretend für alle Themen einer breiten Palette typischer Fragestellungen folgende minimale Bedeutungseinschätzung der *Psychologischen Diagnostik* zum Thema Personalwesen zitiert: „Durch Verzicht auf die Mitwirkung von Psychologen und den Einsatz von Tests wird kein einziger zusätzlicher Ausbildungs- oder Arbeitsplatz geschaffen, die notwendigen Auswahlentscheidungen würden dadurch aber undurchsichtiger, manipulierbarer und wahrscheinlich invalider." (Althoff, 1984; S. 145).

4. Fehler beim psychologischen Diagnostizieren

Einleitend wurde zur Abgrenzung von Fehleinschätzungen des Fachs gegenüber faktischen Fehlern in der Anwendung psychologisch-diganostischer Verfahren eine Systematik der Fehlervielfalt versprochen; dabei muß natürlich die ausführliche Behandlung solcher Fehlermöglichkeiten den einschlägigen Lehrbüchern überlassen bleiben.

Drei typische Diskrepanzen lassen sich feststellen:

– zwischen Testtheorie und Methodeninventar
– zwischen Methodeninventar und Methodeneinsatz
– zwischen Methodeneinsatz da und Methodeneinsatz dort

Fehler beim *psychologischen Diagnostizieren* gibt es notgedrungen immer dann, wenn (jüngste) Erkenntnisse der Testtheorie bestimmte Methoden (Tests) für die Klärung einer interessierenden diagnostischen Fragestellung disqualifizieren, dem verfügbaren Methodeninventar aber alternative Verfahren fehlen. Anwendern ist für ein solches Methodendefizit natürlich kein Vorwurf zu machen, wohl aber für die (vermeintliche) Beantwortung der Fragestellung mit untauglichen Mitteln. Zwei Varianten kommen bei der Diskrepanz zwischen Testtheorie und Methodeninventar in Betracht: Entweder vermag die Testtheorie zwar zu belegen, daß die Lösung des gegebenen Problems nicht so funktioniert, wie es bestimmte Tests behaupten - sie selbst kann aber (noch) keine Lösung anbieten; ein Beispiel ist hier die individuelle Quantifizierung von Lerneffekten (vgl. Guthke & Wiedl, 1996). Oder die Testtheorie bietet zwar eindeutige Lösungen für ein gegebenes Problem an, es fand sich aber (bis jetzt) niemand, der dementsprechend einen Test konstruiert hätte; ein Beispiel ist das schlußfolgernde Denken *(reasosning)* im verbalen Bereich mit Hilfe simpler Analogienaufgaben (s. zur Kritik herkömmlicher Tests mit Analogienaufgaben z.B. Kubinger, 1996a).

Eine Kluft besteht oft zwischen dem, was im Methodeninventar verfügbar ist, und dem, was routinemäßig eingesetzt wird. Auf die Ursachen dieser Diskrepanz soll hier nicht näher eingegangen werden (s. dazu Jäger & Kubinger, 1996). Faktum aber ist (vgl. Schorr, 1995, sowie Floquet, 1995), daß Tests mancherorts ignoriert werden, die testtheoretisch abgesichert sind, wohingegen solche mit ähnlichem Meßanspruch, aber gravierenden testtheoretischen Mängeln, regelmäßig eingesetzt werden; ein Beispiel ist: WMT[6] *vs.* SPM[7] (vgl. Willmes, 1997). Oder es werden Verfahren eingesetzt, deren Normierung deutlich überaltert bzw. von vornherein unangemessen ist, obwohl es Alternativen dazu gibt; ein Beispiel ist: Der *Deutsche CPI*[8], als ein bloß aus dem Englischen übersetzter, mit amerikanischen Normen vertriebener Persönlichkeitsfragebogen, *vs.* (z.B.) die PRF[9]. Oder es kommt zum Einsatz von jahrelang vertrauten Verfahren, obwohl neuere auf dem Markt sind, die zur gebenen Fragestellung wesentlich mehr diagnostische Information liefern; ein Beispiel ist: BIT II[10] *vs.* AIST/UST[11], wovon letzterer eben nicht nur schulisch-berufliche Interessen, sondern auch den diesbezüglichen Informiertheitsgrad einer Testperson bzw. die „Passung" zwischen ihren Interessen und den von ihr erwarteten Anforderungen feststellen läßt.

Schließlich gibt es ganz sicher Diskrepanzen im praktizierten Methodeneinsatz. Entweder bestehen sie insofern, als ein und dasselbe Verfahren von den einen Anwendern theoriegerecht interpretiert wird, andere aber seine Aussagekraft „überziehen"; ein typisches Beispiel, bei dem regelmäßig nicht nachvollziehbare Schlußfolgerungen passieren, stellen die Projektiven Verfahren in ihrer Gesamtheit dar (vgl. nochmals die Ausführungen zum *Scenotest*). Oder Diskrepanzen entstehen dadurch, daß manchenorts auf den Einsatz von Tests verzichtet wird, wo erst sie wertvolle diagnostische Information liefern würden; die Beispiele dazu sind zahlreich - ohne sich hier auf die Frage einzulassen, ob „Borderline" psychologisch-diagnostisch überhaupt erfaßt werden kann und, wenn ja, wie (?) sowie wozu (?), ist doch folgende Aussage einer Psychologin innerhalb der Umfrage von Floquet (1995) zum Informationsstand von Praktikern symptomatisch für manche (fachliche - ?) Einstellung gegenüber psychologischen Tests: „*Ich habe mich in den letzten 20 Jahren darauf spezialisiert, Menschen auf ihrem Weg der Selbsterkenntnis zu unterstützen. Ich erkenne eine Depression ohne Test; Suizidgefährdung, Borderline kann ich riechen, und ich habe gelernt und lerne weiter, den ganzen Menschen in seiner Umgebung zu erfassen und zu begegnen. Gott sei Dank bin ich nicht gezwungen, Menschen aufgrund von Tests zu beurteilen.*" (S. 118).

---

[6] *Wiener Matrizen-Test* (Formann & Piswanger, 1979)
[7] *Standard Progressive Matrices* (Kratzmeier & Horn, 1988)
[8] Weinert (1982); CPI: *California Psychological Inventory*
[9] *Deutsche Personality Research Form* (Stumpf, Angleitner, Wieck, Jackson & Beloch-Till, 1985)
[10] *Berufs-Interessen-Test II* (Irle & Allehoff, 1984)
[11] *Allgemeiner Interessen-Struktur-Test/Umwelt-Struktur-Test* (Bergmann & Eder, 1992)

5. Schlußsatz

Mit der kritiklosen „Gläubigkeit" an die *Psychologische Diagnostik* war hier wohl schnell „aufzuräumen"; daß sich, umgekehrt, *psychologisches Diagnostizieren* nicht im „Beurteilen" (Klassifizieren, Selektieren) um seiner selbst willen erschöpft, sondern grundsätzlich immer einen problemlösenden, wenn auch gelegentlich erwartungsenttäuschenden Maßnahmenvorschlag beinhaltet, bleibt nun den folgenden Fallbeispielen vorbehalten, zu illustrieren.

Literatur

Althoff, K. (1984). Zur prognostischen Validität von Intelligenz- und Leistungstests im Rahmen der Eignungsdiagnostik. *Psychologie und Praxis, Zeitschrift für Arbeits- und Organisationspsychologie, 28,* 144-148.

Bergmann, C. & Eder, F. (1992). *Allgemeiner Interessen-Struktur-Test/ Umwelt-Struktur-Test (AIST/ UST).* Weinheim: Beltz.

Boucsein, W. (1991). Arbeitspsychologische Beanspruchungsforschung heute - eine Herausforderung an die Psychophysiologie. *Psychologische Rundschau, 42,* 129-144.

Floquet, M. (1995). Was wissen die Praktiker über Psychologische Diagnostik? Eine Status"diagnose" der Psychologischen Diagnostik bei österreichischen Psychologen. Dipl.Arb.Univ.Wien, Wien.

Formann, A.K. & Piswanger, K. (1979). *Wiener Matrizen-Test (WMT).* Weinheim: Beltz.

Grubitzsch, S. (1991)(Hrsg.). *Testtheorie - Testpraxis.* Reinbek/Hamburg: Rowohlt.

Guthke, J. & Wiedl, K.H. (1996). *Dynamisches Testen. Zur Psychodiagnostik der intraindividuellen Variablität. Grundlagen, Verfahren und Anwendungsfelder.* Göttingen: Hogrefe.

Hofstätter, P.R. (1971). *Differentielle Psychologie.* Stuttgart: Kröner.

Ingenkamp, K. (1981). Testkritik ohne Alternative. Eine kritische Darstellung der Argumentationen radikaler Schultestkritik in der deutschen Fachliteratur. In R.S. Jäger, K. Ingenkamp & G. Stark (Hrsg.), *Tests und Trends 1981. Jahrbuch der Pädagogischen Diagnostik* (S. 71-101). Weinheim: Beltz.

Irle, M. & Allehoff, W. (1984). *Berufs-Interessen-Test II (BIT II).* Göttingen: Hogrefe.

Jäger, R.S. & Kubinger, K.D. (1996). Psychologische Diagnostik: Standortbestimmung und Perspektiven. In *Perspektiven der Psychologie.* (S. 101-118). Weinheim: PVU.

Karner, T. (1993). Eine empirische Anwendung des Modells von Müller für kontinuierliche Antwortskalen (mittels des computerisierten Myers-Briggs-Typenindikator). Dipl.Arb.Univ.Wien, Wien.

Kratzmeier, H. & Horn, R. (1988). *Standard Progressive Matrices (SPM).* Weinheim: Beltz.

Kubinger, K.D. (1996a). *Einführung in die Psychologische Diagnostik.* Weinheim: PVU.

Kubinger. K.D. (1996b). Zur Leichtgläubigkeit der Psychologen: Die unselige Anwendung von Persönlichkeitsfragebögen. In M. Jirasko, J. Glück & B. Rollett (Hrsg.), *Perspektiven psychologischer Forschung in Österreich* (S. 87-91). Wien: WUV-Universitätsverlag.

Mischel, W. (1968). *Personality and Assessment.* New York: Wiley.

Murray, H.A. (1938). *Explorations in Personality.* New York: Oxford University Press.

Paczensky, v.S. (1976). *Der Testknacker.* Reinbek/Hamburg: Rowohlt.

Rollett, B. (1997). Testrezension zum Scenotest von G. von Staabs, Bern: Huber, 1995[8]. *Zeitschrift für Differentielle und Diagnostische Psychologie, 18* (in Druck).

Schorr, A. (1995). Stand und Perspektiven diagnostischer Verfahren in der Praxis. Ergebnisse einer repräsentativen Befragung westdeutscher Psychologen. *Diagnostica, 41,* 3-20.

Testkuratorium (der Föderation deutscher Psychologenverbände) (1986a). Mitteilung. *Diagnostica, 32,* 358-360.

Staabs, v.G. (1995). *Scenotest.* Bern: Huber.

Stumpf, H., Angleitner, A., Wieck, T., Jackson, D.N. & Beloch-Till, H. (1985). *Deutsche Personality Research Form (PRF).* Göttingen: Hogrefe.

Weinert, A.B. (Hrsg.)(1982). *Deutscher CPI.* Bern: Huber.

Westhoff, K. & Kluck, M.L. (1991). *Psychologische Gutachten schreiben und beurteilen.* Berlin: Springer.

Willmes, K. (1997). Testrezension zum Standard Progressive Matrices (SPM) von H. Kratzmeier & R. Horn, Weinheim: Beltz, 1988[2]. *Zeitschrift für Differentielle und Diagnostische Psychologie, 18* (in Druck).

1.

Förderberatung bei Entwicklungsretardation - Sebastian, 4;10 Jahre

Pia Deimann & Ursula Kastner-Koller

Wien

An der Abteilung für Entwicklungspsychologie und Pädagogische Psychologie des Instituts für Psychologie der Universität Wien befindet sich eine *Kinder-, jugend- und familienpsychologische Beratungsstelle,* die Klienten aus Wien und Umgebung psychologische Diagnostik, Beratung und Intervention (Lerntherapie) anbietet. Hauptklientel sind Familien mit Kindern bis zu 18 Jahren, die überwiegend aus Eigeninitiative die Beratung suchen. Jährlich werden ca. 300 Familien psychologisch beraten, etwa 10 bis 15% davon nehmen lerntherapeutische Betreuung in Anspruch.

Sebastian, 4;10 Jahre

1. Fragestellung

Die Pflegemutter von Sebastian, Frau M., nimmt telefonisch Kontakt mit der zuständigen Psychologin auf, weil sie sich Sorgen um Sebastians Entwicklung macht. Im Vergleich zu ihren leiblichen Kindern (12 und 14 Jahre) sei Sebastian auffallend ungeschickt und unselbständig. Da auch die Kindergärtnerin meint, der Bub sei nicht altersentsprechend entwickelt, bittet die Mutter um einen Termin für eine psychologische Begutachtung.

2. Anamnestische Daten

Die Informationen über Sebastians Vorgeschichte stammen von seiner Pflegemutter, die ihre Angaben mit Unterlagen vom Jugendamt und amtlichen Dokumenten belegt. Sebastian wurde am 3.3.1992 als uneheliches Kind in Wien geboren. Die Mutter war

18 Jahre alt, hatte ihre Kindheit in verschiedenen Kinderheimen verbracht und aufgrund Drogenmißbrauchs schon öfter Schwierigkeiten mit der Polizei. Sebastian und seine Mutter wohnten im ersten Lebensjahr des Kindes in einem Mutter-Kind-Heim, wo es aber immer wieder Probleme gab, weil die junge Frau sich nicht an die Hausordnung hielt. Kurz nach Sebastians ersten Geburtstag verschwand die Mutter aus dem Heim. Sebastian wurde daraufhin zunächst in einem Kinderheim untergebracht, gleichzeitig wurde eine Pflegefamilie für ihn gesucht. Mit 18 Monaten kam er zu einer Familie, die ihn aber nach wenigen Monaten wieder ins Heim zurückbrachte. Sebastian war sehr unruhig, schrie häufig und schlief in der Nacht nicht durch. Die Pflegeeltern konnten keine Beziehung zu ihm herstellen. Nach einem neuerlichen Aufenthalt im Heim wurde er mit 2;10 von der Familie M. aufgenommen. Frau M. erzählt, daß sie gerne noch ein drittes Kind haben wollte, aber keines mehr bekommen konnte. Daher hätten ihr Mann und sie sich entschlossen, ein Pflegekind zu übernehmen. Eine Adoption wäre ihr lieber gewesen, aber mit 41 Jahren wäre das aussichtslos. In der ersten Zeit sei Sebastian tatsächlich sehr schwierig gewesen, nach und nach hätten sich die Schreiperioden aber verringert und auch in der Nacht schlief er einige Monate später durch. Bis heute sei Sebastian allerdings sehr anhänglich, Trennungen von ihr gestalten sich immer sehr dramatisch. Als sie ihn im September 1995 zum ersten Mal in den Kindergarten gegeben hatte, mußte sie ihn nach drei Wochen wieder herausnehmen, da Sebastian unfähig war, sich von ihr zu trennen. Ein neuerlicher Versuch ein halbes Jahr später verlief erfolgreicher. In der Anfangsphase mußte sich die Kindergärtnerin allerdings jeden Morgen besonders um Sebastian kümmern. Zur Zeit besucht er den Kindergarten gerne, ist aber sehr stark an der Kindergärtnerin orientiert und spielt selten mit anderen Kindern. Er läßt sich häufig versichern, daß seine Mutter ihn zuverlässig mittags abholen wird.

In der Pflegefamilie ist Sebastian gut integriert. Frau M. hat ausreichend Zeit für Sebastian, weil ihre leiblichen Kinder schon sehr selbständig und in der Schule problemlos sind. Eva, 12 Jahre, ist sportlich begabt und verbringt ihre Freizeit zumeist beim Leichtathletik-Training. Die 14jährige Ilse ist Gruppenleiterin bei der katholischen Jungschar. Herr M., technischer Zeichner von Beruf, hat zwar nur am Wochenende Zeit, beschäftigt sich dann aber gerne mit Sebastian.

Über Sebastians Entwicklung kann Frau M. nur über das berichten, was sie selbst miterlebt hat. Als er zu ihnen kam, konnte Sebastian laufen und einige Wörter sprechen. Sauber wurde er tagsüber mit 3;6 Jahren, nachts braucht er immer noch eine Windel. Die sprachlichen Fähigkeiten haben sich sehr verbessert; mittlerweile spricht Sebastian vollständige, aber einfache Sätze. Zu Hause spielt er am liebsten mit Autos, die er recht ausdauernd hin und her schiebt. Für andere Spiele fehlt ihm oft die Geduld. Die Bausteine, die er zu Weihnachten bekommen hat, interessieren ihn überhaupt nicht, auch für Puzzles ist er nur sehr schwer zu begeistern. Frau M. berichtet, daß sie in letzter Zeit häufig mit ihm gemeinsam zeichnet und malt, was er aber auch nur kurzfristig durchhält.

3. Die psychologische Untersuchung des Kindes

Zur Abklärung der vermuteten Entwicklungsverzögerung wurde der WET (*Wiener Entwicklungstest;* Kastner-Koller & Deimann, in Druck)[1] vorgegeben.

---

[1] Der WET ist ein allgemeines diagnostisches Entwicklungstestverfahren für drei- bis sechsjährige Kinder, das für förderdiagnostische Fragestellungen konzipiert wurde. Aufbauend auf kontextualistischen und ökologischen Entwicklungstheorien liegt ihm ein Verständnis von Entwicklung als Erwerb von Handlungskompetenzen in der Auseinandersetzung mit Umwelten zugrunde. Er erlaubt für ein breites Spektrum an Funktionsbereichen die Diagnose der bereits ausgebildeten Handlungskompetenzen. Entwicklungsdefizite bzw. -retardierungen, die die Bewältigung aktueller und zukünftiger Entwicklungsaufgaben beeinträchtigen könnten, können mit ihm rechtzeitig erfaßt und behandelt werden. Testmaterial, Aufgabenstellung und Testsituation haben spielerischen Charakter, um Aufmerksamkeit und Motivation des Kindes möglichst hoch zu halten. Die Testanalysen wurden mit Methoden der Probabilistischen Testtheorie durchgeführt: Der Großteil der Subtests ist *Rasch*-homogen. Die Ergebnisse dieser Testanalysen konnten an der Normierungsstichprobe kreuzvalidert werden. Ergänzend wurden auch klassische Testgütekriterien berechnet. Der WET besteht aus folgenden Funktionsbereichen und Subtests:

1. Funktionsbereich Motorik
Turnen: 10 Aufgaben, die grobmotorische Fähigkeiten erfassen (*Mokken*-Skalierung: $H = .55$; *split-half*-Reliabilität .84; mittlere Trennschärfe .55)
Lernbär: 4 Aufgaben zur Überprüfung der Feinmotorik (*Mokken*-Skalierung: $H = .79$; *split-half*-Reliabilität .72; mittlere Trennschärfe .40)
2. Funktionsbereich Visuelle Wahrnehmung/ Visumotorik
Nachzeichnen: 10 Aufgaben zur Überprüfung der visumotorischen Koordination, insbesondere der Graphomotorik (*Rasch*-homogen; *split-half*-Reliabilität .84; mittlere Trennschärfe .50)
Bilderlotto: 24 Aufgaben zur Erfassung der differenzierten Raum-Lage-Wahrnehmung (*Rasch*-homogen; *split-half*-Reliabilität .89; mittlere Trennschärfe: .50)
3. Funktionsbereich Lernen und Gedächtnis
Zahlen Merken: Insgesamt 10 Zahlenreihen zur Überprüfung des phonologischen Speichers (*Retest*-Reliabilität .67)
Schatzkästchen: Aufgaben zur Erfassung des visuell-räumlichen Speichers, wobei das unmittelbare Behalten, die Kurzzeitspeicherung und die Anzahl der Lerndurchgänge getrennt und in einem Gesamtscore erhoben werden (*Rasch*-homogen; *split-half*-Reliabilität .76; mittlere Trennschärfe .55)
4. Funktionsbereich Kognitive Entwicklung
Muster Legen: 10 Aufgaben zur Erfassung des räumlichen Denkens (2-D-Aufgaben), Reproduktion abstrakter Muster (*Rasch*-homogen; *split-half*-Reliabilität .86; mittlere Trennschärfe .60)
Bunte Formen: 10 Matrizenaufgaben zur Überprüfung des induktiven Denkens (*Rasch*-homogen; *split-half*-Reliabilität .91; mittlere Trennschärfe .65)
Gegensätze: 15 Aufgaben zur Überprüfung des analogen Denkens (*Rasch*-homogen; *split-half*-Reliabilität .84; mittlere Trennschärfe .45)
Quiz: 11 Fragen zur Überprüfung der Orientierung in der Lebenswelt (*Rasch*-homogen; *split-half*-Reliabilität .77; mittlere Trennschärfe .40); fakultativ: Langform mit 21 Aufgaben (*Rasch*-homogen; *split-half*-Reliabilität .91; mittlere Trennschärfe .55)

Sebastian ist für sein Alter relativ klein und zart. Während der gesamten Testung muß seine Mutter im Raum bleiben. Auf einen Versuch von Frau M., ins Nebenzimmer zu gehen, reagiert er mit Panik, obwohl er bereits angeregt mit der Testleiterin spielt. Sebastian beginnt jeden Subtest mit Interesse, kann seine Aufmerksamkeit aber nur wenige Minuten bei der Aufgabenstellung halten. Es fällt schon bei der Testdurchführung auf, daß er bei bestimmten Aufgabentypen besonders schnell abschweift und zum Teil unpassende Antworten gibt. Dennoch gelingt es, den gesamten Entwicklungstest in 80 Minuten durchzuführen. Am Ende der Testung möchte Sebastian noch bleiben und versucht, ein Spielzeugauto aus dem Untersuchungsraum mitzunehmen. Er geht schließlich nur, weil seine Pflegemutter ihm verspricht, daß er einmal wiederkommen darf.

4. Ergebnisse der psychologischen Untersuchung

Sebastian erreicht im WET einen Gesamtentwicklungsscore von 3.1, was einem Standardwert von *SW* = 84 entspricht. Seine Gesamtentwicklung ist somit unter der Altersnorm. Mit einem *Range* von 6 Centil-Werten (PR = 58) streuen die Subtestergebnisse im mittleren Ausmaß.

Für die Diagnose ist die Analyse des Entwicklungsprofils ausschlaggebend:

---

5. Funktionsbereich Sprache
   Wörter Erklären: 10 Aufgaben zur differenzierten Überprüfung der sprachlichen Begriffsbildung (homogen nach dem *Partial-Credit*-Modell; *split-half*-Reliabilität .80; mittlere Trennschärfe .55)
   Puppenspiel: 13 Aufgaben zur Überprüfung des Verständnisses für grammatikalische Strukturformen (*Rasch*-homogen; *split-half*-Reliabilität .81; mittlere Trennschärfe .40)
6. Funktionsbereich Sozial-emotionale Entwicklung
   Fotoalbum: 9 Aufgaben zur Erfassung der Fähigkeit, mimischen Gefühlsausdruck zu verstehen (*Rasch*-homogen; *split-half*-Reliabilität .81; mittlere Trennschärfe .45)
   Elternfragebogen: 22 Items zur Erfassung der Selbständigkeit bei Alltagsroutinen aus der Sicht der Eltern (*split-half*-Reliabilität: .90; mittlere Trennschärfe .50)

Die Ermittlung eines Gesamtentwicklungsscores ist möglich. Zur Interpretation und Interventionsplanung sollten aber in erster Linie die Subtestergebnisse und der *Range* (Differenz zwischen bestem und schlechtestem Subtestergebnis) herangezogen werden.

Sämtliche Subtests weisen einen deutlichen Alterstrend auf. Für die *Rasch*-homogenen Skalen ist über den gesamten Altersbereich gesichert, daß die zugrundeliegende Fähigkeit eindimensional erfaßt wird. Erste Untersuchungen an klinischen Gruppen (autistische Kinder, Kinder mit Down-Syndrom, Risikokinder) zeigen, daß der WET störungsspezifische Entwicklungsprofile liefert.

Funktionsbereich	Subskala (Vorgabeposition)	Centil-Wert
Motorik	*Turnen* (10)	2
	Lernbär (1)	5
Visumotorik/Visuelle Wahrnehmung	*Nachzeichnen* (11)	3
	Bilderlotto (3)	1
Lernen und Gedächtnis	*Schatzkästchen* (5)	4
	Zahlen Merken (7)	4
Kognitive Entwicklung	*Muster Legen* (8)	0
	Bunte Formen (6)	1
	Gegensätze (12)	5
	Quiz (2)	3
Sprache	*Wörter Erklären* (9)	2
	Puppenspiel (4)	6
Soziale Emotionale Entwicklung	*Fotoalbum* (13)	4
	Elternfragebogen	2

Seinen besten Wert erreicht Sebastian im Subtest *Puppenspiel* (*C* = 6), der das Sprachverständnis prüft. Ebenfalls gut, d.h. im Nomalbereich, sind seine Fähigkeiten zum analogen Denken (*Gegensätze*, *C* = 5), seine feinmotorische Geschicklichkeit (*Lernbär*, *C* = 5) und seine Gedächtnisleistungen (*Schatzkästchen*, *C* = 4; *Zahlen Merken*, *C* = 4). Im Bereich der sozial-emotionalen Entwicklung erreicht Sebastian einen Centil-Wert von 4 im Subtest *Fotoalbum*, der das Verständnis für mimischen Gefühlsausdruck überprüft.

Alle anderen Subtestergebnisse sind im Vergleich zu 4;6 bis 4;11jährigen Kindern als unterdurchschnittlich bzw. weit unterdurchschnittlich zu bewerten. Dies betrifft vor allem die kognitive Entwicklung und die motorische bzw. perzeptive Entwicklung. Mit einem Centil-Wert von 0 im Subtest *Muster Legen* verfügt Sebastian über eine weit unterdurchschnittliche Fähigkeit, vorgegebene abstrakte Muster zu reproduzieren. Auch sein logisch-schlußfolgerndes Denken (*Bunte Formen*, *C* = 1) und seine Raum-Lage-Wahrnehmung (*Bilderlotto*, *C* = 1) liegen weit unter der Altersnorm. Mit einem Centil-Wert von 2 im Subtest *Turnen* ist auch seine grobmotorische Entwicklung retardiert. Der Centil-Wert von 3 im Subtest *Nachzeichnen* zeigt, daß Sebastian trotz guter Feinmotorik graphomotorische Schwierigkeiten hat, weil er die Zeichenvorlagen nicht entsprechend differenziert wahrnehmen und auf das Papier bringen kann.

Die von der Pflegemutter bereits berichtete verzögerte Sprachentwicklung findet im Subtest *Wörter Erklären* (*C* = 2) ihren Niederschlag. Sebastian kann von den 10 vorgegebenen Wörtern nur 6 in einfacher Form erklären; elaborierte Worterklärungen kommen nicht vor. Auch die Orientierung in der Lebenswelt (Subtest *Quiz*, *C* = 3) ist nicht altersentsprechend ausgebildet.

Im Elternfragebogen spiegelt sich die von der Pflegemutter bereits erwähnte mangelnde Selbständigkeit wider (*C* = 2).

Insgesamt ergibt die psychologische Begutachtung eine zum Teil massive Entwicklungsretardation. In der kognitiven Entwicklung, in der Visumotorik und der differenzierten Raum-Lage-Wahrnehmung sowie in der Grobmotorik und im sprachlichen Ausdruck besteht dringender Förderbedarf.

5. Beratung

Im Beratungsgespräch mit den Pflegeeltern wird zunächst das Ergebnis der psychologischen Begutachtung besprochen. Die Pflegemutter sieht ihre Befürchtungen bestätigt und möchte dringend Hinweise haben, wie sie Sebastian fördern kann. Da sehr viele Funktionsbereiche betroffen sind, wird den Eltern zu einer Lerntherapie (vgl. Rollett, 1994) geraten, die mit einem methodenintegrativen Konzept den Aufbau der defizitären Entwicklungsbereiche intendiert. Die Mutter wird als Co-Therapeutin eingesetzt, um eine kontinuierliche spielerische Förderung zu gewährleisten. Während die kognitiven Fähigkeiten und die Visumotorik primär im lerntherapeutischen Setting behandelt werden, erhält die Mutter Hinweise, wie sie die defizitären sprachlichen Fähigkeiten verbessern und größere Selbständigkeit bei Alltagsroutinen erreichen kann. Die Mutter soll Ereignisse aus dem Alltag gemeinsam mit Sebastian besprechen, Bilderbücher anschauen und vorlesen sowie Geschichten auf Kassetten mit ihrem Pflegesohn anhören und über den Inhalt mit ihm reden. Zu den Alltagsroutinen wird eine Hierarchie an Lernzielen aufgestellt. Zunächst soll Sebastian Selbständigkeit im persönlichen Bereich lernen (An- und Ausziehen), wenn das gelingt, soll er eine kleine Aufgabe im familiären Bereich übernehmen (z.B. beim Tischdecken helfen). Bezüglich Sebastians Trennungsängsten zeigt sich die Pflegemutter beruhigt, als sie von der Psychologin erfährt, daß diese Symptomatik typisch für Kinder ist, die in der frühen Kindheit keine Bindung aufbauen konnten. Sie glaubt, daß sie nun besser mit Sebastians Anhänglichkeit umgehen kann und wird bestärkt, diesbezüglich nur wenige und nur notwendige Anforderungen an den Buben zu stellen.

Die Pflegeeltern thematisieren auch die Frage der Schulfähigkeit, die sich in einem bis eineinhalb Jahren stellen wird. Da bei einer so ausgeprägten Entwicklungsretardation nicht mit einem schnellen Behandlungserfolg zu rechnen ist, werden die Pflegeeltern auf eine wahrscheinliche Schulrückstellung um ein Jahr vorbereitet. Die Pflegeeltern reagieren mit offensichtlicher Erleichterung auf diese Information, da sie schon befürchtet hatten, Sebastian käme auf jeden Fall in eine Sonderschule.

Literatur

Kastner-Koller, U. & Deimann, P. (in Druck). *Der Wiener Entwicklungstest (WET)*. Göttingen: Hogrefe.

Rollett, B. (1994). Die Lerntherapie als Integrationsfeld von Psychologie und Pädagogik. Ein neues pädagogisch-psychologisches Berufsfeld. In R. Olechowski & B. Rollett (Hrsg.), *Theorie und Praxis. Aspekte empirisch-pädagogischer Forschung?* (S. 126-137). Frankfurt/M.: Lang.

2.

Schulische Maßnahmen bei intellektueller Hochbegabung - Karl, 5;0 Jahre

Aiga Stapf

Tübingen

Am *Psychologischen Institut* der Universität Tübingen werden im Rahmen der Arbeitsgruppe „Begabungs- und Persönlichkeitsentwicklung" (Schwerpunkt: Intellektuelle Hochbegabung) Kinder und Jugendliche von Diplom-PsychologInnen sowie im Rahmen der Ausbildung im Prüfungsfach „Psychologische Diagnostik und Intervention" von Studierenden unter Anleitung der Arbeitsgruppenleiterin fachpsychologisch untersucht.

Karl, 5;0 Jahre

1. Fragestellung

Die Eltern kamen mit Karl am 7.11.1995 an das Institut und baten, zu klären, ob Karl intellektuell hochbegabt ist und somit eine vorzeitige Einschulung sinnvoll sei. Der Anlaß für die psychologische Untersuchung war einerseits die Beobachtung der Eltern, daß Karl in seiner kognitiven Entwicklung deutlich weiter ist als gleichaltrige Kinder, und andererseits die Tatsache, daß Karl sich im Kindergarten nicht wohl fühlt, stört und sehr gerne schon jetzt in die Schule gehen würde.

2. Anamnestische Daten

Es wurde ein Elterngespräch durchgeführt sowie ein anamnestischer Fragebogen vorgegeben.

Karl war zum Untersuchungszeitpunkt 5;0 Jahre alt. Er hat einen ein Jahr alten Bruder. Die Mutter, eine ausgebildete Krankenschwester, befindet sich im Erziehungsurlaub, der Vater arbeitet als Mikroelektroniker in einer Computerfirma. Karl leidet an verschiedenen Nahrungsmittelallergien, beide Eltern an allergischem Asthma.

Die Eltern berichten, daß er als Säugling und Kleinkind sehr wach und aufmerksam, ungeduldig und äußerst wißbegierig war. Als Baby hat Karl eher wenig geschlafen. Die Eltern bemerken hierzu, daß es ihnen schien, als ob er Angst hatte, etwas zu verpassen. Bei den kleinsten Geräuschen wurde und wird er heute noch wach und springt aus dem Bett. Karl hat bis zu seinem zweiten Lebensjahr nur wenige Worte gesprochen; dann aber hat er ungewöhnlich schnell in der kurzen Zeit von zwei bis drei Monaten gelernt, in vollständigen Sätzen mit komplexer Satzstruktur zu sprechen. Ab dem Alter von zwei Jahren hat er sich intensiv für Buchstaben und Zahlen interessiert. Für altersgemäßes Spielzeug hingegen nicht.

Die Eltern geben an, daß Karl derzeit sehr ungern in den Kindergarten geht. Er langweilt sich dort, hat nur eine einzige Freundin und kommt mit den übrigen Gleichaltrigen eher nicht so gut zurecht, da sie seine Interessen nicht teilen. Seinen Unmut zeigt er auch manchmal, indem er andere Kinder anrempelt. Konflikte versucht er meist verbal durch Argumente, früher auch durch Schreien und Weinen zu lösen. Am besten verträgt er sich mit ruhigen Kindern, die sprachlich und geistig auch eher weiterentwickelt sind. Mit älteren Kindern würde er am liebsten spielen, er kennt jedoch keine. Daher bevorzugt er Erwachsene.

Im Kindergarten komme es häufig zu Konflikten mit der Erzieherin, da Karl beispielsweise beim „Stuhlkreis" nicht mitmache und störe. Die Erzieherin, die Karl eher ablehne, schickt ihn dann aus dem Raum. Ihrer Meinung nach zeigt Karl ein „unreifes Sozialverhalten". Dies äußert sich darin, daß er zu wenig Rücksicht auf andere Kinder nimmt, auf seine Interessen nicht verzichten kann, zu sehr im Mittelpunkt stehen will und sich in die Gruppe nicht einordnet.

In der Familie verhält sich Karl, nach Aussage der Eltern, eher dominant. Er möchte bestimmen und hält sich nur nach längerer Diskussion an die von den Eltern aufgestellten Regeln. Meist will er sie nach seinen Vorstellungen ändern oder umgehen. Wenn Kinder bei ihm zu Hause auf Besuch sind, „drehe er auf" und sei stark erregt. Eine angemessene Interaktion mit Gleichaltrigen fällt ihm schwer. Die Eltern betonen, daß Karl allerdings in der letzten Zeit gelernt hätte, Gleichaltrige nicht zu überfordern.

Karl hat viele wechselnde Interessen (z.B. sehr ausführliche Beschäftigung mit Verkehrszeichen), die er solange intensiv und konzentriert verfolgt, bis er das jeweilige Thema oder die Tätigkeit beherrscht. Sein derzeitiges Hobby ist Rechnen, die Beschäftigung mit Zahlen, das Lösen mathematischer Aufgaben und selbstgestellter Probleme sowie Englisch. Karl beherrscht im Zahlenraum von 100 die vier Grundrechenarten (im Kopf und schriftlich), sowohl in Deutsch als auch in Englisch. Im Zahlenraum von 1000 kann er fehlerfrei addieren und subtrahieren. Er spielt gerne Gesellschaftsspiele, Superhirn *(Master Mind)* und Schach. Außerdem löst er Kreuzworträtsel und ist außerordentlich interessiert an Sachbüchern, Kinderlexika und Atlanten. Er ließt fließend und sinnverstehend fremde Texte, kann vollständige Sätze schreiben und sachkundig mit dem Computer umgehen, wobei er auch mit englischen Programmen (Zahlenspiele und *Memory*) keinerlei Schwierigkeiten hat. Sein sprachlicher Ausdruck ist sehr gut. Diese intellektuell-akademischen Fähigkeiten hat sich Karl laut Aussage der Eltern meist von ihnen unbemerkt angeeignet, wie zum Beispiel „den Schritt vom Kennen der Buchstaben zum Lesen", wobei er oft eigene Methoden entwickle; Karl schreibt beispielsweise Zahlen wie Wörter von unten nach oben.

Im anamnestischen Fragebogen[1] schildern die Eltern ihn als ein sehr vitales, eher unruhiges Kind, das ununterbrochen redet. Bei geistig anspruchsvollen, ihn interessierenden Aufgaben kann er jedoch stundenlang sehr ruhig und konzentriert sein. Er begreift alles sehr schnell, besitzt ein überdurchschnittlich gutes Gedächtnis und versucht, selbständig Regeln und Gesetzmäßigkeiten zu erkennen. Bei kognitiven Aufgaben geht er meist sehr systematisch und planvoll vor. Sie beschreiben ihn weiter als außergewöhnlich eigenwillig, sensibel und leicht verletzbar, beispielsweise weint er sehr leicht bei nichtigen Anlässen.

Nach Angabe der Eltern glaubt Karl nicht, daß Lesen, Schreiben und Rechnen für ein Kindergartenkind ungewöhnlich sind. Er hält es eher für wichtig, daß man schnell rechnen kann, überhaupt Schnellster ist und im Spiel gewinnt. Seine hohe Leistungsmotivation drückt sich auch darin aus, daß er bei Mißerfolg schnell enttäuscht ist und weint oder zornig wird, wenn er bei einem Spiel verliert.

Derzeit besucht Karl einen Englischkurs für Vorschüler in der Volkshochschule und geht zur musikalischen Früherziehung, wo er allerdings unterfordert zu sein scheint. Er möchte lieber das Geigenspiel erlernen. Seine Eltern sind der Meinung, daß seine Feinmotorik nicht sehr gut ausgeprägt sei und schicken ihn zur stärkeren „Auslastung" in einen Turnverein, wo er gerne Leichtathletik betreibt. Auf Anraten der Erzieherin, sein Sozialverhalten zu verbessern, besucht Karl seit ungefähr fünf Monaten eine Spieltherapie. Da er dort die ungeteilte Aufmerksamkeit eines Erwachsenen erfährt, geht er gerne dorthin. Eine Veränderung seines Sozialverhaltens mit Gleichaltrigen aufgrund der Spieltherapie haben die Eltern nicht beobachtet.

3. Psychologische Testung

Beim Untersuchungstermin am 7.11.1995 wurde Karl, parallel zur Anamneseerhebung mit den Eltern, die Intelligenztestbatterie K-ABC *(Kaufman Assessment Battery for Children)* vorgegeben. Bei einem zweiten Untersuchungstermin am 16.11.1995 wurde er mit den SPM *(Standard Progressive Matrices)* getestet, um ganz grundlegend seine

---

[1] Dabei handelte es sich um einen speziell für die Untersuchung von Vorschulkindern entwickelten Anamnesefragebogen, der u.a. Fragen zur Entwicklung, zum aktuellen Verhalten, Interessen und Eigenarten von Vorschulkindern enthält - er wird vor der Untersuchung von der Familie ausgefüllt. Eine Reihe dieser Fragen dient der möglichen Abklärung einer intellektuellen Hochbegabung (vgl. Stapf, 1992).

Fähigkeit zum schlußfolgernden Denken zu erfassen, sowie mit der Intelligenztestbatterie AID *(Adaptives Intelligenz Diagnostikum)*.

Schon nach einigen Untertests der K-ABC stellte sich heraus, daß Karl durch die Testaufgaben außerordentlich gelangweilt wurde. Er war aufgrund der geringen geistigen Anforderungen, die die einzelnen Aufgaben für ihn besaßen, sichtlich wenig motiviert. Er erreichte dennoch in allen erfaßten Skalen weit überdurchschnittliche Werte (im folgenden in Prozenträngen (PR) angegeben):

Skala	PR
Einzelheitliches Denken	92
Ganzheitliches Denken	94
Intellektuelle Fähigkeiten	93
Fertigkeitenskala	93
Sprachfreie Skala	94

Die Leistungen in den einzelnen Untertests stellen sich wie folgt dar:

Einzelheitliches Denken	PR	
Handbewegungen	65	durchschnittlich
Zahlennachsprechen	95	weit überdurchschnittlich
Wortreihe	91	weit überdurchschnittlich
Ganzheitliches Denken		
Gestaltschließen	65	durchschnittlich
Dreiecke	91	weit überdurchschnittlich
Bildhaftes Ergänzen	91	weit überdurchschnittlich
Räumliches Gedächtnis	91	weit überdurchschnittlich
Fertigkeitenskala		
Gesichter und Orte	90	weit überdurchschnittlich
Rechnen	98	sehr weit überdurchschnittlich
Rätsel	56	durchschnittlich

Obwohl also insgesamt auf eine hochgradige intellektuelle Gewandtheit geschlossen werden kann, sind auch relative Leistungstiefs in manchen Untertests festzustellen; sie entsprechen deutlich Karls verbalen wie nonverbalen Äußerungen während der Testdurchführung, die erkennen ließen, daß die zu bearbeitenden Aufgaben ihn wenig herausforderten. Sein Kommentar am Ende der Testdurchführung: „Wenn ich gewußt hätte, was du mir für dumme Fragen stellst, wäre ich nicht gekommen", bezog sich insbesondere auf den Untertest *Rätsel*.

Da aufgrund dieses (de-) motivationalen Einflusses auf die Testleistung die intellektuellen Fähigkeiten nicht eindeutig zu beurteilen waren, wurde ein zweiter Untersuchungstermin notwendig. Die Testleiterin versprach ihm, daß er dann schwierigere

Aufgaben bekommen würde; um diesem Versprechen Nachdruck zu verleihen, d.h. um Karl für den zweiten Untersuchungstermin stärker zu motivieren, wurden ihm noch beim ersten Termin, nach dem K-ABC, die ersten drei Untertests des AID vorgegeben. Zwei Wochen später wurden dann mit ihm zunächst die SPM und daran anschließend die restlichen Untertests des AID durchgeführt. - Obwohl für beide Verfahren keine Normen für 5jährige existieren, sollten sie eingesetzt werden, weil gerade für sie anzunehmen war, daß sie Karl leistungsmäßig fordern bzw. fähigkeitsmäßig entsprechen würden.

In den SPM erreichte Karl bei Anwendung der britischen Normen für 6jährige einen PR = 99, wobei er eine Arbeitszeit von nur 30 Minuten benötigte: Die hier erbrachte Leistung liegt sehr weit über dem Durchschnitt und kann als Hinweis auf eine intellektuelle Hochbegabung angesehen werden.

Der AID machte Karl mehr Spaß als der K-ABC. Dennoch erschien Karl insgesamt etwas lustlos zu sein. Die Beobachtung der *Arbeitshaltungen* während des Tests ergab gemäß dem entsprechenden Beiblatt zum AID, daß er „sachorientiert", „gut konzentriert", „angemessen schnell" und „sorgfältig" bis „perfektionistisch" gearbeitet hat. Er war dabei „grobmotorisch ruhig", „kommunizierte angemessen", „sprach deutlich" und „differenziert" und „lehnte Hilfen eher ab". Am Ende der Testdurchführung zeigten sich deutliche Ermüdungserscheinungen.

Gemessen an den Normen für 6jährige erreichte Karl in den einzelnen Untertests folgende *T*-Werte:

Untertest	*T*-Wert	
Alltagswissen	69	überdurchschnittlich
Realitätssicherheit	61	überdurchschnittlich
Angewandtes Rechnen	81	*Normwerte für 8- bis 9jährige!*
Soziale und Sachliche Folgerichtigkeit	44	leicht unterdurchschnittlich
Unmittelbares reproduzieren-numerisch/ vorwärts	54	durchschnittlich
/ rückwärts	58	leicht überdurchschnittlich
Synonyme Finden	59	leicht überdurchschnittlich
Kodieren und	40	leicht unterdurchschnittlich
Assoziieren	48	durchschnittlich
Antizipieren und Kombinieren-figural	40	leicht unterdurchschnittlich
Funktionen Abstrahieren	60	überdurchschnittlich
Analysieren und Synthetisieren-abstrakt	69	überdurchschnittlich
Soziales Erfassen und Sachliches Reflektieren	48	durchschnittlich

Die Gesamtleistung von Karl im AID entspricht dem Prozentrang von 83 eines 6jährigen. D.h., selbst für einen 6jährigen wäre die erbrachte Leistung als weit überdurchschnittlich zu bezeichnen. Insbesondere in den Untertests *Alltagswissen, Angewandtes Rechnen* sowie *Analysieren und Synthetisieren*-abstrakt sind seine Werte herausragend. Karl besitzt demzufolge eine ausgeprägte Fähigkeit, sich Sachkenntnisse über Inhalte anzueignen, bei Problemlösungen durch entsprechende Schlußfolgerungen die passenden Rechenoperationen anzuwenden und komplexe Gestalten durch geeignete Strukturierung zur reproduzieren. Neben den sehr hohen mathematischen Fähigkeiten sowie dem räumlich-abstrakten Vorstellungsvermögen sind auch seine verbalen Fähigkeiten sowie sein logisch-schlußfolgerndes Denkvermögen als sehr hoch einzuschätzen.

4. Beantwortung der Fragestellung

Die Entscheidung, ob Karl hochbegabt ist, läßt sich ohne Angabe einer Definition von „Hochbegabung" nicht treffen. Die meisten Wissenschaftler sprechen einer Person ab PR = 97, d.h. Zugehörigkeit zu den obersten 3% der Intelligenztestwerteverteilung eine Hochbegabung zu. So gesehen erhielt Karl zwar in den SPM einen PR = 99, jedoch im K-ABC Prozentränge von 92 bis 94 und im AID - allerdings gemessen an 6jährigen - einen PR = 83. Dennoch kann Karl eindeutig als intellektuell hochbegabt bezeichnet werden. Die beobachteten leistungsmindernden Motivationsbedingungen im K-ABC stützen die an und für sich sehr guten testpsychologischen Ergebnisse.

Die Interpretation der Testergebnisse im Zusammenhang mit den anamnestischen Daten, insbesondere die Beachtung seiner freiwillig gewählten Beschäftigungen und seiner Interessen, die eindeutig auf intellektuell hohem Abstraktionsniveau liegen, sowie die Beobachtung seiner Arbeitshaltungen läßt die Frage klar beantworten, daß es sich bei Karl um einen intellektuell hochbegabten Jungen handelt. Er weist dabei herausragende Fähigkeiten im logisch-schlußfolgernden Denken auf sowie eine sehr hohe mathematische Begabung bei sehr gutem räumlich-abstraktem Vorstellungsvermögen.

Wie bei Vorschulkindern üblich, spielt bei Karl die Motivation eine starke Rolle für die jeweils erbrachte Leistung. Es wird ersichtlich, daß er für herausragende Leistungen anspruchsvolle Aufgaben benötigt. Daraus ist seine Ablehnung des Kindergartens als Ausdruck einer Unterforderung erklärbar und verständlich.

5. Intervention

Da Karl schon weit über den Stoff der ersten Klasse hinaus die erforderlichen Fertigkeiten (Rechnen, Lesen, Schreiben) beherrscht und er bei der Testdurchführung angemessene Arbeitshaltungen gezeigt hat, ist eine vorzeitige Einschulung anzuraten. Der Besuch der ersten Klasse der Grundschule sollte ab Frühjahr 1996 erfolgen, die er aber besser nur einige Monate des zweiten Schulhalbjahres besucht, um einer Demotivierung und einer negativen sozialen wie emotionalen Entwicklung aufgrund von Unterforderung vorzubeugen. Im Herbst 1996 sollte Karl dann die zweite Klasse besuchen. Auf eine Unterforderung auch in der zweiten Klasse wurden die Eltern hingewiesen.

Aufgrund der psychologischen Untersuchung und Beratung wurde Karl im März 1996 als Gastschüler der ersten Klasse der Grundschule zugelassen. Er besuchte zunächst dreimal pro Woche die Schule. Es wurde ihm eine Probezeit von vier Wochen zugestanden.

6. Katamnestische Daten

Kurz vor der Einschulung wurde Karl im Februar 1996 von dem für die aufnehmende Schule zuständigen Beratungslehrer nochmals einem Test zur Messung der Fähigkeit zum schlußfolgernden Denken (CFT 1, *Grundintelligenztest Skala 1*; Weiß & Osterland, 1971)[2] unterzogen. Der Lehrer gibt folgendes Gesamtergebnis an: *T*-Wert größer als 73, d.h. PR > 99 (weit überdurchschnittlich) - er merkt dabei an, daß die Normtabelle für die erzielten Rohwerte nicht ausreichte; bei der Bearbeitung der beiden ersten Untertests hätte Karl nicht unbedingt zügig gearbeitet, weil er vor lauter Reden nicht so richtig zum Arbeiten kam.

Das Ergebnis stimmt mit der oben getroffenen Einschätzung bezüglich Karl als hochbegabten Jungen überein und bestätigt die Richtigkeit der Entscheidung für eine vorzeitige Einschulung unter den gegebenen Bedingungen.

In zwei Gesprächen, Ende März und Anfang Juli 1996, berichtet die Mutter bezüglich seines Verhaltens in der Schule, daß es Karl gut geht. Es gefällt ihm in der Schule, er wird von seinen Klassenkameraden akzeptiert. Nach einer anfänglich eher ablehnenden Haltung der Lehrerin hat auch diese ihm gegenüber eine wohlwollende eingenommen. Er ist leistungsmäßig in der Klasse der Beste im Lesen und Rechnen. Die ihm gestellten Extraaufgaben sind meist zu leicht für ihn. Oft ist er auch „Rechenkönig". Die Leseübungen braucht er inzwischen nicht mehr mitzumachen, statt dessen darf er das Schreiben üben, das er jetzt genauso schnell und gut beherrscht wie die anderen Kinder seiner Klasse. Im Sport sei er manchmal enttäuscht, weil er bei Ballspielen zu bald ausscheiden müsse.

Seit Juni geht Karl auf seinen Wunsch hin jeden Tag in die Schule. Er möchte so sein wie die anderen Kinder auch, und richtig dazugehören. In der Schule ordnet er sich gut in die Gruppe ein.

Er spielt inzwischen Schach in einer Kinderschachgruppe. Die Mutter will ihn jetzt ein Musikinstrument erlernen lassen. Karl möchte in einem Verein Fußballspielen.

Die Schulbehörde hat inzwischen bestätigt, daß Karl im September 1996 in die zweite Klasse gehen darf.

---

[2] Es handelt sich dabei um den für 5- bis 9jährige gedachten Vorläufer des mittlerweilen gut bekannten CFT 20.

Literatur

Stapf, A. (1992). Begabungsentwicklung und Identifikation von hochbegabten Vorschulkindern. In K.K. Urban (Hrsg.), *Begabungen entwickeln, erkennen und fördern* (S.109-125). Hannover: FB Erziehungswissenschaften I, Universität Hannover.

Weiß, R.H. & Osterland, J. (1971). *Grundintelligenztest Skala 1 (CFT 1)*. Braunschweig: Westermann.

3.

Erziehungsberatung im Kontext der Einschulung - Sherin, 5;10 Jahre

Karla Hofmann

Berlin

In der *Rehabilitationspädagogisch-psychologischen Beratungsstelle* des Instituts für Rehabilitationswissenschaften der Humboldt-Universität zu Berlin gibt es Angebote zur kinderneuropsychiatrischen, psychologischen und sonderpädagogischen Diagnostik, Beratung bzw. Therapie für Kinder und Jugendliche mit und ohne Behinderungen. Für Studenten rehabilitationspädagogischer Fachrichtungen wird durch Möglichkeiten zur Hospitation und Fallbesprechung eine praxisnähere Ausbildung gewährleistet.

Sherin, 5;10 Jahre

1. Fragestellung

Die Kindesmutter wandte sich mit der Bitte um Beratung zur Erziehung und zum weiteren Bildungsweg ihrer knapp sechsjährigen Tochter an unsere Institution. Das Kind kann bereits Lesen und Schreiben, erhält Klavier- und Tanzunterricht und verlangt ständig nach neuen Aufgaben, die es fordern und ihren Ehrgeiz befriedigen. Die Mutter möchte wissen, ob bei ihrem Kind eine besondere Begabung vorliegt, der möglicherweise mit einem speziellen Bildungsweg Rechnung getragen werden müßte, und wie sie mit den ständigen Forderungen des Kindes nach attraktiven Beschäftigungen umgehen soll.

2. Bisheriger Sachverhalt

Sherin wird besonders in den zurückliegenden eineinhalb Jahren von ihrer Mutter als ein sehr kreatives und wißbegieriges Kind erlebt. An selbstgewählten Beschäftigungen bevorzugt sie Bastelarbeiten, wobei sie aus verschiedensten Materialien Kollagen und Bilder zusammenstellt. Sie hat sich das Schreiben und Lesen mehr oder weniger selbst erarbeitet. Die Unterstützung der Erwachsenen hierbei bezog sich vor allem auf die Beantwortung der von Sherin gestellten Fragen. Im Kindergarten bzw. in der Vorschule klagt Sherin, daß sie sich langweilt, daß ihr die dort durchgeführten Beschäftigungen zu leicht wären, sie das sowieso alles schon kann. Was dort gespielt wird, bereitet ihr auch nur selten Spaß. Versuche der Mutter, mit verschiedenen Vorschulerzieherinnen darüber zu sprechen, daß ihr Kind bereits über Fertigkeiten im Lesen und Schreiben verfügt, um eventuell zu erreichen, daß Sherin zusätzliche, sie wirklich fordernde Aufgaben erhält, sind fehlgeschlagen. Die Pädagogen hätten die Lesefähigkeiten des Kindes nicht ernst genommen und - ohne sie zu überprüfen - als „Auswendiggelerntes" zurückgewiesen.

3. Psychologische Untersuchung

Sherin wurde zu zwei Terminen im Abstand von einer Woche psychologisch untersucht. Zum ersten Termin erschien sie in Begleitung ihrer Mutter und deren Lebensgefährten, beim zweiten Termin nur in Begleitung der Mutter. Sherin erschien lässig, aber modisch gekleidet zur psychologischen Untersuchung. Das 1.18 m große und 20 kg schwere Kind ist als eher zierliche Erscheinung zu bezeichnen. Das leicht gekräuselte Haar trägt sie schulterlang. Trotz ihrer leicht getönten Hautfarbe wirkt ihr schmales Gesicht blaß. Der Zahnwechsel hat noch nicht eingesetzt.

Die Anamneseerhebung erfolgte anhand des DEF (*Diagnostischer Elternfragebogen;* Dehmelt, Kuhnert & Zinn, 1993), den die Mutter und ihr Lebensgefährte gemeinsam bearbeiteten, sowie im Gespräch mit der Mutter im Anschluß an die erste Untersuchung des Kindes.

3.1. Entwicklungsgang und derzeitige Lebensumstände

Sherin wurde am 16.4.1990 als erstes und einziges Kind ihrer Eltern geboren. Schwangerschaft und Geburt verliefen normal, ihr Geburtsgewicht betrug 2900 Gramm. Sherins weitere statomotorische Entwicklung wird als altersgerecht beschrieben; erste einzelne Wörter spricht sie bereits mit 11 Monaten. Die Mutter hat Sherin als pflegeleichtes, anpassungsfähiges Baby in Erinnerung. Häufige Ohrentzündungen im Kleinkindalter machten ein Operation (Einsetzen von Paukenröhrchen) im Alter von vier Jahren notwendig.

Seit ihrem vierten Lebensjahr besucht Sherin einen Kindergarten. Obwohl die Mutter im Fragebogen angibt, daß ihr Verhalten dort ohne Probleme gewesen sei, räumt sie auch ein, daß Sherin von anderen Kindern als Spielpartner abgelehnt wurde. Die Entscheidung, Sherin aus dem Kindergarten herauszunehmen und in eine Vorschule zu schicken, begründete die Mutter mit Sherins Angst vor einem bestimmten

Kind der Gruppe: Ein Junge tyrannisierte die ganze Kindergruppe und Sherin wußte mit seinen Aggressionen nicht umzugehen. Da Sherin im Elternhaus zu Gewaltfreiheit erzogen wurde, wollte die Mutter ihrer Tochter diese Situation nicht länger zumuten. Derzeit besucht Sherin vormittags die Vorschule, nachmittags wird sie - gemeinsam mit drei weiteren Vorschulkindern - von einer Tagesmutter recht individuell betreut.

Sherins Eltern leben seit vier Jahren getrennt; Sherin hat ca. alle zwei Monate Kontakt zu ihrem syrischen Vater. Die Mutter lebt seit längerer Zeit mit einem 20 Jahre älteren Mann zusammen, der sich auch an Sherins Betreuung und Erziehung beteiligt. Die 26jährige Mutter hat den Beruf einer Bürokauffrau erlernt und ist derzeit als Sozialarbeiterin tätig. Der Lebensgefährte ist freiberuflicher Künstler. Die Familie bewohnt eine Altbauwohnung, in der Sherin über ein eigenes Zimmer verfügt.

Im Gespräch mit der Mutter wird deutlich, daß sie sich persönlich sehr stark verantwortlich fühlt für eine optimale Förderung ihrer Tochter. Sie entwickelt regelrechte Schuldgefühle, wenn die Tochter immer wieder äußert, sich zu langweilen bzw. keine Lust auf Dinge zu haben, die sie längst kann. Die Mutter organisierte zusätzliche Betätigungen für das Kind, zum Beispiel die Teilnahme an einem Kurs zur Musikalischen Früherziehung in der Musikschule. Aber auch dort gab sie nach kurzer Zeit ihre Teilnahme wieder auf. Sherin selbst dazu befragt, äußerte: „Ich konnte das alles schon, was wir dort gemacht haben, ich war viel zu gut für die anderen, deshalb wollte ich nicht mehr hingehen." Daraufhin organisiert die Mutter privat Klavierunterricht, den Sherin derzeit regelmäßig besucht. Darüber hinaus hat sie die Tochter im Kinderballett einer großen Berliner Bühne vorgestellt, für eine Eiskunstlauf-Trainingsgruppe angemeldet und für *Castings* als Fotomodell vormerken lassen. Besonders letzteres findet die Tochter „echt super". Die Mutter bemerkt dazu, daß Sherin schon seit frühester Kindheit großen Gefallen daran findet, sich selbst, ihre Bewegungen, im Spiegel zu beobachten oder sich vor anderen Leuten zu präsentieren.

Sherin hat wenige Spielkameraden und spielt zu Hause „sowieso lieber allein". Es gibt nur ein Kind, das sie als ihre Freundin nennt und das auch gelegentlich mit in die Wohnung kommt. Sherin spielt also kaum mit gleichaltrigen Kindern, lieber mit älteren oder mit jüngeren, um die sie sich dann liebevoll kümmern kann. Die Mutter schildert, daß sich Sherins Kontakte zu Gleichaltrigen oft sehr problematisch gestalten, weil sie sich häufig selbstsüchtig verhält, alles besser weiß und sich aufspielt, wenn es nicht nach ihr geht. Infolgedessen kommt es vor, daß sie von anderen Kindern wenig beachtet bzw. gemieden wird und sich dann auch von den anderen zurückzieht. Mit Vorliebe sucht Sherin aber Kontakte zu Erwachsenen. Mit ihnen beschäftigt sie sich besonders gern, spielt mit ihnen oder nimmt sie anderweitig „für sich in Anspruch".

Zu Hause verhält sich Sherin nach Angaben der Mutter häufig demonstrativ, trägt zum Beispiel schlechte Laune zur Schau. Auf die Frage, was los ist bzw. was sie verärgert hat, schweigt sie sich aus und offenbart sich erst nach langem Drängen.

Die Mutter fühlt sich offensichtlich für jedes Problem des Kindes bzw. dessen Klärung verantwortlich. Beispielsweise suchte sie am nächsten Tag die Vorschullehrerin zu einem klärenden Gespräch auf, als die Tochter berichtete, daß sie und andere

Kinder der Gruppe ungerechtfertigterweise von dieser ausgeschimpft worden waren. Die Tatsache, daß sich Sherin in der Vorschule - nach Auskunft bei der Lehrerin - höflich, freundlich und eher zurückhaltend verhält, sieht die Mutter eher kritisch. Sie befürchtet hier ungünstige, ihr Kind einschüchternde Erziehungsbedingungen. Danach befragt, wie sie ihr Kind im allgemeinen belohnt oder bestraft, gibt die Mutter an, ihr Kind überhaupt nicht zu bestrafen, sondern mit der Tochter jedesmal eine Diskussion über ihr kritikwürdiges Verhalten zu führen.

Die Mutter fühlt sich in letzter Zeit immer häufiger durch ihr „anstrengendes" Kind regelrecht erschöpft. Sherin verlangt selbst bei der Alleinbeschäftigung zu Hause fast ständig nach jemandem, der ihr Materialien zur Verfügung stellt, ihr Hilfestellung bei Bastelarbeiten leistet, ihre Fragen beantwortet etc. Auch Verwandte und Freunde, die gemeinsam besucht werden oder bei denen Sherin einige Stunden allein verbleibt, würden bestätigen, daß sie das Kind als sehr anstrengend erleben. Sie sind fasziniert von ihren Fertigkeiten, ihrer Wißbegier, fühlen sich aber bald stark vereinnahmt. Sherins Redensarten werden von anderen Erwachsenen häufig als altklug bezeichnet.

Zusammenfassend ist festzustellen, daß sich die Mutter einerseits durch die Ansprüche ihres Kindes überfordert fühlt, andererseits aber auch eine Pflicht empfindet, die Interessen und potentiellen Begabungen ihres Kindes bestmöglich zu fördern. Das geschilderte Dilemma bewog die Mutter letztlich, eine Beratung in Anspruch zu nehmen.

3.2. Testergebnisse

Um die Frage nach dem eventuellen Vorliegen einer intellektuellen Hochbegabung bei Sherin zu beantworten, kamen folgende Verfahren zur Anwendung: AID *(Adaptives Intelligenz Diagnostikum)*, CFT 1 *(Grundintelligenztest Skala 1*; Weiß & Osterland 1971)[1], der *Zeichnerische Reproduktionsversuch* (Kugler, 1970)[2], die Untertests 15 *Lesen/Buchstabieren* und 16 *Lesen/Verstehen* aus der K-ABC *(Kaufman Assessment Battery for Children)*, eine informelle *Schreibprobe*, sowie der Computertest *Arbeitshaltungen* (Kubinger & Ebenhöh, 1996)[3]. Das Vorliegen künstlerischer Begabungen

---

[1] Beim CFT 1 handelt es sich um die am Entwicklungsstand jüngerer Kinder (normiert im Altersbereich 5;3 bis 9;5 Jahre) orientierte Variante der bekannten *Culture Fair Tests* von *R.B. Cattell* (vgl. den mittlerweilen bekanntesten CFT 20).

[2] Im *Zeichnerischen Reproduktionsversuch* ist das Kind aufgefordert, 7 geometrische Figuren, die in aufsteigender Schwierigkeit geordnet sind, abzuzeichnen. Die Auswertung bezieht sich nur auf die letzten drei Figuren: ein Umrißkreuz, ein eingebettetes Kreuz und eine Wabenfigur. Die für jede Figur bepunktete Ausführungsqualität wird zu einem Gesamtwert verrechnet, der im Altersbereich von 5;0 bis 9;0 normiert ist. Die *Retest*-Reliabilität wird mit $r = .82$ angegeben, die kriteriumsbezogene Validität mit den CPM *(Coloured Progressive Matrices*; Becker, Schaller & Schmidtke, 1978) liegt bei $r = .70$. Das Verfahren ist vom Autor als Kurzprobe kognitiver Leistungen gedacht.

[3] Diese Kurz-Testbatterie besteht aus insgesamt drei Untertests, die als „Objektive Persönlichkeits*tests*" konzipiert sind. Der erste Untertest *Flächengrößen Vergleichen* mißt *Impulsivität/Reflexivität*; hier soll die Tp entscheiden, welches der ihr simultan auf je einem Bild dargebotenen unregelmäßig gestalteten Gebil-

wurde nicht geprüft. Um eine differenzierte Einsicht in die von der Mutter geschilderten Verhaltensweisen des Kindes zu erlangen, wurde sie um Bearbeitung der HAVEL (*Hamburger Verhaltensbeurteilungsliste*; Wagner, 1981) gebeten.

Die Intelligenztestbatterie AID wurde als Untersuchungsverfahren herangezogen - obwohl sie erst für 6jährige normiert ist und Sherin zum Zeitpunkt der Untersuchung noch ca. sechs Wochen bis zur Vollendung des 6. Lebensjahres fehlten -, da eine begründete Hypothese für das Vorliegen einer sehr guten intellektuellen Begabung bestand. Bei der Interpretation der AID-Ergebnisse ist daher eine leichte Unterschätzung der Fähigkeiten des Kindes einzukalkulieren.

Sherins im AID ermittelte intellektuelle Leistungsfähigkeit liegt im Durchschnittsbereich (vgl. untenstehende Tabelle).

Untertests im AID	*T*-Wert
Alltagswissen	43
Realitätssicherheit	41
Angewandtes Rechnen	45
Soziale und Sachliche Folgerichtigkeit	45
Unmittelbares reproduzieren-numerisch/ vorwärts	54
/ rückwärts	58
Synonyme Finden	47
Kodieren und	51
Assoziiern	48
Antizipieren und Kombinieren-figural	36
Funktionen Abstrahieren	52
Analysieren und Synthetisieren-abstrakt	43
Soziales Erfassen und Sachliches Reflektieren	47

Diese Aussage behält auch unter Beachtung obengenannter Prämisse und unter Respektierung des zu berücksichtigenden Meßfehlers (*IQ* > 93) ihre Gültigkeit. Der *Ran-*

---

de die größere Fläche beinhaltet, wobei die Flächengrößen nur gering differieren, was das Finden der richtigen Antwort erschwert - eine dritte Antwortmöglichkeit besteht darin, „keine Entscheidung" zu treffen. Zusätzlich zu *Impulsivität/Reflexivität* wird mit besonderen Testkennwerten die *Exaktheit* und die *Entschlußfreudigkeit* der Tp erfaßt. Der zweite Untertest *Symbole Kodieren* mißt *Anspruchsniveau* und *Frustrationstoleranz;* in 5 Etappen zu je 50 Sekunden Bearbeitungszeit hat die Tp nach vorgegebenem Kodierschlüssel zu den fortlaufend in unsystematischer Weise am Bildschirm gebotenen Figuren das zugehörige Symbol zuzuordnen, wobei der jeweils erfolgten Rückmeldung über die Anzahl der (richtig) kodierten Symbole ab der 2. Etappe die Aufforderung an die Tp folgt, für die jeweils folgende Etappe die Anzahl von erfolgten Kodierungen zu prognostizieren - ab der 3. Etappe wird die Tp zusätzlich einer Frustrationsbedingung ausgesetzt, nämlich fälschlich über das Leistungsniveau anderer Personen informiert. Neben o.g. Testkennwerten werden u.a. *Leistungsniveau* und *Zieldiskrepanz* erfaßt. Der dritte Untertest *Figuren Unterscheiden* mißt *Leistungsmotivation;* es werden pro Item 4 einfache geometrische Figuren geboten, wobei die jeweils eine, sich von den übrigen deutlich unterscheidende Figur zu identifizieren ist - der Test besteht aus theoretisch unendlich vielen Items, d.h. die Testvorgabe erfolgt so lange, bis die Tp den Test von sich aus beendet.

ge der Intelligenz fällt mit dem 24. Prozentrang relativ niedrig aus, was eine geringe Streuung der Untertestwerte indiziert (*T*-Werte zwischen 36 und 58). Die Minimalleistung sämtlicher Untertests *(Intelligenzquantität)* liegt bei einem PR = 46 im unteren Durchschnittsbereich. In einer Analyse des Untertestprofils werden signifikante intraindividuelle Schwächen[4] in den Untertests *Realitätssicherheit* und *Antizipieren und Kombinieren*-figural festgestellt. Intraindividuelle Stärken sind im *Unmittelbaren Reproduzieren*-numerisch/vorwärts und rückwärts erkennbar, was eine gute Fähigkeit zur kurzzeitigen Speicherung bzw. Konzentration in verbal-akustischen Anforderungen signalisiert. Aus der Profilanalyse ergeben sich keine Hinweise auf ein auffällig viel gefördertes Kind, wie es laut Handbuch zu diagnostizieren möglich wäre.

Die Auswahl des CFT 1 erfolgte aus der Überlegung heraus, ein Verfahren zu nutzen, daß es erlaubt, gegenüber kulturellen Vorerfahrungen relativ unabhängige intellektuelle Fähigkeiten zu erfassen. Da Sherin als gut gefördertes, umweltinteressiertes Kind gelten darf, ist die im CFT 1 abbildbare Intelligenz für die Beurteilung ihrer geistigen Leistungsfähigkeit von hohem Interesse.

Insgesamt erreicht Sherin im CFT 1 ein Gesamtergebnis, das dem Durchschnitt ihrer Altersgrupppe entspricht (*IQ* = 100; bei Berücksichtigung des möglichen Meßfehlers liegt der wahre *IQ* im Bereich von 90 bis 110). Das betrifft sowohl Wahrnehmungsumfang und -geschwindigkeit im visuellen Bereich (Untertests *Substitutionen* und *Labyrinthe*) als auch ihre Fähigkeiten beim Erkennen von Regeln und Herstellen von Beziehungen (Untertests *Klassifikationen, Ähnlichkeiten* und *Matrizen*); geringfügige Differenzen zwischen den beiden ersten und den weiteren Untertests sind diagnostisch zu vernachlässigen. Im letzten Untertest war ein deutliches Absinken der Motivation zu beobachten, was möglicherweise mit der Art des hier zu bearbeitenden Materials zusammenhängt: Sherin beginnt, entgegen ihres sonstigen konzentrierten und strukturierten Vorgehens, impulsiv zu arbeiten; d.h., sie gibt ihr Bemühen um eine richtige Aufgabenlösung auf, entscheidet übereilt und unreflektiert, um, so scheint es, der Aufgabenstellung möglichst schnell zu entrinnen. Eine solche Arbeitsweise, verbunden mit einem allgemeinen Tonusverlust, ist als wenig typisch für ihr Arbeitsverhalten im gesamten Untersuchungsverlauf zu bezeichnen.

Im *Zeichnerischen Reproduktionsversuch* entspricht die Reproduktionsleistung (vgl. Abb. 1) dem 25. bis 50. Prozentrang und liegt damit im Bereich des Durchschnitts ihrer Altersgruppe.

Die genannten Untertests der K-ABC schienen geeignet, das Niveau der Lesefertigkeiten Sherins zu bestimmen. Im Untertest 15 *Lesen/Buchstabieren* ist das Kind aufgefordert, zunächst Buchstaben, dann einfache und schwierigere Wörter zu erlesen. Im Untertest 16 *Lesen/Verstehen* wird dem Kind ein Wort bzw. eine Wortverbindung gezeigt, und es erhält den Auftrag, genau das zu tun, was geschrieben steht. Gemessen an der Norm der Altersgruppe der 7;0-7;11jährigen erreicht Sherin im Untertest 15 ei-

---

[4] Laut Handbuch sind signifikante Abweichungen durch eine Differenz von mindestens 16 *T*-Werten zwischen jeweils zwei Untertests identifizierbar.

nen PR = 35.5, im Untertest 16 - hier gemessen an der Norm der 7;0 bis 7;2jährigen - einen Prozentrang von 50. Damit liegen ihre Lesefertigkeiten auf einem Niveau, daß Kinder durchschnittlich in der zweiten Hälfte des ersten Schuljahres erreichen.

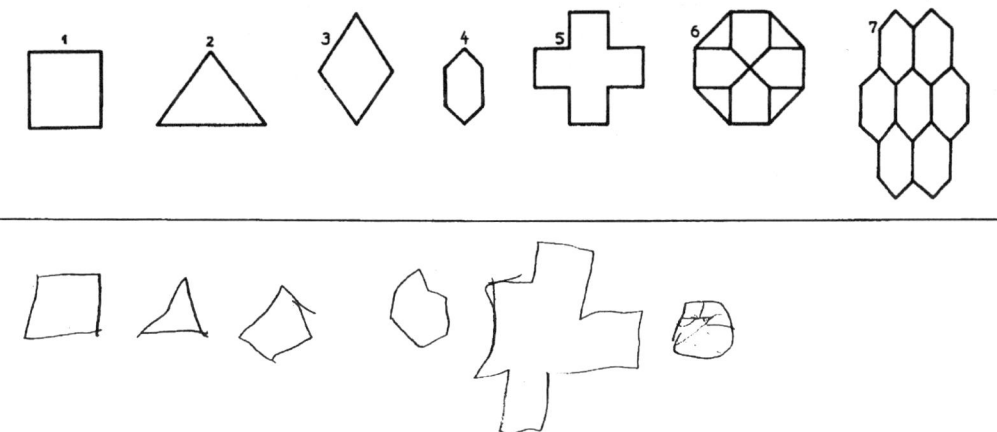

Abbildung 1: Vorlage und Reproduktionsleistung von Sherin im *Zeichnerischen Reproduktionsversuch.*

In der informellen *Schreibprobe* benutzte Sherin große Druckbuchstaben und war in der Lage, eine Reihe von ein-, zwei- und dreisilbigen Wörtern richtig bzw. phonemgerecht zu Papier zu bringen (z.B. Hose, Baden, Elefant, Einkaufen).

Für die *Arbeitshaltungen* liegen bisher nur Normen für Erwachsene vor, es schien aber unabhängig davon interessant, gemäß der Fragestellung nach einem spezifischen Bildungsweg die Arbeitshaltung von Sherin im Sinn von „Arbeitstugenden" in standardisierter Weise zu prüfen. So gesehen zeigt Sherin im Untertest *Flächengrößen Vergleichen* wenig *Exaktheit* (PR = 4.8) und sehr hohe *Impulsivität* (Impulsivität/Reflexivität - PR = 0.6). Bezugnehmend auf ihren Arbeitsstil im letzten Untertest des CFT 1 ist auch hier zu schlußfolgern, daß Sherin in von ihr als schwierig erlebten Anforderungen offensichtlich zu einer impulsiven Arbeitsweise übergeht. Außerdem deutet dieser Untertest hohe *Entschlußfreudigkeit* (PR = 80.3) an. Im Untertest *Symbole Kodieren* liegt ihr *Anspruchsniveau* mit einem PR = 14.4 weit unterhalb des Normbereiches; dieses geringe Anspruchsniveau indiziert laut Handbuch eine Mißerfolgsmotivation des Kindes: Sie gibt Prognosen bezüglich ihrer zu erwartenden Leistungen ab, die sie dann deutlich überbietet. Ein solches Vorgehen führt notwendigerweise zu einem hohen Prozentrang (PR = 94.3) hinsichtlich ihrer *Zieldiskrepanz.* Ihr *Leistungsniveau* ist mit einem PR = 15.9 ihrem Alter entsprechend erwartungsgemäß niedrig. Ihre *Frustrationstoleranz* rangiert mit einem PR = 13.5 ebenfalls weit unter dem Durchschnittsbereich Erwachsener. - Für den Untertest *Figuren Unterscheiden* wurden keine Daten erhoben, da das Kind nach ca. siebzigminütiger Beanspruchung durch unterschiedliche Testanforderungen das Ende seiner Leistungsbereitschaft deutlich signalisierte.

Die Mutter bearbeitete die HAVEL mit der Instruktion, speziell auf die Schule gerichtete Fragen auszulassen. Infolgedessen kann die Skala *Gewissenhaftigkeit* nicht ausgewertet werden. In der Skala *Vegetative Labilität* wird Sherin eine überdurchschnittlich geringe vegetative Symptomatik zugeschrieben (Stanine-Wert = 7, d.i. ein Prozentrang zwischen 78 und 89). In Skala *Arbeitshaltung* bescheinigt ihr die Mutter überdurchschnittlich gute Konzentrationsfähigkeit, hohe Leistungsmotivation und gutes Durchhaltevermögen (Stanine-Wert = 3, d.i. ein Prozentrang zwischen 12 und 23). Der Testwert der Skala *Dominanz* (Stanine-Wert = 9, d.i. ein Prozentrang zwischen 97 und 100) macht deutlich, daß das Kind von der Mutter als weit überdurchschnittlich egoistisch, angeberisch und besserwisserisch sowie geltungsstrebend wahrgenommen wird.

3.3 Verhaltensbeobachtung

Der Psychologin gegenüber verhält sich Sherin anfangs altersgerecht zurückhaltend, zeigt aber nach kurzer Eingewöhnung gute Kontaktbereitschaft. In bezug auf die Aufgabenstellungen ist sie hochmotiviert. Im Verlauf der Untersuchung läßt sie kaum emotionale Reaktionen erkennen. Hin und wieder verbalisiert sie spontan, daß die Aufgaben doch leicht seien - auch wenn die von ihr angebotene Lösung falsch ist. Dies läßt sich vor allem in verbal-akustischen Untertests beobachten. Sherin artikuliert altersgerecht, dabei ist ein leichter Sigmatismus nicht zu überhören. Mit zunehmender Dauer der Untersuchung fällt es ihr schwer, auf ihrem Stuhl zu sitzen. Sie wechselt häufig die Körperhaltung, kniet, hängt bei verbalen Anforderungen die Füße über die Armlehne des Stuhls und erledigt zum Beispiel die Puzzle-Anforderungen im Stehen. Beim zweiten Untersuchungstermin ist Sherin deutlich schneller erschöpft, wendet öfters ein, daß sie jetzt Hunger hätte oder lieber spielen möchte. Ihre Leistungsmotivation läßt deutlich früher nach.

3.4. Zusammenfassung der Befunde

In bezug auf die Fragestellung läßt sich unter Zusammenfassung sämtlicher Befunde feststellen, daß bei Sherin im Hinblick auf ihre kognitiven Fähigkeiten nicht von einer Hochbegabung auszugehen ist. Dafür sprechen die im Durchschnittsbereich ihrer Altersgruppe liegenden Ergebnisse in sämtlichen Tests der intellektuellen Leistungsfähigkeit, die verbal-akustische und manuell-visuelle Fähigkeiten einbezogen. Im AID, der ein breites Spektrum jener Fähigkeiten erfaßt, die intelligentes Verhalten ausmachen, ist deren Spannweite gering. D.h., die hier erhobenen kognitiven Fähigkeiten sind sehr ausgeglichen, von einer intraindividuellen Leistungsspitze kann lediglich in bezug auf die Fähigkeit zur kurzzeitigen Speicherung verbal- akustisch dargebotener Informationen ausgegangen werden.

Demgegenüber verfügt Sherin über Fertigkeiten im Lesen und Schreiben, die deutlich über dem Durchschnitt ihrer Altersgruppe liegen. Nach Angaben der Mutter hat sich Sherin das Lesen und Schreiben ohne pädagogische Anleitung selbst angeeignet - die Tatsache, daß sie in Druckschrift und nicht im Schreibschrift schreibt, spricht dafür, daß eine solche Anleitung zumindest nicht systematisch stattgefunden hat. Geht man davon aus, daß sich Fertigkeiten auf dem Hintergrund kognitiver Fähigkeiten herausbilden und darüber hinaus eine Reihe nicht-kognitiver Aspekte, zum Beispiel aktualisierbare Konzentration und Motivation, für ihre Ausbildung eine gewichtige Rolle spielen, bietet sich eine Erklärung für eine so frühzeitige, interessierte Zuwendung des Kindes zu den Kulturtechniken an: Da Sherin weniger gern mit Gleichaltrigen spielt, sondern viel mehr mit Erwachsenen kommuniziert, hat die Bedeutung, die dem Lesen und Schreiben im Kreise Erwachsener zukommt, ihr frühes Interesse dafür geweckt. Die hohe Aufmerksamkeit, die ihre ersten Lese- bzw. Schreibversuche bei Erwachsenen offensichtlich erzielten, dürften ihre Motivation beflügelt haben, ihr Können weiter zu vervollkommnen. Die gute Konzentrationsfähigkeit erleichterte einen schnellen Lernzuwachs.

4. Psychologische Beratung

Unter Berücksichtigung der genannten Konstellationen läßt sich erwarten, daß Sherin - wenn es gelingt, ihre Leistungsmotivation auch für Anforderungen der Schule zu aktualisieren - Schulleistungen erzielen wird, die ihr kognitives Niveau übertreffen. Aufgrund der durchschnittlichen kognitiven Fähigkeiten ist von einem alternativen Beginn der Schullaufbahn des Kindes aber abzuraten!

Um eine zu erwartende Unterforderung Sherins vor allem im Leseunterricht der ersten Klasse zu vermeiden, könnten dem Kind - in Absprache mit der Lehrerin - schon schwierigere Texte vorgelegt werden. Im Interesse Sherins weiterer Persönlichkeitsentwicklung wäre ihr eine Klassenlehrerin zu wünschen, die es versteht, Sherins Fertigkeiten adäquat zu fördern, ohne ihr eine Sonderrolle innerhalb der Klasse zuzuweisen.

Die im Computertest zu Tage getretene Strategie des Kindes, seine Trauben mehr oder weniger bewußt niedrig zu hängen, gibt Grund zu der Annahme, daß Sherin nicht vordergründig eine gute Leistung anstrebt. Einen für sie viel höheren Stellenwert hat die Selbstbekräftigung der eigenen Persönlichkeit, die sie nach Überbieten der eigenen Prognose möglicherweise erlebt.

Im Hinblick auf die bevorstehende Einschulung läßt sich prognostizieren, daß Sherin Schwierigkeiten bei der angemessenen Gestaltung ihrer sozialen Beziehungen zu anderen Kindern haben wird. Ihr fällt es schwer, die eigenen Bedürfnisse mit denen anderer abzustimmen, andere Kinder als gleichwertige Partner anzuerkennen und dementsprechend mit ihnen zu interagieren. Ihre Partnerwahl scheint gegenwärtig sehr dadurch bestimmt, wie in dieser Beziehung ihre narzißtischen Bedürfnisse befriedigt werden können. Der Mutter wurde daher empfohlen, bei der Wahl der Freizeitbeschäftigungen für ihre Tochter auf solche zu verzichten, die die narzißtischen Tendenzen des Kindes eher noch fördern, wie zum Beispiel *Castings*. Die sportlichen Ambitionen des Kindes sollten auf solche Sportarten gelenkt werden, die es Sherin ermöglichen, Gruppenerfahrung zu sammeln. Lob und andere Formen der Verstärkung sind weniger auf Einzelleistungen des Kindes zu konzentrieren, als vielmehr auf ihre Gruppenfähigkeiten. Anstatt selbst als Beschäftigungspartner des Kindes zu agieren, sollten erwachsene Bezugspersonen das Zusammenspiel des Kindes mit anderen Kindern stärker fördern, altersgemäße Spielideen unterstützen und Sherin häufiger andere Kinder zum Spielen einladen lassen.

Die Mutter leidet bereits unter der Dominanz der Tochter in der Mutter-Kind-Beziehung. Deshalb wurde mit ihr erörtert, wie sie in der Kommunikation und in der Interaktion mit dem Kind ihre eigene Identität einbringen und somit notwendige Grenzen setzen kann. Im Interesse ihrer eigenen psychischen Entlastung wurde die Mutter bestärkt, in Probleme ihrer Tochter weniger einzugreifen und deren Lösungsaktivitäten abzuwarten sowie ein Stück die Verantwortung für eine das Kind ausfüllende Freizeitgestaltung dem Kind selbst zuzugestehen.

5. Fallabschluß

Sherin wurde altersgemäß in eine Grundschule eingeschult.

Literatur

Becker, P., Schaller, S. & Schmidtke, A. (1978). *Coloured Progressive Matrices (CPM). Deutsche Version*. Weinheim: Beltz.

Dehmelt, P., Kuhnert, W. & Zinn, A. (1993). *Diagnostischer Elternfragebogen (DEF)*. Weinheim: Beltz.

Kubinger, K.D. & Ebenhöh, J. (1996). *Arbeitshaltungen - Kurze Testbatterie: Anspruchsniveau, Frustrationstoleranz, Leistungsmotivation, Impulsivität/Reflexivität*. Test: Software und Manual. Frankfurt: Swets.

Kugler, K. (1970). Vergleichende Untersuchungen zur diagnostischen Tauglichkeit zeichnerischer eproduktionsleistungen im Vorschul- und Schulalter. *Probleme und Ergebnisse der Psychologie, 32*, 51-65.

Wagner, H.(1981). *Hamburger Verhaltensbeurteilungsliste (HAVEL)*. Göttingen: Hogrefe.

Weiß, R.H. & Osterland, J. (1971). *Grundintelligenztest Skala 1 (CFT 1)*. Braunschweig: Westermann.

4.

Einschulung bei Entwicklungsverzögerung - Martin L., 5;10 Jahre

Adam Kormann

Landshut

Hauptaufgaben der *Schulberatung und Schulpsychologie* an der staatlichen Schulberatungsstelle für Niederbayern sind Schul- und Bildungslaufbahnberatung, Einzelfallhilfe, Beratung von Eltern, Lehrern und Schule (*"Systemberatung"*) und die Kooperation mit außerschulischen Institutionen mit folgenden Funktionen: Augmentative Funktion zur Optimierung individueller Entwicklung und Bildungschancen; sozialintegrative Funktion zur Unterstützung schulischer, familiärer und gesellschaftlicher Erziehungs- und Sozialisationsaufgaben; erziehungsinnovatorische bzw. -reformische Funktion. In Bayern wird Schulberatung auf Bezirksebene (zentrale staatliche Schulberatung mit Schulpsychologen für jede Schulart), auf Kreisebene (von Schulpsychologen und von examinierten Beratungslehrern) und in der Schule praktiziert.

Martin L., 5;10 Jahre

1. Vorgeschichte und Anlaß der Beratung

Nach der schulärztlichen Untersuchung im Januar führte der Schularzt in seinem Attest aus: „Martin, ein zartes Kind, wird im März sechs Jahre alt. Bei der Untersuchung machte er willig mit und war grundsätzlich leistungsbereit. Seine Entwicklung ist verzögert. Bei der Überprüfung der kognitiven Leistungen zeigte er noch ausreichende Leistungen, brauchte aber für alle Aufgaben sehr viel Zeit. Der Junge hat gravierende Sprachentwicklungsdefizite, indem er nur Dreiwortsätze und diese zudem sehr leise spricht. Die grob- und feinmotorische Koordination des Linkshänders ist noch eckig. Bei der Zeichnung eines Männchens erfüllte er das Kriterium der ‚Gliederungsfähigkeit' nicht. Insgesamt besteht ein solcher Entwicklungsrückstand, daß eine Zurückstellung von Martin geboten erscheint. Die aufgeschlossenen Eltern vertreten auch diese Empfehlung."

Die Schulleiterin der Grundschule kontaktiert darauf hin die Leiterin des Kindergartens, die den Jungen aufgrund des zweijährigen Besuches sehr gut kennt. Ihrer Meinung nach habe Martin spezielle Entwicklungsrückstände. Deshalb sei er seit einem Jahr bei einer Logopädin und mache relativ große Fortschritte. Zugleich berichtet die Leiterin des Kindergartens von folgenden Stärken: Der im ärztlichen Attest als „zart" charakterisierte Junge sei beim Spielen und Turnen sehr belastbar. Er halte sich meist an die Regeln, nehme Hilfen gerne an und sei bei den Kindern recht beliebt. Ihrer Meinung nach sei ein weiteres Jahr im Kindergarten keine Garantie dafür, daß Martin dann „schulfähig" sei. Sie plädiere dafür, daß er eingeschult werde. Selbstverständlich sei für eine endgültige Entscheidung hinsichtlich der Einschulung oder Zurückstellung eine gründliche und umfassende Schuleingangsdiagnostik notwendig.

2. Schuleingangsdiagnostik

Aufgrund dieser divergierenden Auffassung versucht das Aufnahmeteam der Grundschule, dem die Rektorin, die Erstklassenlehrerin und eine examinierte Beratungslehrerin angehören, zunächst die Klärung der schulrechtlichen Situation. Die Zurückstellung von Martin wäre nur dann vertretbar, wenn im Zurückstellungsjahr eine systematische Förderung gewährleistet ist. Diese Voraussetzung kann nicht erfüllt werden, da es weder einen Schulkindergarten gibt noch der Kindergarten diese pädagogisch und psychologisch sehr anspruchsvolle Aufgabe übernehmen will bzw. kann. In Anlehnung an das „Prozeßmodell der Schullaufbahnberatung" von Rüdiger (1988) versucht man anschließend eine vorläufige Klärung folgender Fragen:

- Welche Persönlichkeitsdimensionen sollen möglichst differenziert diagnostiziert werden?
- Welche Verfahren sollen verwendet werden?
- Von wem und wann sollen diese eingesetzt und ausgewertet werden?
- Wie kann der Entscheidungsprozeß durch Miteinbeziehung der Eltern und weiterer Instanzen (vor allem Schulpsychologe/Schulpsychologin) optimiert werden?

Das Team entschließt sich zu folgendem sequentiellen Vorgehen, das sich in den letzten Jahren bewährt hat.

2.1. Gespräch mit der Mutter

Nach einer terminlichen Abklärung erscheint die Mutter zu diesem Gespräch, das von der Beratungslehrerin geführt wird. Frau L. ist selbst Pädagogin (Studienrätin an einem Gymnasium) und entschuldigt die Abwesenheit ihres Mannes, der Bankkaufmann ist. Die Kernaussagen zur Anamnese lassen sich wie folgt zusammenfassen:

Die Schwangerschaft sei wegen „massiver psychischer und physischer Probleme" schwierig verlaufen. Frau L. betonte, sie wolle und könne in diesem Gespräch darüber nicht ausführlich sprechen. Im übrigen sei der Beratungslehrerin als Kollegin sehr wohl bekannt, „wie gerade heute korrekte und gewissenhafte Lehrkräfte unter den zunehmenden Belastungen seitens der Schüler wie der Kollegen leiden". Auch die Geburt ihres Sohnes sei nicht nur wegen des Kaiserschnitts, sondern wegen des „Massenbetriebs" der Klinik recht problematisch gewesen. Sie und ihr Mann hätten von den Ärzten und den Schwestern keine befriedigenden Detailinformationen zur Entwicklung und Therapie Martins erhalten. Seine motorische Entwicklung sei verzögert verlaufen. Nach einer intensiven Krabbelphase habe Martin mit 18 Monaten seine ersten Schritte gemacht. Dann habe es positive Schübe gegeben. Martin habe einen ausgesprochenen Bewegungsdrang, den man beim Herumtollen im Garten oder bei Spaziergängen stets bremsen müsse. Bezüglich der Sprachentwicklung berichtete die Mutter ebenfalls von einer Entwicklungsverzögerung.

Erste Wörter wie „Mama" und „Papa" habe er mit ca. 14 Monaten und für andere schlecht verständlich gesprochen. Er habe lange Zeit Zweiwortsätze verwendet; erst seit einem Jahr könne er relativ längere Sätze mit fünf Wörtern bilden. Die Frage nach Krankheiten, Unfällen und weiteren Krankenhausaufenthalten verneinte Frau L. Zugleich schilderte sie ihren Sohn als einen „recht eigenwilligen Fratz", der ihr und der Großmutter ziemliche erzieherische Probleme bereiten könne. Nur die „Interventionen" seines Vaters hätten Erfolg. Frau L. ergänzte zur Vermeidung von Mißverständnissen, daß sich beide recht gut verstünden. Ihr Mann spiele am Wochenende mit seinem Sohn und erfülle ihm vernünftige Wünsche. So habe er ihm vor einem Monat eine Schaukel im Garten gebaut, die Martin oft und mit Begeisterung benutze.

Auf die Frage der Beratungslehrerin nach speziellen Stärken und Interessenschwerpunkten Martins antwortet Frau L.: Er könne manchmal sehr lieb sein, auch zu seiner um drei Jahre älteren Schwester. An der Leiterin des Kindergartens und an der Logopädin hänge er buchstäblich. Diese hätten sich bisher nie über mangelnden Gehorsam beklagt. Er könne sich alleine waschen und anziehen. Wenn er „einen guten Tag" habe, helfe er mit beim Tischdecken und spiele stundenlang mit dem jüngeren Nachbarsjungen.

Abschließend bittet die Beratungslehrerin Frau L. um die Stellungnahme zur Einschulung von Martin. Diese gibt ihr folgende Antwort: Ihr Mann und sie wären nach langen Gesprächen und Diskussionen zu der Erkenntnis gekommen, daß ihr Sohn „doch nicht schulreif ist". Die von ihr geschilderte Entwicklungsverzögerung sei auch vom Schularzt bestätigt worden. Man habe beschlossen, einen Antrag auf Zurückstellung zu stellen. Martin solle noch ein Jahr im Kindergarten bleiben und könne „nachreifen", so daß er die Grundschule mit Erfolg besuchen werde. Auf den Hinweis der Beratungslehrerin zur rechtlichen Situation reagiert Frau L. mit folgender negativer Erfahrung: Bei der Frage nach der vorzeitigen Einschulung ihrer Tochter habe die Schule auch schulrechtlich argumentiert, indem man sie und ihren Mann zwar sehr gründlich über die Chancen, nicht aber über die möglichen Gefahren einer vorzeitigen

Einschulung aufgeklärt habe. Frau L. weist in diesem Zusammenhang auf Persönlichkeitsprobleme ihrer Tochter hin, die verstärkt in der 3. Jahrgangsstufe aufträten.

Abschließend appelliert die Beratungslehrerin an Frau L. und ihren Mann, die endgültige Entscheidung nach einer gründlichen wie kindgemäßen Einschulungsdiagnose gemeinsam zu treffen. Nach der Darstellung und Erläuterung des stufenweisen Vorgehens (*Screening*, Durchführung eines „Unterrichtsspiels" und gegebenenfalls Erhebung weiterer individualdiagnostischer Daten) erklärt Frau L. ihre Kooperationsbereitschaft mit dem Vorbehalt einer Rücksprache mit ihrem Mann.

2.2. Screening beim Tag der Schulanmeldung

Beschränkte man sich früher am Tag der Schulanmeldung fast ausschließlich auf die Aufnahme von Daten in den Schülerbogen, so verkürzen immer mehr Schulen diesen „bürokratischen Verwaltungsakt" und gestalten die Schuleinschreibung zum Tag der Begegnung und des Dialogs zwischen Schule und Elternhaus in einem Klima ohne Angst und Zeitdruck (auf konkrete Erfahrungsberichte wird verwiesen: Kormann, 1987, 1997; Kormann & Schlegel, 1997).

Der Ablauf der Schuleinschreibung im Falle Martins war folgender: Mit Hilfe der Schüler höherer Jahrgangsstufen wurden das Schulhaus und die Schulräume so gestaltet, daß eine freundliche Atmosphäre aufkam. Die Schulleiterin begrüßte die Eltern und führte ein kurzes Aufnahmegespräch. Zur optimalen Ausnutzung der Zeit wurden den Eltern im Einladungsschreiben der Zeitplan mitgeteilt. Frau L. erschien mit ihrem Mann und Martin gegen 16 Uhr. Während eine Erstklassenlehrerin zusammen mit Frau L. die Daten zum Schülerbogen aufnahm, ging eine andere Grundschulpädagogin mit Martin und dessen Vater in ein mit Kinderzeichnungen geschmücktes Klassenzimmer. Wie andere Kinder und ihre Eltern saßen sie an einem Tisch, um das *Screening*-Verfahren im Sinne eines „Grob-" oder „Siebverfahrens" durchzuführen.

Dieses zielt auf eine Diagnose der Basisfertigkeiten, wie sie vor allem im Kindergarten gelernt wurden. Der kleine und schmächtige Martin wurde gebeten, kurze Sätze nachzusprechen, Mengen sukzessiv und simultan zu erfassen, Grundfarben zu benennen, Formen zu erkennen, zu einem Bild eine kurze Geschichte zu erzählen und ein Männchen oder ein Haus zu zeichnen. Der Vater achtete mit großem Interesse auf die Notizen der Pädagogin und bat diese anschließend um eine Interpretation. Dabei wurden die bisher ermittelten Defizite im feinmotorischen und sprachlichen Bereich bestätigt. Martins Vater kommentierte dies im Sinne der eindeutigen Erfüllung seiner „Negativprognose". Da Martin inzwischen mit den anderen Schulneulingen und älteren Kindern, darunter ein körperbehindertes Kind, ausdauernd spielte, wies die Pädagogin den Vater auf diese Stärken seines Sohnes hin. Sie erzielte damit bei den Eltern offensichtlich keine Einstellungsänderung. Im Abschlußgespräch erklärten die Eltern ihr Einverständnis, daß ihr Sohn zusammen mit fünf weiteren Kindern am „Unterrichtsspiel"[1] teilnehmen dürfe.

2.3. Unterrichtsspiel

Neben Martin nehmen zwei Jungen, die beim *Screening*-Verfahren auffielen, ein Mädchen, das bei erfolgreichem Abschneiden vorzeitig eingeschult werden soll, und ein normalaltriges Mädchen zum „Vergleich" am Unterrichtsspiel teil. Die Leitung übernimmt eine erfahrene Erstklassenlehrerin, eine weitere Kollegin sowie die Beratungslehrerin fungieren als Protokollantinnen. In einem (modifizierten) Protokollbogen, mit der Möglichkeit zur Feststellung quantitativer und qualitativer Beobachtungsdaten, sind bei Martin folgende Eintragungen enthalten:

Spiel zum Kennenlernen (1): Wird im Unterrichtsspiel zunächst nicht angespielt. Versteht aber dann die Instruktionen und spielt mit. Nennt seinen Vornamen, vergißt die der anderen.

Malen und Ausschneiden eines Hauses (2): Martin wirkt nicht ängstlich, beginnt aber erst nach mehrfachen Aufforderungen. Linkshänder, hat erhebliche Probleme beim Zeichnen des Hauses und braucht die Hilfe der Leiterin beim Ausschneiden. Die anderen Kinder warten und bleiben ruhig. Martin freut sich, daß er es mit Hilfe geschafft hat.

Zeichnen von Formen und Linien in den Wegen (3): Beginnt erst nach Zuwendung, braucht für jeden Schritt einen Impuls. Hält Richtung nach rechts.

Arbeit mit Käfern (4): Schaut zu anderen Kindern, Instruktion muß wiederholt werden, schaltet ab, läßt sich vom Nachbarn helfen. Massive Probleme!

Erzählen zu einem Wandbild (5): Leiterin stellt Martin bewußt nahe an das Bild und bittet ihn mehrmals, über irgend etwas zu erzählen, was ihm gefällt. Erst am Schluß ruft er voll Freude: „Die essen Würste!"

Legen und Erzählen einer Bildgeschichte (6): Martin hat einen Durchhänger, schaltet ab. Hat ständig die Finger im Mund. Kann die Reihenfolge der Bilder als Geschichte nicht erfassen.

Turnen (7): Lacht, freut sich und macht auffallend gut mit. Einbeiniges Hüpfen nur mit Unterstützung der Hände, balanciert etwas unsicher, erreicht aber die Leiterin. Bemüht sich sehr, faßt aber die Regeln nicht immer auf. Geht einmal zum Bücherschrank, befolgt aber sofort die Bitte, in die Gruppe zu kommen. Macht einen bemerkenswert frischen Eindruck nach ca. 90 Minuten: Drückt sich abschließend an Frau B., zwei Kinder streicheln ihn.

Als die Lehrerin abschließend an die Kinder die Frage stellt: „Sehen wir uns nach den Ferien?", ruft Martin mit den anderen Kindern „Ja!" und reißt beide Hände in die Luft.

---

[1] Nach der differenzierten Kritik an herkömmlichen Schulreifetests (vgl. Mandl & Krapp, 1978) und den Empfehlungen zur möglichst umfassenden Diagnose des Konstruktes „Schulfähigkeit" (vgl. Burgener Woeffray, 1996; Nickel, 1981) konzipierten Fröse, Mölders & Wallrodt (1985) das *Kieler Einschulungsverfahren*. Es soll folgende Anforderungen erfüllen: Erfassung des kognitiven, sozialen, emotionalen und motorischen Entwicklungsstandes unter Berücksichtigung der Anforderungen des Grundschullehrplanes sowie der Erfahrungen von Grundschulpädagogen mit Schulneulingen. Dementsprechend enthält das Verfahren einen standardisierten Leitfaden für das Elterngespräch, ein Unterrichtsspiel und eine Einzeluntersuchung, wobei je nach diagnostischer Fragestellung ein flexibles Vorgehen empfohlen wird. - Die Bezeichnung „Verfahren" ist deshalb zutreffender als „Test", weil die Testgütekriterien im engeren Sinne nicht erfüllt werden (vgl. Kormann, 1987).

Nach dem Unterrichtsspiel werden die Beobachtungen zu allen Kindern besprochen und in dem Auswertungsbogen fixiert (vgl. Abb.1).

Fähigkeiten			1	2	3	4	5	6	7	Σ
Wahrnehmung	Formauffassung									
	Formwiedergabe				-					
	Gliederungsfähigkeit			-						
	Rechts-Links-Orientierung									
	Detailbeachtung									-
Mengen	Mengenvergleich					-				
	Simultanes Mengenerfassen					-				
	Mengenordnen					-				
	Mengenherstellen									
Denkfähigkeit								-		
Kenntnisse										
Sprache	Sprechverhalten									-
	Sprachverhalten							-		
	Sprach-/Anweisungsverständnis					-				
Gedächtnis								-	-	
Motorik	Feinmotorik					-	-			
	Allgemeine Motorik								+	
	Selbständigkeit									
Leistungs-motivation	Anstrengungsbereitschaft						+			
	Reaktion auf Erfolg/Mißerfolg									
	Bewerten eigener Leistung									
Arbeitsverhalten	Konzentration	Genauigkeit					-			
		Ausdauer								+
		Belastbarkeit								+
	Arbeitstempo									-
Sozialer Bereich	Kontaktaufnahme	zu Erwachsenen	+							
		zu Kindern	+						+	
	Arbeiten in der Gruppe	erlebt Aufforderungen als für sich verbindlich		-						
		kann abwarten								
		hält Regeln ein						+		
Emotionalität	Soziale- und Leistungsangst		-				+			+

Abbildung 1: Ergebnisse von Martin im Unterrichtsspiel des *Kieler Einschulungsverfahren*; die 8 Spalten zum Unterrichtsspiel beziehen sich auf die sieben Aufgaben laut umseitigen Protokollbogen sowie auf eine zusammenfassende Bewertung („+" bedeutet, Kriterium erreicht, „-", Kriterium nicht erreicht).

2.4. Elterngespräch an der Grundschule

Nach einer Woche findet an der Grundschule ein Einzelgespräch mit den Eltern derjenigen Kinder statt, welche am Unterrichtsspiel teilgenommen haben. In Anwesenheit der Leiterin der Grundschule informiert die Beratungslehrerin die Mutter Martins über das Abschneiden im Unterrichtsspiel. Sie faßt seine Schwächen und Stärken wie folgt zusammen.

Zunächst habe er vor allem weit mehr Zuwendung und Hilfen als andere Kinder gebraucht. Sein Konzentrationsvermögen sei recht aufgabenspezifisch gewesen, die bereits bekannten Probleme bezüglich der Feinmotorik und der Sprache wären durch diese Untersuchung erhärtet worden. Spezielle Schwierigkeiten habe Martin bei der Formauffassung und -wiedergabe sowie beim Erfassen und Ordnen von Mengen gehabt. Schließlich habe ihm das Ordnen von Bildern erhebliche Schwierigkeiten bereitet. Die Feststellung von Frau L., daß dieser „Teiltest" doch die „Begabung" bzw. „Intelligenz" prüfe, bejahte die Beratungslehrerin mit dem ergänzenden Hinweis, daß diese Art der Prüfung des „logischen Denkens" gerade beim *Kieler Einschulungsverfahren* einseitig sei und somit die Gefahr einer Überinterpretation bestehe. Zugleich stellt die Beratungslehrerin folgende Stärken von Martin heraus: Er sei aufgrund seines freundlichen Wesens mit den anderen gut zurechtgekommen und habe die Regeln in der Gruppe insgesamt gut eingehalten. Außerdem habe er keine Anzeichen von Ängstlichkeit oder gar von Leistungsverweigerung gezeigt. Besonders überrascht sei das Aufnahmeteam von der Tatsache gewesen, daß Martin zwar bei einzelnen Aufgaben „Durchhänger" gehabt habe, aber bis zum Schluß durchgehalten hat. Die Diagnose des Schularztes, daß es sich bei Martin um einen „zarten" Jungen handle, könne man nach diesen Beobachtungen keinesfalls akzeptieren.

Frau L. stellte nun nachdrücklich die Frage, zu welcher Entscheidung das Aufnahmeteam aufgrund aller vorliegenden Befunde gekommen sei. Die Schulleiterin gibt zunächst zu, daß auch sie Bedenken hinsichtlich einer erfolgreichen Einschulung des Jungen in die Grundschule habe. Sie sei aber insgesamt der Meinung, daß Martin eher ein „Schulkind" als ein „Kindergartenkind" sei. Nach dem Schulgesetz sei der Zurückstellung im Zweifel die Aufnahme eines Kindes in eine „Sonderpädagogische Diagnose- und Förderklasse"[2] dann vorzuziehen, wenn eine angemessene Förderung in einer schulvorbereitenden Einrichtung oder in einem Kindergarten nicht zu erwarten ist. Dies sei bei Martin nach Auffassung der Leiterin des Kindergartens der Fall. Die Schulleiterin weist ergänzend auf folgenden Vorteil hin: In der „Sonderpädagogischen

---

[2] Die von Schmidt & Wachtel (1996) herausgegebenen Materialien „Sonderpädagogische Förderzentren" informieren über Grundlegungen, Erfahrungen und Ausblicke. In gesellschafts- und schulpolitischer Hinsicht werden zunehmend das „sonderpädagogische Paradigma" (vgl. Eberwein, 1995), Möglichkeiten der Integration durch eine gemeinsame Beschulung von Kindern mit und ohne Beeinträchtigung bzw. Behinderung (vgl. Englbrecht & Weigert, 1991; Langfeldt & Kurth, 1993) und eine möglichst flexible Einschulung von besonders begabten Kindern (Heinbokel, 1996) diskutiert.

Diagnose-Förderklasse" würden in den ersten drei Schuljahren die Lernziele des 1. und 2. Jahrgangs der Grundschule vermittelt, um dann eine Entscheidung über den weiteren schulischen Werdegang eines Schülers zu treffen (entweder Besuch einer Förderschule oder der Grundschule). Sie betonte zugleich, daß der Besuch einer „Diagnose-Förderklasse" freiwillig sei. Sie könne Frau L. und ihrem Mann nur eine Empfehlung geben, die Aufnahme von Martin in die „Diagnose-Förderklasse" zu beantragen. Selbstverständlich könnten sie diese auch ablehnen. Angesichts des Rechtsanspruches des Schulpflichtigen auf Beschulung blieben ihr im Falle einer Ablehnung seitens der Eltern nur noch folgende Alternativen: Entweder sie übergebe den Vorgang dem Staatlichen Schulamt zur weiteren Veranlassung oder sie nehme das Kind mit dem Risiko einer Zurückstellung bis zum 30.11. in ihre Schule auf. Sie appelliert eindringlich an Frau L.: „Im Mittelpunkt der Entscheidung hat immer das wohlverstandene Interesse des Kindes zu stehen!" Abschließend empfiehlt die Schulleiterin der offensichtlich verunsicherten Mutter Martins, mit ihrem Mann in Ruhe die von ihr aufgezeigten Lösungen zu überdenken. Bei Detailfragen böten ihnen die Informationsschrift „Einschulung - was ist zu beachten?" von Neuhierl (1996) und die Schulberatungsstelle qualifizierte Hilfe.

2.5. Elterngespräch mit dem Schulpsychologen und Schulbesuch

Ende Mai erhält der an der Staatlichen Schulberatungsstelle tätige Schulpsychologe einen Anruf von Frau L., in dem ihm die Kernaussagen der oben dargestellten Vorgeschichte erzählt werden und er um Beantwortung folgender Fragen gebeten wird: „Welche Kinder besuchen eine ‚Diagnose-Förderklasse'? Aus welchem Milieu stammen diese in der Regel? Wie wird in der Förderschule im Vergleich zur Grundschule unterrichtet? Wie groß ist die Quote der ‚Erfolgreichen', also der prozentuale Anteil der Schüler und Schülerinnen, die nach den drei Jahren in die Grundschule wechseln?".

Der Schulpsychologe bietet zur Beantwortung dieser Fragen einen Beratungstermin an der Dienststelle oder auch an der Förderschule an; nach etwa zwei Wochen kommt das geplante Treffen zwischen dem Ehepaar L. und dem Schulpsychologen an der Förderschule zustande. Der stellvertretende Schulleiter begrüßt sie und lädt sie zum Unterrichtsbesuch in eine oder mehrere der vier „Diagnose-Förderklassen" ein. Die Klasse 1a besuchen 7 Jungen und 5 Mädchen im Alter von sieben bis achteinhalb Jahren. Nach dem Unterrichtsbesuch (Dauer: ca. 30 Minuten) treffen sich Familie L. und der Schulpsychologe im Beratungszimmer zum Erfahrungsaustausch.

Zunächst berichtet Herr L., daß ihm ein Junge aufgefallen sei, der auch nicht größer als sein Sohn gewesen ist. Dieser sei wohl „etwas hyperaktiv", die „routinierte Pädagogin" habe ihn aber „stets im Griff" gehabt. Frau L. charakterisiert den Unterrichtsstil der Kollegin als „flexibel, strukturiert und einfühlsam". Sie vermutet, daß es sich um eine „besonders qualifizierte Pädagogin" handle. Das Klassenklima sei ihrer Meinung nach „gut gemischt" gewesen, indem die „Kollegin mit pädagogischem

Taktgefühl die Kinder an der kurzen und langen Leine ließ". Besonders habe ihr der Umstand gefallen, daß „Lernwegdifferenzierung" praktiziert worden sei. Nicht ohne Skepsis fragte Frau L., ob das „der pädagogische Alltag" sei, was sie heute erlebt habe.

In der Pause stößt der stellvertretende Schulleiter zu den Besuchern und versucht die Beantwortung der von Familie L. gestellten Fragen. Die Mehrzahl der Kinder stammten aus der „Mittel-" und „Unterschicht", die Zahl der Kinder aus Akademiker-familien habe gerade in der jüngsten Vergangenheit zugenommen. Die Lern- und Leistungsvoraussetzungen der Schulneulinge seien sehr heterogen, so daß Differenzierungs- und Indivualisierungsmaßnahmen unterrichtliche Grundprinzipien seien. Einige der Kolleginnen hätten ergänzend das *Montessori*-Diplom erworben und verwendeten zunehmend Elemente der *Montessori*-Pädagogik. Die Frage nach dem Anteil von „Wechslern" in die Grundschule könne er nicht allgemein und verbindlich beantworten. Nach einer vorläufigen Statistik seiner Schule würde ein Drittel den „Sprung" in die Grundschule schaffen. Einzelne Schüler wechselten bereits nach einem Jahr, andere bleiben von der 3. bis zur 6. Klasse an der Förderschule, würden prinzipiell nach dem Lehrplan der Regelschule unterrichtet und im allgemeinen ab der 7. Klasse in der Hauptschule beschult. Selbstverständlich gebe es auch eine Gruppe von Schülern und Schülerinnen, die lernbehindert seien und die die gesamte Schulzeit von neun Jahren die Förderschule besuchen. Herr und Frau L. stellen anschließend die besonders „heikle" Frage nach der „Integration". Bei „allem Respekt vor dem pädagogischen Engagement, dem bemerkenswerten Einfühlungsvermögen und dem variantenreichen didaktischen Geschick der Förderschulpädagogik" könnten sie den Umstand nicht verstehen, daß die „Diagnose-Förderklassen" nicht an der Grundschule angesiedelt seien. Während Martin zur Grundschule am Heimatort nur wenige Meter habe, müsse er im anderen Fall zu dieser Schule mit dem Bus „einfach eine halbe Stunde fahren".

Abschließend weist der stellvertretende Schulleiter darauf hin, daß bei einer Entscheidung für den Besuch Martins einer „Diagnose-Förderklasse" die Erstellung eines sonderpädagogischen Gutachtens notwendig sei. Der Schulpsychologe plädiert dafür, insofern möglichst ökonomisch vorzugehen, als die bisherigen diagnostischen Informationen berücksichtigt werden. Er empfiehlt den Eltern nachdrücklich, in Ruhe und gegebenenfalls zusammen mit der Leiterin des Kindergartens alle Argumente *pro* und *contra* zu besprechen und dann eine Entscheidung zu treffen.

2.6. Ergebnis der sonderpädagogischen Untersuchung

Aufgrund des offensichtlich positiven Eindrucks anläßlich des Unterrichtsbesuches in der Förderschule, erbitten Martins Eltern ein solches sonderpädagogisches Gutachten. Die Sonderschulpädagogin erhebt zusätzliche Daten, gibt spezielle Förderhinweise zur Linkshändigkeit von Martin (vgl. Sattler, 1996a, b) und ergänzt ihre Befundung durch eine Untersuchung Martins mit dem CFT 1 (*Grundintelligenztest Skala 1*; Weiß &

Osterland, 1971)[3]. Diesbezüglich faßt sie im Gutachten zusammen: „Die Überprüfung der Testintelligenz mit dem CFT 1 ergab einen im unteren Bereich des Durchschnitts liegenden *IQ* von 91.“

2.7. Ergänzende Befundung durch den Schulpsychologen

Um eine differenziertere Einsicht in die Intelligenzstruktur von Martin zu erlangen, wurde zusätzlich zum CFT 1 vom Schulpsychologen das AID *(Adaptives Intelligenz Diagnostikum)* eingesetzt.

Zur qualitativen Beurteilung des Arbeits- und Kontaktverhaltens läßt sich feststellen: Der Junge zeigte grundsätzlich eine gute Leistungsmotivation; seine Arbeitseinstellung war stark sozialorientiert. Martin war leicht ablenkbar, seine Arbeitsgenauigkeit war flüchtig und sein Arbeitstempo insofern ambivalent, als Martin je nach Aufgabe einmal langsam und dann wieder fast hektisch arbeitete. Gleiches gilt für seine Selbsteinschätzung, die vom Pol „unsicher“ bis zum Pol „überschätzt sich“ reichte. Häufig suchte Martin Hilfe und freute sich offensichtlich über jede positive Bestätigung. Seine Grundstimmung kann man als „gesteigert heiter“, seinen Antrieb als „überaktiv“, nicht aber im Sinne einer „Hyperaktivität“ charakterisieren. Er zeigte auch in dieser Untersuchung keine Symptome von Ängstlichkeit. Die Auffälligkeiten im Bereich der Feinmotorik und des Sprachverhaltens wurden sehr deutlich; Martin verdrehte die Puzzles und die Würfel, erzählte viel von seiner Schaukel und seinem Freund, verwendete aber dabei nur kurze Sätze. Insgesamt gewann man den Eindruck, daß ihm die Testdurchführung Spaß machte.

Im AID ergab sich ein Gesamt-*IQ* von 71, eine Intelligenz*quantität* mit dem PR = 11.5, ein *Range* der Intelligenz mit PR = 22 sowie ein Lernquotient von PR = 62. Die folgende Übersicht zeigt die Ergebnisse in den einzelnen Untertests:

Untertests im AID	*T*-Wert
Alltagswissen	47
Realitätssicherheit	45
Angewandtes Rechnen	27
Soziale und Sachliche Folgerichtigkeit	38
Unmittelbares reproduzieren-numerisch/ vorwärts	34
/ rückwärts	27
Synonyme Finden	45
Kodieren und	45
Assoziiern	38
Antizipieren und Kombinieren-figural	32
Funktionen Abstrahieren	38
Analysieren und Synthetisieren-abstrakt	43
Soziales Erfassen und Sachliches Reflektieren	40

---

[3] Der CFT 1 stellt die für 5- bis 9jährige (ältere) Version des heute viel bekannteren CFT 20 dar.

Versucht man eine Interpretation der vorliegenden Testbefunde unter Zugrundelegung der in dem Manual enthaltenen Interpretationshilfen im Hinblick auf die Fragestellung, dann läßt sich feststellen: Der *IQ* (PR = 3) und die Intelligenz*quantität* sprechen für eine weit unterdurchschnittliche Testintelligenz.[4]

Der *Range* von 20 T-Werten drückt einen relativ geringen Streubereich aus, mit dem sich das „intelligente Verhalten" von Martin im AID manifestiert. Im Vergleich dazu ist seine Lernfähigkeit (beim Untertest *Kodieren und Assoziieren*) relativ hoch. Die Analyse des Untertestprofils hinsichtlich relativer Leistungsschwerpunkte und -defizite unter Zugrundelegung der im Manual angegebenen kritischen *T*-Werte-Differenz von 16 zeigt folgendes Ergebnis: Martin schneidet in den Untertests *Alltagswissen, Realitätssicherheit, Analysieren und Synthetisieren* sowie beim *Kodieren intra*individuell gut ab. Diese Befunde sprechen für eine gute häusliche Förderung, eine ausreichende Fähigkeit, die „Wirklichkeit und Dinge im Alltag" verstehen und kontrollieren zu können, einen noch durchschnittlichen passiven Wortschatz und eine ausreichende Schnelligkeit bei der symbolischen Informationsverarbeitung im manuell-visuellen Bereich. Im Gegensatz dazu schneidet Martin im Untertest *Angewandtes Rechnen* sowie beim *Unmittelbaren Reproduzieren*-numerisch/rückwärts *intra*individuell schlecht ab. In Verbindung mit den qualitativen Befunden müssen massive Störungen bezüglich der Problemlösung alltäglicher Rechenaufgaben und der akustischen (Kurzzeit-)Speicherung vermutet werden.

3. Folgemaßnahmen

Die Familie L. entschloß sich nach Gesprächen mit der Leiterin des Kindergartens und der Schulpsychologen, ihren Sohn Martin in die „Diagnose- und Förderklasse" einschulen zu lassen. Sie wollten sich das Recht vorbehalten, bei massiven Problemen bis zum 30.11. eine Rückstellung zu beantragen. Man vereinbarte mit dem Schulpsychologen eine besonders intensive Zusammenarbeit.

4. Katamnese

Auszüge aus dem Zwischenzeugnis und dem Jahreszeugnis belegen die weitere Entwicklung des Jungen.

---

[4] Die Diskrepanz zum *IQ* im CFT 1 kann auf verschiedene Umstände zurückgeführt werden: Zunächst unterscheiden sich die Testkonzeptionen beider Verfahren erheblich, wobei das AID eine weit differenziertere Diagnose der Intelligenzstruktur erlaubt. Mehrjährige Erfahrungen mit beiden Tests zeigen, daß die *IQ*-Werte des CFT 1 im Vergleich zu denen des AID in der Regel höher liegen. Möglicherweise resultiert diese Differenz aus dem früheren Normierungszeitpunkt des CFT 1. Schließlich bestätigen unsere Erfahrungen folgende Bewertung von Heller & Perleth (1991, S. 149): „Für die Schuleingangsprognose im Rahmen der Bildungsberatung kann den CFT-Skalen somit nur partielle Bedeutung zuerkannt werden".

Im Zwischenzeugnis heißt es: „Martin ist ein sehr lebhafter und aufgeweckter Junge. Er zeigt sich allen Mitmenschen gegenüber sehr aufgeschlossen und ist anhänglich. Am Unterricht beteiligt er sich nicht immer mit dem notwendigen Interesse und seine Konzentrationsfähigkeit und Leistungsbereitschaft unterliegen noch starken Schwankungen. Im Rechnen hat der Schüler eine annähernd klare Vorstellung vom Zahlenraum 4, ist aber noch stark auf individuelle Hilfestellung und Anschauungsmaterial angewiesen. Martin erkennt alle bisher gelernten Buchstaben und auch das Zusammenlesen von Silben gelingt zunehmend besser. Lobenswert ist seine Bereitschaft, schneller und aufmerksamer arbeiten zu wollen."

Und im Jahreszeugnis heißt es: „Martin verhielt sich im Umgang mit den Lehrkräften und Klassenkameraden aufgeschlossen, fröhlich und sehr kontaktfreudig. Auffällig waren seine immer noch starken Konzentrationsstörungen. Wenn etwas an der Tafel erarbeitet wurde, beschäftigte sich Martin oft mit spielerischen Dingen. Für alle schriftlichen Arbeiten brauchte er sehr viel Zeit. Phasenweise arbeitete Martin aber auch gut mit. Beim Rechnen hatte der Schüler immer noch Probleme, sich Zahlen und Rechnungen im Zahlenraum 6 vorzustellen und benötigte meist individuelle Hilfestellung. Im Lesen erkannte der Junge noch nicht alle gelernten Buchstaben sicher und auch das Zusammenlesen fiel ihm noch schwer. Besondere Freude bereiteten ihm die Bewegungsspiele im Sportunterricht."

Martin besucht zur Zeit zusammen mit 11 Schülern die 2. Jahrgangsstufe. Die Lehrerin berichtet dem Schulpsychologen von erheblichen allgemeinen und speziellen Fortschritten des Jungen nach den Sommerferien. Letztgenannte beziehen sich zum Beispiel auf das Problem der Linkshändigkeit. Anläßlich eines Besuchs konnte der Schulpsychologe sich davon überzeugen. Martin ist gewachsen und wirkt etwas kräftiger. Spontan und sichtlich mit Stolz zeigte er seine Hefte.

Aus der Zusammenstellung in Abbildung 2 wird unter Zugrundelegung der individuellen Bezugsnorm die bemerkenswerte Entwicklung des Jungen deutlich. Diese ist sicher auf die gemeinsame häusliche und schulische Förderung zurückführen. Martin ist jetzt ein „echtes" Schulkind.

Literatur

Burgener Woeffray, A. (1996). *Grundlagen der Schuleingangsdiagnostik.* Bern: Haupt.

Eberwein, H. (1996) (Hrsg.). *Handbuch Integratives Lernen und Lern-Behinderungen.* Weinheim: Beltz.

Englbrecht, A. & Weigert, H. (1991). *Lernbehinderungen verhindern.* Frankfurt/M.: Diesterweg.

Fröse, S., Mölders, R. & W. Wallrodt (1986). *Das Kieler Einschulungsverfahren.* Weinheim: Beltz Test.

Heinbockel, A. (1996). Frühe Einschulung. *Labyrinth, 19,* 3-9.

Heller, K.A. & Perleth, C. (1991). Informationsquellen und Meßinstrumente. In: K.A. Heller (Hrsg.), *Begabungsdiagnostik in der Schul- und Erziehungsberatung* (S. 94-212). Bern: Huber.

Kormann, A. (1987). Neue Intelligenz- und Schulfähigkeitstests. In: A. Kormann (Hrsg.): *Beurteilen und Fördern in der Erziehung* (S. 57-76). Salzburg: Otto Müller.

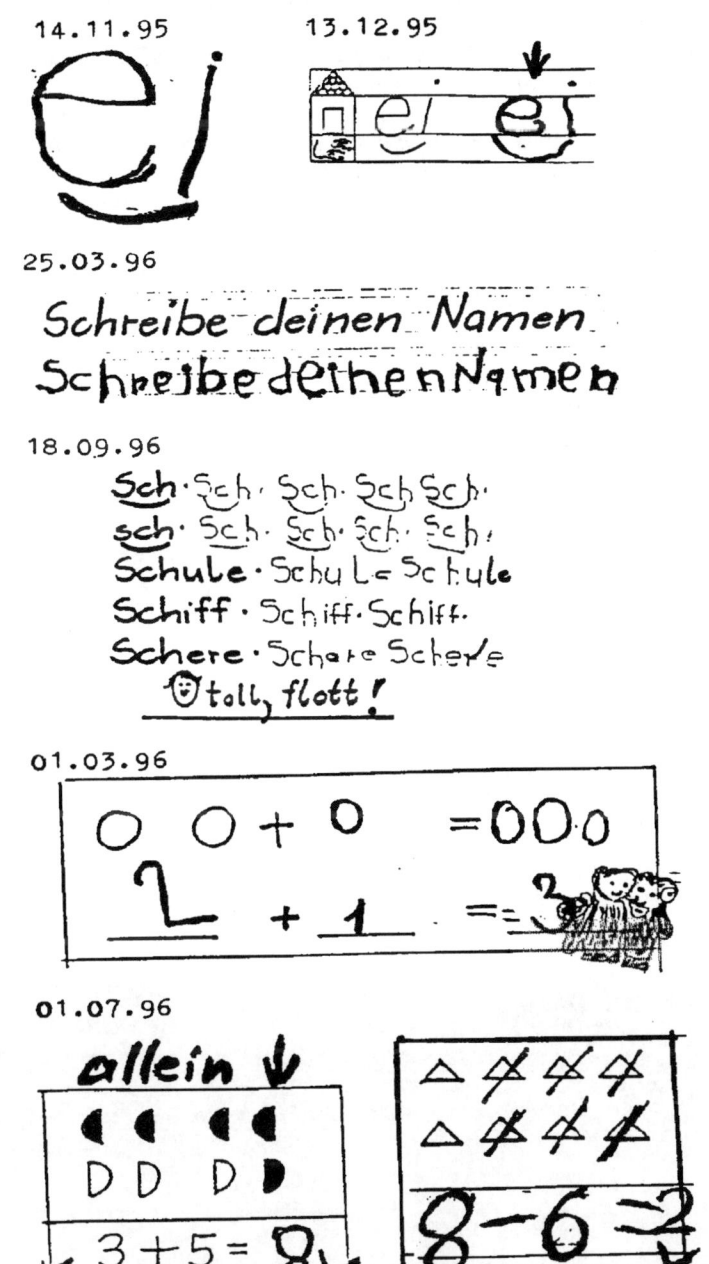

Abbildung 2: Auswahl von schulischen Dokumenten zum Schreib- und Mathematik-lernprozeß von Martin in der 1. und 2. Jahrgangsstufe. Angemerkt sind jeweils die von der Klassenlehrerin gegebenen verbalen und symbolischen Verstärker .

Kormann, A. (1997). Aktuelle Bestandsaufnahme der Einschulungsdiagnostik in Niederbayern. *Amtlicher Schulanzeiger für Niederbayern, 2*, 3-7.

Kormann, A. & Schlegel, H. (1997). Einschulung als Prozeß. In: Staatsinstitut für Schulpädagogik und Bildungsforschung (Hrsg.), *Arbeitskreis Erstellung von Informationsmaterial für die regionale Fortbildung*. München: ISB.

Langfeldt, H.P. & Kurth, E. (1993) (Hrsg.). *Diagnostik bei Lernbehinderten. Standpunkte und Ergebnisse einer zwanzigjährigen Diskussion*. Neuwied: Luchterhand.

Mandl, H. & Krapp, A. (1978) (Hrsg.). *Schuleingangsdiagnose. Neue Modelle, Annahme und Befunde*. Göttingen: Hogrefe.

Nickel, H. (1981). Schulfähigkeit - Schulreife. In H. Schiefele & A. Krapp (Hrsg.), *Handlexikon zur Pädagogischen Psychologie* (S. 311-316). München: Ehrenwirth.

Neuhierl, R. (1996). *Einschulung - was ist zu beachten?* Staatliche Schulberatungsstelle für Niederbayern.

Rüdiger, D. (1988). Schullaufbahnberatung - Bestimmung und Legitimation, Einsatzakzente, methodisches Vorgehen. In A. Kormann (Hrsg.), *Diagnose und Intervention beim Schullaufbahnfragen. Eine Fallsammlung* (S. 19-28). Weinheim: Beltz

Sattler, J.B. (1996a). *Der umgeschulte Linkshänder*. Donauwörth: Auer.

Sattler, J.B. (1996b). *Übungen für Linkshänder*. Donauwörth: Auer.

Schmidt, H.F. & Wachtel, P. (1996) (Hrsg.). *Sonderpädagogische Förderzentren*. Würzburg: Fachverband für Behindertenpädagogik.

Weiß, R.H. & Osterland, J. (1971). *Grundintelligenztest Skala 1 (CFT 1)*. Braunschweig: Westermann.

5.

Abklärung und Prognose kognitiver Leistungsprobleme bei epileptischen Attacken - Daniela, 9 Jahre

Michael W. Bzufka & Klaus-Jürgen Neumärker

Berlin

Die *Universitätsklinik für Psychiatrie des Kindes- und Jugendalters* an der Berliner Charité ist die drittälteste Einrichtung dieser Art in Deutschland; sie betreut das gesamte Spektrum psychischer Störungen in der Entwicklung. Schwerpunkte unserer Arbeit sind einerseits Patienten mit Eßstörungen, andererseits Patienten mit umschriebenen Entwicklungsstörungen schulischer Fertigkeiten, hier vor allem Rechenstörungen. Anfallspatienten werden durch uns nur insoweit betreut, als sich sekundäre Störungen oder Behinderungen aus der Grunderkrankung ergeben. Die psychologische Diagnostik, Therapie oder Intervention bei Kindern mit einem Anfallsleiden ist vorrangig auf Fragen des Tempos, der Belastbarkeit, der geistigen Leistungsfähigkeit oder der Identifikation von Teilleistungsstörungen ausgerichtet. Häufig ist das subtile Wechselspiel mehrerer, oft nur leichter Hirnfunktionsstörungen dafür verantwortlich, daß diese Kinder trotz normaler Intelligenz den schulischen Anforderungen nicht gerecht werden können. Dabei entsprechen die Störungen nicht immer den Kriterien einer Teilleistungsstörung oder einer umschriebenen Entwicklungsstörung nach ICD-10.

Daniela, 9 Jahre

1. Die bisherige Behandlung

Daniela war 9;5 Jahre alt als sie im Oktober eines Morgens um 5.15 Uhr durch ihre Mutter weinend im Bett gefunden wurde. Das Kind wirkte verändert und abwesend, machte sich steif und bekam eine bläulich-violette Gesichtsfarbe. Anschließend begann sie am ganzen Körper zu zucken. Die Mutter machte eine Herzmassage und rief dann den Notarzt. Im örtlichen Kinderkrankenhaus wurde Daniela unter der Diagnose eines sekundär generalisierten Krampfanfalls auf Carbamazepin[1] (450 mg/d) einge-

---

[1] bei Epilepsie häufig eingesetztes Medikament aus der Gruppe der Benzodiazepine

stellt. Neurologisch ergaben sich keine Auffälligkeiten; auch das sofort durchgeführte cCT[2] war ohne pathologische Abweichungen. Das EEG vom Aufnahmetag zeigte bei ungestörter cerebraler Allgemeinfunktion und leichten bis mäßigen subcorticalen Funktionstörungen eindeutige Zeichen einer erhöhten Anfallsbereitschaft sowohl in generalisierter als auch in fokaler, links temporal betonter Form. Auf Befragen fand sich ein anfallsverdächtiges Ereignis drei Monate zuvor mit Bauchschmerzen, Drehschwindel und Bewußtseinseintrübung.

Nach einwöchiger neurologischer Diagnostik und Medikamenteneinstellung wurde Daniela aus dem Kinderkrankenhaus entlassen. Es waren aber weiterhin anfallsähnliche Zustände zu beobachten; zudem war sie tagsüber verlangsamt und sehr müde. Außerdem klagte sie mehrmals am Tag über „Hörstörungen". Daraufhin stellte die Mutter Daniela in unserer Klinik vor, wo die Umsetzung auf ein Retard-Präparat[3] und eine langsame Dosissteigerung erfolgte. Um eventuelle Anfälle besser beobachten zu können hatte die Mutter ihre Lebensweise inzwischen umgestellt, sie schlief nachmittags und wachte nachts neben ihrem Kind. Sie beobachtete fortbestehendes nächtliches Aufschrecken, so daß eine erneute stationäre Diagnostik und Therapieoptimierung diskutiert wurde.

2. Problembezogene Anamnese

Daniela war eine Woche nach dem errechneten Termin durch induzierte Geburtseinleitung entbunden worden, während sowie nach der Geburt ergaben sich aber keine Komplikationen. Auch die frühkindliche Entwicklung verlief unauffällig, erwähnenswert ist lediglich ein „Sturz" vom Wickeltisch. Die seinerzeit eingeleitete neurologische Diagnostik erbrachte aber keinen Hinweis auf ein Schädel-Hirn-Trauma.

Nach dem Besuch von Kinderkrippe und Kindergarten wurde Daniela im Alter von sechs Jahren eingeschult. Bei durchschnittlichen Leistungen trat im Anfangsunterricht ein erschwerter und verzögerter Erwerb der Schreib- und Lesefertigkeiten auf. Daniela ist Linkshänderin und lernte auch das Schreiben primär mit der linken Hand. Zum Zeitpunkt des ersten Krampfanfalles besuchte Daniela die vierte Klasse. Leistungsprobleme wurden nicht angegeben, sie wird von der Schule als durchschnittlich begabte und ehrgeizige Schülerin geschildert. Allerdings arbeite sie vor allem bei verbalen Anforderungen (Deutsch, Mathematik) recht langsam, bei anschaulichpraktischen Aufgaben zeige sie deutlich mehr Interesse.

---

[2] cerebrales (d.h. vor allem das Gehirn abbildendes) Computertomogramm

[3] spezielle Darreichungsform; der Wirkstoff wird in gleichbleibender Menge über längere Zeit abgegeben. Dadurch wird ein konstanter Medikamentenspiegel im Blut bei nur ein- bis zweimaliger Medikamenteneinnahme täglich erreicht.

3. Psychologische Diagnostik und medizinische Therapie

Ein plötzlich trotz der oben erwähnten medikamentösen Therapie aufgetretener to-nisch-klonischer Krampfanfall[4] führte über die Rettungsstelle der Charité zur stationä-ren Aufnahme in unserer Klinik. Der neurologische Status, die Laborwerte sowie die Befunde von HNO- und Augenarzt, das Audiogramm und das Magnetresonanztomo-gramm waren unauffällig. Es erfolgten zwei Langzeit-Video-EEG-Ableitungen (24 und 48 Stunden), die bei leicht gestörter Allgemeinfunktion stets massive epileptogene Aktivität, vorwiegend linkshemisphäriell mit Herdbetonung temporal und parietal aufwiesen. Im Verhaltensbild zeigten sich aber nur vereinzelt Korrelate dieser neuro-physiologischen Aktivität: im Wachzustand zweimal eine kurze Blickwendung nach links oben und im Schlaf einmal ein Zucken der rechten Hand sowie orale Automatis-men. Auf der Station und in der Schule ließen sich trotz intensivsten Beobachtens durch Pflegepersonal und Lehrer solche oder ähnliche Zustände nicht feststellen.

Daniela wurde in das einzel- und gruppentherapeutische Setting der Station einbe-zogen, sie war aufgeschlossen und ließ sich gut in die Gruppe integrieren. Sie nahm am Unterricht in der Schule an der Charité teil. Von den Lehrern wurde bald über Verlangsamung und Verständnisprobleme, besonders in den Fächern Deutsch und Mathematik, berichtet. Später wurde sogar von deutlichen Schwächen bei Merkfähig-keit, Sinnerfassen von Texten, Aufgabenverständnis und Ausdauer gesprochen. Der Leistungsstand entsprach in Kernbereichen nicht der Klassenstufe, Maßnahmen der sonderpädagogischenn Förderung oder der Rehabilitation wurden empfohlen.

Inzwischen war eine Dosierung von 600mg/d Carbamazepin erreicht und es sollte eine leistungspsychologische Einschätzung erfolgen. Diese diente dem sukzessiven Ausschluß leistungshemmender Faktoren sowie der Bestimmung von Förderpotenzen. Begonnen wurde mit den Leistungsvorbedingungen, um dann über die allgemeine In-telligenz zu Teilfunktionen der Hirnleistung fortzuschreiten.

Ausdauer und Konzentration wurden mit dem *Wiener Determinationsgerät* (aus dem *Wiener Testsystem* der *Dr. G. Schuhfried GmbH*)[5] überprüft. Daniela erreichte bei sehr stetiger Arbeitsweise und wenigen Fehlern eine Tempoleistung an der Obergrenze

---

[4] schwere Form epileptischer Anfälle, bei der Muskelkontraktionen und rhythmische Zuckungen ineinan-der übergehen, früher auch als „Grand-mal" oder „großer Anfall" bezeichnet

[5] Hier handelt es sich um eine computergesteuerte Mehrfach-Wahlreaktionsaufgabe. Im Modus „Aktion" arbeitet die Testperson zu Beginn und am Ende der Testsitzung jeweils zwei Minuten mit selbstbestimm-tem Tempo, gewertet wird die Zahl der richtigen Reaktionen. Da die implementierten Normen zu „weich" waren und eine zu geringe Altersspanne umfaßten, erfolgte ein Vergleich mit den Werten von 350 Patien-ten ("anfallende Stichprobe", Alter 5-18 Jahre) unserer Klinik. - Eine differenzierte Bewertung dieser Da-ten steht noch aus, aber schon die Werte dieser klinischen Stichprobe lagen für die Leistungsmenge deut-lich über der ehemaligen Normstichprobe.

des Normalbereiches[6]; über die Untersuchungszeit ergab sich kein bedeutsamer Leistungsabfall.

Zur Überprüfung der nonverbalen Intelligenz und des anschaulich-schlußfolgernden Denkens wurden die CPM (*Coloured Progressive Matrices*; Schmidtke, Schaller & Becker, 1980) vorgegeben. Dieses Verfahren eignet sich wegen des hohen Aufforderungscharakters gut als Einstieg bzw. zur Reduzierung von Leistungsangst. Mit einem Rohwert von 11/9/9 = 29 ergab sich nach den revidierten Normen von Guthke (1985) ein CPM-*IQ* von 109. Eine Zusatzauswertung nach Dacheneder (1982) erlaubt die qualitative Klassifikation von Wahrnehmungsfehlern anhand charakteristischer Fehlleistungen bei ausgewählten Tafeln: Bei Daniela ergaben sich weder Hinweise auf eine Figur-Grund-Differenzierungs-Störung noch auf eine Raum-Lage-Störung.

Dies konnte durch den *Rey-Osterrieth-Complex-Figure-Test* (Rey, 1941; Spreen & Strauss, 1991)[7] bestätigt werden. Demgegenüber war die unmittelbare Reproduktion durch eine unzureichende Differenzierungsleistung gekennzeichnet (s. Abb. 1); bei der Wiederholung nach 20 Minuten kam es zu einem fast völligen Versagen (Auswertung des genannten Tests nach Waber & Holmes, 1986).

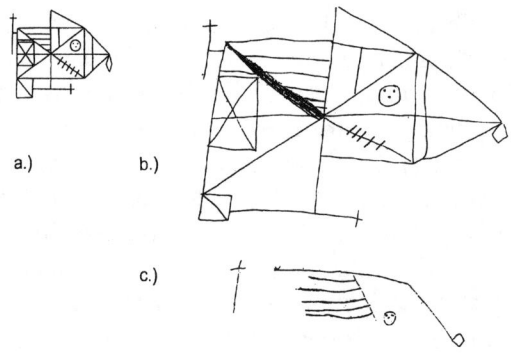

Abbildung 1: Zeichenleistung im *Rey-Osterrieth-Complex-Figure-Test* - a.) Vorlage nach *Rey & Osterrieth*, b.) Leistung beim Abzeichnen nach Vorlage, c.) Reproduktion aus dem Gedächtnis nach 20 Minuten *delay*.

---

[6] Definition in Anlehnung an die medizinische Labordiagnostik, wo ein Bereich von einer Standardabweichung um den Durchschnittswert als „Normalbereich" gilt

[7] Die *Rey*-Figur ist als Test visuomotorischer und visuokonstruktiver Leistungen breit eingeführt (s. die Übersicht bei Spreen & Strauss, 1991). Eine abstrakte Figur soll möglichst perfekt abgezeichnet werden; nach einiger Zeit (für das Kindesalter 20 Minuten) soll sie aus dem Gedächtnis nochmals reproduziert werden ("delayed recall"). Wir folgen der Auswertung von Waber & Holmes; sie hatten 454 gesunde Kinder im Alter von 5-14 Jahren untersucht und eine Auswertung nach Exaktheit, Fehlern, Organisation sowie Niveau der Zeichnungen vorgenommen. Die Interrater-Reliabilität betrug .94, die Korrelation zum Alter .65. Als *Screening*-Test erlaubt das Verfahren einen schnellen Einblick in die Verarbeitung und Speicherung komplexen visuellen Materials.

Anschließend sollte mit dem AID (*Adaptives Intelligenz Diagnostikum*) eine Beschreibung der Intelligenzstruktur erfolgen. Da sich schon beim ersten Subtest (*Alltagswissen*) deutliche Ermüdungszeichen zeigten, wurde von der Standard-Testfolge abgewichen und der besonders interessierende Subtest 9 (*Funktionen Abstrahieren*) gegeben. In beiden Subtests erreichte Daniela durchschnittliche Werte ($T = 51$ bzw. $T = 50$), es zeigten sich aber Probleme beim Instruktions- und Aufgabenverständnis. Noch problematischer wurde dies beim Subtest 3 (*Angewandtes Rechnen*); hier gab Daniela auch vorbestehende Leistungsschwächen an. Neben erheblichen Problemen bei der Sinnentnahme fiel ihr auch die Umsetzung in den Rechenweg und das Zahlenrechnen sehr schwer. Trotz Zuhilfenahme der Finger konnte sie kaum eine Aufgabe lösen, sie gab aber weder Mißerfolge noch Anstrengung an. Nach der zweiten Aufgabengruppe (d.s. 10 von insgesamt 15 vorgesehenen Items) wurde der Test dann abgebrochen ($T = 38$).

Als *Screening* auf Sprachverarbeitungsprobleme kam der *Token-Test* (De Renzi & Vignolo, 1962)[8] zur Anwendung. Daniela arbeitete sehr unsicher, fragte oft nach und hatte in den fünf Teilen folgende Fehlerzahl: 0/2/0/4/2=8. Zusammen mit den Wiederholungen erreichte sie einen Wert, der deutlich über der kritischen Grenze für ihr Alter lag.

Damit ergab sich die Notwendigkeit einer differenzierteren Abklärung neuropsychologischer Defizite im Sinne von Teilleistungsstörungen. Dazu wurde das BLN-K (*Berliner-Luria-Neuropsychologische Verfahren für Kinder;* Neumärker & Bzufka, 1988)[9] verwendet, da dieses eine breite Erfassung von Hirnfunktionen sowohl unter

---

[8] Das ist ein besonders empfindliches *Screening*-Verfahren zur Aufdeckung rezeptiver Sprachstörungen. In fünf Teilen mit je 10 Aufgaben müssen verbale Instruktionen steigender Komplexität und Länge in Handlungen mit farbigen Plättchen („token") umgesetzt werden. Die deutsche Version wurde erstmals 1976 von *Orgass* (s. nun Orgass, 1982) vorgestellt; Normierung und Testanalyse basieren auf je 100 Patienten (Alter 15 bis 75 Jahre) mit oder ohne Aphasie. Die *Retest*-Reliabilität bei Patienten beträgt .96, die Trefferquote liegt für aphatische Patienten bei 85%, der Validitätskoeffizient ist mit .77 ausreichend hoch. Für das Kindesalter haben Gutbrod & Michel (1986) an 145 Kindern im Alter von 5 bis 13 Jahren (Rehabilitanden mit und ohne Aphasie) regressionsanalytisch altersabhängige *cut-off*-Werte bestimmt, die mit einer Trefferquote von 91% die Identifikation aphatischer Patienten ermöglichen.

[9] Das BLN-K basiert auf *Lurias* Konzeption der hirnfunktionellen Systeme (s. Luria, 1970; Neumärker & Bzufka, 1987) und gehört zu einer Gruppe analog strukturierter Tests im englisch- sowie deutschsprachigen Raum sowohl für das Kindes- als auch für das Erwachsenenalter. Es gliedert sich in 11 Aufgabengruppen. Neben basaleren Funktionen wie *Motorik* (MOT), *Akustisch-motorischer Koordination* (AUD), *Taktilen und kinästhetischen Funktionen* (TAK) sowie *Höheren visuellen Funktionen* (VIS) wird auch die Sprachverarbeitung in den Modalitäten *Verständnis* (REZ) und *Produktion* (EXP) überprüft. Drei Aufgabengruppen erlauben die Einschätzung von *Schreiben* (SCR), *Lesen* (LES) und *Rechnen* (KAL), den Abschluß bilden die *Gedächtnisfunktionen* (GED) und die *Denkprozesse* (DNK). Die insgesamt 150 Aufgaben sind in 1½ bis 2 Stunden vorzugeben und erlauben die Einschätzung wesentlicher Bereiche der Hirnfunktion. Das Verfahren wurde an 174 gesunden Kindern (Alter 8 bis 12 Jahre) standardisiert, für innere Konsistenz bzw. *Retest*-Reliabilität ergaben sich erwartungsgemäß nur mittelhohe Werte (.57 bzw. .53). Auch die Validierung an Außenkriterien (Vorliegen einer Hirnschädigung, Schulzensuren) erbrachte schwache bis mittelhohe Zusammenhänge. Ursache ist vor allem die hohe Variabilität innerhalb der Auf-

dem Aspekt der Defizite als auch der Ressourcen erlaubt. Daniela arbeitete sehr langsam und angestrengt, so daß sie insgesamt fast drei Stunden sowie eine längere Pause für die Testung benötigte. Das Ergebnisprofil ist in Abbildung 2 dargestellt.

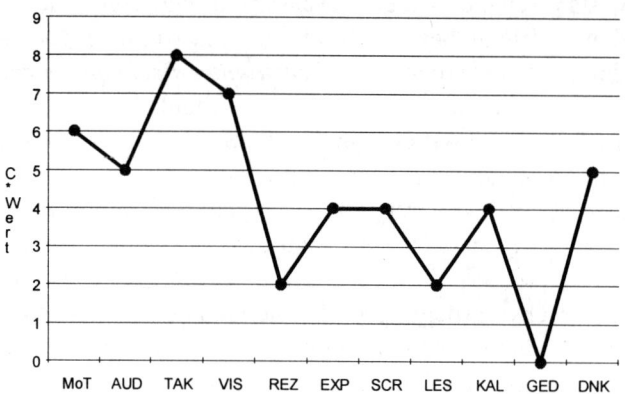

Abbildung 2: Ergebnisse der Patientin im BLN-K.

Auffällig schwache Leistungen zeigte Daniela in den Aufgabengruppen *Sprachverständnis* (REZ), *Lesen* (LES) und *Gedächtnisfunktionen* (GED). Unsicher war auch die Tonhöhen- und phonematische Differenzierung sowie die Wort-Bild-Zuordnung. Daniela konnte keine der Gedächtnisaufgaben lösen; sie versagte bei verbalen, visuellen und taktil-kinästhetischen Anforderungen, bei kurz- und mittelfristigem Behalten sowie bei Aufgaben mit und ohne Interferenz[10]. Nach *Luria* ist von einer Schädigung des mittleren Temporalgebietes der sprachdominanten Hemisphäre auszugehen, das Leistungsbild entspricht der mittleren Ausprägung einer akustisch-amnestischen Aphasie. Von derart erheblichen Beeinträchtigungen war weder nach den Vorberichten noch nach den bisherigen Testergebnissen auszugehen, zumal bei Daniela unter der gesteigerten Medikation nur äußerst selten Anfallssymptome zu finden waren. Sicher hat auch die hohe Leistungsmotivation dazu beigetragen, Ausfälle und Rückstände immer wieder zu kompensieren.

Die längerdauernde, konzentrierte und multimodal belastende Untersuchung hat offenbar auch als Provokationsbedingung gewirkt: Während der Testung wurde der

gabengruppen, die aber unter Bezug auf *Luria*s dynamischen Ansatz eine differenzierte qualitative Analyse der Hirnfunktionen ermöglicht. In ähnlicher Weise sehen auch die Autoren der TÜKI (*Tübinger Luria-Christensen Neuropsychologischen Untersuchungsreihe für Kinder;* Deegener, Dietel, Hamster, Koch, Matthaei, Nödl, Rückert, Stephani & Wolf, 1993) hier eher einen Vorteil. Alle Versuche, *Luria*s Konzept „teststatistisch exakt" umzusetzen, haben bisher nicht zu den gewünschten Ergebnissen geführt.

[10] Überlagerung; bei Gedächtnistests ein Stören des Einprägens durch ablenkende Aufgaben, deren Material im Gedächtnis die ursprünglichen Reize überlagert bzw. mit ihnen in Wechselwirkung tritt

einzige epileptische Anfall (komplex-partieller Anfall - „psychomotorisch" nach alter Terminologie) während des stationäre Aufenthaltes beobachtet, an den sich eine ca. 8 Minuten dauernde Umdämmerungsphase anschloß. Während dieser Phase war Daniela aber eingeschränkt kommunikationsfähig. Später schilderte sie ähnliche Zustände auch aus der Schule. Im Vordergrund standen „Hörprobleme", sie nahm Sprache dann nur verdreht oder „wie ausländisch" wahr.

Damit konnten die kognitiven Beeinträchtigungen auf der Basis vor allem subklinisch[11] ablaufender neurophysiologischer Störungen als erheblich leistungsmindernder Faktor objektiviert werden. Entsprechend wurde die Medikation auf 800 mg/d, ambulant dann bis auf 1200 mg/d Carbamazepin erhöht. Daniela blieb in regelmäßiger ärztlicher Kontrolle, nachdem noch 100 mg/d Sultiam[12] hinzugegeben worden waren, kam es erstmals zu einer leichten Verbesserung des EEG-Befundes.

4. Verlauf

Inzwischen besuchte Daniela die fünfte Klasse. Es zeichneten sich deutliche Leistungsprobleme ab, die aber der neu zusammengestellten Klasse mit erheblicher Unruhe, rauhem sozialem Klima sowie einer wenig durchsetzungsfähigen Lehrerin angelastet wurden.

Die ambulante Kontrolluntersuchung nach einem Jahr ergab für die verbalen Subtests des AID wieder normale Werte (*Alltagswissen: T = 42, Funktionen Abstrahieren: T = 48*), auffällig war vor allem die Normalisierung beim *Angewandten Rechnen* (*T = 46*). Der etwas schwächere Wert für das Alltagswissen wurde vor allem mit den gestiegenen Anforderungen erklärt (Daniela war jetzt 10;6 Jahre alt), vereinzelt wurden aber auch Verständnis- und Wortfindungsprobleme sowie Paraphasien[13] beobachtet. Beim *Rey-Osterrieth-Complex-Figure-Test* war die Leistung etwas besser als zur Voruntersuchung, Daniela konnte die Figur fast regelrecht reproduzieren, nach der Interferenzphase kam es aber wieder zu deutlichen Verlusten. Da sie mit dem Ergebnis nicht zufrieden war, konnte sie sich in einem zweiten Versuch noch etwas verbessern. Der *Token-Test* ergab auch ein geringfügig gebessertes Ergebnis, mit einer Fehlerzahl von 0/1/1/4/1=7 und drei Wiederholungen lag sie wiederum etwas über dem kritischen Wert von 8. Insgesamt ist bei noch im Normalbereich liegender Intelligenzleistung von einer nur geringfügigen Verbesserung der Sprachverarbeitungs- und Gedächtnisprobleme auszugehen. Das psychomotorische Tempo und die Belastbarkeit hatten sich sogar etwas verschlechtert. Das Risiko einer schulischen Überforderung Danielas war offenkundig. Schwierigkeiten wurden vor allem in lernintensiven Fächern (Englisch,

---

[11] körperinterne Vorgänge, die keine Korrelation im beobachtbaren („klinischen") Verhalten haben
[12] relativ selten und bei speziellen Anfallsformen eingesetztes Antiepileptikum
[13] Ausdruck von Wortfindungsproblemen als Symptom einer Aphasie: Ersetzen des Zielwortes durch ein klangähnliches (phonologische -) oder bedeutungsanaloges (semantische -), oft nicht ganz zutreffendes Wort

Geographie) angegeben. Neben einer Optimierung der medikamentösen Therapie wurde auch an eine Rehabilitation im Rahmen eines Rehabilitationszentrums oder geeignete sonderpädagogische Fördermaßnahmen bzw. eine funktionelle Therapie gedacht.

Dazu kam es aber nicht. Auf Grund eskalierender Probleme im sozialen- und Leistungsbereich nahm die Mutter Daniela aus der bisherigen Klasse und bewirkte die Rückstufung in die vierte Klasse. Dort kam sie deutlich besser zurecht, anfallsähnliche Zustände wurden nicht mehr beobachtet. Auch die Frequenz der „Hörstörungen" nahm weiter ab. Mit dem neuerlichen Übergang in die 5. Klasse machten sich nochmals leichte Sprachprobleme bemerkbar, Daniela besuchte daher regelmäßig den Förderunterricht zum Fach Deutsch. Nach der Versetzung in die 6. Klasse, im Vorfeld der Entscheidung über die Schulform in der Sekundarstufe, wurde Daniela in unserer Klinik nochmals psychologisch untersucht.

5. Psychologische Diagnostik zur Schullaufbahnberatung

Sie arbeitete über die gesamte Zeit ruhig und konzentriert; lediglich zum Ende der Untersuchung traten Ermüdungszeichen auf. Die Leistung am *Wiener Determinationsgerät* hatte sich gegenüber der Voruntersuchung wieder etwas verbessert, allerdings zeigte der Leistungsabfall zum Ende der Untersuchungszeit nochmals, daß Daniela bei knapp altersgerechter Belastbarkeit unter hoher Anspannung arbeitete. Bei den Aufgaben zur verbalen Intelligenz (AID) war für das *Funktionen Abstrahieren* eine Leistungsverbesserung festzustellen ($T = 59$), hingegen ist das *Alltagswissen* ($T = 36$) gegenüber den Vorbefunden weiter abgefallen. Damit deutete sich über den Verlauf von drei Jahren eine nicht mehr voll kompensierbare Störung des Langzeitgedächtnisses an. Zur Untersuchung des kurz- und mittelfristigen Behaltens verwendeten wir den RAVLT[14] (*Rey Auditory Verbal Learning Test;* Rey, 1964). Daniela erreichte folgende Ergebnisse (*IQ*-Skalierung):

unmittelbare Gedächtnisspanne	138
Lernleistung	77
Gesamtleistung	108
Interferenzfestigkeit	107
Wiedererkennungsleistung	112

---

[14] Eine Wortreihe von 15 Wörtern soll in fünf Durchgängen gelernt werden, dann folgt eine zweite Wortreihe als Distraktor; nach 30 Minuten wird das mittelfristige Behalten überprüft. Erfaßt werden verbale Kurzzeitgedächtnisspanne, Lernzuwachs, Störbarkeit durch Interferenz sowie das mittelfristige Behalten durch Wiedererkennung. Das Verfahren ist international weit verbreitet, eine deutschsprachige Variante für das Erwachsenenalter soll demnächst publiziert werden. Spreen & Strauss (1991) geben für die Testwiederholung nach einem Jahr eine *Retest*-Reliabilität von .55 an. Vorläufige Normen hat Schweisthal (1996) an 134 gesunden Kindern (Alter 7-15 Jahre) erhoben.

Damit ergaben sich durchschnittliche Werte; die Lernleistung ist vor allem wegen des hohen Ausgangswertes scheinbar verringert. Der *Token-Test* konnte aus Zeitgründen nicht mehr vorgegeben werden, er scheint auch entbehrlich, da ja überwiegend Probleme beim Kurzzeitspeichern bestanden, die jetzt mit dem RAVLT ausgeschlossen werden konnten. Auch die visuellen Differenzierungs- und Gedächtnisleistungen laut *Rey-Osterrieth-Complex-Figure-Test* lagen jetzt gut im Normalbereich. Für die früher beobachteten Funktionsdefizite war eine Normalisierung eingetreten.

Formal ist damit der Übergang an das Gymnasium möglich und wohl auch sozial sehr erwünscht; der Psychologe muß jedoch in diesem Zusammenhang auf die Gefahr einer permanenten Leistungsüberforderung mit schwer zu prognostizierenden Folgen aufmerksam machen.

Für die aktuelle medikamentöse Dosierung sind die gewonnenen psychologisch-diagnostischen Kontrollergebnisse insofern von Bedeutung, als eine Balance zwischen Reduktion der Anfallshäufigkeit und dem Erhalt eines hinreichenden kognitiven Funktionsniveaus gefunden werden muß.

Der über 3½ Jahre verfolgte Verlauf von Danielas Erkrankung läßt also von einer prognostisch günstigen, benignen[15] Entwicklung der Hirnfunktionsstörung ausgehen.

Literatur

Dacheneder, W. (1982). Zur Diagnose von Wahrnehmungsstörungen mit den CPM. *Praxis der Kinderpsychologie und Kinderpsychiatrie*, *5*, 180-184.

Deegener, G., Dietel, B., Hamster, W., Koch, C., Matthaei, R., Nödl, H., Rückert, N., Stephani, U. & Wolf, E. (1993). *Tübinger Luria-Christensen Neuropsychologische Untersuchungsreihe für Kinder (TÜKI)*. Weinheim: Beltz.

De Renzi, E. & Vignolo, L.A. (1982). *Token Test*. Weinheim: Beltz.

Gutbrod, K. & Michel, M. (1986). Zur klinischen Validität des Token Tests bei hirngeschädigten Kindern mit und ohne Aphasie. *Diagnostica*, *32*, 118-128.

Guthke, J., Bauer, H. & Burkert, D. (1985). Vorläufige DDR-Normen für die CPM nach Raven. *Psychologie für die Praxis*, *4*, 350-357.

Luria, A.R. (1970). *Die höheren kortikalen Funktionen des Menschen und ihre Störungen bei örtlichen Hirnschädigungen*. Berlin: Deutscher Verlag der Wissenschaften.

Neumärker, K.J. & Bzufka, M.W. (1987). A.R. Luria (1902-1977) und die Neurowissenschaften. *Zeitschrift für ärztliche Fortbildung*, *81*, 1129-1132.

Neumärker, K.J. & Bzufka, M.W. (1988). *Berliner Luria-Neuropsychologisches Verfahren für Kinder (BLN-K)*. Göttingen: Hogrefe.

Orgass, B. (1982). *Manual zum Token-Test*. Weinheim: Beltz.

Rey, A. (1941). L'examen psychologique dans les cas d' encéphalopathie traumatique. *Archives de Psychologie*, *28*, 286-340.

Rey, A. (1964). L'examen clinique en psychologie. In O. Spreen & E. Strauss (1991)(Eds.), *A Compendium of Neuropsychological Tests* (p. 157). Oxford: Oxford University Press.

---

[15] gutartige, d.h. nicht zunehmende und medikamentös beeinflußbare Form

Schmidtke, A., Schaller, S. & Becker, P. (1980). *Coloured Progressive Matrices (CPM)*. Weinheim: Beltz.

Schweisthal, B. (1996). *Vorläufige Normen für den Rey-Auditory-Verbal-Learning-Test (RAVLT, deutsch: VLMT) bei 7 bis 15jährigen Kindern.* Unveröffentlichter Vortrag: Mölln.

Spreen, O. & Strauss, E. (1991)(Eds.) *A Compendium of Neuropsychological Tests*. Oxford: Oxford University Press.

Waber, D.P. & Holmes, J.M. (1986). Assessing Children's Memory Productions of the Rey-Osterrieth Complex Figure. *Journal of Clinical and Experimental Neuropsychology, 8*, 563-580.

6.

Schullaufbahnberatung - Michael, 10 Jahre

Astrid Görtz

Wien

Am *Pädagogisch-psychologischen Zentrum* (PPZ) in Mödling/Wien werden Beratungen in Schullaufbahnfragen, bei Erziehungsschwierigkeiten, familiären Problemen und in Scheidungsfragen angeboten. Die Institution ist eine im österreichischen Familienministerium eingetragene Familienberatungsstelle, die sich als gemeinnütziger Verein über Spenden und Subventionen trägt. Das Team besteht aus einer Ärztin, einer klinischen Psychologin, einigen Familientherapeuten sowie zwei Juristinnen. Die Beratungen verfolgen in den meisten Fällen einen lösungsorientierten Ansatz, in manchen Fällen wird aber auch bloß weitervermittelt, zum Beispiel an Therapeuten bzw. an andere stationäre Einrichtungen. Gelegentlich wird auch erst eine psychologische Untersuchung vorgenommen, um eine entsprechende Beratung geben zu können.

Michael, 10 Jahre

1. Fragestellung

Die Mutter des 10jährigen Michael wandte sich an das PPZ mit der Bitte um Beratung hinsichtlich des Übertritts ihres Sohnes von der Volksschule in eine weiterführende Schule. Einerseits habe Michael Rechtschreibprobleme, wegen derer er bereits seit der 2. Klasse den Legasthenie-Förderkurs besuche, andererseits leide er unter Kontaktschwierigkeiten. Die Volksschullehrerin empfiehlt den Wechsel in die Hauptschule, da die dort üblichen kleineren Klassen es Michael erleichtern würden, Sozialkontakte zu knüpfen. Die Mutter selbst schließt sich der Meinung der Lehrerin an. Michaels Vater ist aber der Ansicht, daß dieser intelligent genug sei, um das Gymnasium zu schaffen. Die psychologische Untersuchung soll eine objektive Entscheidungsgrundlage liefern.

2. Bisheriger Sachverhalt

Michael unterzog sich bereits zwei Jahre früher, im Jahr 1994, einer psychologischen Untersuchung durch unsere Institution. Damals war mit Hilfe des AID *(Adaptives Intelligenz Diagnostikum)* - bei knapp überdurchschnittlichem Leistungsniveau - die Möglichkeit einer Teilleistungsstörung im Bereich der (akustischen) Merkfähigkeit, eventuell in der „serialen Verarbeitungsfähigkeit" diagnostiziert worden. Nach Beratschlagung mit der Klassenlehrerin besuchte Michael in der Volksschule daraufhin die dort angebotene Legasthenie-Fördergruppe. Zur Behandlung seiner Ängste und Verhaltensauffälligkeiten wurde Michael zusätzlich an eine gestalttherapeutisch orientierte Kindertherapeutin verwiesen, die mit ihm seit 2½ Jahren, im etwa 14tägigen Abstand, eine Spieltherapie durchführt. Schwerpunkte der Therapie sind Stützung und Begleitung sowohl der Eltern als auch des Kindes, Ermutigung des Kindes zum Experimentieren mit verschiedenen Materialien, um daraus bzw. aus der therapeutischen Beziehung Halt zu erfahren und die Ängstlichkeit abzubauen.

Um seine sozialen Fähigkeiten sowie seine Konzentrationsfähigkeit zu stärken, besuchte Michael zeitweise auch eine Gruppe, deren Aktivitäten auf einem spielpädagogischen Ansatz aufbauend sowohl aus Lern- und Konzentrationsspielen als auch aus Entspannungsübungen und die soziale Integration fördernden Gruppenspielen bestehen.

3. Psychologische Untersuchung

Zur Abklärung der intellektuellen Fähigkeiten und dabei wegen der Möglichkeit, die Befunde zu vergleichen, wurde wiederum das AID durchgeführt.

Um die bestehenden Rechtschreibprobleme zu spezifizieren, wurde der DRT 4-5 *(Deutscher Rechtschreibtest für 4. und 5. Klassen;* Meis, 1969)[1] sowie in Hinblick auf die vorbefundete Teilleistungsschwäche der VET *(Verfahren zur Erfassung von Teil-*

---

[1] In diesem Verfahren werden zu einem Lückentext fehlende Wörter diktiert und die dabei auftretenden Rechtschreibfehler qualitativ nach Fehlertypus ausgewertet. Unterschieden wird zwischen folgenden Fehlerarten: Verstöße gegen die Groß- und Kleinschreibung, st-Fehler (im Anlaut wird scht geschrieben), Verwechslungen mit akustisch identischen Lautzeichen (f-v, z-ts, eu-äu etc.), Dehnungs- und Schärfungsverstöße (Dehnungs-h, ie, Schärfungen), Verwechslungen mit akustisch ähnlichen Lautzeichen (d-t, b-p, g-k etc.), Ableitungsfehler (e-ä, d-t am Wortende), Buchstabenauslassungen, Buchstabenhinzufügungen, Verwechslungen in der Reihenfolge der Buchstaben, Verwechslungen mit optisch ähnlichen Buchstaben, Auslassungen von Silben oder Wortteilen am Anfang, inmitten oder am Ende des Wortes, Wortverstümmelungen, grammatikalische Fehler (das-daß, Fallfehler) und Paragraphien („Körbchen" statt „Käppchen"). Der Schwierigkeitsgrad der Diktatworte ist der 4.-5. Schulstufe angepaßt. Für die Auswertung stehen einerseits Prozentrangtabellen für die Gesamtfehleranzahl zur Verfügung, andererseits ist eine Umrechnung in eine fünfstufige Schulnoten-Skala möglich. Die Autoren geben eine Empfehlung für eine spezifische Legasthenie-Untersuchung, wenn der Prozentrang unter 10 liegt.

leistungsschwächen; Sindelar, 1987)[2] durchgeführt. Darüber hinaus wurden, um einen Einblick in den sozial-emotionalen Bereich des Kindes zu gewinnen, die Projektiven Verfahren *Scenotest* (v. Staabs, 1992)[3] und die *Verzauberte Familie* (Kos & Biermann, 1973)[4] angewendet.

---

[2] Dieser erfaßt modalitätsspezifische (akustische, optische, taktil-kinästhetische), intermodale sowie seriale (über die Zeit die Wahrnehmungen integrativ verarbeitende) Teilleistungsfähigkeiten. Dabei werden explizit solche Leistungen geprüft, die für die Bewältigung der Anforderungen beim Übergang vom Kindergarten zur Schule relevant sind. Die 22 Untertests des VET gruppieren sich in „optische Teilleistungsbereiche", in „akustische" sowie in die „Raumorientierung":

- in den Untertests *Differenzierung-Bilder, -Worte* und *-Silben* wird die Differenzierungsfähigkeit derart geprüft, daß aus relativ ähnlichen, (zumeist) paarweise angeordnetem Material auf „gleich" oder „ungleich" entschieden werden muß
- in den Untertests *Gliederung-Figuren, -Worte* und *-Buchstaben* besteht zur Prüfung der Gliederungsfähigkeit die Aufgabe darin, Ganzheiten in deren Einzelteile zu zerlegen und zu reproduzieren
- in den Untertests *Gedächtnis-Bilder, -Figuren, -Buchstaben, -Phoneme/Wortreihen* und *-Text* geht es um die Merkfähigkeit, wobei entweder dargebotene Bildfolgen reproduziert werden müssen oder das Vorgesagte nachgesprochen werden muß
- in den Untertests *Gedächtnis intermodal: optisch/akustisch-Buchstaben (-)* sowie *(+), -Bilder (-)* sowie *(+), Gedächtnis intermodal: akustisch/optisch-Buchstaben (-)* sowie *(+), -Worte (-)* sowie *(+), Serialität-optisch* und *-akustisch* besteht die Anforderung zur Prüfung des intermodalen Gedächtnisses in einer Wiedererkennungsleistung genau in der anderen Sinnesmodalität als in der, in der der fragliche Iteminhalt ursprünglich geboten wurde; dabei meint „(+)" fälschlich reproduzierte Iteminhalte, „(-)" ausgelassene Iteminhalte
- der Untertest *Raumorientierung* prüft das entwicklungspsychologisch bekannte „Körperschema"

Einzig bei Roloff (1988) gibt es tiefergehende testtheoretische Betrachtungen zum VET und auch eine erste, allerdings kaum benutzte Normierung.

[3] Dieses im europäischen Raum in Diagnostik (und Therapie) bei Kindern weit verbreitete Projektive Verfahren enthält Material, welches nach tiefenpsychologischen Gesichtspunkten ausgewählt wurde (lebensecht wirkende Puppenfiguren, welche Eltern, Großeltern, Geschwister, Arzt usw. repräsentieren können; Tiere, wie z.B. Fuchs, Krokodil, Storch; Fahrzeuge, wie Eisenbahn und Autos; Alltagsgegenstände, wie Sessel, Liegestuhl, Waschbottich, Schultafel, Geschirr; Blumen, Früchte und schließlich Symbolfiguren, wie Schneemann, Heinzelmann und Engel). Das Kind wird angeregt, nach freiem Einfall eine Szene aufzustellen. Über die Darstellung in der Miniaturwelt soll Einblick in den affektiven Bezug und die Einstellung des Kindes gegenüber den Menschen und Dingen in der realen Welt gewonnen werden, unter besonderer Berücksichtigung tiefenpsychologischer Faktoren. Speziell in der Diagnostik neurotischer Störungen können Hinweise auf konflikthafte Themen gefunden und auf diese Weise differentialdiagnostische Überlegungen unterstützt werden.

[4] Bei diesem Verfahren wird das Kind mit folgenden Worten angeregt, eine Zeichnung anzufertigen: „Wir wollen jetzt miteinander ein wenig dichten. Du kennst doch Märchen? Stell' dir vor, es kommt ein Zauberer und verzaubert eine Familie, und zwar alle Menschen dieser Familie, Große und Kleine ... Da hast Du ein Blatt Papier und einen Bleistift, und nun zeichne, was da geschehen ist!" Anschließend wird das Kind gebeten, die Geschichte der Verzauberung zu erzählen. Die Daten über die gezeichneten Objekte (Name, Alter der Geschwister, die Reihenfolge der Darstellung) werden vermerkt und geben einen Hinweis darauf, ob das Kind seine eigene Familie dargestellt hat. Abschließend wird das Kind gefragt, in welches Tier bzw. welches Wesen es am liebsten verwandelt wäre (und warum), und in welches auf gar keinen Fall (und warum). Die Produktionen des Kindes werden einerseits nach formalen, andererseits nach inhaltlichen Kriterien beurteilt. Dem Verfahren liegt die Annahme zugrunde, daß das Kind sich identifizierend

Die Anamnese wurde mit Hilfe des DEF (*Diagnostischer Elternfragebogen;* Dehmelt, Kunert & Zinn, 1989)[5] erhoben. Im Anschluß an das Ausfüllen dieses Fragebogens fand ein Gespräch mit der Mutter sowie mit beiden Elternteilen gemeinsam statt. Mit Michael wurde im Rahmen der Testuntersuchung unter Zuhilfenahme eines Satzergänzungstests[6] ebenfalls ein anamnestisches Gespräch geführt.

Die gesamte Untersuchung fand in sechs Sitzungen statt.

3.1. Entwicklungsgang und aktuelle Situation

Michael wurde am 25.11.1985 als Kind polnischer Eltern in Warschau geboren. Der Vater ist Wissenschaftler (Mathematiker), die Mutter Lehrerin, derzeit arbeitslos. Die Familie lebt seit Michaels Schuleintritt in Österreich. Die Übersiedlung erfolgte auf Grund der beruflichen Situation des Vaters.

Die frühkindliche Entwicklung war bei Michael normal verlaufen. Er lernte mit 12 Monaten laufen, sprach die ersten Wörter in diesem Alter, die ersten Sätze mit 20 Monaten. Mit 18 bis 20 Monaten war Michael sauber. Er neigte allerdings bereits als Kleinkind zu fiebrigen Erkrankungen, hatte zwischen dem 2. und dem 6. Lebensjahr etwa ein- bis zweimal pro Monat eine Bronchitis. Er ist bis heute empfänglicher für

---

und projizierend mit den Problemen der eigenen Familie auseinandersetzt, welche auf diesem Weg einer tiefenpsychologischen Interpretation zugänglich werden. Wie auch bei anderen Projektiven Verfahren werden daraus gewonnene Annahmen mit anamnestischen Daten in Beziehung gesetzt und überprüft.

[5] Der DEF kann als Hilfsmittel bei der anamnestischen Erhebung im Sinne eines Interview-Leitfadens verwendet oder von den Eltern selbst schriftlich ausgefüllt werden. Er erfaßt die Bereiche Familienverhältnisse (Beruf, Alter der Eltern, Geschwister, Wohnverhältnisse), körperliche und geistige Entwicklung (Verlauf von Schwangerschaft und Geburt, frühkindliche Entwicklung, Verhalten im Kindergarten, Beginn der Pubertät), Erziehung („wer ist für die Erziehung verantwortlich", „wer betreut das Kind untertags", Belohnungen und Bestrafungen, Taschengeld, Auffälligkeiten im Verhalten des Kindes), Interessen und Fähigkeiten, Beziehung zu anderen Personen (Eltern, Geschwister, Freunde), Schule (Laufbahn, Regelmäßigkeit des Schulbesuchs, Leistungen, Lieblingsfächer, Hausaufgaben, Beanstandungen an Leistungen oder Verhalten etc.) und Entwicklung des Problemverhaltens („wann zum ersten Mal aufgetreten", „wann stärker geworden", „an bestimmten Orten oder mit bestimmten Personen stärker oder weniger stark", frühere Beratungen, Maßnahmen zur Änderung, Vorstellungen über künftige Maßnahmen). Insgesamt umfaßt der Fragebogen 77 Fragen, teilweise in *multiple-choice*-Form und teilweise mit freien Antwortmöglichkeiten.

[6] Dieser erfaßt unter anderem folgende Bereiche: *Zukunftswünsche* („Wenn ich groß sein werde ...") *Wünsche und Hoffnungen allgemein* („Wenn mir drei Wünsche in Erfüllung gehen würden ...", „Ich wollte ...", „Wenn ich sehr reich wäre ...", „Ich hoffe ..."), *Beziehung zu Eltern* („Der Vater ...", „Die Mutter ...", „Wenn nur meine Eltern ..."), *zu Erwachsenen allgemein* („Die Erwachsenen ..."), zu Geschwistern („Brüder ...", „Schwestern ...") und *Gleichaltrigen* („Buben sind ...", „Mädchen sind ...", „Meine Freunde ...",) sowie *zur Familie insgesamt und zum eigenen Zuhause* („Unsere Familie ...", „Wenn ich zuhause bin ..."), außerdem werden indirekt *angenehme und belastende Lebensbereiche* erfragt („Es ist schön, wenn ...", „Ich bin froh, daß ich ...", aber auch „Wenn ich nur nicht, ...", „Ich bin sehr traurig ...", „Ich bin wütend, wenn etc.); darüber hinaus enthält das Verfahren Fragen *zur Schule, zu eigenen Träumen*, aber auch projektive Elemente („In welches Tier würdest du dich verwandeln lassen?").

Verkühlungen als andere Kinder. Im Alter von 1½ Jahren mußte Michael wegen einer Leistenbruch-Operation ins Krankenhaus.

In Hinblick auf die Erziehung bezeichnet sich die Mutter als gleich verantwortlich wie der Vater des Kindes; allerdings ging die Initiative zur psychologischen Beratung bisher von ihr aus - da sie nicht berufstätig ist, verbringe sie mehr Zeit mit Michael als der Vater. Als auffällig beschreibt sie Michaels Ängstlichkeit. Wenn die Eltern abends ausgehen, will er sie aus Furcht vor dem Alleinsein oft nicht gehen lassen. Er sei immer noch sehr kontaktscheu, wenngleich sich das im Verhältnis zu früher gebessert habe. Die Ängste seien auch der Grund für die Kindertherapie gewesen. Bezüglich der schulischen Situation erwähnt die Mutter, daß es trotz Legasthenie-Trainings Rechtschreibprobleme gäbe; die Lehrerin habe jedoch Verständnis für ihn.

Aus dem Gespräch mit dem Vater geht deutlich hervor, daß dieser sich für Michael eine höhere Bildung wünscht und ihm dies auch zutraut. Er selbst habe in seiner Schulzeit ebenfalls unter Rechtschreibschwierigkeiten gelitten und diese im Laufe des Studiums überwunden. Er halte Michael für sehr intelligent und würde ihm gerne mehr Wettbewerbsgeist vermitteln. Auf die Ängstlichkeit und die Kontaktschwierigkeiten angesprochen, meint er, daß er selbst ein eher zurückhaltender Mensch sei und die Problematik kenne. - Im weiteren Gesprächsverlauf erwähnt der Vater, daß der Sohn seines Bruders Autist sei.

In der Exploration mit Michael mittels Satzergänzungstest zeigt sich auffallend stark und in vielen Sätzen wiederkehrend Michaels große Vorliebe für Modelleisenbahnen. Seine wichtigste Freizeitbeschäftigung ist das Bauen von Modellen und das Basteln von Bestandteilen für seine Eisenbahn. Traurig macht ihn, daß seine Eltern oft wenig Interesse an seinen Modellen haben. Sein Ziel für die Zukunft ist es, eine eigene Modellbaufirma zu gründen. Bezüglich der anderen Kinder äußert Michael, daß „Buben klug und Mädchen doof" seien. Er erwähnt, daß es ihn traurig mache, wenn andere seine Modelle zerstören. Außerdem berichtet er, andere sagen von ihm, daß er dumm sei; manchmal würden sie ihn auch verhauen. Auch über die Schule äußert sich Michael negativ und meint, sie sei „doof". Er erwähnt seine Ängste, wenn er allein ist. Wenn er traurig ist, erfährt er Trost von seiner Mutter. Zu den Verwandlungsfragen fällt ihm nichts ein. Seine größten Wünsche sind eine eigene Firma und Reichtum.

Zum Zeitpunkt der Untersuchung steht bereits fest, daß Michael nur noch das erste Halbjahr in eine neue Schule, nach Beendigung der Grundschule, gehen wird, weil dann die Familie nach Polen zurückzukehren plant.

3.2. Persönlicher Eindruck

Im Gespräch mit der Mutter fällt auf, daß diese selbst eine zarte, unsicher wirkende Person ist, die sich sichtlich um eine gute Betreuung für ihren Sohn bemüht, dabei aber recht unbeholfen wirkt. Es wird deutlich, daß sie sich in Österreich nicht wohlfühlt. Obwohl sie nun schon seit mehr als 4 Jahren in Österreich lebt, spricht sie immer noch sehr wenig Deutsch. Ihre Bekannten sind ausschließlich polnische Landsleute, zu denen sie über das polnische Kulturzentrum Kontakt hält. Auch Michael besucht einmal in der Woche die polnische Schule. Es entsteht der Eindruck, als sei die Familie hier in Österreich noch nicht wirklich angekommen. In den Ferien fahren sie regelmäßig nach Hause und besuchen ihre Verwandten und Freunde in Warschau. - Der Vater geht fast zur Gänze im Beruf auf, hält Kontakte vor allem zu seinen Kollegen, wobei die Familie jedoch kaum einbezogen ist.

Während der Exploration brach bei Michael völlig unvermittelt Ärger aus, der sich in einem leisen „in-sich-Hineinschimpfen" entlud. Dies geschah in Zusammenhang mit Enttäuschungen durch andere Menschen, zum Beispiel Schulkollegen.

Insgesamt wirkt die Familie sehr ernst. Es macht den Anschein, als gäbe es wenig Anlaß für Freude und Spaß. Michael ist als Einzelkind und auf Grund der mangelnden Sozialkontakte der Eltern außerhalb der Schule fast ausschließlich mit ihnen zusammen: Er hat nur einen Freund, der sich ebenfalls für Modelleisenbahnen interessiert.

3.3. Testergebnisse

Während der gesamten Untersuchung macht Michael einen sehr ernsten Eindruck. Er gibt sich große Mühe beim Lösen der Testaufgaben, lächelt aber kaum und macht auch sonst kaum Zwischenbemerkungen.

Im AID erreichte Michael eine auffallend niedrige Intelligenz*quantität* (PR = 3.5%), d.h. die untere Grenze der Intelligenz, gemessen an der niedrigsten Untertestleistung, wird nur von 3.5% der Gleichaltrigen unterschritten. Der *Range* der Intelligenz, welcher die Streubreite der Untertestleistungen angibt, liegt absolut bei 54 *T*-Werten: Nur 1 Prozent der Gleichaltrigen haben einen noch größeren *Range* (PR = 99)! Dieses Ergebnis kommt durch die Differenz zwischen den Untertests *Unmittelbares Reproduzieren*-numerisch/rückwärts und *Angewandtes Rechnen* zustande. Die genauen Ergebnisse in den Untertests zu beiden Zeitpunkten, 1994 und 1996:

Untertests im AID	*T*-Werte (1994)	*T*-Werte (1996)
Alltagswissen	56	58
Realitätssicherheit	55	51
Angewandtes Rechnen	62	70
Soziale und Sachliche Folgerichtigkeit	49	64
Unmittelbares reproduzieren-numerisch/ vorwärts	41	41
/ rückwärts	30	19
Synonyme Finden	51	55
Kodieren und	50	34
Assoziieren	46	40
Antizipieren und Kombinieren-figural	70	64
Funktionen Abstrahieren	55	64
Analysieren und Synthetisieren-abstrakt	73	73
Soziales Erfassen und Sachliches Reflektieren	57	61

In Kombination mit der geringen Intelligenz*quantität* erklären die Ergebnisse in den einzelnen Untertests die bestehenden Lernschwierigkeiten. Das niedrige Testergebnis *Unmittelbaren Reproduzieren*-numerisch/rückwärts bestätigt den erstbefundenen Verdacht auf eine Teilleistungsstörung in Form einer Serialitäts-Schwäche; dadurch, daß jetzt auch die Testleistungen im *Kodieren und Assoziieren* intraindividuell sehr schlecht sind, ist eine auf den akustischen Bereich beschränkte Merkfähigkeitsschwäche auszuschließen. Bemerkenswert ist besonders, daß die Testleistung im Untertest *Unmittelbares Reproduzieren*-numerisch trotz des zwischenzeitlich erfolgten Teilleistungstrainings so niedrig ist.

Eine Ursache könnte darin liegen, daß die durchgeführten Fördermaßnahmen doch insgesamt stärker auf das Sozialverhalten abzielten und die kognitive Komponente in den Hintergrund gedrängt wurde. Immerhin wird diese Interpretation gestützt durch die beobachteten Leistungssteigerungen in den Untertests *Soziale und Sachliche Folgerichtigkeit* und *Funktionen Abstrahieren*.

In bezug auf die abstrakten bzw. rechnerischen Fähigkeiten kann man bei Michael von einer Spezialbegabung sprechen. Die Leistungen im *Angewandten Rechnen* sowie im *Analysieren und Synthetisieren*-abstrakt liegen weit über dem Altersdurchschnitt und ragen im Untertestprofil deutlich heraus - dies kann mit der mathematischen Qualifikation des Vaters zusammenhängen.

Im DRT 4-5 erreichte Michael einen PR = 41 bzw., umgerechnet in Schulnoten, die Note „Drei"; dieses Ergebnis gibt laut Testautor noch keinen Anlaß für spezielle Trainingsmaßnahmen. In der qualitativen Fehleranalyse zeigen sich die häufigsten Fehler bei der Groß-/Kleinschreibung; dies dürfte jedoch zu einem gewissen Teil auf Michaels Zweisprachigkeit zurückzuführen sein. Weitere Fehlerquellen stellen Dehnungs- und Schärfungsverstöße dar (Dehnungs-h, -ie; Schärfungen tz, ck, Doppellaute) sowie Verwechslungen mit akustisch ähnlichen Lautzeichen (d/t, b/p, g/k); diese Fehlertypen weisen auf eine Schwäche im verbal-akustischen Bereich hin.

Die Ergebnisse im VET runden das Bild ab: Laut Manual auffallende Werte zeigen sich in der akustischen *Gliederung* (gesamt: 8 Fehler; Worte: 4 Fehler), im optischen *Gedächtnis* (Figuren: 4 Fehler), in der *Serialität-optisch* (5 Fehler) und in der *Serialität-akustisch* (10 Fehler); aber auch in anderen Bereichen offenbaren sich Schwächen, nämlich im *Gedächtnis intermodal: optisch-akustisch-Buchstaben* (9 Fehler: 5 Auslassungen und 4 fälschlich reproduzierte Inhalte) und *Gedächtnis intermodal: akustisch-optisch-Buchstaben* (8 Fehler: 2 Auslassungen und 6 fälschlich reproduzierte Inhalte). Unauffällige Testleistungen laut Manual erzielt Michael in der optischen *Differenzierung-Bilder* und *-Worte* (je 3 Fehler), der akustischen *Differenzierung-Silben* (2 Fehler), in der optischen *Gliederung-Figuren* und *-Worte* (je 2 Fehler), im optischen *Gedächtnis-Bilder* und *-Buchstaben* (jeweils kein Fehler), weiters im akustischen *Gedächtnis* (gesamt: 5 Fehler), im *Gedächtnis intermodal: optisch-akustisch-Bilder* (1 fälschlich reproduzierter Inhalt) sowie im *Gedächtnis intermodal: akustisch-optisch-Worte* (kein Fehler).

Insgesamt ist tatsächlich auf eine massive Schwäche in der Serialität zu schließen; separierte Störungen in der akustischen Wahrnehmung oder im akustischen Gedächtnis bestehen hingegen nicht.

So bereitwillig Michael bei den intellektuellen Aufgaben sowie beim Rechtschreibtest mitmachte, so schwer war er zum Zeichnen seiner Familie als *Verzauberte Familie* zu bewegen - dies, obwohl er angeblich gerne zeichnet und bastelt; es könnte sich also um einen Widerstand dem Thema gegenüber handeln. Michael fertigte die Zeichnung eher lieblos und wenig sorgfältig an. Er zeichnete drei verschieden große, aber sonst gleich aussehende Phantasietiere mit Kopf, Rumpf und vier Beinen in rosaroter Farbe. Er wollte auch nicht ausgiebiger über die Zeichnung sprechen. Im *Scenotest* verwendete Michael ausschließlich Gegenstände: Eisenbahnwaggons, Autos, Bauklötze für Häuser und Brücken; dazwischen stellte er Bäume auf - in der dargestellten Szene kamen also weder Tiere noch Menschen vor. Er beschäftigte sich fast selbstvergessen mit der Eisenbahn, bis die Testleiterin ihn dabei unterbrach. Hier ergeben sich also Hinweise auf leicht autistische Züge; der Verhaltensbeschreibung seiner Eltern zufolge ist allerdings der dabei auftretende zwanghafte Anteil eher durch seine Ängstlichkeit zu erklären. So wäre ein Rückzug aus der sozialen Welt in die Welt des Technischen verständlich.

3.4. Schlußfolgerung und Empfehlung

Im Zusammenhang mit der festgestellten Teilleistungsschwäche erscheint es sinnvoll, die gezielten Trainingsmaßnahmen fortzuführen; dessen ungeachtet besteht kein Anlaß, den Schwerpunkt einer psychologischen Betreuung allein darauf zu konzentrieren: In bezug auf die gestellte Frage muß vielmehr der Umstand im Vordergrund stehen, daß Michaels soziale Reife nicht altersgemäß ist; er leidet nach wie vor unter Kontaktproblemen und Ängsten. Während also seine intellektuellen Fähigkeiten es ihm ermöglichen, mit der vorhandenen Teilleistungsschwäche kompensatorisch umzugehen, bedarf er weiterhin und insbesondere solcher Fördermaßnahmen, die im sozialemotionalen Bereich liegen.

Der Übertritt in ein Gymnasium würde für Michael eine starke emotionale Belastung darstellen. Eine Hauptschule bietet ihm demgegenüber den Vorteil kleinerer Klassen und intensiverer pädagogischer Betreuung.

Den Eltern wird für Michael daher dringend der Besuch der örtlichen Hauptschule empfohlen.

4. Fallabschluß

Michael begann im Herbst mit der Hauptschule. Er begegnete dort einem Klassenkameraden, den er von der Volksschule her kannte und mit dem er sich nun in der Freizeit öfter trifft. Die Kindertherapie wird weitergeführt; in dieser erfolgt auch eine Vorbereitung auf die bevorstehende Übersiedlung nach Polen.

Literatur

Dehmelt, P., Kunert, W. & Zinn, A. (1989). *Diagnostischer Elternfragebogen (DEF)*. Weinheim: Beltz.

Kos, M. & Biermann, G. (1973). *Die verzauberte Familie*. München: Reinhardt.

Meis, R. (1969). *Diagnostischer Rechtschreibtest für 4. und 5. Klassen (DRT 4-5)*. Weinheim: Beltz.

Roloff, H. (1988). Klinisch-psychologische Untersuchung zur Epidemiologie von Teilleistungsschwächen sowie zum Problem ihrer Erfassung und differenzierten Abbildung. Diss.Univ.Rostock, Rostock.

Sindelar, B. (1987). *Verfahren zur Erfassung von Teilleistungsschwächen bei Schulkindern*. Wien: Eigenverlag.

Staabs, v.G. (1992). *Der Scenotest*. Bern: Huber.

7.

Berufswahlunterstützung - Alexander L., 16 Jahre[1] 23.11.98

Reinhard Hilke & Henning Hustedt

Nürnberg

Im *Psychologischen Dienst* der Arbeitsämter der Bundesrepublik Deutschland sind etwas mehr als 400 Diplom-Psychologinnen und Diplom-Psychologen beschäftigt. Ihr Tätigkeitsfeld ist sehr breit angelegt[2], der Schwerpunkt der Arbeit liegt jedoch in der psychologischen Begutachtung und Beratung von Schulabgängern und anderen Ratsuchenden, von Arbeitsuchenden sowie von Personen, die sich einer beruflichen Fortbildungs- oder Umschulungsmaßnahme unterziehen wollen (im folgenden sämtlich als „Ratsuchende" bezeichnet). Von den 203 005 Ratsuchenden, die im Jahre 1995 zum *Psychologischen Dienst* der 184 Arbeitsämter des Bundesgebietes kamen, haben knapp 172 000 an einer psychologischen Begutachtung und mehr als 26 500 an einer sogenannten Standardisierten Eignungsuntersuchung teilgenommen. Bei diesen etwa 200 000 Ratsuchenden war also immer auch eine berufseignungsdiagnostische Fragestellung gegeben. Die eignungsdiagnostische Tätigkeit in den Arbeitsämtern unterscheidet sich in mehrfacher Hinsicht deutlich von der in anderen Einrichtungen, zum Beispiel der in Betrieben und Verwaltungen. Die wichtigste Besonderheit ist darin zu sehen, daß sie sich an den unterschiedlichen Aufgaben und Zielen der *Bundesanstalt für Arbeit* zu orientieren hat und demzufolge, vom Grundsatz her, gleichzeitig mehreren Zielsetzungen dienen muß. Der Tätigkeit des Arbeitsamts-Psychologen liegen drei Zielsetzungen zugrunde[3]:

– Seine Tätigkeit soll dazu beitragen, daß der beim Arbeitsamt Rat und Hilfe Suchende einen seiner Persönlichkeit und seinen Bedürfnissen entsprechenden Berufsweg findet und Schwierigkeiten, die seiner beruflichen Eingliederung, Wiedereingliederung oder Weiterentwicklung entgegenstehen, überwindet. (Diese Zielsetzung kann als *individuumsbezogene* Aufgabenstellung charakterisiert werden.)

– Sie soll dazu beitragen, daß Wirtschaft und öffentlicher Verwaltung vom Arbeitsamt Auszubildende und Arbeitskräfte zur Einstellung vorgeschlagen werden, bei denen hinreichende Aussichten auf eine erfolgreiche berufliche Ausbildung und eine erfolgreiche berufliche Tätigkeit bestehen. (Diese Zielsetzung kann als *institutionsbezogene* Aufgabenstellung charakterisiert werden.)

– Sie soll dazu beitragen, daß die Aufwendungen der Kostenträger für die Teilnahme an beruflichen Fortbildungs-, Umschulungs- und Rehabilitationsmaßnahmen zweckmäßig eingesetzt werden." (Bei

[1] Herrn Dr. Hans-Henning Eckardt und Herrn Dr. Rolf-Dieter Schröder danken wir für wertvolle Anregungen und Hinweise.
[2] vgl. Eckardt & Hilke (1994)
[3] vgl. Eckardt & Hilke (1986, S. 105)

dieser Zielsetzung finden sich *individuumsbezogene* und *institutionsbezogene* Aufgabenstellung vereinigt.)

„Individuumsbezogene" Aufgabenstellung und „institutionsbezogene" Aufgabenstellung können als Pole einer Dimension gedacht werden, auf der sich die einzelfallbezogenen Tätigkeiten des Arbeitsamts-Psychologen danach anordnen lassen, in welchem Grade sie diesen Aufgabenstellungen dienen; in der Mehrzahl der Fälle ist die Tätigkeit durch eine Kombination beider Aufgabenstellungen charakterisiert. Eine institutionsbezogene Aufgabenstellung in reiner Form ist dort gegeben, wo ein Ratsuchender finanzielle Leistungen im Zusammenhang mit Fortbildungs- oder Umschulungsmaßnahme beantragt und sich bereits fest für diese Maßnahme entschieden hat, wo der Berater aber ein psychologisches Gutachten zur Absicherung seiner Entscheidung benötigt. Diese Fälle kommen nicht so häufig vor. Recht häufig kommen Ratsuchende zum Arbeitsamts-Psychologen, bei denen es für den Psychologen ausschließlich darum geht, die Beratung durch den *Arbeitsberater* bzw. *Berufsberater* zu unterstützen sowie gegebenenfalls selbst eine psychologische Beratung vorzunehmen. Hier handelt es sich um eine individuumsbezogene Aufgabe in reiner Form. Ein „Direktzugang" von Ratsuchenden zum *Psychologischen Dienst* ist nicht vorgesehen: Der Arbeitsamts-Psychologe wird immer erst dann tätig, wenn ein Berater oder Vermittler für die Lösung seiner Aufgaben der Unterstützung des Arbeitsamts-Psychologen bedarf.

Alexander L., 16 Jahre

1. Vorgeschichte und Anlaß für die berufliche Beratung

Alexander L., 16 Jahre alt, besucht die 9. Klasse einer Hauptschule[4]. Er hat im ersten Halbjahr in fast allen Fächern sehr schlechte Noten erhalten und erwartet demzufolge ein schlechtes Halbjahreszeugnis. Alexander sucht zusammen mit seiner Mutter den Berufsberater des Arbeitsamtes auf, weil er nicht weiß, wie es nach dem Schulbesuch weitergehen soll.

Das Gespräch mit dem Berufsberater führt hauptsächlich Alexanders Mutter. Alexander äußert sich selten und verhält sich während des gesamten Gesprächs sehr zurückhaltend. Zunächst erfährt der Berufsberater von der Mutter, daß Alexander die 8. Klasse gerade noch geschafft habe, die 7. Klasse aber habe wiederholen müssen. In den Jahren davor sei er zwar kein guter Schüler gewesen, er sei aber immer problemlos in die nächste Klasse vorgerückt. Wie sich in dem Gespräch weiter herausstellt, sind Alexanders Eltern (Mutter ist Verkäuferin im Einzelhandel, Vater ist Montageschlosser und daher meist nur an den Wochenenden zu Hause) wegen seiner schlechten schulischen Leistungen in großer Sorge. Alexander habe in mehreren Fächern Nachhilfeunterricht erhalten, ohne daß sich die Leistungen gebessert hätten. Sie hätten sich auch schon gefragt, ob Alexander überhaupt in der Lage sei, bessere Leistungen zu erbringen. Sie seien auch der Auffassung, Alexander habe aufgrund seiner schlechten schulischen Leistungen keine Chance, einen Ausbildungsplatz zu bekommen. Sie hät-

---

[4] In der Bundesrepublik Deutschland besuchen Schüler zunächst eine Grundschule (je nach Bundesland vier oder sechs Schuljahre). Danach können sie entweder eine Hauptschule, eine Realschule oder ein Gymnasium besuchen.

ten ihm deshalb davon abgeraten, sich mit dem Zeugnis der 8. Klasse um einen Aus-bildungsplatz zu bewerben. Ihre Gespräche mit Alexander über seine berufliche Zu-kunft seien bisher ergebnislos geblieben.

Alexander widerspricht seiner Mutter und weist darauf hin, daß er einen Berufs-wunsch habe. Er interessiere sich für Mopeds, Motorräder und Autos und helfe einem Freund beim Reparieren, aber auch „Frisieren" von Mopeds. Mit Mopedmotoren ken-ne er sich gut aus. Weil er dieses Hobby habe, sei er auf den Beruf des Kraftfahrzeug-mechanikers gekommen, der Zweiradmechaniker interessiere ihn aber auch. Er habe sich sogar über die beiden Berufe informiert, habe sich diese jedoch wieder „aus dem Kopf geschlagen", weil seine Eltern und die Lehrer ihm von einer Ausbildung abgera-ten hätten.

Auf die Frage des Berufsberaters, wie er sich seine schlechten schulischen Lei-stungen erkläre, antwortet Alexander, daß ihm die Schule keinen Spaß mache und er für die Schule nichts tue. Er könne einfach nicht. Außerdem gingen ihm die ständigen Streitereien seiner Eltern ziemlich auf die Nerven. Sofort meldet sich Alexanders Mutter zu Wort und berichtet, ihr Mann lebe von ihr und Alexander getrennt. Es sei nicht das erste Mal, daß es in der Ehe Probleme gegeben habe. Es krisele schon seit etwa fünf Jahren. Vor drei Jahren habe sich ihr Mann schon von ihr trennen wollen, sie hätten dann aber doch wieder zusammengefunden. Jetzt sei die Trennung endgül-tig. Vom Berufsberater gefragt, ob er zwischen seinem Versagen in der Schule und der Ehekrise seiner Eltern einen Zusammenhang sehe, antwortet Alexander, daß er daran auch schon gedacht habe. Es mache ihm aber eigentlich nichts mehr aus, wenn die El-tern Streit hätten. Er höre einfach nicht mehr hin. Vermutlich bestehe da kein Zusam-menhang.

Die Einschätzung der Eltern und der Lehrer, daß Alexander den Anforderungen eines Ausbildungsberufs nicht gewachsen sei, reicht dem Berufsberater nicht aus, Alexander von einer Ausbildung zum Kraftfahrzeugmechaniker oder Zweiradmecha-niker abzuraten. Nach seinem Eindruck sind es die beiden Berufe, die Alexander wirklich interessieren. Wie er aus *gabi*[5] und anderen berufskundlichen Unterlagen aber weiß, müßte Alexander für eine Ausbildung in diesen beiden Berufen im Vergleich zu Personen mit Hauptschulabschluß zumindest über eine durchschnittliche allgemeine Auffassungsgabe und Lernfähigkeit verfügen. Die schulische Karriere von Alexander spricht allerdings gegen die Annahme, daß Alexander diese Voraussetzung erfüllen kann. Die schulische Karriere und deren Bewertung durch seine Eltern und die Lehrer deuten eher auf eine Leistungsbeeinträchtigung im intellektuellen Bereich, eventuell sogar auf eine Lernbehinderung hin. Der Berufsberater weiß aber, daß das Schulversa-gen auch andere Gründe haben oder durch andere Faktoren zumindest mitbedingt sein kann. So könnten die Beziehungsprobleme der Eltern eine Rolle gespielt haben oder noch spielen. Mit den ihm verfügbaren Methoden kann der Berufsberater diese Fragen

---

[5] Grundwerk ausbildungs- und berufskundlicher Informationen (*gabi*); s. *Bundesanstalt für Arbeit* (1995a).

nicht klären. Von der Klärung dieser Fragen hängt es aber wiederum ab, welche der ihm zur beruflichen Eingliederung von Jugendlichen zur Verfügung stehenden Förderinstrumente er einsetzen kann. Er entschließt sich, beim *Psychologischen Dienst* des Arbeitsamtes für Alexander K. eine psychologische Begutachtung zu beantragen.

Aus förderungsrechtlicher Sicht ist für den Berufsberater die wesentliche Frage, ob bei Alexander eine Lernbehinderung[6] vorliegt und Alexander deshalb für seine berufliche Eingliederung besonderer Hilfen bedarf. Bei Vorliegen dieser Voraussetzungen hätte Alexander als „Rehabilitand" einen Anspruch auf berufsfördernde Leistungen. Sie werden sowohl für berufsvorbereitende Bildungsmaßnahmen als auch für Maßnahmen zur Förderung der Ausbildung gewährt. Die Maßnahmen zeichnen sich dadurch aus, daß sie umfangreiche begleitende Hilfen enthalten. Sowohl für den weiteren Verlauf der Beratung als auch für die Entscheidung über berufsfördernde Leistungen nach der sogenannten *A Reha*[7] muß der Berufsberater ferner wissen, ob bzw. unter welchen Bedingungen Alexander in der Lage ist, einen Ausbildungsberuf zu erlernen. Auch für den Fall, daß bei Alexander keine Lernbehinderung vorliegt, braucht er auf diese Frage eine differenzierte Antwort. Denn nach den Informationen, die dem Berufsberater bisher vorliegen, könnte Alexander auch auf einer anderen gesetzlichen Grundlage gefördert werden, um eine betriebliche Ausbildung erfolgreich abzuschließen. Bei diesen Maßnahmen ist das Angebot an begleitenden Hilfen allerdings geringer. Der Berufsberater überlegt, Alexander hätte ja die Möglichkeit - wenn erforderlich, d.h. wenn auf anderem Wege ein Ausbildungserfolg nicht zu erzielen ist -, den „Lehrgang zur Verbesserung beruflicher Bildungs- und Eingliederungschancen (BBE)" oder eine andere berufsvorbereitende Bildungsmaßnahme zu besuchen. In Abhängigkeit von den in dieser berufsvorbereitenden Bildungsmaßnahme gezeigten Leistungen könnte er dann entscheiden, ob eine betriebliche Ausbildung gewagt werden kann oder ob sich für Alexander eine überbetriebliche Ausbildung empfiehlt, die u.a. Stützunterricht und eine sozialpädagogische Betreuung einschließt.

Sollte Alexander den Anforderungen eines Ausbildungsberufs grundsätzlich gewachsen sein, so ist damit aber noch nicht die Frage beantwortet, ob er für eine Ausbildung zum Kraftfahrzeugmechaniker bzw. zum Zweiradmechaniker geeignet ist. Denn die Anforderungen in Ausbildungsberufen sind recht unterschiedlich. Auch auf diese Frage erwartet sich der Berufsberater vom Arbeitsamts-Psychologen eine Antwort.

Der Berufsberater schlägt Alexander eine Begutachtung durch den Arbeitsamts-Psychologen vor und erläutert ihm, daß er sich von diesem einerseits Antworten zu den aufgetretenen Eignungsfragen erwartet und andererseits eine Erklärung seines

---

[6] Nach § 3 Abs. 2 der Anordnung des Verwaltungsrats der Bundesanstalt für Arbeit über die Arbeits- und Berufsförderung Behinderter (*A Reha*) hat der Berufsberater, wenn eine Behinderung durch vorliegende Gutachten nicht ausreichend nachgewiesen oder für ihn nicht offenkundig ist, zur Feststellung der Behinderung den *Psychologischen Dienst* und/oder den *Ärztlichen Dienst* der Bundesanstalt für Arbeit einzuschalten.

[7] s. Fußnote 6

Schulversagens. Er klärt Alexander auch darüber auf, welche Rechte und Pflichten er im Zusammenhang mit einer psychologischen Begutachtung habe. Alexander stimmt dem Vorschlag des Berufsberaters sofort zu. Die Mutter zögert zunächst, gibt aber dann doch ihr Einverständnis zur psychologischen Begutachtung von Alexander.

(Der Berufsberater faßt das Gespräch mit Alexander L. und seiner Mutter im Beratungsprotokoll zusammen, skizziert auf dem Antrag an den *Psychologischen Dienst* seine Überlegungen und stellt dem Arbeitsamts-Psychologen die folgenden Fragen: Liegt bei Alexander L. eine Lernbehinderung vor oder gibt es für das in den letzten drei Jahren zu beobachtende Schulversagen andere Gründe? Welche Bedeutung hat in diesem Zusammenhang die Ehekrise der Eltern? Wie wird Alexander auf die endgültige Trennung der Eltern reagieren, und was muß für die weitere Beratung bedacht werden? Ist Alexander den Anforderungen einer Ausbildung gewachsen? Ist eine berufsvorbereitende Bildungsmaßnahme erforderlich, oder kann er direkt eine Ausbildung beginnen, und welche Förderung benötigt er eventuell dafür? Ist Alexander für den Beruf des Kraftfahrzeugmechanikers und den des Zweiradmechanikers geeignet? Welche Berufe kämen für Alexander noch in Frage, wenn er für eine Ausbildung in den beiden vorgenannten Berufen nicht geeignet ist?)

2. Fallbearbeitung durch den Arbeitsamts-Psychologen

2.1. Planung der Fallarbeit

Der Arbeitsamts-Psychologe ist sich, nachdem er Antrag und Beratungsprotokoll durchgearbeitet hat, noch nicht sicher, welche Testverfahren er bei Alexander L. zur Beantwortung der verschiedenen Fragen einsetzen und wie er die Fallarbeit gestalten soll. In anderen Fällen enthalten die Unterlagen, die er vom Berufs- oder Arbeitsberater bekommt, Hinweise, die ihm eine Zuordnung des Ratsuchenden zu einer der verschiedenen Untersuchungsgruppen erlauben[8].

---

[8] In den *Psychologischen Diensten* der Arbeitsämter finden Testuntersuchungen in der Regel nicht als Einzel-, sondern als Gruppenuntersuchungen statt. Aus ökonomischen Gründen werden Einzeluntersuchung nur bei Personen mit Behinderungen durchgeführt, bei denen eine Untersuchung in der Gruppe nicht möglich ist. Gruppenuntersuchungen mit Papier- und Bleistifttests sind dadurch charakterisiert, daß den Personen, die gemeinsam untersucht werden, auch dieselben Tests vorgegeben werden. Damit dennoch die Auswahl der Tests orientiert am Leistungsniveau und der Problemstellung des einzelnen Ratsuchenden erfolgen kann, werden möglichst homogene Untersuchungsgruppen zusammengestellt (z. B.: „Haupt- und Realschüler(innen), die eine betriebliche Ausbildung anstreben"; „Realschüler, die den Besuch einer weiterführenden Schule in Erwägung ziehen"; „Gymnasiasten, die sich bezüglich ihrer Eignung für ein Hochschulstudium unsicher sind"; „Erwachsene, die eine Umschulung in einem technischen Beruf wünschen"). Daher spielt die Frage, in welche Gruppe der jeweilige Ratsuchende am besten „paßt", bei der Planung des Vorgehens eine besondere Rolle. - Mit der Einführung des computerunterstützten Testsystems DELTA in den Arbeitsämtern entfällt in Zukunft die Notwendigkeit solcher Gruppenuntersu-

Aufgrund der Angaben bzw. Fragen des Berufsberaters kämen für Alexander zwei Untersuchungsgruppen in Frage. Ginge er von der Hypothese aus, bei Alexander läge eine geistige Leistungsminderung vor, müßte er ihn dieser Gruppe zuweisen, ginge er von der Hypothese aus, das intellektuelle Leistungsvermögen von Alexander entspräche in etwa dem von Haupt- und Realschülern, wäre eine Zuweisung zur Gruppe der Haupt- und Realschüler vorzunehmen. In beiden Fällen hätte eine Fehlzuweisung für Alexander negative Auswirkungen. Bei einer fälschlichen Zuweisung zur Gruppe der Haupt- und Realschüler wären die Testverfahren, die in dieser Gruppe vorgegeben werden, für ihn zu schwierig. Alexander wäre überfordert, was vermutlich nicht ohne Auswirkungen auf die Motivation zur Mitarbeit in der Untersuchungssituation bliebe. Auch bekäme er vermutlich keine Informationen darüber, welche Fähigkeiten bei Alexander so ausgeprägt sind, daß sie Basis für weitergehende berufliche Überlegungen sein könnten. Eine Wiederholung der Untersuchung mit anderen Testverfahren in der Gruppe von Personen mit geistigen Leistungsminderungen wäre dann erforderlich. Bei einer fälschlichen Zuweisung zu dieser Gruppe andererseits wäre er unterfordert. Das hätte sicherlich nicht so gravierende Auswirkungen auf die Untersuchungssituation, wie die andere fälschliche Zuordnung. Wegen des „Deckeneffekts" bei den eingesetzten Verfahren könnte aber eine Wiederholung der Untersuchung mit schwierigeren Verfahren notwendig werden.

Aufgrund dieser Überlegungen entschließt er sich dazu, Alexander zunächst zu einem Gespräch einzuladen und ihm bei dieser Gelegenheit die SPM *(Standard Progressive Matrices)* vorzugeben. Für dieses Vorgehen sprechen mehrere Gründe. (1) Das Gespräch mit Alexander dürfte leichter zu führen sein, wenn am selben Tag nicht auch noch die umfassende Testuntersuchung in der Gruppe stattfindet. Vielleicht ist Alexander dann weniger angespannt, und es fällt ihm leichter, über sich und seine Situation in der Schule und in der Familie zu sprechen. (2) Sollte sich bei der Bearbeitung der SPM eine Überforderung abzeichnen, könnte er die Bearbeitung des Verfahrens abbrechen und Alexander so ein Frustrationserlebnis ersparen. (3) Anhand der bei den SPM gezeigten Leistung und der im Gespräch gewonnenen Informationen und Daten könnte eine Zuordnung zur richtigen Untersuchungsgruppe erfolgen. Zudem würde dieses Vorgehen erlauben, die weiteren Schritte der Fallbearbeitung erst nach diesem Gespräch und damit vielleicht auf einer breiteren und eindeutigen Datenbasis endgültig festzulegen.

2.2. Erstes Gespräch und Durchführung der SPM

Zu Beginn des Gesprächs mit Alexander, das zwei Wochen nach der beruflichen Beratung durch den Berufsberater stattfindet, erläutert der Arbeitsamts-Psychologe, was er den Unterlagen des Berufsberaters entnommen hat, und fragt Alexander, ob er auch

---

chungen; für jeden Ratsuchenden kann bis unmittelbar vor Untersuchungsbeginn die für ihn optimale Testzusammenstellung festgelegt werden (zu DELTA s. *Bundesanstalt für Arbeit*, 1995b).

alles richtig dargestellt habe. Alexander bejaht dies und bestätigt, daß sich seit dem Gespräch mit dem Berufsberater nichts Neues ergeben habe, worüber er berichten könne. Alexander ist sehr zurückhaltend und beantwortet die gestellten Fragen recht knapp. Der Psychologe merkt, daß es schwierig ist, mit Alexander „ins Gespräch zu kommen". Er beginnt deshalb mit ihm ein Gespräch über Mopeds und Mopedmotoren und läßt sich von Alexander berichten, wie es dazu kam, daß er seinem Freund beim Reparieren und „Frisieren" von Mopeds hilft. Alexander erzählt, der Freund, er heiße Mike, habe sich in der Garage seiner Eltern eine Werkstatt eingerichtet und repariere anderen Jugendlichen ihre Mopeds. An dieser Garage komme er täglich vorbei. Nachmittags und abends könne man bei der Garage immer „Leute" treffen. Er sei einmal stehen geblieben und mit Mike ins Gespräch gekommen. Seitdem helfe er Mike fast jeden Nachmittag. Er mache das nicht umsonst, er bekomme von Mike seinen Anteil. Mike sei mit ihm zufrieden, da er sorgfältig arbeite und keinen Mist baue. Mit anderen habe Mike da schon große Probleme gehabt. Ihm mache diese Arbeit Spaß, er könne sich da „voll reinhängen". Deswegen habe er auch gedacht, er könne Kraftfahrzeugmechaniker oder Zweiradmechaniker werden. Mike habe auch gesagt, daß das „die" Berufe für ihn seien. Aber die Eltern seien halt dagegen. Die würden ihm überhaupt nichts zutrauen; der Vater sei da besonders schlimm.

Nachdem Alexander selbst das Verhältnis zu seinen Eltern angesprochen hat, wird Alexander gefragt, woran er denn erkennen könne, daß seine Eltern ihm nichts zutrauen würden. Alexander erzählt, ganz gleich, was er gemacht habe, sei der Vater immer gekommen und habe gesagt, das mache man so und das mache man so, und er, Alexander, könne das ja sowieso nicht. Der Vater halte sich für den Supertechniker, der von allem Ahnung habe. So weit er sich zurückerinnern könne, sei das bei ihnen so gewesen. Auch seine Mutter könne dem Vater nichts recht machen. Gott sei Dank sei der Vater die meiste Zeit nur am Wochenende zu Hause gewesen, sonst hätte es noch mehr Zoff in der Familie gegeben. Die letzten fünf bis sechs Jahre sei es in der Familie nicht gut gegangen. Besonders schlimm sei es vor etwa drei Jahren geworden. Der Vater habe eine Freundin gehabt und sei kaum noch nach Hause gekommen. Zum Teil habe er die Wochenenden bei der Freundin verbracht. Der Vater habe sich um ihn erst wieder gekümmert, als er in der Schule so schlecht geworden sei. Da sei aber nichts mehr zu retten gewesen, auch mit Nachhilfe nicht. Er habe die 7. Klasse wiederholen müssen. Die Eltern hätten sich wieder zusammengerauft und es sei zwischen den beiden eine Zeit lang auch ganz gut gegangen. Vor einem halben Jahr habe der Vater wieder eine andere Frau kennengelernt und sei dann auch zu dieser Frau gezogen. Die Eltern wollen sich jetzt scheiden lassen. Vermutlich sei es das Beste, was sie machen können. Ihm sei es jetzt auch egal.

Auf die schlechten Leistungen in der 7. Klasse angesprochen, berichtet Alexander, daß er sich während dieser Zeit ganz schlecht gefühlt und zu nichts Lust gehabt habe. Auch sei er häufig müde gewesen. Wenn er aus der Schule gekommen sei, habe er sich entweder vor den Fernseher gesetzt oder gleich ins Bett gelegt und geschlafen. Er habe in dieser Zeit auch viel gegessen. Hausaufgaben habe er kaum gemacht. Es sei ihm erst wieder besser gegangen, als er die 7. Klasse wiederholt habe. Gefragt, wie er sich die schlechten Leistungen jetzt in der 9. Klasse erkläre, antwortet Alexander, er fühle sich ähnlich wie damals in der 7. Klasse. Es sei jetzt allerdings nicht mehr ganz so schlimm, da er jetzt ja die Arbeit bei Mike habe, die ihm Spaß mache. Mittlerweile ginge es auch in der Schule wieder besser. Im Werken und in Mathematik habe er vor ein paar Tagen die Note 3 gehabt.

Es ist Alexander anzusehen, daß er über das ganze Thema nicht weiter sprechen möchte. Aus diesem Grund leitet der Psychologe zur Durchführung der SPM über, indem er Alexander fragt, wie er sich heute fühle und ob er sich vorstellen könne, noch eine halbe Stunde ein Testverfahren zu bearbeiten. Er erläutert Alexander auch, daß er auf der Grundlage der Ergebnisse dieses ersten Tests die folgende, umfangreichere Testung besser vorbereiten könne. Er sei dann mit der Bearbeitung von Tests schon vertraut, so daß ihm die Testuntersuchung, die in der nächsten Woche vorgesehen sei, vermutlich auch leichter fallen werde. Alexander ist einverstanden.

Er versteht sowohl die Anweisung, die zu Beginn gegeben wird, als auch die Zusatzinstruktion zu den Teilen B und C sofort. Er benötigt keine zusätzlichen Hilfen, bearbeitet die Aufgaben zügig und ist nach 24 Minuten fertig.

Alexander erzielt bei diesem Verfahren einen Gesamtrohwert von 51. Die einzelnen bei den Testteilen A bis E beobachteten Rohwerte unterscheiden sich von den bei einem Gesamtrohwert von 51 im Testhandbuch angegebenen erwarteten Rohwerten in keinem Fall um mehr als |1|. Damit kann der Gesamtrohwert von 51 ohne Bedenken interpretiert werden. Die Testleistung entspricht, bezogen auf die Gruppe 15jähriger deutscher Jugendlicher[9], einem Prozentrang von 63 bzw. einem IQ von 105.

Aufgrund der bei den SPM gezeigten Leistung und der im Gespräch erhobenen Informationen steht ziemlich sicher fest, daß bei Alexander keine geistige Leistungsminderung vorliegt. Die im Gespräch erhobenen Informationen sprechen für ein Leistungsversagen, das als eine Reaktion auf die familiäre Situation gedeutet werden kann. Deshalb gibt es keinen Grund, Alexander nicht für die Untersuchungsgruppe Haupt- und Realschüler vorzusehen, so daß Alexander für die nächste Woche zu einer psychologischen Untersuchung eingeladen wird, bei der der BWT *(Berufswahltest)* [10] eingesetzt werden soll.

---

[9] Die im Handbuch enthaltene Tabelle „Deutsche Prozentrangnormen SPM" enthält keine Angaben für deutsche Jugendliche älter als 15 Jahre.

[10] Der BWT ist eine psychologische Testbatterie, die vom *Psychologischen Dienst* für den Einsatz in der berufswahlunterstützenden Eignungsdiagnostik entwickelt wurde. Sie ist zugeschnitten auf Schüler der achten bis zehnten Klasse von Haupt-, Real- und Gesamtschulen, die nach Abschluß der Schule eine betriebliche Ausbildung beginnen möchten. Die jetzige Version ist seit 1992 im *Psychologischen Dienst* der Arbeitsämter im Einsatz. Der *Berufswahltest* besteht aus neun Fähigkeitstests (Leistungstests), zwei Tests zur Überprüfung grundlegender Rechenkenntnisse und einem Berufsfragebogen zur Erfassung von Berufsinteressen und Selbsteinschätzungen. Die neun Fähigkeitstests dienen zur Messung von „Räumlichem Vorstellen (S)", „Rechnerischem Denken (N)" und „Sprachbeherrschung (V)". „Räumliches Vorstellen (S)" wird dabei durch die folgenden drei Untertests erfaßt:

2.3. Psychologische Untersuchung mit dem BWT

In der Woche darauf nimmt Alexander an einer zweieinhalbstündigen (Papier-Bleistift-) Testuntersuchung in einer Gruppe mit sieben weiteren Jugendlichen teil.

- *Spiegelbilder zeichnen* (24 Items, Bearbeitungszeit: 6 Minuten) - Zu vorgegebenen geometrischen Figuren ist in einem gegenüberliegenden Punkteraster jeweils das Spiegelbild zu zeichnen.
- *Netze falten* (40 Items, Bearbeitungszeit: 6 Minuten) - Die Aufgaben bestehen jeweils aus einem Körperoberflächennetz und vier gezeichneten dreidimensionalen Körpern. Die Testperson hat anzugeben, welcher der vier Körper aus dem einzelnen Netz hergestellt werden kann.
- *Richtungen prüfen* (30 Items, Bearbeitungszeit: 8 Minuten) - Es werden schematisch dargestellte mechanische Apparate gezeigt, deren Hebel, Räder und Rollen mit Richtungspfeilen versehen sind. Die Testperson hat anzugeben, ob die Pfeile die Bewegungsrichtung der Hebel, Räder und Rollen richtig oder falsch anzeigen.

„Rechnerisches Denken (N)" wird durch einen Test gemessen: *Textrechnen* (40 Items, Bearbeitungszeit: 20 Minuten) - es handelt sich um eingekleidete Rechenaufgaben. Dem „Sprachverständnis (V)" sind drei Untertests zugeordnet:

- *Begriffe vergleichen* (50 Items, Bearbeitungszeit: 6 Minuten) - Jede Aufgabe setzt sich aus vier Wörtern zusammen, von denen zwei entweder eine ähnliche oder eine gegensätzliche Bedeutung haben. Diese beiden Wörter sind von der Testperson zu finden.
- *Wortbeziehungen* (33 Items, Bearbeitungszeit: 5 Minuten) - Dies ist ein verbaler Analogietest vom Typ $a : b = c : ?$.
- *Rechtschreiben* (33 Items, ohne Zeitbegrenzung) - In vorgedruckte, unvollständige Sätze sind die vom Testleiter diktierten, fehlenden Wörter zu schreiben.

Aus den normierten Fähigkeitswerten wird ein Wert für „Allgemeines intellektuelles Leistungsvermögen" berechnet. Bei den zwei (zeitunbegrenzten) Rechenkenntnistests handelt es sich um *Grundrechnen* (20 ganzzahlige Grundrechenaufgaben) und *Bruch-, Dezimal- und Prozentrechnen* (je 4 Aufgaben zum Bruchrechnen, Dezimalrechnen und Prozentrechnen). Der BWT kann als Papier- und Bleistift-Test oder computerunterstützt mit dem System DELTA vorgegeben werden - es handelt sich bei DELTA um ein Mehrplatzsystem, das seit Sommer 1997 in allen Arbeitsämtern verfügbar ist (DELTA steht für *DE*ZENTRA-*L*ES *T*ESTVORGABE- UND TEST*A*USWERTUNGSSYSTEM im *Psychologischen Dienst* der Bundesanstalt für Arbeit). Die Auswertung der Papierform des BWT ist auf zweierlei Weise möglich:

- zentrale Auswertung der (maschinenlesbaren) Aufgabenbögen im Zentralamt der Bundesanstalt für Arbeit in Nürnberg
- manuelle Ermittlung der Rohwerte und Eingabe dieser Werte an einem der Bildschirmarbeitsplätze im *Psychologischen Dienst* des Arbeitsamtes mit anschließender dezentraler Auswertung durch das DELTA-System.

Der BWT wurde in den Jahren 1989 und 1990 an einer für die alten Bundesländer repräsentativen Stichprobe von 14- bis 16jährigen Haupt-, Real- und Gesamtschülern bzw. -schülerinnen normiert (N = 7363). Kernstück des Verfahrens ist der Vergleich der Fähigkeitsausprägungen des Testteilnehmers mit den Fähigkeitsausprägungen der Angehörigen von Berufen bzw. Berufsbereichen. Dieser Vergleich beruht auf empirischen Daten, die aus einer 1982 durchgeführten Befragung von über 80000 ehemaligen Ratsuchenden der Berufsberatung gewonnen wurden, die vor Ausbildungsbeginn an einer Untersuchung mit der EUB (der Vorläuferin des BWT) teilgenommen hatten. Genauere Angaben zum Verfahren BWT können nachgelesen werden bei Engelbrecht (1994) sowie bei *Bundesanstalt für Arbeit* (1991a, b).

Die Bürosachbearbeiterin[11] beschreibt ihn als zurückhaltend („nimmt kaum Kontakt zu den anderen Untersuchungsteilnehmern auf, stellt keine Fragen, kaum Blickkontakt mit der Untersuchungsleiterin"). Bei den meisten Tests versteht er die Anweisungen ohne zusätzliche Hilfestellung und beantwortet die Übungsaufgaben im Testheft auf Anhieb richtig. Lediglich beim Untertest *Richtungen prüfen* weiß er anscheinend zunächst nicht, wie die Aufgaben zu beantworten sind: Er beginnt nach der Erklärung nicht mit der Bearbeitung der Übungsaufgaben, bittet aber auch nicht von sich aus die Untersuchungsleiterin um Hilfe. Die Bürosachbearbeiterin sieht jedoch, daß er Hilfe benötigt, geht zu seinem Platz und erklärt ihm die Aufgaben noch einmal. Nach Testbeginn stellt sie fest, daß er keine Schwierigkeiten mehr mit der Aufgabenstellung hat (die ersten beiden Aufgaben sind richtig beantwortet).

Alexander erzielte in den einzelnen Untertests die unten wiedergegebenen Ergebnisse:

		RW	F%	Stanine-Werte Hauptschüler 1 2 3 4 5 6 7 8 9	Stanine-Werte Haupt- und Realschüler 1 2 3 4 5 6 7 8 9	Stanine-Werte Realschüler 1 2 3 4 5 6 7 8 9
S	Spiegelbilder zeichnen	19	9	5	4	4
	Netze falten	25	4	6	5	5
	Richtungen prüfen	23	8	6	6	6
N	Textrechnen	23	12	6	6	5
V	Begriffe vergleichen	20	9	5	4	3
	Wortbeziehungen	19	27	5	4	3
	Rechtschreiben	13	61	4	3	2
	Netze falten / Fehler	1		2	2	3
	Begriffe vergleichen/ Fehler	2		2	3	3

[11] Bürosachbearbeiter/-innen im *Psychologischen Dienst* sind besonders ausgebildete Mitarbeiter und Mitarbeiterinnen, die den Arbeitsamts-Psychologen bei der Durchführung von psychologischen Untersuchungen unterstützen.

Im Vergleich zu männlichen Hauptschülern seines Alters erhält Alexander für seine Leistungen in den meisten Untertests Stanine-Werte von 5 oder 6. Lediglich im Lückendiktat *Rechtschreiben* ist sein Ergebnis mit einem Stanine-Wert von 4 bewertet (13 der kritischen Wörter hat er richtig geschrieben, 20 Wörter waren falsch). Die geringe Fehlerzahl bei den anderen Untertests (Fehlerprozent bei den zeitbegrenzten Tests zwischen 9 und 27) spricht für eine konzentrierte Arbeitsweise. Darauf weisen auch die Stanine-Werte von 2 bei *Netze falten*/Fehler und *Begriffe vergleichen*/Fehler hin (hoher Stanine-Wert bedeutet: überdurchschnittliche, d.h. hohe Fehlerzahl; niedriger Stanine-Wert in diesen Kontrollskalen: unterdurchschnittliche, d.h. geringe Fehlerzahl).

Da innerhalb der Fähigkeitsbereiche keine erheblichen Unterschiede zwischen den Untertestergebnissen erkennbar sind, können die Ergebnisse zusammenfassend auf der Ebene von Fähigkeiten weiterbetrachtet werden:[12]

	Stanine-Werte		
	Hauptschüler	Haupt- und Realschüler	Realschüler
	1 2 3 4 5 6 7 8 9	1 2 3 4 5 6 7 8 9	1 2 3 4 5 6 7 8 9
Allgemeines intellektuelles Leistungsvermögen	6	5	3
S Räumliches Vorstellen	6	5	5
N Rechnerisches Denken	6	6	5
V Sprachbeherrschung	5	4	2
Rechtschreiben	4	3	2

Die Ergebnisse sprechen, insgesamt betrachtet, für ein gut-durchschnittliches[13] (Stanine von 6) intellektuelles Leistungsvermögen, verglichen mit Hauptschülern.

---

[12] Würden die Ergebnisse von Tests, die als Messungen derselben Fähigkeit angesehen werden, erheblich voneinander abweichen, so wäre fraglich, ob bei diesem Einzelfall die entsprechenden Tests tatsächlich als Indikatoren für dieselbe latente Variable angesehen werden können.

[13] Für die Verbalisierung der Werte der Stanine-Skala werden in den Arbeitsämtern folgende Verbalisierungen verwendet:

1: weit unterdurchschnittlich   2: unterdurchschnittlich   3: leicht unterdurchschnittlich
4: knapp durchschnittlich   5: durchschnittlich   6: gut-durchschnittlich
7: leicht überdurchschnittlich   8: überdurchschnittlich   9: weit überdurchschnittlich

Nicht nur an relativ schulkenntnisunabhängigem Aufgabenmaterial („Räumliches Vorstellen"), sondern auch im „Rechnerischen Denken" und in der „Sprachbeherrschung" zeigen sich keine Leistungsschwächen, die als Erklärung für die schlechten Leistungen in der Schule dienen könnten[14]. Sein Ergebnis in *Rechtschreiben* (Stanine-Wert von 4 im Vergleich zu Hauptschülern, von 2 verglichen mit Realschülern) spricht gegen eine gravierende Rechtschreibschwäche, deutet zugleich aber auf Unsicherheiten in der Rechtschreibung hin. Da Alexander keinen Beruf anstrebt, bei dem es auf eine gute Beherrschung der Rechtschreibung ankommt, kann auf eine noch genauere Abklärung seiner Rechtschreibkenntnisse verzichtet werden.

Danach prüft der Psychologe die Ergebnisse in den Rechenkenntnistests[15].

Von den 20 ganzzahligen Grundrechenaufgaben kam Alexander bei 17 Aufgaben zum richtigen Ergebnis (bei einer Subtraktionsaufgabe und zwei Multiplikationsaufgaben machte er Fehler). Drei Fehler beim Test *Grundrechnen* sind normal und kein Anlaß, auf Schwierigkeiten im Grundrechnen zu schließen. Beim Bruchrechnen konnte er zwei der vier Aufgaben lösen, beim Dezimalrechnen und Prozentrechnen nur jeweils eine von vier. Hier deuten sich Kenntnisdefizite an, wie sie bei Hauptschülern nicht selten anzutreffen sind (rund ein Viertel der Hauptschüler kann von den 12 Aufgaben des Tests *Bruch-, Dezimal- und Prozentrechnen* noch weniger Aufgaben lösen als Alexander). Der Psychologe geht davon aus, daß sich diese Kenntnislücken durch Training beheben lassen müßten (das Ergebnis im „Textrechnen" spricht gegen ein generelles Problem mit numerischen Aufgabenstellungen).

Es ergeben sich also keinerlei Hinweise auf Leistungsbeeinträchtigungen im intellektuellen Bereich oder Defizite in den Kulturtechniken (Lesen, Schreiben, Rechnen), die sein schulisches Versagen in der Hauptschule erklären würden.

Vergleicht man Alexander mit einer gemischten Gruppe aus Haupt- und Realschülern (dies entspricht in etwa der Gruppe, mit der er auf dem Ausbildungsmarkt konkurrieren müßte), kann ihm immer noch ein durchschnittliches intellektuelles Leistungsniveau bestätigt werden. Selbst in Berufen, in denen er überwiegend mit Realschülern[16] schritthalten müßte, wäre, betrachtet man nur die Testergebnisse, ein Ausbildungserfolg nicht von vornherein unwahrscheinlich, obwohl sich Alexander vor-

---

[14] „Rechnerisches Denken" korreliert insbesondere mit der Mathematiknote, „Sprachbeherrschung" mit der Deutschnote. „Räumliches Vorstellen" ist eine Fähigkeit, die weniger für die Leistungen in der Schule als vielmehr in bestimmten Berufsrichtungen relevant ist, außerdem aber enge Zusammenhänge zu figuralen *reasoning*-Tests (z. B. SPM) aufweist.

[15] Diese beiden Tests werden lediglich unter dem Gesichtspunkt ausgewertet, welche Aufgaben der Untersuchte richtig lösen konnte. Wer die jeweils überprüfte Rechenart beherrscht, sollte die entsprechenden, ohne Zeitbegrenzung vorgegebenen Aufgaben richtig beantworten können. Rohwerte und Normwerte werden nicht berechnet.

[16] Der Vergleich mit den Bezugsgruppen „Hauptschüler" bzw. „Realschüler" ist bei der berufsbezogenen Interpretation von Testergebnissen insbesondere dann nützlich, wenn die berufskundlichen Informationen von *gabi* genutzt werden. Dort sind die Mindestanforderungen von Ausbildungsgängen, soweit es Kenntnisse und Fähigkeiten betrifft, in der Regel in bezug auf Personen mit einem bestimmten Bildungsabschluß angegeben.

aussichtlich schwer täte; sehr problematisch wäre in diesem Fall allerdings ein Beruf, in dem der Umgang mit Sprache einen hohen Stellenwert hat.)

Demzufolge kommt für Alexander, bezogen auf seine intellektuellen Leistungsvoraussetzungen, eine reguläre Berufsausbildung in Betracht; die Ergebnisse sprechen nicht dafür, daß Alexander eine Ausbildung mit reduzierten Anforderungen im intellektuellen Bereich benötigt.

Zur Absicherung sind die von Alexander erzielten Ergebnisse noch mit Auszubildenden in Berufen des Metall- und Elektrobereichs zu vergleichen, wobei insbesondere der Kraftfahrzeug- und der Zweiradmechaniker interessieren.

Der Kraftfahrzeugmechaniker ist aufgrund der empirischen Daten[17] zum BWT dem Berufsbereich A1[18] zugeordnet. Die Leistungen von Alexander im BWT sind, betrachtet man die für diesen Berufsbereich relevanten Fähigkeiten, gutdurchschnittlich (Stanine 6). Auch in bezug auf den Beruf des Zweiradmechanikers (Berufsbereich A2) weisen die BWT-Ergebnisse nicht auf eine intellektuelle Überforderung hin (Stanine 5).

Selbst für theoretisch noch anspruchsvollere Berufe, wie Werkzeugmechaniker oder Energieelektroniker (Beispiele aus dem Berufsbereich A3), könnte Eignung noch vorliegen. Wegen seines im Vergleich zu Auszubildenden in diesen Berufen leicht unterdurchschnittlichen intellektuellen Leistungsniveaus (Stanine 3) wäre jedoch zuvor zu prüfen, ob Alexander mit einer leichten Überforderung umgehen kann und ob er auf längere Sicht in diesen Berufen konkurrenzfähig sein wird. Seine schwachen Leistungen in der Schule sprechen zunächst dagegen, ihm solche relativ anspruchsvollen Berufe zu empfehlen.

Was die Anforderungen der Ausbildung zum Zweiradmechaniker/zur Zweiradmechanikerin betrifft, erlernen laut *gabi* (Band 2f, S. 122f.) diesen Beruf überwiegend Hauptschüler. Als notwendige Mindestanforderungen sind im Bereich „Kenntnisse" aufgeführt: „Annähernd durchschnittliche Kenntnisse in Rechnen/Mathematik und Physik (Bezugsgruppe: Personen mit Hauptschulabschluß)". Im Bereich „Fähigkeiten" sind genannt: „Annähernd durchschnittliche Rechenfähigkeit. Durchschnittliches räumliches Vorstellungsvermögen und technisches Verständnis. (Bezugsgruppe jeweils: Personen mit Hauptschulabschluß)." Bezogen auf die bisher erhobenen Merkmale erfüllt Alexander diese Mindestanforderungen. Auch die bei *gabi* für den Beruf des Kraftfahrzeugmechanikers angeführten Mindestausprägungsgrade in den relevanten Fähigkeiten (Band 2j, S. 7) werden von Alexander überschritten, so daß auch von diesem Beruf nicht abgeraten werden muß.

---

[17] s. Engelbrecht (1994)
[18] In den Berufsbereichen A1 bis A4 sind beim BWT Ausbildungsberufe zusammengefaßt, die sowohl „Räumliches Vorstellen" als auch „Rechnerisches Denken" erfordern, wohingegen „Sprachbeherrschung" für diese Berufe keinen besonderen Stellenwert hat. Die Ausbildungen mit den geringsten intellektuellen Anforderungen sind dem Berufsbereich A1 zugeordnet, die mit den höchsten Anforderungen dem Berufsbereich A4.

Alexander hat außerdem den BWT-Berufsfragebogen[19] bearbeitet, in dem u. a. sein *Interesse* an bestimmten Tätigkeiten erfragt wurde. Danach würde er gerne solche Berufe ausüben, bei denen man:

- kräftig zupacken muß
- Maschinen und Geräte zusammenbaut oder repariert
- Teile mit großer Genauigkeit bearbeiten muß
- mit Holz, Metall oder Elektrotechnik zu tun hat.

Eher abgelehnt werden beispielsweise Tätigkeiten:

- die das Pflegen und Betreuen von Menschen beinhalten
- bei denen Kunden etwas verkauft werden soll
- die den Umgang mit Stoffen, Nahrungsmitteln, Pflanzen oder Tieren zum Gegenstand haben.

Seiner Interessenstruktur entspricht die von ihm überlegte Ausbildung im Metallbereich recht gut. Hinweise darauf, daß andere Richtungen bevorzugt in Erwägung gezogen werden sollten, gibt es nicht.

Zusammenfassend ergibt sich folgende Einschätzung: Intellektuell dürfte Alexander von einer Ausbildung zum Zweiradmechaniker, zum Kraftfahrzeugmechaniker oder in einem anderen Metallberuf mit vergleichbaren Anforderungen nicht überfordert sein. Auch zu seiner Interessenstruktur paßt eine solche Berufsrichtung. Die Vermutung, daß die Probleme in der Schule auf eine Lernbehinderung zurückzuführen sind, hat sich nicht bestätigt.

Offen ist jedoch, ob und unter welchen Bedingungen es Alexander gelingen wird, in der Ausbildung auch tatsächlich die Leistungen zu erzielen, die ihm aufgrund seiner intellektuellen Fähigkeiten möglich sein müßten. Die Behandlung dieser Thematik steht im nachfolgenden Gespräch mit Alexander im Vordergrund.

2.4. Vorbereitung auf das zweite Gespräch

Der Psychologe hat sich von Alexander und seiner Situation zwischenzeitlich folgendes Bild gemacht: Alexander scheint es, wodurch nun auch immer bedingt, schwer zu fallen, auf andere Menschen zuzugehen und seine Bedürfnisse und Forderungen anderen gegenüber zu artikulieren. Wird er mit Problemen konfrontiert, neigt er dazu, schnell den Mut zu verlieren, statt Probleme aktiv anzugehen. Dieses Verhalten ist charakteristisch für die gesamte Schulzeit und war in den letzten drei Jahren besonders stark ausgeprägt, so daß von einer Habitualisierung ausgegangen werden muß. Insofern ist es naheliegend, daß Alexander in beruflichen Anforderungssituationen ähnlich

---

[19] Für Einzelheiten zum Berufsfragebogen siehe Engelbrecht (1994).

reagieren wird. Diese Verhaltenstendenz scheint zudem schon so stark ausgeprägt zu sein, daß Alexander Leistungen nicht erbringt, zu denen er aufgrund seines intellektuellen Leistungsvermögens in der Lage sein müßte. Allerdings zeigt sich in neuerer Zeit, daß er in Anforderungssituationen, in denen sich Erfolge im unmittelbaren Handlungsvollzug einstellen und in denen seine Leistungen von anderen erkennbar anerkannt werden, sehr geduldig und ausdauernd arbeitet. Würde Alexander sofort mit einer Ausbildung beginnen, wäre er trotz seines erkennbaren Bemühens, sich zu ändern, sicherlich noch nicht in der Lage, kritische Anforderungssituationen zu bewältigen. Ein Scheitern in der Ausbildung hätte vermutlich aber zur Folge, daß er auf frühere Denk- und Verhaltensweisen „zurückgreifen" und mit einer depressiven Verstimmung reagieren würde. Ob er dann je wieder eine Ausbildung in Angriff nähme, ist fraglich. Aus diesem Grund erscheint eine berufsvorbereitende Maßnahme, in der Alexander in seiner Persönlichkeitsentwicklung intensiv unterstützt und schrittweise auf die Berufswelt vorbereitet wird, angezeigt. In Frage käme ein Lehrgang zur Verbesserung beruflicher Bildungs- und Eingliederungschancen.

Es besteht offensichtlich ein Zusammenhang zwischen den Problemen in der Familie und den nachlassenden Leistungen Alexanders in der Schule. Zugleich ist klar, daß im Rahmen einer Begutachtungs- und Beratungsarbeit ein Problem, wie das von Alexander, nicht aufgearbeitet werden kann. Damit Alexander und seine Eltern zumindest aber Empfehlungen für weitere Schritte gegeben werden können, gilt es, über das Verhalten von Alexander Hypothesen aufzustellen. Das Schulversagen, das Alexander in der 7. Klasse der Hauptschule zeigte, könnte als ein (ihm nicht explizit bewußter) Versuch gedeutet werden, den Vater, der schon unter der Woche nicht da ist und jetzt auch noch an den Wochenenden wegbleibt, dazu zu zwingen, sich um ihn „zu kümmern". Er ist mit dieser „Handlung" auch erfolgreich, denn der Vater wendet sich von der anderen Frau ab, kommt nach Hause zurück und versöhnt sich wieder mit Alexanders Mutter. Insofern wäre es von Alexander aufgrund der gemachten Erfahrungen nur konsequent, die erfolgreiche Handlung, das Schulversagen, ein zweites Mal „einzusetzen". Er scheint sich aber nicht mehr ganz so sicher zu sein, ob er damit noch einmal Erfolg haben wird. Die Aussage Alexanders, eine Scheidung sei für die Eltern das Beste und ihm sei deren Verhältnis jetzt auch egal, wie auch die Verbesserung seiner schulischen Leistungen in den letzten Wochen stützen diese Interpretation. Durch die Arbeit bei Mike hat er vermutlich auch gemerkt, daß er Anerkennung nicht nur von seinen Eltern, sondern auch von anderen Personen aus seinem Umfeld bekommen kann. Er hat die Erfahrung gemacht, daß er auf die Anerkennung der Eltern nicht mehr so angewiesen ist.

Der Psychologe erkennt die Notwendigkeit, diesen bei Alexander in Gang gekommenen Prozeß zu fördern. Damit die Eltern, unabhängig davon, wie sie ihre eigenen Probleme zu lösen beabsichtigen, Verständnis für Alexander und seine Situation aufbringen, erwägt er, wenn Alexander damit einverstanden ist, auch die Eltern in entsprechende Empfehlungen bzw. Absprachen einzubinden. Er beabsichtigt, mit dem Berufsberater eine Teamberatung durchzuführen, an der Alexander zusammen mit sei-

nen Eltern teilnehmen soll. In dieser Teamberatung will er Alexander und seinen Eltern vorschlagen, für die Bearbeitung der innerfamiliären Probleme professionelle Hilfe bei einer Ehe- und Familienberatungsstelle in Anspruch zu nehmen.

Zunächst führt er mit Alexander das zweite Gespräch.

2.5. Zweites Gespräch[20]

Alexander möchte zunächst wissen, wie er denn bei den Tests abgeschnitten habe. Der
Psychologe faßt für Alexander die Ergebnisse zusammen. Auf seinen Wunsch hin erläutert er ihm auch einzelne Resultate. Alexander freut sich sichtlich über die Testergebnisse, scheint aber nicht überrascht zu sein. Die deshalb vom Psychologen gestellte
Frage, ob er denn dieses Ergebnis erwartet habe, bejaht Alexander. Er sei mit den
Aufgaben ganz gut zu recht gekommen. Wenn er wirklich wolle und sich hineinknie,
verstehe er auch die Sachen in der Schule. Auch sein Vater habe früher immer gesagt,
er sei nicht dumm, er sei nur faul. Er gebe zu schnell auf. Aber geholfen habe ihm der
Vater eben auch nicht - er habe ja nie Zeit für ihn gehabt.

Bevor der Psychologe Alexander näher erläutert, welche Folgerungen aus den
Untersuchungsergebnissen für seine beruflichen Fragen zu ziehen sind, weist er ihn
darauf hin, daß er alles, was er nun mit ihm bespreche, schriftlich, in Form eines Gutachtens, auch an den Berufsberater weitergeben werde, damit dieser die Folgeberatung
möglichst nahtlos anschließen könne.

Der Psychologe teilt Alexander zunächst mit, daß aus seiner Sicht eine Ausbildung
zum Kraftfahrzeugmechaniker oder zum Zweiradmechaniker, aber auch eine andere
Ausbildung im Metallbereich aufgrund seiner intellektuellen Fähigkeiten in Frage
komme. Er empfiehlt ihm, seine beruflichen Pläne weiterzuverfolgen. Beginnend mit
der Frage, ob Alexander sich vorstellen könne, sofort mit einer Ausbildung zum Kraftfahrzeugmechaniker zu beginnen, nimmt der Psychologe das Thema Schulversagen
wieder auf. Alexander äußert spontan, er glaube nicht, sofort mit einer Ausbildung
beginnen zu können. Zwar habe er schon allerhand bei seinem Freund Mike gelernt,
aber wenn er an seine Situation in der Schule denke und an die schlechten Noten aus
dem ersten Halbjahr, so könne er sich nicht vorstellen, gleich eine Ausbildung zu machen. Er sei auch ziemlich durcheinander. Er habe sich zwar schon etwas an den Gedanken gewöhnt, daß sich die Eltern scheiden lassen werden, es mache ihm aber immer noch zu schaffen. Irgendwie hänge „das mit der Schule" auch mit den Streitereien
der Eltern zusammen. Darüber könne er mit den Eltern aber nicht reden.

Alexander wird über die Möglichkeit unterrichtet, in schwierigen persönlichen
und familiären Situationen eine Ehe- und Familienberatungsstelle aufzusuchen. Das
müsse seinen Eltern „schon jemand anderer" sagen, ist seine spontane Reaktion. Auf

---

[20] Die Ergebnisse der psychologischen Untersuchung mit dem BWT haben dem Arbeitsamts-Psychologen
kurz nach Abschluß der Testuntersuchung vorgelegen, so daß er das Folgegespräch mit Alexander im Anschluß an die Untersuchung führen kann.

die Frage des Psychologen, ob er mit den Eltern sprechen solle, zögert Alexander zunächst und sagt dann: „Warum eigentlich nicht?" Daraufhin schlägt der Psychologe vor, noch ein Gespräch zusammen mit dem Berufsberater zu führen und zu diesem auch die Eltern einzuladen.

Er fügt an, es gäbe auch noch einen anderen Grund für ein Gespräch mit dem Berufsberater: Er habe auch den Eindruck gewonnen, daß eine Ausbildung an ihn, Alexander, Anforderungen stellen würde, denen er noch nicht gewachsen sei. Vermutlich gäbe er zu schnell auf, wenn er sich schwierigeren Situationen gegenüber sähe. Es bestünde nun aber die Möglichkeit, ihn in einer berufsvorbereitenden Maßnahme auf eine Ausbildung vorzubereiten. In dieser habe er auch die Möglichkeit, schulische Wissenslücken zu schließen. Alexander zeigt sich an einer derartigen Maßnahme interessiert: Deshalb schlägt ihm der Psychologe vor, sich bei der Teamberatung vom Berufsberater genau über die verschiedenen Möglichkeiten informieren zu lassen.

Der Arbeitsamts-Psychologe erläutert Alexander, daß er mit dem Berufsberater sprechen werde. Dieser würde ihn und seine Eltern dann in Kürze zu einer Teamberatung einladen.

3. Fallbesprechung mit dem Berufsberater

Im Rahmen einer telefonischen Fallbesprechung erläutert der Arbeitsamts-Psychologe dem Berufsberater die Ergebnisse der psychologischen Begutachtung und bespricht mit ihm seine Empfehlungen. Er spricht auch seine Überlegung an, erst nach Abschluß dieser Maßnahme endgültig zu entscheiden, ob und in welcher Weise Alexander Unterstützung bei einer Berufsausbildung erhalten soll. Der Berufsberater teilt diese Auffassung und bestätigt, daß bei Alexander ein Lehrgang zur Verbesserung beruflicher Bildungs- und Eingliederungschancen finanziell gefördert werden könnte. Der Arbeitsamts-Psychologe schlägt dem Berufsberater vor, statt einer Einzelberatung gemeinsam eine Teamberatung durchzuführen, an der sowohl Alexander als auch dessen Eltern teilnehmen. Der Berufsberater teilt die Einschätzung, daß sich Alexander in einer sehr schwierigen Lebenssituation befindet, die er voraussichtlich nur dann bewältigen wird, wenn er professionelle Hilfe erhält und auch von seinen Eltern unterstützt wird. Beide verabreden, diese Thematik in der Teamberatung mit Alexander und seinen Eltern anzusprechen, und legen den Termin für die Teamberatung fest. Der Berufsberater lädt Alexander zusammen mit seinen Eltern zu diesem Termin ein.

4. Teamberatung durch Berufsberater und Arbeitsamts-Psychologen

Nach der gegenseitigen Vorstellung ergreift Alexanders Vater das Wort und betont, daß es sehr schwierig gewesen sei, sich für diesen Termin frei zu machen. Er habe Urlaub nehmen müssen. Er sei gespannt, was es denn so Wichtiges gäbe. Der Berufsberater weist Alexanders Vater darauf hin, daß Alexander sich, was seine berufliche Zukunft betreffe, in einer schwierigen Situation befinde und daß es notwendig sei, über verschiedene Dinge zu sprechen. Der Berufsberater bittet den Arbeitsamts-Psychologen, zunächst auf die Ergebnisse der psychologischen Begutachtung einzugehen.

Dieser interpretiert die wichtigsten Testergebnisse und legt, in ähnlicher Weise wie im Gespräch mit Alexander, dar, welche Folgerungen aus den Untersuchungsergebnissen zu ziehen sind. Der Vater von Alexander kommentiert die Ausführungen des Psychologen, daß er es ja schon immer gesagt habe, der Junge wolle nur nicht. Er werde seinen Sohn aber unterstützen, wenn dieser eine Ausbildung machen wolle. Er sehe es ja in seiner Firma, wie wichtig es heute sei, eine Ausbildung zu haben. Die Kollegen ohne Ausbildung seien fast alle schon entlassen worden.

Der Psychologe greift diese Bemerkung des Vaters auf und erläutert den Eltern, daß Alexander dazu neige, in schwierigen Situationen schnell das Handtuch zu werfen und aufzugeben. Dieses Verhalten sei von heute auf morgen nicht zu ändern. Wenn Alexander eine Ausbildung anstrebe, werde er sehr an sich arbeiten müssen, um in schwierigen Situationen, die in der Ausbildung auch nicht zu vermeiden seien, nicht in gleicher Weise zu reagieren wie in der Schule. Er brauche dabei ihre Unterstützung. Zwischen den Problemen in ihrer beider Beziehung und dem Schulversagen Alexanders bestehe seines Erachtens ein Zusammenhang, über den sie einmal mit einem Fachmann sprechen sollten. Er empfehle ihnen, zusammen mit Alexander eine Ehe- und Familienberatungsstelle aufzusuchen. Der Vater von Alexander bezieht diese Empfehlung auf die bevorstehende, endgültige Trennung von seiner Frau und verwahrt sich gegen diese Einmischung des Psychologen in seine Privatangelegenheiten. Dieser versucht, den Vater Alexanders zu überzeugen, daß es ihm mit dieser Empfehlung lediglich darum gehe, daß Alexander besser verstehe, wie es zu dem Versagen in der Schule gekommen ist. Dazu müsse sich Alexander etwas klarer darüber werden, in welcher Weise seine Verhaltensweisen mit denen von Vater und Mutter zusammenhängen. Nachdem sich der Vater wieder beruhigt hat, bespricht er den Vorschlag mit Alexander und seiner Mutter und sagt zu, sich um einen Termin bei der städtischen Ehe- und Familienberatungsstelle zu kümmern.

Danach geht der Berufsberater auf den Lehrgang zur Verbesserung beruflicher Bildungs- und Eingliederungschancen ein und erklärt den Eltern, wie der Lehrgang aufgebaut ist und welche Hilfen Alexander im Rahmen dieses Lehrganges erhalten würde. Er erläutert den Eltern auch, mit welchen finanziellen Leistungen seitens der Bundesanstalt sie rechnen könnten, wenn Alexander an einer derartigen berufsvorbereitenden Maßnahme teilnehmen würde. Nach einer kurzen Aussprache erklären sich die Eltern damit einverstanden, daß Alexander, wie vorgeschlagen, an dem Lehrgang teilnimmt, und bitten den Berufsberater die weiteren Schritte in die Wege zu leiten.

Literatur

Bundesanstalt für Arbeit. (1991a). *BWT, Handanweisung für die Berufsberatung.* Nürnberg: Bundesanstalt für Arbeit.

Bundesanstalt für Arbeit. (1991b). *BWT, Testanweisungen.* Nürnberg: Bundesanstalt für Arbeit.

Bundesanstalt für Arbeit (Hrsg.). (1995a). *Grundwerk ausbildungs- und berufskundlicher Informationen (gabi).* Nürnberg: BW Bildung und Wissen Verlag und Software GmbH.

Bundesanstalt für Arbeit. (1995b). *DELTA. Mehrplatzsystem zur Unterstützung der psychologischen Diagnostik und Beratung im Arbeitsamt.* Nürnberg: Bundesanstalt für Arbeit.

Eckardt H.H. & Hilke, R. (1986). Prinzipien der eignungsdiagnostischen Tätigkeit in den Arbeitsämtern der Bundesrepublik Deutschland. *Psychologie und Praxis. Zeitschrift für Arbeits- und Organisationspsychologie, 30 (N.F.4),* 105-108.

Eckardt, H.H. & Hilke, R. (1994). *Psychologischer Dienst* (Aufgaben und Praxis der Bundesanstalt für Arbeit, Bd. 24b). Stuttgart: Kohlhammer.

Engelbrecht, W. (1991). Maschinelle berufsbezogene Testbefundinterpretation bei der Bundesanstalt für Arbeit. In H. Schuler & U. Funke (Hrsg.), *Eignungsdiagnostik in Forschung und Praxis* (S. 88-90). Stuttgart: Verlag für Angewandte Psychologie.

Engelbrecht, W. (1994). Computerunterstützte berufsbezogene Testauswertung im Dienst der Berufsberatung. *Zeitschrift für Arbeits- und Organisationspsychologie, 38,* 175-181.

Engelbrecht, W., Schröder, R.D. & Elgert, W. (1991). *BWT, Entwicklungsarbeiten* (Informationen des *Psychologischen Dienstes* Nr. 46). Nürnberg: Bundesanstalt für Arbeit.

8.

Feststellung der Eignung zum Bundeswehroffizier - Der Offizierbewerber Anton O., 18 Jahre

Bernd Meinardus

Köln

Die *Offizierbewerberprüfzentrale* (OPZ) im Personalstammamt der Bundeswehr (PSABw) in Köln hat den Auftrag[1], die geistige, charakterliche und sportlich-körperliche Eignung von Bewerbern für die Laufbahn der Offiziere festzustellen. Als Eignung wird hier „die Gesamtheit der anthropogenen Voraussetzungen angesehen, die erwarten lassen, daß der Bewerber den Ausbildungsanforderungen (auch den Anforderungen eines Studiums) genügt und den an einen zukünftigen Offizier gestellten Aufgaben gerecht wird (Otte, 1987; S.78)". Für den Offizierberuf interessieren sich zur Zeit ca. 13 000 Bewerber pro Jahr, von denen etwa 7 000 an der 2½tägigen Eignungsprüfung teilnehmen. Die Eignungsuntersuchung ist ein Verfahren, in dem zur Erfassung verschiedener Dimensionen der Eignung unterschiedliche diagnostische Methoden eingesetzt werden. Die diagnostische Fragestellung ist für alle Bewerber die gleiche. Über eine verwendungsbezogene Eignung[2] wird keine Aussage getroffen; hier steht der Bewerberwunsch im Vordergrund. Entscheidungsträger über die Eignung eines Bewerbers sind Prüfkommissionen, die sich in der Regel aus einem Stabsoffizier, einem Hauptmann und einem Diplom-Psychologen zusammensetzen; diese Prüfer sind gleichberechtigt, wobei natürlich psychologische Kompetenz und psychologisches Fachwissen eine besondere Rolle spielen. Die eignungsdiagnostische Entscheidung mündet in einem Prüfbericht, in dem eine zusammenfassende schriftliche Begründung der Eignungsentscheidung gegeben wird.

Der Offizierbewerber Anton O., 18 Jahre

1. Bewerbungsunterlagen

Herr O. ist zum Zeitpunkt der Untersuchung, im November 1996, 18 Jahre alt. Er lebt mit seinen berufstätigen Eltern - der Vater ist Baumaschinenschlosser und die Mutter

---

[1] Grundlage bilden das *Soldatengesetz* und vom Bundesminister der Verteidigung erlassene Annahme- und Prüfmethodische Bestimmungen.

[2] Ausnahme: Bewerber für den fliegerischen Dienst werden zusätzlich am *Flugmedizinischen Institut* der Luftwaffe psychologisch untersucht

kaufmännische Angestellte - und mit seiner in der Ausbildung zur Bürokauffrau befindlichen älteren Schwester in einer Kleinstadt in Thüringen.

Nach der in der DDR üblichen Kinderbetreuung wurde er 1985 eingeschult und durchlief die mit der Wiedervereinigung in Realschule umbenannte Polytechnische Oberschule erfolgreich bis 1991; danach wechselte er auf ein Gymnasium im Nachbarort, um seine Leistungskurswünsche Mathematik und Englisch realisieren zu können.

Der mit den Bewerbungsunterlagen vorgelegte schulische Leistungsnachweis der Jahrgangsstufe 12/2 kann als gut durchschnittlich eingestuft werden: Der Gesamtnotenschnitt liegt bei 2.69, die Leistungskursergebnisse bewegen sich zwischen 8 und 10 Punkten („befriedigend" bis „gut"); noch bessere Punktzahlen erreicht er in den Fächern Sport, Geschichte und Deutsch.

Herr O. beschreibt in seinem sprachlich wie auch äußerlich angemessenen Lebenslauf, daß er gerne Sport treibt - Schwimmen, Radfahren, Joggen -, in der Organisation der Jugendarbeit in seinem Heimatort stark engagiert ist und sein Taschengeld durch einen Job in einer Autowaschanlage aufbessert.

Herr O. begründet seinen Berufswunsch, Offizier der Panzertruppe mit einem Pädagogikstudium werden zu wollen, in seinen Bewerbungsunterlagen nicht näher.

2. Untersuchungsmethodik[3]

Folgende zehn (charakterliche wie geistige) Eignungsmerkmale werden von den Prüfkommissionen auf einer 7stufigen Skala („weit überdurchschnittlich" bis „weit unterdurchschnittlich") bewertet:

- *Gewissenhaftigkeit:* Bewertung der Fähigkeit, sich im aufgaben- und sozialbezogenen Verhalten zuverlässig und pflichtbewußt zu zeigen, und Bewertung der Bereitschaft, sich in Überlegungen und Handlungen an Werten und Normen zu orientieren
- *Führungsfähigkeit:* Bewertung der Fähigkeit und Bereitschaft, zielgerichtet steuernd auf das Verhalten anderer Einfluß zu nehmen, Initiativen zu entwickeln und Verantwortung für die Konsequenzen eigener Entscheidungen zu übernehmen
- *Soziale Kompetenz:* Bewertung der Fähigkeit und Bereitschaft zur Einordnung in Gemeinschaften, d.h. Kontaktfähigkeit, Kameradschaftlichkeit, Kooperationsfähigkeit und -willigkeit
- *Psychische Belastbarkeit:* Bewertung der Fähigkeit, unter belastenden Bedingungen Leistungsvermögen sowie Entscheidungs- und Handlungskontrolle aufrecht zu erhalten und sich situationsgerecht zu verhalten

---

[3] Die körperliche Leistungsfähigkeit wird neben der ärztlichen Untersuchung durch eine Sportprüfung *(Physical Fitness Test)* überprüft; das Bestehen des Sporttests ist obligatorisch für das Bestehen der gesamten Prüfung.

- *Sprachliche Ausdrucksfähigkeit:* Bewertung der Beherrschung der deutschen Sprache mündlich und schriftlich
- *Denkfähigkeit:* Bewertung der intellektuellen Anlagen
- *Urteilsfähigkeit:* Bewertung der Fähigkeit, komplexe Zusammenhänge zu erkennen und aus unterschiedlichen Perspektiven logisch zu analysieren und dabei zu eigenständigen Bewertungen und Schlußfolgerungen zu kommen
- *Lern- und Leistungsbereitschaft:* Bewertung des Bestrebens, sich angemessene Lern- und Leistungsziele zu setzen und diese erfolgsorientiert mit Fleiß und Ausdauer anzugehen
- *Planungs- und Entscheidungsverhalten:* Bewertung der Effektivität, mit der komplexe Planungsaufgaben zügig und zielstrebig unter Berücksichtigung gegebener Mittel und Rahmenbedingungen einer praktikablen und erfolgversprechenden Lösung zugeführt werden
- *Berufsvorstellungen:* Bewertung des Umfangs der Bereitschaft, die Aufgaben und Pflichten des Offiziers zu erfüllen, und Bewertung des Entsprechungsgrades beruflicher Vorstellungen und Erwartungen mit der Realität militärischer Verwendungen

Als eignungdiagnostische Erkenntnismittel, die die Grundlage der Merkmalsbewertung und der damit verbundenen Vergabe des Eignungsgrades bilden, dient - abgesehen von den Bewerbungsunterlagen[4] - folgendes:

- *Biographischer Fragebogen*[5]: Durch ihn wird der Bewerber zu wertenden Stellungnahmen hinsichtlich seiner bisherigen Entwicklung und zur Selbstdarstellung aufgefordert; er soll erste Auskünfte geben über eignungsrelevante Einstellungen, Werthaltungen, Motive sowie über die Hintergründe der Berufsentscheidung.
- *Begriffsaufsatz:* Innerhalb von 30 Minuten muß ein sinnverwandtes Begriffspaar[6] definiert und gegeneinander abgegrenzt werden. Bewertet wird der Aufsatz hinsichtlich Form/Korrektheit, Ausdruck/Sprachbeherrschung und Inhalt/Urteilsfähigkeit.
- *Psychologische Testverfahren:* Unabhängig von der angestrebten Verwendung soll mit einer für die OPZ konstruierten Computer-Testbatterie (Haußer, Melter & Otte, 1993; den theoretischen Hintergrund bildet das „Berliner-Intelligenz-Strukturmodell" von Jäger, 1984)[7] die kognitive Leistungsfähigkeit der Analyse und Strukturierung bei der Aufnahme und Verarbeitung von Informationen erfaßt wer-

---

[4] In Abhängigkeit vom Notenschnitt des letzten Zeugnisses wird eine Vorauswahl getroffen; die entsprechenden *cut-off*-Werte gelten als Verschlußsache.

[5] D.i. ein von der OPZ selbst entwickelter Fragebogen, der elf Fragen zum Lebenslauf und sieben zu den Berufsvorstellungen beinhaltet (jeweils freie Antwortmöglichkeit).

[6] z.B. „Anpassung und Unterordnung" oder „Führung und Erziehung"

[7] Die praktischen Erfahrungen beim Einsatz von Computern zur Testung in der Bundeswehr allgemein sowie die Akzeptanz seitens der Testpersonen siehe bei Wildgrube (1990).

den[8]. - Die individuelle Leistung eines Bewerbers wird nach Normen bewertet, die sich an der Leistung repräsentativer Offizierbewerberstichproben orientieren[9].

– *Verhaltensübung:* Damit wird geprüft, in welchem Umfang ein Bewerber entwicklungsfähige Anlagen besitzt, um in seiner späteren Verwendung den Anforderungen der dreifachen Rolle als Untergebener, Kamerad und Vorgesetzter gerecht zu werden; das Verhalten in der Gruppe - zu einer Prüfkommission gehören in der Regel 9 Bewerber - wird daher hinsichtlich Überzeugungs- und Durchsetzungsfähigkeit, Dominanzstreben, Anpassungsfähigkeit und Toleranz bewertet. Die Übung umfaßt die drei aufeinanderfolgenden Teile *Kurzvortrag* (jeder Bewerber hat vor den Mitbewerbern seiner Gruppe nach 30minütiger Vorbereitungszeit einen maximal 10minütigen Kurzvortrag möglichst in freier Rede zu halten; bewertet werden

---

[8] Die OPZ-Testbatterie umfaßt die Intelligenz-Subtests *Antonyme / Synonyme*[8], *Verbale Analogien, Matrizen* und *Zahlenreihen,* ergänzt um den *Konzentrationstest* und den *Mathematiktest:*

– Innerhalb des Konstruktes „Verbale Intelligenz" messen die *Antonyme / Synonyme* Sprachverständnis und Verfügbarkeit von sprachlichen Bedeutungsinhalten; die Items entstanden in Anlehnung und in Abwandlung von Aufgaben aus dem WIT *(WILDE-Intelligenz-Test).* Sie fordern vorrangig Vertrautheit, Gewandtheit und Wahrnehmungsgeschwindigkeit im Umgang mit sprachlichem Material, ohne allzu großen Problembezug, beinhalten aber auch Komponenten des verbal-schlußfolgernden Denkens. Die Reliabilität *(Cronbach-α)* liegt bei .54 bis .65.

– Die *Verbalen Analogien* lassen Rückschlüsse auf den komplexen Sprachgebrauch der Wortassoziation und des Wortschatzumfanges zu; die Items - sie bestehen aus Begriffen, die nach dem Prinzip A : B = C : X in Beziehung gesetzt werden - wurden von Hornke & Rettig (1989) konstruiert. Die Reliabilität *(Cronbach-α)* liegt (nach Haußer, 1995) zwischen .56 und.61.

– Die *Matrizen* können, als ein herkömmlicher Matrizentest, dem Bereich der „analytischen Intelligenz" zugeordnet werden; die Items wurden aus einem von Hornke & Habon (1984) erstellten *Rasch*-homogenen Itempool ausgewählt. Die Reliabilität *(Cronbach-α)* liegt (nach Meinardus, 1996) zwischen .63 und .68.

– Der Test *Zahlenreihen* erfaßt typischerweise das schlußfolgernde, regelfindende, induktive, formallogische Denken in numerischen, zahlengebundenen Bereichen. Die Reliabilität *(Cronbach-α)* liegt (nach Haußer, 1995) zwischen .75 und.85.

Aus diesen fünf Untertests wird ein Gesamttestwert berechnet, einerseits zur Interpretation der „generellen Intelligenz", andererseits und primär zur Plazierung eines Bewerbers im Gesamtbewerbervergleich.

– Der *Konzentrationstest* prüft psychische Funktionen, wie selektive und gerichtete Wahrnehmung, erhöhte kognitive, affektive und psychomotorische Aktivierung, erhöhte psychische Anpassungsbereitschaft an die eigene psychische Leistungsfähigkeit sowie die Bereitschaft diese zu steigern bzw. zumindest über einen längeren Zeitraum aufrechtzuerhalten (Anstrengungsbereitschaft) - die psychische Leistung wird hierbei als qualitative Arbeitsmenge pro Zeiteinheit definiert, wobei die kognitive Beanspruchung darin besteht, in einer festgelegten Zeiteinheit möglichst viele vorgegebene komplexe Zeichen (*Katana*-Schrift) in Zahlen umzuwandeln und diese paarweise zu addieren.

– Der *Mathematiktest* soll Offizierbewerber hinsichtlich ihrer Mathematikkenntnisse aus den Bereichen Algebra, Geometrie und analytische Geometrie sowie Funktionen überprüfen und damit Entscheidungshilfen für die Vergabe von Studienfachrichtungsempfehlungen liefern; der Test ist eine Adaption des *Mathematiktest für Abiturienten und Studienanfänger* nach *Lienert & Hofer.* Die Reliabilität *(Cronbach-α)* liegt (nach Haußer, 1995) zwischen .51 und.80.

[9] Die Normierung wird regelmäßig aktualisiert.

neben einer freien Verhaltensbeschreibung der Sicherheits- und Souveränitätsgrad im Vortrag, die Sprachbeherrschung und der Inhalt), *Rundgespräch* (die Bewerber müssen ein kontroverses Thema, ohne Diskussionsleiter, so umfassend wie möglich diskutieren; bewertet werden Verbalisations- und Argumentationsfähigkeit, gruppendynamische Aspekte, sozialer Umgang und Initiative /Führung) und *Planspiel* (die Bewerber erhalten einen konkreten Auftrag, z.B. ein Straßenfest oder eine Hilfsaktion zu organisieren, dessen Ausführung sie gemeinsam erarbeiten sollen; bewertet werden Initiative/Führung, Kooperationsbereitschaft, praktisch-organisatorisches Planungsvermögen sowie Zielorientierung).

– *Psychologisch-diagnostisches Interview:* Dieses ist wegen seiner Informations- und Beobachtungsvielfalt der Kernpunkt der Eignungsprüfung (den Interviewern stehen zu diesem Zeitpunkt alle eignungsdiagnostisch relevanten Informationen über einen Bewerber zur Verfügung); Ziel ist es, den Bewerber vor dem Hintergrund seiner individuellen Entwicklung hinsichtlich seiner Fähigkeiten, Interessen, beruflichen Erwartungen und Perspektiven im Sinne einer ganzheitlichen Betrachtung möglichst umfassend kennenzulernen. Das Interview dauert in der Regel 1 Stunde und ist halbstandardisiert; es gliedert sich in die drei Teile *Offizier* (Begrüßung, Erläuterung von Zweck und Ablauf des Gespräches, Fragen, u.a. nach der subjektiven Einschätzung des bisherigen Prüfungsverlaufes, zivilberuflichen Alternativen und Gründen der Bewerbung), *Diplom-Psychologe* (Prägungen, Gewohnheiten, Fähigkeiten, Fertigkeiten und Kenntnisse, die für die Ausbildung und den späteren Einsatz förderlich oder auch hinderlich sein können: Familiäre Situation/Erziehungsverhalten, schulischer Werdegang/ Verhalten im Schulbereich, Berufsfindungsprozeß, beabsichtigtes Studium/Studienmotivation, allgemeines Freizeitverhalten/Freizeitsituation, soziale Aktivitäten/Kontaktverhalten, außerschulische geistige Interessen, allgemeine geistige Aufgeschlossenheit und Beweglichkeit, Selbstwahrnehmung/Selbstkonzept), sowie *Offizier* (Fragen zu Kenntnissen, Einstellungen und Motiven hinsichtlich des Offizierberufs im allgemeinen und des gewünschten Ausbildungsgangs im besonderen).

Zum Ende des Gesprächs erhält der Bewerber Gelegenheit, all das vorzubringen und darzustellen, was ihm im Zusammenhang mit seiner Bewerbung und der Eignungsprüfung bedeutsam erscheint. Im Bedarfsfall kann der Diplom-Psychologe ein ergänzendes Einzelinterview durchführen.

4. Ergebnisse der Untersuchung

4.1. Biographischer Fragebogen

Den Fragebogen hat Herr O. ausführlich und informativ bearbeitet, zu seinem Lebenslauf und seinen beruflichen Vorstellungen liefert er zusätzliche Informationen.

Schule:

Nach seiner Einschätzung entsprechen die aktuellen Noten seiner tatsächlichen Leistungsfähigkeit; seine Lieblingsfächer sind Geschichte und Deutsch. Keine Probleme hat er mit Mathematik, das Fach Physik hingegen interessiert ihn nicht.

Freizeit:

Herr O. betreibt 7 Stunden Sport in der Woche, benötigt für seine Aushilfsarbeit weitere 6 Stunden und ist besonders engagiert in der Jugendarbeit (16 Stunden), als stellvertretender Vorsitzender des Jugendclubs seines Heimatortes.

Elternhaus:

Die Erziehung zur Selbständigkeit und zum verantwortungsbewußten Handeln hat er als besondere Anregung durch das Elternhaus erlebt; da die Familie eine kleine Landwirtschaft im Nebenerwerb betreibt, begleiteten ihn bisher praktische und handwerkliche Aktivitäten. Die Ferienarbeit im Betrieb des Vaters vermittelte ihm Kenntnisse über den Beruf des Straßenbauers. Ein Onkel von ihm war Offizier in der NVA (Nationale Volks-Armee) und weckte schon früh bei Herrn O. militärische Interessen.

Selbsteinschätzung:

Herr O. beschreibt sich als diszipliniert, konzentriert und auch hartnäckig; Humor und Mitgefühl kennzeichnen seinen Umgang mit anderen. Schwächen hinsichtlich seines Verhaltens und seiner Charaktereigenschaften vermag er nicht zu beschreiben, wie er sich auch keine besonderen Kenntnisse oder Fertigkeiten bescheinigt.

Berufsvorstellungen:

Broschüren der Bundeswehr, Zeitungsartikel, Anzeigen, ein Truppenbesuch, Gespräche mit dem Wehrdienstberater im Kreiswehrersatzamt und mit Soldaten waren für ihn die wichtigsten Informationsquellen zur Offizierlaufbahn. Als Gründe für seine Bewerbung gibt er an, daß er mit Menschen für Menschen arbeiten möchte und daß er eine Arbeit mit Disziplin und Ordnung sucht; des weiteren schätzt er die Möglichkeit, über deutsche Grenzen hinaus aktive Hilfe leisten zu können. Die soziale Sicherheit und das bezahlte Studium sind für ihn auch wichtig, wobei er jedoch das Studium nicht zur Bedingung seiner Bewerbung macht. Er strebt den Status eines Berufsoffiziers an; das Verlassen der Bundeswehr als Zeitoffizier nach 12 Jahren wäre für ihn ein Bruch mit beruflichen Zielen.

4.2. Begriffsaufsatz

Herr O. hat sich für die Bearbeitung des Themas „Erziehung und Führung" entschieden. Bezüglich der äußeren Form fällt zunächst die etwas unsaubere Aufsatzgestaltung auf: Streichungen, fehlende Absätze und ein unsicheres, flüchtiges Schriftbild beeinträchtigen die Übersichtlichkeit und die Lesbarkeit. In Orthographie, Grammatik und

Interpunktion finden sich kleinere Unsicherheiten (Flüchtigkeitsfehler), die eher durch den Zeitdruck als durch ein fehlendes oder mangelhaftes Sprachverständnis zu erklären sind. Bezüglich der sprachlichen Bewältigung verfügt Herr O. über einen alters- und bildungsgemäßen Wortschatz, der ihm einen verständlichen und zumeist eindeutigen Ausdruck erlaubt. Die Satzgestaltung gelingt überwiegend flüssig und folgerichtig, eine gewisse Knappheit bestimmt durchgängig die Satz- und Wortfügung. Beim Inhalt wird grundsätzlich ein Bemühen um eine abstrakte und analytisch bestimmte Begriffsdefinition und Abgrenzung deutlich; Herr O. verzichtet auf anschauungsgebundene und beispielsbezogene Aussagen. Ein korrektes Begriffsverständnis ist erkennbar, auch wenn einzelne gedankliche Ansätze nicht ganz widerspruchsfrei sind oder inhaltliche Redundanzen enthalten.

Die Bewertung[10] durch die Kommissionsmitglieder:

	Stabsoffizier	*Hauptmann*	*Diplom-Psychologe*
Form/Korrektheit	5	5	4
Sprachbeherrschung	5	5	4
Inhalt	5	4	4

4.3. Psychologische Testverfahren

Dem erzielten Gesamttestwert im Intelligenz-Testteil entspricht die Note 2.8 bzw. ein Prozentrang von 78; mit diesem Resultat liegt Herr O. im Bewerbervergleich also im oberen Drittel. Die Ergebnisse der fünf Subtests im einzelnen (in Noten): *Antonyme/Synonyme* (4 bzw. 6), *Verbale Analogien* (3), *Matrizen* (3) und *Zahlenreihen* (1). Insgesamt sind die Testleistungen im Bewerbervergleich als gut durchschnittlich (Note 3) einzustufen. Im ergänzenden *Konzentrationstest* erreicht Herr O. ebenfalls die Note 3, im ergänzenden *Mathematiktest* für die drei Bereiche Algebra, Geometrie und Funktionen detto: jeweils die Note 3.

Auffällig ist das aus dem Gesamtrahmen fallende Ergebnis im Subtest *Synonyme*: da alle 20 Items beantwortet wurden, aber nur 6 richtig, kann unter Berücksichtigung der anderen sprachbezogenen Tests vermutet werden, daß eventuell Konzentrationsmängel als Ursache in Frage kommen. Diese Hypothese ließ sich dann im Interview verifizieren: „Ich hatte kurzfristig so eine Art *black-out* und habe nur noch geraten". Die Werte aus dem *Zahlenreihen* und *Matrizentest* repräsentieren seine Begabung für zahlengebundene und abstraktlogische Aufgabenstellungen (Leistungskurs Mathematik!).

---

[10] Zur Notenvergabe 1 bis 7 im Gesamtprüfverfahren ist grundsätzlich anzumerken, daß die Beurteiler in ihrer Bewertung frei sind, d.h. es gibt keine Beurteilungsalgorithmen; die durchschnittliche Bewerberleistung (Erfahrungswert) stellt die Grundlage des Maßstabes dar.

Zum *Konzentrationstest* ist anzumerken, daß Herr O. nach einer Eingewöhnung nicht nur konzentriert und konstant arbeitet, sondern seine Leistungsfähigkeit auch gegen Testende noch zu steigern vermag: Hier ist eine klare Anstrengungsbereitschaft unter Belastung zu erkennen; in diesem Zusammenhang kann der *„black-out"* beim Test *Synonyme* als „Ausrutscher" interpretiert werden.

Die Wissenstestleistung in Mathematik entspricht dem durch das Schulzeugnis dokumentierten Verständnis und Können - das Ergebnis des Mathematiktests ist für die Entscheidung über die Eignung zur Offizierlaufbahn von sekundärer Bedeutung; wichtig jedoch ist es bei der Vergabe von Studienempfehlungen[11]: Für Herrn O. bestehen aufgrund dieser Resultate in Verbindung mit den übrigen Testergebnissen und dem schulischen Leistungsbild für den gewünschten Studiengang Pädagogik keine Bedenken.

4.4. Verhaltensübung

Beim *Kurzvortrag* wählt Herr O. das Thema: „Viele Touristen zerstören das, was sie suchen, indem sie es finden. Was ist damit gemeint?". Bezüglich seines Auftretens ist ihm die Anspannung deutlich anzumerken; es gelingt ihm aber, sich zu kontrollieren und an Sicherheit zu gewinnen. In freier Rede vorzutragen fällt ihm schwer, er benötigt häufig sein Konzept, dadurch hält er wenig Blickkontakt zu seinen Mitbewerbern, die gleichzeitig als „Auditorium" fungieren.

Diese durch fehlende Übung und Erfahrung eingeschränkte Souveränität im Vortrag läßt sich bei vielen Bewerbern seiner Altersgruppe beobachten.

Bezüglich des sprachlichen Ausdrucks ist zu sagen, daß er überwiegend flüssig und verständlich spricht; wie auch im Aufsatz, bevorzugt er knappe und kurze Sätze. Das, was er erklären und erläutern möchte, kann er ohne auffällige Wortfindungsschwierigkeiten und grammatikalische Fehler formulieren.

Beim Inhalt hat Herr O. die Problematik des Themas zwar klar erkannt, er bleibt aber in seiner Gedankenführung oberflächlich auf der Ebene überzogener Beispiele stehen; eine differenzierte, problembezogene und kritisch-reflektierte Analyse gelingt ihm daher nur in Ansätzen.

Bewertung durch die Kommissionsmitglieder:

	Stabsoffizier	Hauptmann	Diplom-Psychologe
Form/Auftreten	4	4	3
Sprachbeherrschung	4	4	4
Inhalt	5	6	5

---

[11] Alle Studiengänge an den Bundeswehruniversitäten in Hamburg und München haben einen erheblichen mathematischen Anteil, daher wird neben wichtigen Merkmalen, wie geistige Leistungsfähigkeit, Studienmotivation und Lernbereitschaft, besonderer Wert auf das mathematische Grundwissen gelegt.

Beim *Rundgespräch* hat sich die Gruppe nach kurzer Diskussion, in der Herr O. eine aktive Rolle spielt, für das Thema „Sollten Politiker besser bezahlt werden?" entschieden. Die Gruppe diskutiert gleichberechtigt und rege; dabei agiert Herr O. genügend selbstbewußt und bestimmt, um sich Beachtung schaffen und seine Vorstellungen verdeutlichen zu können. Er kann mit Selbstvertrauen widersprechen, ohne beharrlich zu wirken. In seiner freundlichen und zugewandten Art wird er von den Diskussionsteilnehmern akzeptiert; er ist bemüht, bei auftretenden Kontroversen ausgleichend zu wirken und Kompromisse anzubieten. Bezüglich der Qualität seiner Argumente ist zu sagen, daß Herr O. bei dieser Thematik mehr emotional-plakativ als reflektiert-kritisch urteilt; über themenbezogene Sachkenntnis oder Hintergrundwissen verfügt er kaum - er ist sicherlich noch zu jung, um dieses populistische Thema folgerichtig und angemessen analysieren zu können.
Bewertung durch die Kommissionsmitglieder:

	Stabsoffizier	*Hauptmann*	*Diplom-Psychologe*
Initiative/Führung	4	4	3
Kooperation	3	4	3
Argumentationsqualität	4	5	4

Beim *Planspiel* wurde der Gruppe als Planungsaufgabe „Organisation eines Straßenfestes" vorgegeben. In diesem Teil der Gruppensituation übernimmt Herr O. eine führende Rolle: Er ergreift sofort die Initiative, setzt und verdeutlicht Ziele und sorgt durch direktes Ansprechen dafür, daß die Gruppenarbeit kontinuierlich weitergeführt wird; seine Erfahrung aus der Jugendarbeit ist ihm deutlich anzumerken. Er verhält sich sachlich und bestimmt, ohne die Überlegungen und Vorschläge der Gruppenmitglieder zu übergehen oder zu vernachlässigen; es wird deutlich, daß er gemeinschaftliche Aktivitäten entfalten möchte, wobei er mit diesem Verhalten Akzeptanz erfährt. Herr O. ist voller Ideen, Tatendrang und Planungsüberlegungen, die er auch spontan äußert und die er in den sich entwickelnden Organisationsplan allerdings etwas konzeptionslos einbauen möchte. Es ist zu beobachten, daß er das Gruppenergebnis aktiv mitgestalten möchte.
Bewertung durch die Kommissionsmitglieder:

	Stabsoffizier	*Hauptmann*	*Diplom-Psychologe*
Initiative/Führung	3	3	2
Kooperation	3	3	3
Planung/Organisation	4	4	3

4.5. Wesentliche Ergebnisse des Interviews

Herr O., der sich für diese Prüfung neu eingekleidet hat, kann seine leichte Prüfungs-
nervosität schnell zugunsten einer konzentrierten, freundlichen und offen-zugängli-
chen Art ablegen. Die an ihn gerichteten Fragen beantwortet er auskunftsbereit; der
sprachliche Ausdruck ist abgesehen von kleineren Unsicherheiten flüssig. Er ist sich
der Bedeutung des Gespräches bewußt, wirkt dennoch ehrlich und reagiert nicht im
Sinne sozialer Erwünschtheit.

Die eignungsdiagnostische Untersuchung empfindet er als herausfordernd und interessant; besonders haben ihm die Organisation und die Kameradschaft gefallen. Sein
bisheriges Abschneiden bewertet er optimistisch.

Seine Stellungnahmen zum schulischen Werdegang, zu Schulfächern und zu Leistungsergebnissen entsprechen den Angaben im biographischen Fragebogen. Herr O.
beschreibt sein Lernverhalten als durchschnittlich; er sei grundsätzlich erfolgsorientiert und fleißig, weil er gute Noten erreichen möchte - nur bei Fächern, die ihn nicht
interessieren, wie Physik und Chemie, berichtet er von Lernproblemen. Da er die
Schule und den mit der Wiedervereinigung bedingten Wechsel des Schulsystems bisher problemlos bewältigt hat, sieht er sich in seinem Lernverhalten bestätigt. Er glaubt,
bei seinen Mitschülern anerkannt und beliebt zu sein, deshalb sei er auch zum Lei-
stungskurssprecher in Mathematik gewählt worden.

Neben dem Sport und einem Aushilfsjob zur Finanzierung des Führerscheines gilt
sein Hauptinteresse in der Freizeit der Jugendarbeit: Er hat Freude am Organisieren
und Planen; sich für andere einzusetzen und etwas zu erreichen, ist für ihn so etwas
wie ein inneres Bedürfnis, da er es besser findet, lieber für ein Ziel aktiv zu werden als
nur zu kritisieren oder „rumzuhängen".

Selbstkritisch merkt er an, daß er manchmal zuviel auf einmal wolle, zu hartnäckig
sei und dann von seinen Freunden gebremst werden müsse. Auch habe er noch zu wenig Interesse für politische Informationen und Fragestellungen.

In der Familie fühlt sich Herr O. geborgen; sie bietet ihm Rückhalt und Unterstützung. Er meint, daß seine Eltern ihm Toleranz und Achtung vor anderen nahegelegt
hätten und immer darauf achteten, daß er die Konsequenzen seines Handelns und Ent-
scheidens bedenke und bereit sei, auch die Verantwortung zu übernehmen. Die Bedeutung praktisch-körperlicher Arbeit hat er durch den Beruf des Vaters sowie durch Mitarbeit in der kleinen elterlichen Landwirtschaft kennengelernt. Seine Familie unterstützt und bestätigt ihn in seiner Berufswahl.

Durch Erzählungen seines Onkels wurde sein Interesse für das Militär schon frühzeitig geweckt; ein Interesse, das anfänglich aber nur aus naiver, kindlich-jugendlicher
Abenteuerlust bestand. Eine ernsthafte Auseinandersetzung mit dem Soldatenberuf
begann für Herr O. nach dem Besuch eines Jugendoffiziers an seiner Schule, der neben
sicherheitspolitischen Themen konkret über die Bundeswehr und die Offizierlaufbahn
informierte. Er begann sich, auch in Diskussionen mit Freunden, über den Sinn von

Streitkräften in unserer Zeit auseinanderzusetzen und gelangte zu der persönlichen Überzeugung, daß er bereit sei, seinem Land (auch im Ausland) zu dienen. Der Truppenbesuch bei einem Panzerbataillon gab den endgültigen Ausschlag für seine Entscheidung: Einerseits faszinierte ihn die Technik, andererseits empfand er es als Herausforderung, schon früh Führungsverantwortung übernehmen zu müssen. Herr O. verschweigt nicht, daß ihn auch die Sicherheit des Arbeitsplatzes und das bezahlte Studium reizen. Er hat sich für Pädagogik als Studienfach entschieden, weil er meint, daß er hier sehr viel über Menschenführung lernen könne.

5. Entscheidung

In der Prüfkommission wurden die Ergebnisse gebündelt und den Eignungsmerkmalen wie folgt zugeordnet:

Eignungsmerkmale	Bewerbungsunterlagen	Biographischer Fragebogen	Interview	Intelligenz-Testteil	Konzentrationstest	Mathematiktest	Begriffsaufsatz	Kurzvortrag	Rundgespräch	Planspiel
Gewissenhaftigkeit	+	+	+				+			
Führungsfähigkeit		+						+	+	
Soziale Kompetenz		+						+	+	
Sprachliche Ausdrucksfähigkeit	+	+	+				+	+	+	+
Urteilsfähigkeit		+		+			+	+	+	+
Psychische Belastbarkeit		+	+		+			+	+	+
Denkfähigkeit			+	+	+	+	+			
Lern- und Leistungsbereitschaft	+	+	+							
Planungs- und Entscheidungsverhalten			+						+	+
Berufsvorstellungen	+	+	+							

Die in der Prüfung erbrachten Leistungen werden von jedem Kommissionsmitglied den Merkmalsbereichen zugeordnet, bevor das gemeinsame Ergebnis und der Eignungsgrad nach Diskussion festgelegt werden.

Für Herr O. ergibt sich nach diesem Prinzip die folgende Bewertung:

	Stabsoffizier	*Hauptmann*	*Diplom-Psychologe*
Gewissenhaftigkeit	2	4	2
Führungsfähigkeit	3	3	3
Soziale Kompetenz	3	2	1
Sprachl.Ausdrucksfähigkeit	4	3	4
Urteilsfähigkeit	3	4	4
Lern-/Leistungsbereitschaft	4	3	3
Psychische Belastbarkeit	3	3	3
Denkfähigkeit	3	3	3
Berufsvorstellungen	3	4	2
Planungs-/ Entscheidungsverhalten.	4	4	2

Mit diesem Fähigkeits- und Leistungsprofil liegt er im Bewerbervergleich überwiegend im gutdurchschnittlichen Bereich; sein Eignungsgrad lautet, da auch ärztlicherseits keine Bedenken bestehen und er die Sportprüfung erfolgreich absolviert hat, „Für die Ausbildung zum Offizier gut geeignet".

Die Eignungsentscheidung in der zusammenfassenden Begründung:

Herr O. ist ein freundlich-offen, durchaus selbstbewußt und zuversichtlich auftretender Bewerber, der in seinem Handeln und Entscheiden Gewissenhaftigkeit und Zielorientiertheit erkennen läßt. Für ein gestecktes Ziel setzt er sich einsatzfreudig und auch mit Begeisterung ein. In der Gemeinschaft mit anderen zeigt er Führungsanspruch, er kann planerische Impulse setzen und Entscheidungsprozesse initiieren ohne dabei unkooperativ zu werden. Herr O. ist aktiv und engagiert bereit, soziale Verantwortung zu übernehmen und sich für eine gemeinsame Sache stark zu machen. Sein intellektuelles Leistungsvermögen liegt im gut durchschnittlichen Bereich, wobei Stärken bei der Bewältigung abstrakt-logischer und zahlengebundener Aufgabenstellungen deutlich werden; sein Wissen um zeitgeschichtliche und politische Zusammenhänge ist dagegen noch eher lückenhaft. Bei Herrn O. ist eine Identifizierung mit dem Soldatenberuf in der heutigen Zeit deutlich erkennbar, er möchte Führungsverantwortung übernehmen und gefordert werden.

Herr O. erhielt seinem Wunsch entsprechend eine Einstellungszusage für die Panzertruppe mit dem Studiengang Pädagogik.

Literatur

Haußer, J., Melter, A. & Otte, R (1993). *Offizierbewerbertestbatterie.* Unveröffentlichter Arbeitsbericht der Gruppe 1 Psychologischer Dienst im PSABw, Köln.

Haußer, J. (1995). *Testparameter und Reliabilitäten.* Unveröffentlichter Arbeitsbericht der Gruppe 1 Psychologischer Dienst im PSABw, Köln.

Hornke, L.F. & Habon, M.W. (1984). Regelgeleitete Konstruktion und Evaluation von nicht-verbalen Denkaufgaben. In Bundesministerium der Verteidigung - PII4 (Hrsg.), *Wehrpsychologische Untersuchungen*, Heft 4/1984, Bonn.

Hornke, L.F. & Rettig, K. (1989). Konstruktion eines Tests mit verbalen Analogien. In Bundesministerium der Verteidigung - PII4 (Hrsg.), *Untersuchungen des Psychologischen Dienstes der Bundeswehr, 24.* Bonn.

Jäger, A.O. (1984). Intelligenzstrukturforschung: Konkurrierende Modelle, neue Entwicklungen, Perspektiven. *Psychologische Rundschau, 35,* 21-35.

Meinardus, B. (1996). *Testdokumentation Matrizen.* Unveröffentlichter Arbeitsbericht der Gruppe 1 Psychologischer Dienst im PSABw, Köln.

Otte, R. (1987). Die Methodik zur Prüfung von Offiziersbewerbern der Bundeswehr. In H. Schuler & W. Stehle (Hrsg.), *Assessment Center als Methode der Personalentwicklung* (S. 78-98). Stuttgart: Verlag für Angewandte Psychologie.

Wildgrube, W. (1990). Computergestützte Diagnostik in einer Großorganisation. *Diagnostica, 36,* 127-147.

9.

Begutachtung des Erinnerungsvermögens einer Zeugin mit mehrjährigem Drogenmißbrauch - Antje F., 20 Jahre

Jörg Reichert

Berlin

Die Arbeitsgruppe *Sozialtherapie* am Institut für Rehabilitationswissenschaften der Humboldt-Universität zu Berlin unterhielt bis 1995 ein Ambulatorium für gerichtspsychologische Begutachtung. Vorrangig wurden hier gutachterliche Fragestellungen zu familienrechtlichen (Sorgerechtsentscheidungen, Empfehlungen zur Umgangsgewährung wie auch -ausgestaltung) und zu strafrechtlichen Problemen (Glaubhaftigkeit von Aussagen minderjähriger Zeugen, Verantwortungsreife jugendlicher Straftäter, Beurteilung des Entwicklungsstandes jugendlicher Straftäter, Beurteilung der Schuldfähigkeit) bearbeitet.

Antje F., 20 Jahre

1. Begutachtungsauftrag

Als Geschädigte und Zeugin belastete Frau Antje F. Herrn S. gegenüber der Polizei. Sie blieb auch vor dem Landgericht Hannover während des ersten Termins des Strafverfahrens gegen Herrn S. bei ihren Angaben: Danach habe sie Herr S. über einen Zeitraum von etwa zehn bis elf Wochen ihrer Freiheit beraubt, sie zur Prostitution gezwungen und ihr Rauschgift verkauft. Beide Aussagen der Frau F. - sowohl während der polizeilichen Vernehmung als auch während der gerichtlichen Einvernahme als Geschädigte und Zeugin - waren in ihren wesentlichen Inhalten näherungsweise deckungsgleich. Sie zeichneten sich u.a. durch Detailfülle, Angaben über folgerichtige Handlungsverkettungen, teilweise widersprüchliche Aussagen, die in der Vernehmung aufgeklärt werden konnten, wie auch durch Selbstbezichtigungen der Zeugin aus, was glaubwürdigkeitsdiagnostisch in der Regel für die Glaubhaftigkeit einer Aussage und deren realen Erlebnishintergrund spricht. Dennoch galt die Glaubwürdigkeit der Zeugin Antje F. als nachhaltig erschüttert, da sie in den Angaben zur ihrer Person und zu ihrer Lebensgeschichte auch über einen längeren Drogenmißbrauch berichtete. Sie sei mehrjährig - und auch während des mutmaßlichen Tatzeitraums - heroinabhängig gewesen, wäre zweimal stationär „entgiftet" und wieder rückfällig geworden und befände sich nun nach der dritten körperlichen Entgiftung in einer Psychotherapie, die sie fortsetzen und mit Erfolg beenden wolle.

Frau F. ist einzige Zeugin für die mutmaßlich an ihr begangenen Verbrechen und Vergehen. Sie datiert den mutmaßlichen Tatzeitraum in die Zeit eigenen aktiven Drogenkonsums. Ihre Aussage bzw. Anzeige entstand zugleich in der Zeit persönlicher Neuorientierung, des Wunsches, sich einer Therapie zu unterziehen und des Willens, endlich von „Drogen, dem Strich und auch ihrem mutmaßlichen Zuhälter loszukommen". Sie räumte selbst ein, daß sie eine Beurteilung ihrer Glaubwürdigkeit zwar als verwunderlich empfinde, ihr bisheriger „Lebenswandel" aber auch nicht gerade für sie spräche.

Das Gericht veranlaßte letztlich die gerichtspsychologische Begutachtung der Zeugin hinsichtlich ihrer Glaubwürdigkeit und der Glaubhaftigkeit ihrer Angaben. Es formulierte als herausgehobene und insbesondere interessierende Fragestellung, ob und - falls ja - in welchem Maße die Erinnerung der Zeugin durch ihren mehrjährigen Mißbrauch der Droge Heroin beeinträchtigt sein könnte.

2. Psychologische Untersuchung

Der Konsum von rauscherzeugenden Drogen mit hohem Suchtpotential (Heroin gehört mit seiner aufputschenden Wirkung hierzu) führt in kurzer Zeit bei der Mehrzahl der Konsumenten zu physischen und psychischen Abhängigkeitserscheinungen. Drogengebrauch und -mißbrauch über längere Zeit kann zu solchen psychischen Veränderungen beitragen, die neben dem Wesen Betroffener auch deren konzentrative, intellektuelle wie auch mnestische Leistungen betreffen. Es sind verschieden umfangreiche Veränderungen in der aktuellen Leistungshöhe und -struktur wie aber auch unterschiedlich starke Abbauprozesse zu beobachten. Hierzu zählen vor allem Einbußen an Konzentrationsfähigkeit und der Fähigkeit zu zielgerichteter Aufmerksamkeit; Verlust an Umstellfähigkeit im Denken und Abnahme der Fähigkeit, auf ein simultan dargebotenes Reizangebot adäquat und entscheidungsorientiert zu reagieren, betreffend damit vor allem fluide Komponenten intellektueller Leistungsfähigkeit; Veränderungen der Gedächtnisleistung insbesondere hinsichtlich der Anforderungen an kurzzeitige Speicher- und Reproduktionsleistungen. Letztere sollten dann Beachtung finden, wenn sich bezüglich des Vergleichs von gegenwärtigem mit möglicherweise prämorbidem Leistungsniveau erhebliche Differenzen nachweisen lassen.

Zur Abbildung der möglicherweise vorhandenen Leistungsbeeinträchtigungen erfolgten Auswahl und Zusammenstellung verschiedener Leistungstests zu einer Leistungstestbatterie, die eine - auch zeitlich erstreckte - psychische Belastungssituation simulieren sollte:

- *Test d2*
- KVT (*Konzentrations-Verlaufs-Test;* Abels, 1974)[1]

beide zur Prüfung der Konzentrations- und Aufmerksamkeitsleistung insbesondere in ihrer Verlaufscharakteristik sowie zur qualitativen Fehleranalyse

- *Benton-Test* (Benton Sivan & Spreen, 1996)[2]

zur Prüfung der Behaltensleistung für visuelle Stimuli und damit zur Beurteilung der Gedächtnisleistung, insbesondere der Kurzzeitspeicherung (wobei der *Benton-Test* differentialdiagnostischen Wert für hirnorganische Abbauprozesse hat)

- IST 70
- SPM

beide zur Beschreibung der Intelligenzstruktur sowie zur Erfassung der intellektuellen Gesamtkapazität und der Fähigkeit zum logischen Denken

Die nachfolgenden Ausführungen konzentrieren sich ausschließlich auf die Beantwortung der Frage, inwiefern sich bei Beachtung des Drogenkonsums von Frau F. Besonderheiten bzw. gröbere Auffälligkeiten bezüglich relevanter Leistungsbereiche zeigen bzw. nachweisen lassen. Eine umfassende glaubwürdigkeitsdiagnostische Bewertung des gesamten tat- und tatzeitbezogenen Aussageverhaltens der Zeugin erfolgt nicht.

2.1. Sozialanamnese und wesentliche Explorationssergebnisse

Für Frau Antje F. ergab ihr Bericht bezüglich ihrer Lebensgeschichte nachfolgendes Bild.

Sie sei in L. geboren. Mutter und Vater lebten derzeit an unbekannten Aufenthaltsorten und seien geschieden. Eine jüngere Schwester wäre erst vor kurzer Zeit an einer Überdosis Rauschgift verstorben. Sie selbst habe ihre Herkunftsfamilie wegen

---

[1] Der KVT prüft das Arbeitsverhalten unter Daueraufmerksamkeitsbedingungen. Es handelt sich um einen Kartensortiertest, bei dem die Tp insgesamt 60 Karten bezüglich relevanter Reize (zweistellige Zahlen) in vier Kategorien (keine/ die eine/ oder die andere/ beide der vorgegebenen Zahlen auf einer Karte vorhanden) einordnen soll. Bearbeitungszeit, Fehleranzahl und Gesamttestleistung in kombinierter Zeit-Fehler-Bewertung kennzeichnen die Leistung der Tp. Das Verfahren ist inhaltlich validiert; die *Retest*-Reliabilität beträgt .67. Der Bearbeitungsverlauf wie auch die Fehleranalyse (einfache, Doppel- und Illusionsfehler) ermöglichen eine qualitative Interpretation der Tp-Leistung; davon abgesehen gibt es Normen an Hand von *N*=2000 Personen.

[2] Der *Benton-Test* überprüft die unmittelbare Behaltensleistung für visuell-räumliche Stimuli. In der Standarduntersuchung hat die Tp das Reizmaterial (10 Karten) nach einer 10sekündigen Darbietungszeit aus der Erinnerung zu reproduzieren. Ausgewertet werden die Anzahl richtiger Reproduktionen und die Fehleranzahl; es wird daraus der aktuelle Intelligenzstatus geschätzt. Hinsichtlich der differentiellen Validität liegen zahlreiche Untersuchungen zur Erfassung von Hirnschädigungen vor; die Validität in bezug auf Standardintelligenztests ergab einen Koeffizienten von .70. Die *Retest*-Reliabilität liegt bei .85. Die inhaltliche Analyse der beobachteten Fehler gestattet eine qualitative Leistungsbewertung mit gleichfalls differentialdiagnostischem Wert.

der frühen Scheidung der Eltern kaum kennengelernt, sei aber im wesentlichen bei der Mutter aufgewachsen. Sie könne sich nur an Streit, Auseinandersetzungen, Trinkereien des Vaters und die Wehklagen der Mutter wegen deren Erkrankung (Multiple Sklerose) erinnern, welche im übrigen der Tochter die Schuld an ihrer Erkrankung gegeben hätte. Frau F. gab weiterhin an, daß sie als Kind „herumgestoßen" und etwa dreijährig auf Jahresfrist infolge elterlicher Streitigkeiten um das Sorgerecht bei fremden Leuten untergebracht worden sei. Sie hätte überhaupt wegen verschiedener Verhaltensauffälligkeiten ihrerseits wiederholt längere Zeit im Heim verbracht und sei daraus ebenso oft abgängig gewesen. Zu ihrer leiblichen Mutter bestünde seit etwa sieben Jahren keinerlei Kontakt mehr, ein jüngster Briefwechsel habe sie tief enttäuscht. Ihr Vater hätte sie während eines letzten Besuches endgültig „vor die Tür gesetzt", was auch bereits etwa fünf Jahre zurück läge.

Frau F. berichtete weiter, daß sie siebenjährig in die heimatliche Grundschule eingeschult worden sei. Obwohl sie Freude am Lernen empfunden hätte, wäre sie aufgrund der familiären Umstände häufiger der Schule fern geblieben. So hätte sie zwei Klassen wiederholen müssen und habe nach Beendigung der achten Klasse die Realschule verlassen. Vorgelegte Zeugnisse weisen gerade durchschnittliche Noten (3 bis 4) in den Grundfächern aus; in ihrer Leistungsbeurteilung wird Antje F. als „durchaus klug und lernfähig, aber lernunwillig und verhaltensschwierig" beschrieben. Sie selbst urteilt, daß sie nur am Deutschunterricht Freude gehabt habe und auch fremdsprachlich nicht ganz unbegabt sei.

Frau F. sei etwa zehn bis elf Jahre alt gewesen, als sie bezüglich Rauschmittelmißbrauchs häufig alkoholische Getränke zu sich genommen habe, sei nach ihrer Erinnerung wohl auch im Heim zu Alkohol- und Drogenmißbrauch durch Mitbewohnerinnen verleitet worden, hätte dann „gekifft" (Szeneausdruck für das Rauchen von Cannabis) und sei später - etwa 17jährig - auf härtere Drogen (Heroin) umgestiegen, welche sie sich intravenös injiziert hätte. Den Umfang ihres damaligen Drogenkonsums bezifferte sie auf etwa 3g Heroin in drei Portionierungen pro Tag für einen Zeitraum von insgesamt etwa einem knappen halben Jahr. Sie sei oftmals aufgegriffen und zur körperlichen Entgiftung gebracht worden, sie habe aber immer wieder Wege gefunden, sich einer Langzeittherapie zu entziehen. Das für die Drogenbeschaffung benötigte Geld habe sie sich als Prostituierte auf dem „Straßenstrich" verdient. Erstmals prostituiert habe sie sich im Alter von etwa 14 bis 15 Jahren, sexuelle Erfahrungen hätte sie aber bereits im Heim machen müssen, nachdem sie durch eine ältere Mitbewohnerin zu sexuellen Handlungen genötigt worden sei.

Nach ihrer Erinnerung sei sie im Hochsommer des mutmaßlichen Tatzeitraums durch einen „Freier" vom „Strich weg" mit in dessen Wohnung genommen worden. Er hätte ihr versprochen, sich um sie zu kümmern. Nach kurzer Zeit sei sie aber dann an einen „richtigen Zuhälter verkauft" worden, der sie in seiner Wohnung eingeschlossen und zur Prostitution gezwungen hätte. Sie habe auch „anschaffen" müssen, um ausreichend Geld für ihren - zu dieser Zeit recht starken - Heroinkonsum zu haben. So habe sie sich für einen Zeitraum von etwa zehn bis elf Wochen prostituiert, sei schließlich

„seelisch so weit am Boden und körperlich so heruntergekommen" gewesen, daß sie ein Freier dann in eine Klinik gebracht hätte. Hier habe sie dann erstmalig über eine Anzeige gegen S. nachgedacht und auch für sich einen Neuanfang markieren wollen.

2.2. Eindrücke aus der Verhaltensbeobachtung

Frau Antje F. war zum Untersuchungszeitpunkt 20 Jahre alt. Ihr Äußeres erweckte den Eindruck von Jugendlichkeit. Im Verlaufe des Gesprächs und der Untersuchung waren an ihren Armen frische Vernarbungen festzustellen, die von der Konfiguration her Buchstaben ähnlich schienen. Darauf angesprochen erwiderte sie, daß sie sich selbst diese Verletzungen beigebracht habe, sie in sich manchmal selbstzerstörerische Tendenzen verspüre und darauf reagiere, indem sie sich eigene Wunden beifüge. Dies geschehe oftmals in Zeiten gefühlsmäßiger Belastung.

Frau F. konnte allen an sie gestellte Fragen folgen. Sie zeigte eine schnelle Auffassungsgabe und ein erstaunlich gutes „soziales Feeling", d.h. eine hohe Sensibilität für Zwischentöne und Andeutungen im Gespräch. Mißverständnisse räumte sie sofort aus. Sie wirkte hellwach, körperlich gespannt und geistig voll konzentriert. Sie zeigte sich gewandt in der Benutzung der deutschen Sprache, verwendete selbst eine „Szene-Begrifflichkeit", war aber sofort und ohne Verwunderung über Unkenntnis bereit, nähere Erklärungen den benutzten Begriffen anzufügen. Völlig frei von jedweden verbalen bzw. affektiven Überhöhungen berichtete sie über ihr bisheriges Leben und die mutmaßlichen Handlungen ihr gegenüber, die zur Anzeige geführt hatten.

Themen, die sie emotional berührten, wich sie zunächst aus (Erlebnisse aus der frühen Kindheit, Schuldgefühle ihrerseits den Eltern gegenüber, ihr durch die Mutter zugeschobene Verantwortung für die mütterliche Erkrankung an Multipler Sklerose, eine mutmaßliche Vergewaltigung durch den Angeschuldigten). Sie bekundete deutlich ihre Abneigung, „bestimmte Erinnerungsinhalte" näher anzusprechen. Hierbei wirkte sie auch in ihrem körperlichen Ausdruck unruhig. Im Verlaufe der weiteren Gesprächsführung war sie hingegen bereit, tieferen Einblick in ihre Erinnerungen und ihre Erlebniswelt zu gewähren.

Bezüglich der testpsychologischen Untersuchung zeigte Frau F. großes Interesse und Bereitschaft zur Mitarbeit. Grundsätzlich ist ihre gute und schnelle Auffassungsgabe auch hier hervorzuheben. Es traten bezüglich einzelner Testinstruktionen keine Verständnisschwierigkeiten auf; die Bearbeitung der ausgewählten Verfahren erfolgte zügig und konzentriert; Frau F. äußerte auch ihre Wißbegierde hinsichtlich der durch sie erreichten Testergebnisse.

2.3. Ergebnisse der testpsychologischen Untersuchung

Die Gesamtbearbeitungszeit der Leistungstestbatterie (in der Abfolge: *Test d2*, KVT, *Benton-Test*, IST 70, SPM, *Test d2*) betrug zuzüglich etwa 5- bis 7minütiger Pausen zwischen den einzelnen Testapplikationen 175 Minuten. Der Einsatz des *Test d2* zu

Beginn und Ende der Testbatterie sollte hinsichtlich des Vergleichs der erreichten Testergebnisse ermöglichen, die Leistungsentwicklung der Tp über den Untersuchungs-
zeitraum hinweg beurteilen zu können. Brickenkamp (1994) schlägt solche Untersu-
chungsanordnung bei der differentialdiagnostischen Beschreibung von hirnorganisch
beeinträchtigten Tpn vor.

Bei der Prüfung der Konzentrations- und Aufmerksamkeitsleistung erreichte die
Tp im *Test d2*-Prätest durchschnittliche bis überdurchschnittliche Werte (vgl. Tab. 1).
Die Menge der richtig bearbeiteten Zeichen (Gesamttestwert: GZ-F) wird lediglich
durch 18% der mit der Tp vergleichbaren Referenzstichprobe dieses Testverfahrens
überschritten. Für die Mengenleistung (GZ) stellen sich ähnliche Verhältnisse ein. Der
ermittelte Konzentrationsleistungswert (KL) als relativ verfälschungsresistentes Maß
bestätigt die durch die Tp erreichte hohe Leistung wie auch ihr streng instruktionskon-
formes Verhalten bei der Testbearbeitung. Damit besitzen die Leistungskennwerte
auch eine hohe Gültigkeit. Nach der Anzahl der Fehler erreichte die Tp genau durchschnittliche Werte, wobei die Verteilung der Fehler über die Zeit und die Testbearbeitung hinweg als relativ gleich zu beurteilen ist.

Die Ergebnisse verdeutlichten insgesamt eine gut gleichbleibende konzentrative
und aufmerksamkeitsgerichtete Arbeitsleistung. Es finden sich weder in der Leistungshöhe noch in der Art der Leistungsentwicklung Hinweise auf eine Minderung
der Aufmerksamkeits- bzw. Konzentrationsleistung als mögliche Folge einer hirnorganischen Beeinträchtigung.

Tabelle 1: Die Ergebnisse im *Test d2*.

		Prätest		Posttest
	SW	Konfidenzintervall[3]	*SW*	Konfidenzintervall
GZ	108	101,5 ... 114,5	112	105,5 ... 118,5
GZ-F	109	102,8 ... 115,2	115	108,8 ... 121,2
KL	107	100,5 ... 113,5	113	106,5 ... 119,5

Auch nach insgesamt etwa 175minütiger psychischer Beanspruchung erreichte die Tp
hinsichtlich aller Testwerte im *Test d2* (Posttest) überdurchschnittliche Werte, wobei
sich in der Tendenz sogar Verbesserungen bezüglich Mengenleistung, Gesamttestwert,
Konzentrationsleistungswert (und Fehlerwert) eingestellt haben. In diesen Dimensionen zeigt die Tp Leistungsniveaus, die im Mittel durch lediglich 10% der Vergleichs-

---

[3] Der Testautor gibt zu ähnlich gelagerten Untersuchungsanordnungen (Prätest-Posttest, unterschiedliche
Intervalle) für die Mengenleistung einen Zuverlässigkeitskoeffizienten von .92, für den Gesamttestwert
von .90 und für den Konzentrationsleistungswert von .89 an. Das Konfidenzintervall ergibt sich dann aus
dem entsprechend berechenbaren Standardmeßfehler (Irrtumswahrscheinlichkeit 5%).

stichprobe noch überschritten werden. Diese tendenziellen Leistungsverbesserungen erweisen sich allerdings als nicht signifikant, könnten aber vom Überwinden einer Initialspannung zeugen (Brickenkamp, 1994; darüber hinaus verweist der Testautor auf unterschiedlich bedingte Übungseffekte bei Testwiederholung, so daß ein Leistungsanstieg in der Regel einzurechnen sei).

Frau F. ist somit auch über einen längeren Zeitraum gut durchschnittlich leistungsfähig und zeigt keine auffallenden Ermüdungserscheinungen.

Im KVT erreichte die Tp eine überdurchschnittlich hohe Sorgfaltsleistung, die lediglich durch 14% der Vergleichsstichprobe noch überschritten wird. Diese Sorgfalt gründet sich auf das durchschnittliche Arbeitstempo der Tp und auf deren überdurchschnittliche Konzentration bei sehr geringer Fehleranzahl. Der Konzentrationsverlauf in Form der zeitlichen Fehlerverteilung wie auch die Art der Fehler selbst können für folgende qualitative Interpretation herangezogen werden: Die Tp zeigte im ersten Drittel der Bearbeitungszeit eine relative Fehlerhäufung, was für „Startschwierigkeiten" (Initialspannung) und damit für eine unauffällige Adaptation an das Testmaterial spricht. Bezüglich der Art der Fehler fällt weiterhin auf, daß die Tp lediglich relevante Reize übersehen hat. Doppelfehler, die nach dem Testautor als typisch für mangelhafte Sorgfalt gelten, und Illusionsfehler, die regelhaft auf neurotische bzw. hysterische Persönlichkeitszüge verweisen, unterliefen der Tp nicht.

Es finden sich in den Testergebnissen nach quantitativer und qualitativer Analyse also keine Hinweiszeichen für eine Leistungsminderung, die möglicherweise auf eine hirnorganische Beeinträchtigung zurückzuführen sein könnte.

Durch die im *Benton-Test* erreichte Anzahl richtiger Reproduktionen wie auch die Anzahl der Fehler ordnet sich die Tp hinsichtlich ihrer geschätzten intellektuellen Leistung unterdurchschnittlich bis gerade durchschnittlich ein; für immerhin 65% der Vergleichsstichprobe könnte ein höheres Leistungsniveau ermittelt werden. - Eine Beeinträchtigung der Leistungsfähigkeit in der visuellen Wahrnehmung und damit auch eine Minderleistung ergebe sich laut Manual vor allem dann, wenn die Tp Mangel an genügender Mühe walten ließe, depressiv gestimmt sei oder unter ernsthaften organischen Erkrankungen leide, Anzeichen von autistischer oder schizophrener Besonderheit aufweise, graphomotorisch ungeschickt oder, erst letztendlich, *hirnerkrankt* und dadurch hirnleistungsgemindert wäre; letztere Verursachung sei aber erst dann diskutabel, wenn sich grobe Unterschiede beim Vergleich der aus der momentanen Gedächtnisleistung geschätzten Intelligenzhöhe mit der möglicherweise prämorbiden intellektuellen Leistung zeigten: Wird in Rechnung gestellt, daß die 20jährige Frau F. mit gerade durchschnittlichem Zensurenspiegel die achte Klasse der Realschule verließ und hiernach nach ihren Angaben keine weiteren Bildungsangebote wahrnahm, scheint die aktuell geschätzte Intelligenzhöhe (etwa $IQ = 80 ... 94$)[4] ihrem damals vermutlichen Intelligenzstatus aber gut zu entsprechen.

---

[4] Und zwar ergibt sich diese aus den einzelnen Leistungen der Tp: Von insgesamt 10 Karten hat die Tp 7 vollständig richtig reproduziert, was einer geschätzten Intelligenzhöhe von $IQ = 80 ... 94$ entspricht. Wird

Auch die vier aufgenommenen Fehler zeigen im Blick auf eine qualitative Analyse keine derartige Typizität, daß sie nach dem Testautor als cerebral-pathologisch bezeichnet werden müßte (Auslassen der peripheren Figuren; Drehungen, insbesondere Stabilisierungsdrehungen; Größenfehler - als die wichtigsten mit diesbezüglichem Indikatorwert).

Es lassen sich demnach Hinweiszeichen auf eine cerebral-pathologisch bedingte Minderung der Behaltensleistung für visuelle Stimuli bzw. für diesbezüglich relevante Veränderungen im Kurzzeitgedächtnis nicht finden. Auf gravierende Abbauprozesse ist nicht zu schließen.

Die Gesamtintelligenz der Tp - ermittelt mit dem IST 70 - beträgt $IQ = 112$, was bedeutet, daß im Vergleich mit der altersgleichen Vergleichsstichprobe nur 21% bessere Leistungen erbringen; in jedem Fall werden durchschnittliche und zum Teil im Bereich des oberen Durchschnitts liegende Werte in den einzelnen Untertests erreicht (vgl. Tab. 2).

Tabelle 2: Die an der Altersgruppe der 18- bis 20jährigen orientierten Testwerte im IST 70 (in *IQ*-Werten), inklusive Konfidenzintervall; ergänzend werden die *IQ*-Werte orientiert an weiblichen Personen, die die Oberschule bzw. Realschule vor der 10. Klasse verließen, angeführt (*IQ**).

	Altersspezifische Norm (*IQ*)	Konfidenzintervall für Altersnorm (5%)	PR	Vergleichswert (*IQ**)
Gesamtergebnis	112	-	79	-
Satzergänzung	109	+/- 8.8	73	108
Wortauswahl	116	+/- 10.2	86	105
Analogien	92	+/- 11.0	31	106
Gemeinsamkeiten	116	+/- 7.8	86	105
Rechenaufgaben	115	+/- 8.3	84	100
Zahlenreihen	124	+/- 5.9	95	104
Figurenauswahl	103	+/- 11.8	58	103
Würfelaufgaben	109	+/- 9.8	73	105
Merkaufgaben	96	+/- 9.3	38	108

die Anzahl der Fehler zur Bewertung herangezogen, ergibt sich für die Tp bei 4 Fehlern - eine fehlerhaft reproduzierte Vorlage weist 2 Fehler auf - eine Intelligenzhöhenschätzung von $IQ = 90 \dots 94$.

Es fällt ein typisches „M-Profil" bezüglich der ersten vier Untertests auf (niedrigere Werte in *Satzergänzung* und *Analogien*, höhere Werte in *Wortauswahl* und *Gemeinsamkeiten*), welches sich regelhaft bei stärker sprachlich-theoretischer Begabung findet; letztere deutet sich im vorliegenden Fall bei Beachtung der Konfidenzintervalle für die wahren Testwerte von der Tendenz her also an. Auffallend ist die geringe Leistung der Tp bei der Beweglichkeit und Umstellfähigkeit im Denken und dem Erfassen und Übertragen von Beziehungen *(Analogien)*. Da hier u.a. aber auch Leistungsbeeinflussungen aufgrund des Wirkens sozialer Umfeldfaktoren wie auch Einflußfaktoren aus der Charakterstruktur der Tp zu bedenken sind, erscheint dieser Teilbefund aus der Anamnese der Tp erklärbar. Hervorhebenswert aber ist die gute verbale Urteilsbildung *(Satzergänzung),* das weit überdurchschnittliche Erfassen sprachlicher Bedeutungsgehalte *(Wortauswahl)* - was sich bereits im Verhaltenseindruck andeutete - und die weit überdurchschnittliche sprachliche Abstraktionsfähigkeit *(Gemeinsamkeiten).* Gute bis überdurchschnittliche Testergebnisse werden auch in den Untertests *Rechenaufgaben* und *Zahlenreihen* erreicht, was von der Anforderungscharakteristik her praktisch- und theoretisch-rechnerisches Denken, schnelle Umstellfähigkeit und Auffinden von Bildungsregeln für Zahlenfolgen verlangt. Im Untertest *Merkaufgaben* werden hingegen gerade eben durchschnittliche Werte erreicht; für die Behaltensleistung für verbale Stimuli ist somit in bezug auf die insgesamt vorgefundene Intelligenzstruktur ein Leistungsdefizit festzustellen, welches aber nicht erheblich ausfällt, da die ermittelte Leistungshöhe noch im Durchschnittsbereich liegt.

Für die in der generellen Fragestellung formulierten Annahme geminderter Leistung infolge längerfristigen Rauschmittelkonsums lassen sich aus den Testergebnissen des IST 70 keine Anhalte ableiten. Es deutet sich eine im Vergleich zur Gesamtintelligenz verringerte Gedächtnisleistung an, die allenfalls auf eine „normalspezifizierte" Intelligenzstruktur verweist. Gutes räumliches Vorstellungsvermögen *(Würfelaufgaben)* der Tp und weit überdurchschnittliche Umstellfähigkeit im Denken *(Zahlenreihen)* sprechen eindeutig gegen eine hirnorganisch bedingte Leistungsminderung.

Der Vergleich der Testleistungen der Tp mit den Leistungen der spezifischen Vergleichsstichprobe von Frauen ohne Ober- bzw. Realschulabschluß zeigt unter Einbezug eines Konfidenzintervalls, daß die Tp genau die Leistungsniveaus dieser Vergleichsstichprobe in den Untertests *Satzergänzung, Figurenauswahl* und *Würfelaufgaben* erreicht, und die Leistungsniveaus bezüglich *Wortauswahl, Gemeinsamkeiten, Rechenaufgaben* und *Zahlenreihen* zum Teil sehr deutlich überschreitet. Lediglich bezüglich der Untertests *Analogien* und *Merkaufgaben* zeigen sich ähnliche Leistungsschwächen, wie sie bereits im Vergleich der Testleistung der Tp mit den Normwerten der altersgleichen Stichprobe aufgefallen sind.

Damit deuten sich bezüglich des Gesamtniveaus Stärken und Schwächen für spezifische Leistungsbereiche an, die allerdings vom Grad des Normabweichens keine Hinweise auf cerebral-pathologische Veränderungen oder Leistungsbeeinträchtigungen liefern.

Die SPM schätzen relativ unabhängig von sozialen und kulturellen Einflüssen die *allgemeine* intellektuelle Leistungsfähigkeit, was vor dem sozialanamnestischen Hintergrund der Tp von Bedeutung ist. Frau F. erreicht hier einen Intelligenzquotienten von $IQ = 100$, was einer genau durchschnittlichen intellektuellen Gesamtkapazität entspricht. Der erreichte Gesamttestwert gilt allerdings nur dann als ausreichend gute Abbildung der tatsächlichen intellektuellen Kapazität, wenn die Lösungsanzahl in jeder der fünf Aufgabengruppen (je 12 Testitems ansteigenden Schwierigkeitsgrades) näherungsweise der unter Beachtung ihrer Testleistung zu erwartenden Lösungsmenge entspricht: Für die Tp ergibt dieser Vergleich nur für zwei Aufgabengruppen Abweichungen, die aber unter der kritischen Differenz (+/-2) liegen.

3. Beantwortung der Fragestellung

Dem Sachverhalt entsprechend - die 20jährige Antje F. sei im Heranwachsendenalter über einen mehrjährigen Zeitraum Drogenkonsumentin (Heroin) gewesen; sie habe sich in physischer und psychischer Abhängigkeit befunden; nach der letzten körperlichen Entgiftung fühle sie sich wohl und beklage keine Einbußen an körperlicher bzw. geistiger Leistungsfähigkeit - sollte im Rahmen einer gerichtspsychologischen Fragestellung zur Glaubhaftigkeit ihrer Zeugenaussage, Frau F. aus dem Grunde ihres vormaligen Drogenkonsums psychologisch-diagnostisch mit dem Ziel untersucht werden, ihre psychische Leistungsfähigkeit zu beurteilen. Es wurden dazu leistungsdiagnostische Testverfahren zu einer Testbatterie zusammengestellt, die in unterschiedlichen Leistungsbereichen eine quantifizierende Leistungsmessung und darüber hinaus eine qualitative Interpretation erreichter Leistungen ermöglicht. Die ausgewählten Testverfahren sollten dabei auch sensitiv für cerebral-pathologische Prozesse sein und einen Vergleich prämorbider mit aktueller Leistung gestatten.

Frau F. benötigte für die Bearbeitung der zeitlich und psychisch beanspruchenden Leistungstestbatterie 175 Minuten Bearbeitungszeit. Ihre hierbei gezeigte Aufmerksamkeit wie auch ihre konzentrative Belastbarkeit ist als gleichbleibend überdurchschnittlich zu beurteilen. Gleichfalls überdurchschnittlich ist ihre Sorgfalt bei Aufgaben, welche gerichtete Aufmerksamkeit verlangen und konzentrativ beanspruchen. Hierbei profitiert sie mehr von ihrem genauen und gewissenhaften denn von schnellem Arbeiten. Der insgesamt zu beobachtende Konzentrationsverlauf ist harmonisch und zeugt von Gleichmäßigkeit im Arbeiten. Die intellektuelle Leistungsfähigkeit liegt insgesamt im oberen Durchschnittsbereich. Mit ihrem *IQ* erreicht Frau F. ein intellektuelles Leistungsniveau, das lediglich durch 21% altersvergleichbare Personen noch überschritten wird. Frau F. zeigt im Vergleich zu ihrer relativ harmonischen Leistungsentfaltung bezüglich verschiedener intellektueller Anforderungen beim Behalten visueller und verbaler Stimuli wie auch hinsichtlich sprachlicher Kombinationsfähigkeit geringgradige Schwächen: Sie erreicht hier in bezug auf ihre Altersnormen gerade durchschnittliche Werte, die aber ohne jegliche pathologische Relevanz sind. Werden die Angaben über die durch Frau F. in der Schule erbrachten Leistungen einbezogen, so ist festzustellen, daß sich hinsichtlich dieser Bezugsgröße eine Verschlechterung in der intellektuellen Leistungsfähigkeit nicht nachweisen läßt.

Nach den über Frau F. erhobenen Befunden zu wesentlichen konzentrativen, intellektuellen und mnestischen Leistungen ergeben sich nach normativer Bezugsetzung wie auch nach qualitativer Leistungsanalyse keine Hinweise auf solche Minderungen, die in Zusammenhang mit cerebral-pathologischen Abbauprozessen stehen könnten. Diesbezügliche Auswirkungen aufgrund langjährigen und teilweise intensiven Drogenmißbrauchs lassen sich nach den vorgefundenen Testergebnissen nicht nachweisen. Die Erinnerungsfähigkeit der Frau F. an zurückliegende Erlebnisse ist dem Grunde nach als nicht eingeschränkt zu beurteilen.

4. Zum Fortgang der Sache vor Gericht

Nach Zusammenfassung aller über die Zeugin Antje F. erhobenen Untersuchungsbefunde ergaben sich aus gerichtspsychologischer Sicht im Tat- und Tatzeitbezug keinerlei Zweifel an der Glaubwürdigkeit der Zeugin und der Glaubhaftigkeit ihrer Aussage. Das zuständige Gericht verwertete das schriftliche Sachverständigengutachten im Gerichtsverfahren und würdigte es nach mündlichem Vortrag des Sachverständigen als Beweismittel. Die Angaben der Zeugin zum mutmaßlichen Tatgeschehen erhielten somit ein Gewicht, was letztendlich dazu führte, daß sich der Angeschuldigte zu den wesentlichen Inhalten der Anklageschrift einließ.

Literatur

Abels, D. (1974). *Konzentrations-Verlaufs-Test (KVT)*. Göttingen: Hogrefe.
Benton Sivan, A. & Spreen, O. (1996). *Benton-Test*. Bern: Huber.
Brickenkamp, R. (1994). *Test d2. Aufmerksamkeits-Belastungs-Test*. Göttingen: Hogrefe.

10.

Beratung und Betreuung bei Konzentrationsstörungen - Andrea M., 20 Jahre

Karl Westhoff & Carmen Hagemeister

Dresden

In der *Fachrichtung Psychologie* der Technischen Universität Dresden werden Studierende im Prüfungsfach „Diagnostik und Intervention" ausgebildet. Dazu verwenden wir diagnostische Fälle, deren Fragestellungen an uns herangetragen werden und die sich für die Ausbildung im Diplomstudiengang eignen. Es handelt sich dabei um Fragestellungen aus den Bereichen Arbeits- und Organisations-, Forensische, Klinische und Pädagogische Psychologie. Forschungsschwerpunkt in diesem Zusammenhang ist zum einen die Entwicklung eines Systems zur diagnostischen Gesprächsführung („Entscheidungsorientiertes Gespräch") für Praxis und Ausbildung, zum anderen die Entwicklung diagnostischer Strategien - zum Beispiel zur Abklärung von Konzentrationsstörungen.

Andrea M., 20 Jahre

1. Fragestellung

Im Einverständnis mit Frau M. wandten sich ihre Tante und ihr Onkel, Frau und Herr S., an uns mit der Fragestellung: „Unsere Nichte hat massive Konzentrationsstörungen. Wie kommt es dazu? Was kann man dagegen unternehmen?"

2. Psychologische Fragen

Verschiedene Bedingungen, die Konzentration fördern oder hemmen können (vgl. Westhoff, 1991), werden in der Begutachtung abgeklärt. Die *Psychologischen Fragen* (d.h. Hypothesen) beziehen sich auf sechs Bereiche von Variablen:

– *körperliche* Bedingungen:

a) Körperliche Gesundheit ist eine Voraussetzung für konzentriertes Arbeiten. Wie ist der Gesundheitszustand von Frau M., was beeinträchtigt sie körperlich?

b) Um konzentriert arbeiten zu können, muß man ausreichend und erholsam schlafen. Wie sehen die Schlafgewohnheiten von Frau M. aus?

c) Im Laufe des Tages verändert sich die Leistungsfähigkeit von Menschen, was sich auf die Konzentration auswirkt. Wann im Laufe eines Tages ist Frau M. mehr, wann weniger leistungsfähig?

– *Umgebungs*bedingungen:

d) In einer ruhigen, ungestörten Umgebung kann man leichter konzentriert lernen und arbeiten als in einer störenden Umgebung. Unter welchen Bedingungen lernt Frau M. bzw. arbeitet sie?

– *intellektuelle* Bedingungen:

e) Wenn man von Arbeiten intellektuell überfordert wird, können die Leistungen genau wie bei Konzentrationsstörungen sinken. Wenn man von Arbeiten intellektuell unterfordert wird, ist es schwierig, mit den Gedanken bei der Sache zu bleiben, so daß sich leicht Fehler einstellen. Um festzustellen, wie die intellektuellen Anforderungen an Frau M. und ihre intellektuelle Leistungsfähigkeit zueinander passen, sind beide zu ermitteln.

f) Wenn man grundlegende Fertigkeiten nicht beherrscht, die bei der Arbeit vorausgesetzt werden, ist es schwer, konzentriert zu arbeiten. Hat Frau M. Schwierigkeiten mit Fertigkeiten, die bei ihrer Arbeit vorausgesetzt werden?

g) Um erfolgreich arbeiten zu können, muß man gewohnheitsmäßig der Aufgabe angemessen arbeiten können. Wie sieht Frau M.s Arbeitsstil aus, das heißt, wie arbeitet sie gewöhnlich?

h) Personen können sich unterschiedlich gut konzentrieren, also unterschiedlich schnell und mit unterschiedlich vielen Fehlern über längere Zeit hinweg Tätigkeiten, die sie gut können, ausführen. Daher ist die generelle Konzentrationsfähigkeit von Frau M. festzustellen.

– *motivationale* Bedingungen:

i) Wenn man sich für seine Arbeit interessiert, fällt es leichter, konzentriert zu arbeiten. Wofür interessiert sich Frau M.?

j) Wünsche und Ziele, die man verfolgt, können zu Leistungen anspornen, Ängste und Befürchtungen können hemmen. Welche Wünsche und Ziele, Ängste und Befürchtungen hat Frau M.?

– *emotionale* Bedingungen:

k) Persönliche Probleme können jemanden so beschäftigen, daß er sich nicht mehr konzentrieren kann. Hat Frau M. persönliche Probleme, die sie hindern, konzentriert zu arbeiten?

l) Menschen kommen mit auftretenden Schwierigkeiten unterschiedlich gut zurecht. Wie stark ist Frau M. emotional belastbar, und wie geht sie mit Belastungen um?

– *soziale* Bedingungen:

m) Menschen orientieren sich auch an dem, was die ihnen wichtigen Personen erwarten. Welche Einstellung haben die Menschen, die Frau M. wichtig sind, zu ihrer Ausbildung und ihrer Arbeit?

n) Wenn jemand so viele Verpflichtungen hat, daß zu wenig freie Zeit übrigbleibt, kann dies einen Menschen überfordern und dazu führen, daß er sich nicht mehr so gut konzentrieren kann. Welche Verpflichtungen hat Frau M.?

3. Psychologische Untersuchung [1]

Zunächst erfolgte mit Frau M. und ihrer Tante, Frau S., ein 30minütiges Erstgespräch. Sie beschrieben, daß Frau M. in ihrem Beruf als Bürokauffrau arbeite und eine Abendschule besuche. Beim nächsten Termin erfolgte ein zweistündiges *Entscheidungsorientiertes Gespräch*. Folgende Tests bzw. Fragebogen wurden zu einem dritten Termin vorgegeben: BFKT (*Bourdon-Freyberg-Konzentrations-Test;* Freyberg & Westhoff, in Druck)[2], WIT *(WILDE-Intelligenz-Test)* in der Langform 1 und das EPI (*Eysenck-Persönlichkeits-Inventar;* Eggert, 1983)[3].

---

[1] In einem Gutachten nach Westhoff & Kluck (1994) würden an dieser Stelle der Untersuchungsplan und die Ergebnisse folgen. Im Untersuchungsplan werden das Vorgehen und die verwendeten Verfahren beschrieben: Erstgespräch, *Entscheidungsorientiertes Gespräch*, Verhaltensbeobachtung, Tests und Fragebogen, Aktenauszug unter psychologischen Gesichtspunkten. Die Ergebnisse werden geordnet nach Verfahren dargestellt. Im Anhang werden die psychometrischen Einzelfallauswertungen dargestellt (nach Huber, 1973 - unter Verwendung des Computerprogramms von Hageböck, 1991). Im Text des Gutachtens erscheint ausschließlich die Klassifikation der Testergebnisse. Die Informationen über die Testergebnisse, die hier in Fußnoten erscheinen, sind im Gutachten Bestandteil des Anhangs.

[2] Im BFKT werden 30 Minuten lang die Buchstaben a, b und q in zufällig aussehenden Folgen von Buchstaben durchgestrichen. Mit diesem Test kann man das Tempo und die Fehlerneigung beim konzentrierten Arbeiten bestimmen, also sowohl, wie schnell eine Person einfache Aufgaben erledigt, als auch, wie sehr sie zu Konzentrationsfehlern neigt. Die *Retest*-Reliabilität wurde an einer anfallenden Stichprobe von 414 Personen im Alter von 10 bis 22 Jahren nach sieben Tagen bestimmt und beträgt $r = .85$ für die Zahl bearbeiteter Zeichen sowie $r = .64$ für den Fehlerprozentsatz. Der BFKT erfüllt die Kriterien für Konzentrationstests, wie sie von Westhoff & Kluck (1984) beschrieben werden. Die Korrelationen zwischen den Werten im *Test d2* und im BFKT betragen für die Zahl bearbeiteter Zeichen $r = .57$ und für den Fehlerprozentsatz $r = .50$ bzw. .61. Die Normen des BFKT für 10- bis 24jährige wurden anhand der Daten von 4560 Personen erstellt, die in Schulklassen, im Rahmen von Bewerbungstests und bei Beratungen getestet wurden.

[3] Das EPI basiert auf dem Persönlichkeitsmodell von *Eysenck*. Die hier einzig interessierende Skala zur Erfassung emotionaler Belastbarkeit („Neurotizismus") besteht aus 24 Fragen zum Verhalten und Erleben der untersuchten Person, die mit „ja" oder „nein" zu beantworten sind.

4. Befund

4.1. Befund zu den körperlichen Bedingungen

Zur körperlichen Gesundheit:

Die Tante gab im Erstgespräch an, Frau M. leide unter Magenschleimhautentzündungen, sei häufig erkältet und habe oft Kopfschmerzen. Als sie im fünften oder sechsten Schuljahr gewesen sei, habe man sie mit Verdacht auf Hirntumor im Krankenhaus untersucht; es sei aber nichts gefunden worden. Sie habe über längere Zeit Migräne gehabt. Frau M. selbst erzählte im *Entscheidungsorientierten Gespräch* von einem Fahrradunfall mit etwa 9 Jahren, bei dem sie sich das rechte Bein aufgeschürft habe; eine Gehirnerschütterung oder Verletzung am Kopf habe sie damals nicht erlitten. - Von den drei Autounfällen als Kind im Auto ihres Vaters gebe es keine Arztberichte.

Sie berichtete über mehrere Krankheiten, die allerdings ohne Auswirkungen geblieben seien. In letzter Zeit habe sie häufiger Blinddarmreizungen und momentan eine Entzündung am großen Zeh.

Frau M. berichtete im Gespräch, daß sie Probleme mit dem Essen habe. Sie denke immer, sie sei zu dick (bei 1.74 m: 75 kg). Vor eineinhalb Jahren habe sie noch 60 kg gewogen. Seitdem sie zugenommen habe, fühle sie sich nicht mehr wohl und nicht mehr so fit wie früher. Die Kleidung, die ihr gefalle, stehe ihr nicht, und wenn sie sich im Spiegel betrachte, gefalle ihr ihr Aussehen nicht. Auch wenn sich andere nicht an ihrem Gewicht störten, störe sie selbst ihr Gewicht. Sie erzählte, daß sie verschiedene Diäten ausprobiert habe. Bei einer 1000-Kalorien-Diät sei ihr die Gewichtsabnahme zu langsam gegangen; für Diäten, bei denen man viele kleine Mahlzeiten zubereiten müsse, habe sie keine Zeit. Bei einem Krankenhausaufenthalt habe sie 5 bis 6 kg ab- und nachher wieder zugenommen. Im Sommerurlaub habe sie, ohne etwas Besonderes dafür zu tun, 3 bis 4 kg abgenommen; dort sei sie vom Essen abgelenkt gewesen. Zum Frühstück könne sie nichts essen, zu Mittag esse sie eine Kleinigkeit im Büro. Immer wieder gebe es Zeiten, wo sie in großen Mengen Nudeln, Süßigkeiten und anderes esse und Cola trinke, bis ihr schlecht sei und sie danach abends nicht einschlafen könne. Übergeben müsse sie sich nach dem vielen Essen nicht. Ihre Mutter habe sehr auf vollwertige Ernährung geachtet. Frau M. habe dann begonnen zuzunehmen, als sie ein halbes Jahr bei ihrer Tante und ihrem Onkel gelebt habe. Stärker zugenommen habe sie, nachdem sie die Pille abgesetzt habe. Seit 5 Monaten nehme sie die Pille wieder wegen einer Akne - und ihr Gewicht sei seit dieser Zeit konstant.

Frau M. sei immer müde, seit sie zugenommen habe. Ihr Hausarzt habe ihr nach einer Blutuntersuchung Magnesium verschrieben; danach sei es etwas besser geworden. Vor drei Wochen habe sie weitere Medikamente abgelehnt und habe wegen ihrer Probleme zu einer Therapie an eine Psychologin oder einen Psychologen überwiesen werden wollen.

Nach der Bearbeitung des BFKT gab Frau M. an, Kopfschmerzen zu haben, wenn sie den Kopf nach unten halte, weil ihr Nacken verspannt sei. Diese Schmerzen träten manchmal auch bei der Arbeit auf.

Nach den Auskünften, die Frau M. und ihre Tante gaben, haben ihre Krankheiten und Unfälle keine Folgen hinterlassen, die eine Konzentrationsstörung bedingen können. Frau M. berichtete nicht, daß die von ihr geschilderten derzeitigen Erkrankungen sie in ihrer Leistungsfähigkeit oder Konzentration beeinträchtigen.

Die Ernährungsgewohnheiten, die Frau M. beschrieb, weisen darauf hin, daß sie sich nicht ausgewogen ernährt. Weitere Hinweise darauf geben ihre Müdigkeit und ihre Angabe, daß ihr Hausarzt ihr Magnesium verschrieben habe. Möglicherweise ist ihr Eßverhalten änderungsbedürftig. Das bedarf aber einer weiteren Klärung.

Zu den Schlafgewohnheiten:

Frau M. berichtete, daß sie nicht vor 1.00 Uhr zu Bett gehe. Sie schlafe eigentlich gut, sei aber morgens unausgeschlafen und fühle sich oft schlapp.

Am Wochenende komme sie den ganzen Tag nicht aus dem Bett, schaffe nichts von dem, was sie erledigen müsse und sehe stattdessen fern. Seitdem sie zugenommen habe, sei sie immer müde.

Da Menschen unterschiedlich viel Schlaf brauchen, läßt sich kein Richtwert angeben, ob Frau M. genug schläft. Daß sie morgens unausgeschlafen ist, ist ein Hinweis darauf, daß sie zu wenig schläft. Dazu müssen allerdings noch weitere Informationen erhoben werden. Falls sie wirklich zu wenig schläft, kann das eine Bedingung sein, die ihre Leistungsfähigkeit während des ganzen Tages einschränkt. Dem entspricht, daß Frau M. keine Tageszeit nannte, zu der sie besonders leistungsfähig ist.

4.2. Befund zu den Umgebungsbedingungen

Frau M. schilderte, daß sie ein 30 m^2 großes Zimmer bewohne und sich das Dachgeschoß mit einem Studenten teile. Ihr Arbeitsplatz sei im Büro ihres Chefs, der sie jederzeit bei der Arbeit beobachten und anmerken könne, was ihm nicht gefalle.

Frau M. hat nach ihren Berichten zu Hause Raum und Ruhe, um für die Fachoberschule zu arbeiten. In dieser Hinsicht liegt nichts vor, was sie in ihrer Konzentration beeinträchtigen könnte. Die geschilderten Arbeitsbedingungen im Büro beeinträchtigen Frau M. weniger deshalb, weil sie nicht ungestört arbeiten kann, sondern weil ihr Chef sie ständig beobachten und kritisieren kann. Hierzu wird weiteres unter dem Thema „Probleme" erläutert.

4.3. Befund zu den intellektuellen Bedingungen

Zur Intelligenz:

Frau M. und ihre Tante erzählten im Erstgespräch, daß Frau M. in der Hauptschule immer die beste Schülerin der Klasse gewesen sei und in der Handelsschule durchschnittliche Noten gehabt habe. Die Prüfung zur Bürokauffrau habe Frau M. mit Ach und Krach geschafft, ergänzte die Tante. Zur Zeit besuche sie die Fachoberschule.

Zur Handelsschule habe sie lieber nicht gehen wollen; als ihre Versetzung gefährdet gewesen sei und ihre Mutter es abgelehnt habe, sie von der Schule zu nehmen, habe sie sich angestrengt, um nicht noch länger auf dieser Schule bleiben zu müssen. Sie sei dann versetzt worden und habe die beiden folgenden Schuljahre ohne Schwierigkeiten durchlaufen. Die Abschlußprüfung habe sie „ganz gut" bestanden, obwohl sie wenig dafür gelernt habe. Damit habe sie die Fachoberschulreife erworben. In der Prüfung zur Bürokauffrau sei sie einmal durchgefallen, weil sie nicht gelernt habe - die Wiederholungsprüfung nach einem halben Jahr habe sie bestanden.

Vor ein paar Wochen habe sie begonnen, die Fachoberschule für Wirtschaft als Abendschule zu besuchen, mit dem Ziel, das Fachabitur zu machen. Dreimal pro Woche gehe sie hin - mittwochs gehe sie „auch schon mal nicht zur Schule". Ihre bisherigen Leistungen dort seien durchschnittlich bis ausreichend. Würde sie regelmäßig mitarbeiten, könne sie „locker" gute Noten erreichen. - Sie wisse, daß sie schulisch und beruflich mehr hätte erreichen können, wenn sie sich öfter „aufgerafft" hätte.

Frau M.s Noten auf dem Abschlußzeugnis der Hauptschule waren durchweg „gut", nur in Erdkunde „befriedigend". Im Abschlußzeugnis für den Bildungsgang für Wirtschaft auf der Berufsfachschule hatte sie in den Kernfächern Betriebswirtschaftslehre, Deutsch und Englisch die Note „befriedigend", in Rechnungswesen „ausreichend". Ihre Leistungen in den Grundfächern Datenverarbeitung, Bürotechnik, Kurzschrift, Religion und Sozialkunde wurden mit „gut" beurteilt, in Maschinenschreiben, Sport, Volkswirtschaftslehre mit „befriedigend", in Wirtschaftsgeographie mit „ausreichend" und in Mathematik mit „mangelhaft". Ihr Abschlußzeugnis der Kaufmännischen Berufsschule für Bürokaufleute weist vor allem „ausreichende" Leistungen aus, mit Ausnahme von „befriedigend" in Politik und „ungenügend" in Buchführung. Das Prüfungszeugnis der Industrie- und Handelskammer für den Beruf Bürokauffrau weist folgende Noten aus: Für das Fach Aufsatz „gut", sowohl für das Fach Betriebskunde und Schriftverkehr als auch für das Fach Berufsbezogenes Rechnen „befriedigend", für Buchführung „ausreichend". Die mündliche Prüfung und die Kenntnisprüfung wurden mit „befriedigend" beurteilt.

In dem Arbeitszeugnis über ein vierwöchiges Praktikum in einem Betrieb, der wirtschaftswissenschaftliche Leistungen anbietet, äußerte sich ihr Arbeitgeber „sehr zufrieden" mit ihren Leistungen. Deshalb übernehme man sie in ein Ausbildungsverhältnis zur Bürokauffrau. In dem Arbeitszeugnis desselben Betriebs, das nach ihrer Ausbildung zur Bürokauffrau ausgestellt wurde, steht, daß sie über „profunde Kenntnisse" verfüge in EDV-Textverarbeitung auf PC, der Pflege von PC-Datenbanken und der Anfertigung von Grafiken. Sie habe alle übertragenen Aufgaben zur „vollen Zufriedenheit" ihres Arbeitgebers erledigt und sich durch eine „schnelle Auffassungsgabe" ausgezeichnet. Ihr Arbeitgeber bedaure, sie nicht in ein Angestelltenverhältnis übernehmen zu können, da zur Zeit keine Stelle offen sei.

Im WIT erreichte Frau M. einen Testwert für „allgemeine Intelligenz", der durchschnittlich bis überdurchschnittlich ist im Vergleich zur bundesdeutschen Bevölkerung im Alter von 19 bis 22 Jahren.[4]

In den Gesprächen beantwortete Frau M. die Fragen offen und konnte sich gut verständlich machen.

Die Zeugnisse, die Berichte in den Gesprächen und auch das Ergebnis des Intelligenztests zeigen, daß Frau M. mindestens durchschnittlich intelligent im Vergleich mit Personen ihres Alters ist. Das heißt, daß sie den bisherigen Anforderungen gewachsen war, was ihre allgemeine Intelligenz angeht. Es gibt auf der anderen Seite keinen Hinweis, daß Frau M. intellektuell von ihrer Arbeit unterfordert wird. Die Bedingungen, um konzentriert zu arbeiten, sind also gegeben, was Frau M.s allgemeine Intelligenz betrifft.

Zu grundlegenden Fertigkeiten:

Im Abschlußzeugnis der Hauptschule wurde Frau M. auch in Mathematik mit „gut" beurteilt; später waren ihre Zensuren in Mathematik und in Fächern, in denen man auch rechnen muß, einmal „befriedigend", sonst „ausreichend" bis „mangelhaft" - die anderen Noten waren oft besser als ausreichend. Frau M. berichtete auch, daß sie keine Ausbildungsstelle als Werbekauffrau bekommen habe unter anderem wegen einer Fünf in Mathematik. Aus den Arbeitszeugnissen lassen sich keine Schwierigkeiten im Rechnen entnehmen.

Im Untertest *Grundrechnen* des WIT ließ Frau M. die Divisions-Aufgaben zunächst aus. Beim Untertest *Eingekleidete Rechenaufgaben* gab sie an, nicht im Kopf rechnen zu können; ohne Taschenrechner komme sie nicht zurecht, vor allem beim Teilen.

Um festzustellen, ob Frau M., verglichen mit ihrer „allgemeinen Intelligenz", beim Rechnen Schwierigkeiten hat, wurde der Mittelwert der Testwerte in den Untertests *Grundrechnen* und *Eingekleidete Rechenaufgaben* dem durchschnittlichen mittleren Testwert in den übrigen Untertests gegenübergestellt. Die entsprechende statistische Überprüfung ergab, daß die Unterschiede mit einer Wahrscheinlichkeit von 90% als diagnostisch bedeutsam angesehen werden müssen, Frau M. also im Rechnen schlechtere Leistungen erzielte als in den übrigen Bereichen.

---

[4] Die Standardwerte *(SW)* für die einzelnen Intelligenzfaktoren betragen: *Sprachgebundenes Denken* 113, *Wortgewandtheit* 105, *Rechnerisches Denken* 90, *Formallogisches Denken* 113, *Räumliches Vorstellen* 106. Die „allgemeine Intelligenz" wird laut Testhandbuch als Durchschnittswert der Leistungen in den Untertests berechnet. Da nur 7 von 14 Untertests verwendet wurden, ist es korrekter, die unterschiedlichen Reliabilitäten der verwendeten Untertests zu berücksichtigen: Das Konfidenzintervall des wahren Testwerts der „allgemeinen Intelligenz" wurde demnach bestimmt über die Funktion „Profilprüfung" des Computerprogramms *Psymedia* (Hageböck, 1991), das unterschiedlich reliable Untertests mit unterschiedlichem Gewicht in die Mittelwertsbildung eingehen läßt; es ergab sich als Profilhöhe ein Wert von 106.6, der mit einer Wahrscheinlichkeit von 90% im Intervall von 98.8 bis 114.5 liegt. Danach ist die „allgemeine Intelligenz" von Frau M. als durchschnittlich bis überdurchschnittlich zu klassifizieren.

Alle diese Informationen zeigen, daß Frau M. im Bereich Rechnen Schwierigkeiten hat. Da man heute im Berufsleben oft die Möglichkeit hat, einen Taschenrechner zu benutzen, anstatt im Kopf zu rechnen, und da Frau M. bei ihrer derzeitigen Tätigkeit wenig im Kopf rechnen muß, ist sie imstande, trotz ihrer Schwierigkeiten im Rechnen ihre Arbeit erfolgreich zu erledigen.

Zum Arbeitsstil:

Frau M. gab im Gespräch an, daß sie sich schlecht überwinden könne, zu lernen, und dann schlechte Klassenarbeiten schreibe. Sie wisse, daß sie schulisch und beruflich mehr hätte erreichen können, wenn sie sich öfter „aufgerafft" hätte.

Frau M. stellte dar, daß ihr bei der Arbeit häufig Fehler unterliefen; sie könne sich nicht lange auf ihre Büroarbeit konzentrieren. Sie habe zwar Konzentrationsprobleme, aber die seien für die genannten Schwierigkeiten bei der Arbeit nicht verantwortlich. Diese lägen vielmehr daran, daß sie kein Interesse an der Tätigkeit habe. An ihrer Arbeitsstelle sei immer sehr viel zu tun. Irgendwann habe sie dann keine Lust mehr, ihr werde alles zuviel, und sie fühle sich überfordert. Dann fange sie an, schlampig zu arbeiten, und ihr Chef und ihre Kollegin würden darüber schimpfen. Dann habe sie erst recht keine Lust mehr; alles werde schlimmer und sie fühle sich noch schlechter als sonst. Vor fünf Wochen sei sie deswegen „total am Ende gewesen"; sie habe zwei Tage nur im Bett gelegen und „geheult". Sie sei damals von ihrer Neurologin für vier Wochen krankgeschrieben worden.

Sie erzählte auch, daß sie während der Ausbildungszeit nebenbei in einer Filiale einer Imbißkette gearbeitet habe, in der immer sehr viel Arbeit gewesen und die Zeit schnell vergangen sei: Sie habe dort auch Fehler gemacht, sei zu spät gekommen oder ermahnt worden, weil sie gerade beim Nichtstun gesehen worden sei. Aber dort habe ein ganz anderes Arbeitsklima geherrscht als in ihrem jetzigen Betrieb - sie habe sich auf die Tage dort gefreut; die Arbeit sei dort nicht so langweilig gewesen.

Zu Beginn der Abendschule sei sie mit „Feuereifer" hingegangen. Mittwochs gehe sie schon Mal nicht zur Schule, weil ihr die Fächer überhaupt nicht zusagen würden, erläuterte Frau M. Da sie das Abitur oder Fachabitur erlangen wolle, zwinge sie sich, den Unterricht zu besuchen; sei sie erst einmal dort, gehe es gut, zumal sie sich in der Klassengemeinschaft wohl fühle. Wenn sie neu irgendwo anfange, laufe es zuerst immer gut. Drei Monate lang sei sie imstande, etwas zu machen, was ihr keinen Spaß mache, danach nicht mehr.

Das Arbeitszeugnis des Betriebs, in dem Frau M. zur Bürokauffrau ausgebildet wurde, ist sehr positiv. Da es sich aber dabei um den Betrieb ihres Onkels handelt, ist nicht klar, inwieweit ihre Leistung dort dadurch beeinflußt wurde und inwieweit sie besonders wohlwollend beurteilt wurde.

Frau M.s Berichte zeigen, daß sie nicht kontinuierlich arbeitet, wenn es nicht nötig ist. Sie besucht die Fachoberschule, für die sie sich selbst entschieden hat, nicht regelmäßig: Wenn ihr die Fächer nicht behagen, geht sie auch Mal nicht hin. Wenn sie etwas tun muß, das ihr keinen Spaß macht, hält sie es nur eine begrenzte Zeit durch.

Nach ihren Angaben ist sie mit der Arbeit in dem Imbißbetrieb, die sie während der Ausbildung nebenbei gemacht hat, besser klargekommen als mit ihrer derzeitigen. Solch ein Job unterscheidet sich in mehrfacher Hinsicht von der Arbeit, die sie jetzt macht: Den Job hatte sie freiwillig angenommen - sie hätte jederzeit aufhören können -, hat ihn nicht täglich ausgeübt, hat mit Personen ihrer Altersgruppe zusammengearbeitet; und in einem Imbißbetrieb wird man oft von der Situation zum schnellen Arbeiten gezwungen. Dies sind Bedingungen, die bei einer Arbeit, die man über längere Jahre hauptberuflich ganztags ausübt, zum Teil nicht gegeben sind. Vielmehr treten bei solch einer Arbeit auch eine Reihe von Schwierigkeiten auf, und es müssen Arbeiten erledigt werden, die keinen Spaß machen, die einfach dazugehören. Bisher zeigt nichts, daß Frau M. von sich aus in der Lage ist, auch in einer solchen Situation durchzuhalten, ohne von außen, zum Beispiel durch Prüfungen, dazu gezwungen zu werden. Ihre gewohnheitsmäßige Art zu arbeiten führt auch an ihrer Arbeitsstelle zu Schwierigkeiten, weil sie nicht über längere Zeit sorgfältig arbeitet.

Es ist zu erwarten, daß Frau M. durch ihren Arbeitsstil auch auf der Fachoberschule wieder Schwierigkeiten in manchen Fächern bekommen wird, weil sie nicht regelmäßig teilnimmt und dafür lernt.

Zur Konzentration:

Abgesehen von den angeführten Schwierigkeiten, sich beim Arbeiten zu konzentrieren, gab die Tante von Frau M. an, daß Frau M. sich von allem ablenken lasse und mit den Gedanken immer woanders sei. Sie selbst berichtete nicht davon, daß sie sich beim Lernen für die Schule schlecht konzentrieren könne, sondern gab vielmehr an, gar nicht erst den Anfang zu finden.

Am Tag der Testung klagte sie, eine Erkältung und Halsschmerzen zu haben und sich nicht fit zu fühlen. Beim BFKT machte sie die Striche nicht so, wie es nötig ist, um möglichst schnell zu arbeiten, obwohl es ihr gezeigt worden war.

In diesem Test war Frau M.s Tempo beim konzentrierten Arbeiten im Vergleich zu 19- bis 20jährigen unterdurchschnittlich und ihre Fehlerneigung unterdurchschnittlich bis durchschnittlich[5]. Frau M. arbeitete also verglichen mit dieser Gruppe eher langsam bei einem eher geringen Fehleranteil.

Die nicht instruktionsgemäße Durchführung des BFKT weist darauf hin, daß Frau M. möglicherweise nicht so schnell gearbeitet hat, wie es ihr möglich gewesen wäre; auch könnte sie durch die berichteten Kopfschmerzen und durch die Erkältung beeinträchtigt worden sein, so daß das Ergebnis im Konzentrationstest nicht unbedingt ihrem Konzentrationsvermögen entspricht.

---

[5] Frau M. bearbeitete 3300 Zeichen und machte dabei 12 Fehler (F% = 0.36), was einem Z-Wert von 96 entspricht. Beim Tempo erreichte sie einen Z-Wert von 81. Das Konfidenzintervall des wahren Testwerts für das Tempo liegt mit einer Wahrscheinlichkeit von 90% zwischen 74.6 und 87.4. Das Konfidenzintervall des wahren Testwerts für den Fehlerprozentsatz liegt mit einer Wahrscheinlichkeit von 90 % zwischen 86.1 und 105.9.

Diese Ergebnisse zeigen, daß bei Frau M. die Konzentrationsfähigkeit nicht grundlegend gestört ist, sie also imstande ist, Aufgaben, die sie beherrscht, schnell genug durchzuführen und dabei auch nicht auffallend viele Fehler zu machen.

4.4. Befund zu den motivationalen Bedingungen

Zu den Interessen:

Frau M. stellte dar, daß der Bereich der Wirtschaft sie nicht interessiere. Sie habe immer etwas Kreatives machen wollen; als Kind habe sie Journalistin werden wollen, später Kamerafrau, habe dort aber schlechte Chancen gehabt als Frau und Brillenträgerin. Daraufhin habe sie Fotografin werden wollen, ihre Mutter habe aber den Ausbildungsvertrag nicht unterschrieben. Um einer Ausbildung als Friseurin zu entgehen, habe Frau M. im Betrieb ihres Onkels die Ausbildung zur Bürokauffrau begonnen; diese habe ihr von Anfang an keinen Spaß gemacht. Zum Besuch der Handelsschule habe ihre Mutter sie damals „verdonnert".

Beim Arbeitsamt habe sie erfahren, daß ihr frühestens in sechs Jahren eine Umschulung finanziert werden würde. Aber ohne eine finanzielle Unterstützung könne sie sich die Ausbildung zur Fotografin, die sie interessiere, nicht leisten. - Nun habe sie einen Beruf, der ihr überhaupt keinen Spaß mache. So versuche sie, sich in Sprachen weiterzubilden, um vielleicht später Reisebegleiterin zu werden. Jedenfalls wolle sie keinen Bürojob mehr.

Nach den Informationen aus dem Gespräch arbeitet Frau M. in einem Bereich, der sie nicht interessiert. Da das Interesse an einer Arbeit es erleichtert, sich auf etwas zu konzentrieren, ist ihre Interessenlage für konzentriertes Arbeiten ungünstig.

Zu den Zielen:

Gefragt, was sie sich wünschen würde, wenn sie drei Wünsche frei hätte, nannte sie: anders, insbesondere dünner auszusehen, einen netten Mann zu treffen, der sich nicht „mies" verhalte und einen Beruf, der ihr Spaß mache. Dabei sei es nicht so wichtig, viel Geld zu verdienen.

Das Ziel, ein Beruf, der Frau M. Spaß macht, kann für sie eine Grundlage sein, um sich zu bemühen, konzentrierter zu arbeiten.

4.5. Befund zu den emotionalen Bedingungen

Zu Problemen:

Frau M. berichtete, daß sie sich zu dick finde. Wenn sie darüber nachdenke, wisse sie zwar, daß dies nicht stimme, schaue sie aber in den Spiegel - was sie viel zu oft tue -, habe sie doch das Gefühl, zu dick zu sein.

Sie gab als eines ihrer Probleme „Depressionen" an. Sie gehe kaum aus, sitze oft zu Hause und denke, alles sei „Mist". Die meiste Zeit sei sie traurig und bemitleide sich selbst. Tage, an denen sie nicht niedergeschlagen sei, seien selten, zum Beispiel wenn sie zu einem Rockkonzert gehe oder an ihrem Geburtstag. Manchmal mache es ihr richtig Freude, traurig zu sein. Zu einem großen Teil rede sie sich selbst ein, daß alles „Mist" sei, sie könne sich da so „richtig reinsteigern".

Etwas besser gehe es ihr auch, wenn sie doch einmal mit Freunden ausgehe. Früher sei sie viel unbekümmerter gewesen und habe Spaß daran gehabt, mit Freunden etwas zu unternehmen. Heute fühle sie sich unter Menschen unsicher und nehme eine „Abwehrhaltung" ein.

Weil sie immer müde sei, habe sie ihren Hausarzt aufgesucht. Als er ihr nach der Einnahme von Magnesium andere Medikamente habe verschreiben wollen, habe sie dies abgelehnt und wegen ihrer Probleme zu einer Therapie an eine Psychologin oder einen Psychologen überwiesen werden wollen. Die Neurologin, die sie aufgesucht habe, habe zweimal 20 Minuten Zeit für sie gehabt, in denen sie vor allem die Probleme bei der Arbeit besprochen habe. Die Ärztin habe sie für vier Wochen krankgeschrieben, weil sie nervlich so fertig gewesen sei, und ihr geraten, die Arbeitsstelle zu wechseln. Einen Wechsel der Stelle halte Frau M. selbst jedoch nicht für die Lösung ihrer Schwierigkeiten. Sie würde gerne eine Langzeittherapie machen; dafür gebe es aber sehr lange Wartezeiten.

Bei der Arbeit fühle sie sich auch nicht besser. Da aber immer so viel zu tun sei, bemerke sie das dort nicht so. Es werde dort auch nicht verlangt, daß man „gut drauf ist", sondern daß man seine Arbeit mache.

Frau M. berichtete, daß sie mit ihrem Chef und einer Kollegin im Betrieb zusammenarbeite, und nannte das Arbeitsklima „unmöglich". Ihr Chef werde schnell ärgerlich, wenn sie Fehler mache, und lasse sie nicht ausreden. Er schreie dann und setze sie mit seiner Herzerkrankung unter Druck. Weil er als Ausländer sich sprachlich schlecht verständlich machen könne, entstünden Mißverständnisse. Sie sagte, daß sie sich bei der Arbeit nicht wohl fühle, weil sie Kunden anzüglich ansprächen, nicht vor der Absperrung an ihrem Schreibtisch blieben. Einige seien ihr in der Stadt auch schon nachgegangen; sie habe Angst vor diesen Kunden.

Sie berichtete ausführlich über die Trennung von ihrem Freund.

Frau M. ist nach ihren Berichten oft traurig. Ihre Arbeit macht ihr keinen Spaß; sie ist mit ihren Arbeitsbedingungen sowohl im Hinblick auf den Chef als auch auf die Kunden unzufrieden. In der Schule, die sie nicht regelmäßig besucht, erbringt sie Leistungen, die schlechter sind, als die, die sie erreichen könnte. Sie unternimmt kaum noch etwas mit Freunden. Für sie gibt es also kaum Anlässe zur Freude. Sie steigert sich zudem in ihre Traurigkeit hinein.

Die ungünstigen Bedingungen, die es Frau M. erschweren, im Beruf und für die Schule konzentriert zu arbeiten, kann sie selbst zumindest teilweise ändern, so daß sie auch Erfolge und Spaß haben kann. Allerdings wird eine Verbesserung sicher nicht sofort eintreten.

Zur emotionalen Belastbarkeit und zum Umgang mit Belastungen:

Im EPI beschrieb sich Frau M. verglichen mit der weiblichen Bevölkerung als unterdurchschnittlich emotional belastbar.[6]

Frau M. gab als eines ihrer Probleme „Depressionen" an. Sie gehe kaum aus, sitze zu Hause und denke, daß alles „Mist" sei. Die meiste Zeit sei sie traurig und bemitleide sich selbst; sie steigere sich in ihre Schwierigkeiten und schlechte Stimmung hinein.

Nach den Informationen aus dem EPI und dem Gespräch bringen Schwierigkeiten Frau M. eher aus dem Gleichgewicht als andere. Dadurch, daß sie sich ausgiebig mit ihren Schwierigkeiten beschäftigt und wenig zu ihrer Überwindung tut, hindert sie sich selbst, konzentriert zu arbeiten.

4.6. Befund zu den sozialen Bedingungen

Zu wichtigen anderen:

Frau M. berichtete von ihrer letzten Partnerschaft mit einem Mann, die etwa ein halbes Jahr gedauert habe. Dieser Mann habe ständig Probleme gehabt und „mittlere Katastrophen angestellt". Er sei auch mit anderen Frauen ausgegangen, aber immer wieder zu ihr zurückgekommen. Schließlich sei er wieder zu seiner Ex-Freundin gegangen. Seit dieser Beziehung habe sie keinen Freund mehr gehabt.

Seit etwa einem Jahr gehe sie nicht mehr an Orte, wo viele Menschen sie ansehen könnten; sie bilde sich dann ein, daß diese sie anstarren, weil sie so „fett" sei. Ihre beste Freundin fordere sie häufiger auf, einmal mit in die Disco zu gehen; sie stehe dort dann herum und wolle sehr bald wieder gehen.

Die Tante von Frau M. kam mit ihr zum Erstgespräch, Onkel und Tante gaben das Gutachten in Auftrag. Dies zeigt, daß sie sie unterstützen möchten. Die Freundin von Frau M. versucht, sie aufzumuntern, indem sie sie auffordert, mit ihr auszugehen. Da sie zur Zeit keinen Partner hat, findet sie hier zwar keine Unterstützung, aber sie wird auch nicht daran gehindert, zu tun, was ihr wichtig ist.

Zu Verpflichtungen:

Frau M. erzählt, daß sie berufstätig sei und an drei Abenden pro Woche die Fachoberschule besuche. Außerdem sei sie für ihren Haushalt zuständig.

Um den Anforderungen von Beruf, Schule und Haushalt gerecht zu werden, muß man seinen Alltag diszipliniert organisieren und kontinuierlich arbeiten. Das erfordert zwar einige Anstrengung, liegt aber im Bereich des Möglichen - wie die Menschen

---

[6] Das EPI wurde hier ausschließlich zur Bestimmung der emotionalen Belastbarkeit verwendet, da die Extraversion für die Fragestellung nicht von Bedeutung ist. Frau M. erreichte auf der Neurotizismusskala einen Rohwert von 20. Das Konfidenzintervall des wahren Testwerts liegt mit einer Wahrscheinlichkeit von 90% zwischen 16.5 und 23.6. Da die *Retest*-Reliabilität unzureichend ist, wurde die innere Konsistenz zur Bestimmung des Konfidenzintervalls verwendet, wobei dieser eine Stichprobe von 304 Frauen zugrundeliegt (Durchschnittsalter: 24.5 Jahre, mittlerer Testwert: 9.8, Standardabweichung des Testwerts: 4.6); deshalb gilt das Ergebnis nur für den Zeitpunkt der Untersuchung.

zeigen, die diesen Bildungsweg erfolgreich abschließen. Die Anforderungen an Frau M. sind also hoch, machen aber konzentriertes Arbeiten nicht unmöglich.

5. Stellungnahme und Empfehlung

Es gibt Hinweise, daß bei Frau M. nicht alle Bedingungen gegeben sind, die notwendig sind, um konzentriert zu arbeiten.

Geklärt werden sollte, ob sie genug schläft und ob ihr Eßverhalten so ist, daß es einer weiteren Therapie bedarf.

Da sie berufstätig ist und die Abendschule besucht, muß sie ihren Alltag geschickt organisieren, um beides erfolgreich zu erledigen.

Um sowohl Frau M.s Schlafgewohnheiten als auch ihre Eßgewohnheiten zu erfassen und außerdem festzustellen, wie sie ihre Aufgaben zeitlich organisiert, empfehlen wir Frau M., zunächst einmal zwei Wochen lang Protokoll führen, was sie im Laufe des Tages zu welcher Uhrzeit tut und was sie wann ißt. Anhand dieses Protokolls können wir dann mögliche weitere Schritte besprechen.

Frau M. wünscht sich, dünner zu sein und damit wieder besser auszusehen, einen Partner und einen Beruf, der ihr Freude macht. In dem, was sie über sich erzählt hat, werden im Hinblick auf ihre berufliche Zukunft unterschiedliche Ziele sichtbar. Sie besucht die Fachoberschule, wo sie das Fachabitur erlangen kann, besucht aber den Unterricht nicht regelmäßig und lernt nicht regelmäßig für die Schule. Weiterhin gab sie an, später vielleicht Reisebegleiterin werden zu wollen. Um ein Ziel zu verfolgen, muß man es kennen: Deshalb sollte Frau M. sich darüber klarwerden, was sie im beruflichen Bereich anstrebt. Wenn ihr das klar ist, kann sie das, was sie tut, jeweils selbst im Hinblick darauf prüfen, ob es sie ihrem Ziel näherbringt oder nicht.

6. Abschluß

Im Laufe der nächsten drei Sitzungen, die stattfanden, um Frau M. zu helfen, die von ihr selbst gewünschten Regelmäßigkeiten in ihrem Leben einzuführen, wurde immer deutlicher, daß ihr der Aufwand für die Änderung zu hoch war; sie verfolgte keine inhaltlichen Ziele. Sie erwartete die Freistellung von einer Klausur in der Schule, weil sie zu einem Pop-Konzert fahren wollte. Als wir ihr erläuterten, warum wir das nicht sinnvoll finden, brach sie die für sie anstrengende Intervention ab.

Literatur

Eggert, D. (Hrsg.) (1983). *Eysenck-Persönlichkeits-Inventar (EPI).* Göttingen: Hogrefe.

Freyberg, H. & Westhoff, K. (in Druck). *Bourdon-Freyberg-Konzentrations-Test (BFKT).* Göttingen: Hogrefe.

Hageböck, J. (1991). *Psymedia: Programmsystem für die psychometrische Einzelfalldiagnostik.* Göttingen: Hogrefe.

Westhoff, K. (1991). Diagnostische Strategie bei Konzentrationsproblemen am Beispiel der Klassen 5 bis 10. In H. Barchmann, W. Kinze & N. Roth (Hrsg.), *Aufmerksamkeit und Konzentration im Kindesalter* (S. 136-147). Berlin: Verlag Gesundheit.

Westhoff, K. & Kluck, M.L. (1984). Ansätze einer Theorie konzentrativer Leistungen. *Diagnostica, 30,* 167-183.

Westhoff, K. & Kluck, M.L. (1994). *Psychologische Gutachten schreiben und beurteilen.* Berlin: Springer.

11.

Verkehrspsychologische Begutachtung und Nachschulung eines alkoholauffälligen Kraftfahrers - Markus B., 22 Jahre

Birgit Bukasa, Rainer Christ & Michael Hutter

Wien

Das „Kuratorium für Verkehrssicherheit" (KfV) ist eine österreichische gemeinnützige Einrichtung mit mehrheitlicher Beteiligung der privaten Versicherungswirtschaft für alle Vorhaben der Sicherheitsarbeit. Hauptziel ist die Erhöhung der Sicherheit in Verkehr, Heim und Freizeit. Das *Institut für Verkehrspsychologie des KfV* leistet dazu durch seine Tätigkeitsschwerpunkte: Fahreignungsdiagnostik, Nachschulung und *Driver Improvement* sowie Forschung, einen wesentlichen Beitrag. Die gesetzliche Grundlage der Fahreignungsbegutachtung ist in den Bestimmungen des § 67 Abs. 2 des österreichischen Kraftfahrgesetzes (KFG) 1967 bzw. der §§ 30, 31 und 34 der Kraftfahrgesetz-Durchführungsverordnung (KDV, nach der 22. Novelle) definiert und bezieht sich auf die Abklärung der „kraftfahrspezifischen Leistungsfähigkeit" und der „Bereitschaft zur Verkehrsanpassung". Jährlich absolvieren am KfV ca. 8.000 Personen eine solche Untersuchung in behördlichem Auftrag. Auch die Teilnahme an einem Nachschulungs- oder *Driver Improvement*-Kurs ist gesetzlich geregelt und basiert auf den §§ 73 Abs. 2a oder 74 Abs.1 KFG im Fall des *Driver Improvement* und auf § 67a Abs.1 KFG im Fall der Nachschulung. Jährlich werden ca. 900 derartige Kurse mit insgesamt ca. 8.500 Teilnehmern abgehalten.

Markus B., 22 Jahre

1. Fragestellung

Der 22jährige Markus B. fährt seit vier Jahren mit dem PKW und ist dabei zweimal wegen Trunkenheit am Steuer aufgefallen. Nach einem Jahr Führerscheinentzug für das zweite Delikt stellt er nun bei der zuständigen Verkehrsbehörde einen Antrag auf Wiedererteilung der Fahrerlaubnis. Er wird zu einer amtsärztlichen Untersuchung vorgeladen, wo sich rein medizinisch keine groben Auffälligkeiten zeigen. Da es sich allerdings bereits um den zweiten Alkoholvorfall im Straßenverkehr innerhalb weniger Jahre handelt, gehört Markus B. zu der Gruppe alkoholauffälliger Kraftfahrer, bei der ein deutlich erhöhtes Rückfallrisiko besteht. Der Amtsarzt verlangt daher zusätzlich eine verkehrspsychologische Fahreignungsuntersuchung. Dabei soll neben der Überprüfung der kraftfahrspezifischen Leistungsfähigkeit vor allem geklärt werden, ob im Persönlichkeits- und Einstellungsbereich nunmehr Merkmale vorliegen, die eine verbesserte Verkehrsbewährung von Herrn B. erwarten lassen.

2. Vortestung

Etwa zwei Wochen später erscheint Markus B. in einer verkehrspsychologischen Untersuchungsstelle des Kuratoriums für Verkehrssicherheit. Nach Abklärung einiger Formalitäten (Identitätsprüfung, Sicherstellung der Bezahlung der Untersuchungsgebühr) wird überprüft, ob er sich in einem für die Untersuchung ausreichend leistungsfähigen Zustand befindet. Er bestätigt zunächst mit Unterschrift, daß er sich nicht durch Krankheit, Müdigkeit, Alkohol oder Medikamente beeinträchtigt fühlt. Dann wird mittels Roda-Sehtestgeräten geprüft, ob Mängel in den Bereichen Sehschärfe und Farbwahrnehmung vorliegen. Schließlich absolviert er noch einen Alkomat-Test, um sicherzustellen, daß keine Alkoholisierung vorliegt. Da sich keinerlei Auffälligkeiten finden, kann die eigentliche Untersuchung beginnen.

3. Verkehrspsychologische Diagnostik

3.1. Leistungstests

Markus B. absolviert zunächst an dem speziell für verkehrspsychologische Anwendungen entwickelten Computertestsystem ART-90 (*Act & React Test-System 90*; Kisser & Wenninger, 1983), eine Leistungstestbatterie, mit der für das Fahrverhalten wichtige psychische Grundfunktionen erfaßt werden[1]:

- *Nonverbaler Intelligenztest „M30"* [2]

---

[1] Alle hier eingesetzten Leistungstests (wie auch die Persönlichkeitsverfahren) wurden speziell für den Einsatz in der Fahreignungsdiagnostik entwickelt, normiert und evaluiert; einen Überblick geben Bukasa, Kisser & Wenninger (1990).

[2] Der *nonverbale Intelligenztest „M30"*, ein Matrizentest, wird zur Abschätzung des allgemeinen Intelligenzniveaus verwendet; er besteht aus 30 Aufgaben, die am Bildschirm des ART-90 dargeboten werden und mittels Lichtgriffels, unmittelbar am Bildschirm, durch Antippen der jeweiligen Antwortmöglichkeit zu bearbeiten sind. Die Testdauer beträgt 15 Minuten. Die *split-half*-Reliabilität seiner Testkennwerte (Anzahl bearbeiteter Aufgaben; falsch beantwortete Aufgaben) beträgt jeweils .89. Bezüglich seiner Validität bestehen signifikante Beziehungen zu Merkmalen des Fahrverhaltens (z.B. „gefährliches Spurwechseln") bei freiwilligen Kraftfahrern sowie beim verkehrspsychologischem Klientel, und zwar im Bereich um .45. (Näheres zum Test s. bei Bukasa & Wenninger, 1986a; sowie bei Bukasa, Wenninger & Brandstätter, 1990).

- *Aufmerksamkeitstest „Q1"* [3]
- *Linienlabyrinthtest „LL5"* [4]
- *Verkehrsspezifischer Tachistoskoptest „TT15"* [5]
- *Entscheidungs-Reaktionstest „DR2"* [6]
- *Reaktiver Dauerbelastbarkeitstest „RST3"* [7]
- *Sensomotorischer Koordinationstest „SENSO"* [8]

---

[3] Die Aufgabenstellung beim *Aufmerksamkeitstest „Q1"* besteht aus einem Vergleich von vier einfachen Modellfiguren mit variierenden Vergleichsfiguren, welche an einer eigenen Mattscheibe des ART-90 dargeboten werden. Je nach Übereinstimmung bzw. Nicht-Übereinstimmung der Vergleichsfigur mit einer der Modellfiguren sind verschiedene Tasten eines eigenen Antwort-*Panels* zu betätigen; unmittelbar auf jede Reaktion folgt die nächste Vergleichsfigur. Die Testdauer beträgt 7 Minuten. Die *split-half*-Reliabilität der Testkennwerte (Anzahl richtig bearbeiteter Aufgaben; falsch beantwortete Aufgaben) beträgt .99 bzw. .88. Bezüglich seiner Validität bestehen im Vergleich zum *„M30"* etwas niedrigere Beziehungen zu Merkmalen des Fahrverhaltens. (Näheres zum Test s. insbesondere bei Bukasa & Wenninger, 1986b.).

[4] Im *Linienlabyrinthtest „LL5"* werden wichtige Aspekte der Beobachtungsfähigkeit (visuelle Auffassungsgeschwindigkeit und -genauigkeit) erfaßt. Er umfaßt 5 Testbilder mit jeweils neun ineinander verschlungenen Linien, die auf die Mattscheibe des ART-90 projiziert werden. Pro Testbild besteht ein Zeitlimit von 40 Sekunden. Die Aufgabe besteht darin, die Linien von ihren oberen Anfangs- zu ihren unteren Endpunkten zu verfolgen und den erreichten Endpunkt mittels Lichtgriffel am Bildschirm anzugeben. Die *split-half*-Reliabilität beträgt .86. Die signifikanten Zusammenhänge mit Fahrverhaltensvariablen liegen bei nahezu .50. (Näheres zum Test s. insbesondere bei Bukasa & Wenninger, 1986c.).

[5] Mit dem *Verkehrsspezifischen Tachistoskoptest „TT15"* wird die verkehrsspezifische Überblicksgewinnung erhoben. Dabei müssen wesentliche Details kurzzeitig dargebotener komplexer Verkehrssituationen erkannt und wiedergegeben werden. Es werden insgesamt 15 Dias mit Verkehrssituationen kurzzeitig (0.75 sec.) auf die Mattscheibe des ART-90 projiziert, wobei anschließend zu jedem Bild drei Fragen bezüglich der Situationsinhalte (über Bildschirm und Lichtgriffel) zu beantworten sind. Die *split-half*-Reliabilität beträgt .66. Bezüglich seiner Validität bestehen wieder etwas niedrigere Beziehungen zu Merkmalen des Fahrverhaltens. (Näheres zum Test s. insbesondere bei Bukasa & Wenninger, 1986d.).

[6] Der *Entscheidungs-Reaktionstest „DR2"* dient der Überprüfung der Reaktionsfähigkeit: Reaktionsgeschwindigkeit und -genauigkeit werden mittels Einfachwahlsituationen am sog. „Wiener Reaktionsgerät II" des ART-90 untersucht. Das Testmaterial besteht aus 48 optischen und akustischen Signalen, wobei auf ausgewählte 16 (Signalkombination gelbes Licht plus Ton) zu reagieren ist. Die *split-half*-Reliabilität der Testkennwerte (falsche Entscheidungen; Reaktionszeit) beträgt .93 bzw. .96. Die signifikanten Zusammenhänge mit Fahrverhaltensvariablen liegen um .50. (Näheres zum Test s. insbesondere bei Bukasa & Wenninger, 1986d.).

[7] Der *Reaktive Dauerbelastbarkeitstest „RST3"* überprüft das Reaktionsverhalten unter geringer, mittlerer und hoher Streßbelastung. Dieser Test wird am „Wiener Determinationsgerät II" des ART-90 vorgegeben. Er umfaßt drei Geschwindigkeitsstufen mit jeweils 180 Signalen (optische und akustische Reize) in vorgegebener Reihenfolge, auf die mit entsprechenden Hand- und Fußtasten zu reagieren ist. Die *split-half*-Reliabilität der verschiedenen Testkennwerte beträgt: Anzahl richtiger Reaktionen (langsame Stufe) .90, Anzahl falscher Reaktionen (langsame Stufe) .91, Anzahl der Auslassungen (langsame Stufe) .92, Anzahl richtiger Reaktionen (mittlere Stufe) .92, Anzahl falscher Reaktionen (mittlere Stufe) .92, Anzahl der Auslassungen (mittlere Stufe) .87, Anzahl richtiger Reaktionen (schnelle Stufe) .96, Anzahl falscher Reaktionen (schnelle Stufe) .96, Anzahl der Auslassungen (schnelle Stufe) .95. Die signifikanten Zusammenhänge mit Fahrverhaltensvariablen liegen um .50. (Näheres zum Test s. insbesondere bei Bukasa & Wenninger, 1986e.).

Nach einer kurzen Einführung in die Handhabung des Geräts beginnt Herr B. mit der Bearbeitung der einzelnen Testverfahren. Die implementierten Instruktions- und Übungsprogramme sind dabei ausreichend; eine zusätzliche Unterstützung durch die psychologisch-technische Assistentin benötigt er nicht.

Im *Nonverbalen Intelligenztest „M30"* erreicht Herr B. ein im Durchschnittsbereich liegendes Ergebnis (PR = 40). Der *Aufmerksamkeitstest* wird von Herrn B. relativ rasch (PR = 82) bearbeitet; die Leistungsqualität liegt dabei noch im Durchschnittsbereich (PR = 35). Im *Linienlabyrinthtest* erreicht Herr B. sowohl quantitativ als auch qualitativ eine durchschnittliche Leistung (PR = 58 bzw. 55). Im *Verkehrsspezifischen Tachistoskoptest* liegt die Leistung von Markus B. mit einem PR = 28 noch knapp im Durchschnittsbereich. Laut *Entscheidungs-Reaktionstest* hat Herr B. verlängerte Reaktionszeiten (PR = 20); vermehrte Entscheidungs- bzw. Reaktionsfehler fallen nicht auf (PR = 68 bzw. 100). Im *Reaktiven Dauerbelastbarkeitstest*, der nach einer etwa zehnminütigen, routinemäßig vorgesehenen Pause vorgeben wurde, erreichte Herr B. in allen erfaßten Variablen durchschnittliche bis überdurchschnittliche Ergebnisse (alle PR zwischen 50 und 90). Beim *Sensomotorischen Koordinationstest* erreicht Herr B. ein zufriedenstellendes Ergebnis in der Spurhaltegenauigkeit und in der Tempowahl; auch in der diesbezüglichen Verhaltensbeobachtung finden sich keine Auffälligkeiten - seine Leistung wird daher mit der Note 2 (auf einer 5stufigen Schulnotenskala) von dem untersuchenden Verkehrspsychologen beurteilt.

3.2. Persönlichkeitsverfahren

Im Anschluß an die Leistungstestbatterie bearbeitet Herr B. die bei seiner Fragestellung vorgesehenen Persönlichkeitsverfahren, die ebenfalls im ART-90 integriert sind:

- *Verkehrsbezogener Persönlichkeitstest „VPT.2"* [9]

---

[8] Der *Sensomotorische Koordinationstest „SENSO"* untersucht die sensomotorische Koordinationsfähigkeit. Er wird an einem einfachen Fahrsimulator vorgegeben, und zwar wird eine Fahrspur präsentiert, die in verschieden stark gekrümmten Kurven über den Bildschirm läuft. Ein sogenannter Phantompunkt ist mit Hilfe eines Lenkrades so zu steuern, daß er sich möglichst immer auf der Fahrspur befindet. Der Test umfaßt 3 Durchgänge: Im ersten Durchgang, der auch als Übungsphase dient, wird die Geschwindigkeit, mit der sich die Fahrspur über den Bildschirm bewegt, mittels Gaspedal frei bestimmt (freie Tempowahl), im zweiten Durchgang wird die Geschwindigkeit der Fahrspurpräsentation fix eingestellt (Automatik) und im dritten Durchgang ist wieder freie Tempowahl, jedoch mit zusätzlicher Genauigkeitsinstruktion. Ergänzend zur Fehlerregistrierung erfolgt durch den begutachtenden Diagnostiker eine Verhaltensbeobachtung (bezüglich Tremor, Gegenlenkbewegungen etc.). Die *split-half*-Reliabilität für die Fehlerzahl (Automatik) beträgt .60, für die Fehlerzahl im dritten Durchgang (freie Tempowahl) .57. Die Zusammenhänge mit Fahrverhaltensvariablen sind sehr niedrig. (Näheres zum Test s. bei Lesky & Krainz, 1995; sowie bei Risser, Schmidt, Brandstätter, Bukasa & Wenninger, 1983).

[9] Der *Verkehrsbezogene Persönlichkeitstest „VPT.2"* ist ein mehrdimensionales Fragebogenverfahren, das der Erfassung fahrverhaltensrelevanter Persönlichkeitsmerkmale dient. Er umfaßt insgesamt 70 Items, formuliert als einfache Feststellungen, und zwar meist in Ich-Form, die auf einer 4stufigen Antwortskala

- *Fragebogen zur Risikobereitschaft „FRF"* [10]
- *Fragebogen zu verkehrsspezifischen Einstellungen „VIP"* [11]

Im *Verkehrsbezogenen Persönlichkeitstest* zeigen sich bei Herrn B. in 3 der insgesamt 6 Skalen auffällige Normabweichungen: Der reduzierte Wert in der Skala *Soziale Expressivität-Selbstsicherheit* (PR = 20) deutet auf erhöhte Ängstlichkeit und Gehemmtheit im Sozialkontakt mit dementsprechend erhöhter sozialer Beeinflußbarkeit hin. In die gleiche Richtung weist der mit einem PR = 92 stark erhöhte Wert in der Skala *Soziale Anpassung* (überhöhte Anpassung im Sinne verminderter sozialer Eigenständigkeit). Gleichzeitig finden sich in Form eines herabgesetzten Wertes in der Skala *Selbstreflexion* (PR = 13) Hinweise auf eine geringe Bereitschaft, eigenes Verhalten selbstkritisch zu hinterfragen. Die Skalen *Emotionale Ansprechbarkeit* und *Selbstkontrolle* sind unauffällig (PR = 55 bzw. 38), was auf durchschnittliche psychische Belastbarkeit und ausreichende Kontrollmechanismen hinweist. Ebenso liegt der Wert der Skala *Offenheit der Selbstbeschreibung* (einer Kontrollskala zur Erfassung der

---

(„stimmt überhaupt nicht" bis „stimmt genau") zu beantworten sind. Die Reliabilitäten (nach *Cronbach-α*) liegen für die einzelnen Skalen bei: *Offenheit der Selbstbeschreibung* .75, *Soziale Expressivität-Selbstsicherheit* .81, *Soziale Anpassung* .59, *Emotionale Ansprechbarkeit* .84, *Selbstkontrolle* .71, *Selbstreflexion* .59. Bezüglich der Validität konnten zahlreiche signifikante Zusammenhänge bei verkehrspsychologischem Klientel zwischen den einzelnen Skalen und Auffälligkeiten in der Anamnese, insbesondere in der Verkehrsvorgeschichte festgestellt werden: Z.B. geht verringerte *Soziale Anpassung* mit erhöhter Unfallbelastung im Straßenverkehr einher, erhöhte *Emotionale Ansprechbarkeit* mit häufigeren Führerscheinentzügen und erhöhte *Soziale Expressivität* in Verbindung mit verringerter *Selbstkontrolle* mit einer erhöhten Strafbelastung. (Näheres zum Test s. bei Hutter, Bukasa, Wenninger & Brandstätter, 1995).

[10] Mit dem *Fragebogen zur Risikobereitschaft „FRF"* werden verschiedene Risikobereitschaftsdimensionen erfaßt. Er besteht aus insgesamt 49 Items, und zwar einfache Aussagen in Ich-Form, die mit „ja, stimmt" bzw. „nein, stimmt nicht" zu beantworten sind. Die Reliabilitäten (nach *Cronbach-α*) liegen für die einzelnen Skalen bei: *Physische Risikobereitschaft* .67, *Soziale Risikobereitschaft* .61, *Finanzielle Risikobereitschaft* .68. Bezüglich der Validität konnten insbesondere signifikante Zusammenhänge zwischen einer höheren *Physischen Risikobereitschaft* und einer erhöhten Unfallbelastung bzw. vermehrten Verkehrsstrafen festgestellt werden, zwischen einer höheren *Sozialen Risikobereitschaft* und vermehrten selbst- bzw. teilverschuldeten Unfällen sowie einer erhöhten Strafbelastung außerhalb des Straßenverkehrs, schließlich zwischen einer höheren *Finanziellen Risikobereitschaft* und vermehrten Sachschäden im Straßenverkehr sowie einer höheren Belastung mit Geschwindigkeitsstrafen. (Näheres zum Test s. bei Schmidt, 1986a).

[11] Der *Fragebogen zu verkehrsspezifischen Einstellungen „VIP"* erhebt in drei Skalen verkehrsbezogene Einstellungen; eine vierte dient als Kontrollskala. Er enthält insgesamt 49 Items, die als einfache Ich-Aussagen formuliert sind und wieder zweikategoriell zu beantwortet sind. Die Reliabilitäten (nach *Cronbach-α*) liegen für die einzelnen Skalen bei: *Unkritische Selbstwahrnehmung* .71, *Aggressive Interaktion* .62, *Emotionales Autofahren* .57, *Orientierung an sozialer Erwünschtheit* .64. Betreffs Validität gibt es signifikante Zusammenhänge zwischen *Unkritischer Selbstwahrnehmung* und vermehrten Geschwindigkeitsstrafen sowie zwischen höheren Werten in der Skala *Emotionales Autofahren* und einer erhöhten Unfallbelastung. (Näheres zum Test s. bei Schmidt, 1986b).

Tendenz zu sozial erwünschten Antworten) im Durchschnittsbereich (PR = 38): Die genannten Ergebnisse sind daher ausreichend sicher interpretierbar.

Im *Fragebogen zur Risikobereitschaft* zeigt Herr B. in den Skalen *Physische Risikobereitschaft* und *Finanzielle Risikobereitschaft* auffällig erhöhte Werte (PR = 92 bzw. 96). Dies weist auf eine verstärkte Neigung hin, die körperliche Sicherheit und Gesundheit aufs Spiel zu setzen, sowie auf eine erhöhte Gleichgültigkeit gegenüber negativen finanziellen Konsequenzen, z.B. Verkehrsstrafen.

Und beim *Fragebogen zu verkehrsspezifischen Einstellungen* fällt bei Herrn B. eine wenig reflektierte Wahrnehmung des eigenen Fahrverhaltens auf (die *Unkritische Selbstwahrnehmung* ist mit einem PR = 90 deutlich erhöht). Ein verstärkter emotionaler Bezug zum Fahren und zum eigenen Fahrzeug sowie ein dominant-aggressiver Fahrstil sind hingegen nicht belegt (PR = 67 bzw. 56 in den Skalen *Emotionales Autofahren* und *Aggressive Interaktion*). Ebenso unauffällig ist die Kontrollskala *Orientierung an sozialer Erwünschtheit* (PR = 60).

3.3. Exploration

Im Anschluß an die standardisierten Leistungs- und Persönlichkeitsverfahren wurde von einem Verkehrspsychologen ein etwa einstündiges Explorationsgespräch mit Herr B. geführt.

Sozialanamnese:

Herr B. ist als jüngstes Kind einer fünfköpfigen Familie im Burgenland aufgewachsen (Vater Baupolier, Mutter Textilarbeiterin). Nach einem Jahr Vorschule, fünf Jahren Volksschule und vier Jahren Hauptschule hat er eine Installateurlehre[12] begonnen, allerdings nach zwei Jahren aufgrund von Problemen mit dem Vorgesetzten abgebrochen. Im Anschluß daran hat er seinen Militärdienst abgeleistet. Seither ist er als angelernter Maurer im Baugewerbe beschäftigt; dabei hat er bisher dreimal den Betrieb gewechselt. Seit kurzem ist er saisonbedingt arbeitslos.

Herr B. ist ledig und wohnt bei seinen Eltern. In der Freizeit geht er gerne mit Freunden aus, vor allem am Wochenende; spezielle Hobbys hat er keine.

Verkehrsanamnese:

1989 hat er den Führerschein der Gruppe A/J[13], 1991 der Gruppe B[14], erworben. Vor der letzten Führerscheinabnahme bestand eine regelmäßige PKW-Fahrpraxis mit etwa 25.000 km pro Jahr. Bisher kam es zu zwei aktenkundigen Alkoholdelikten im Straßenverkehr.

---

[12] Klempner
[13] Fahrerlaubnis für Kleinmotorräder (50ccm; keine Geschwindigkeitseinschränkung)
[14] Fahrerlaubnis für PKW

1992 wurde er auf der nächtlichen Heimfahrt nach einem Discobesuch einer Verkehrskontrolle unterzogen; eine Alkomat-Testung ergab einen Wert „knapp über der Grenze". Herr B. gibt an, im Laufe des Abends „nicht viel getrunken zu haben", höchstens „zwei Bier sowie ein Cola-Bacardi"; er habe sich „fahrtüchtig gefühlt", auch sei die Fahrt „nicht gefährlich" gewesen, weil ja nachts „niemand unterwegs" sei. Die Fahrerlaubnis wurde auf vier Wochen entzogen, die Verwaltungsstrafe betrug rund ATS 9.000.-.

Im Jänner 1994 kam es zu dem zweiten Alkoholvorfall. Herr B. führt dazu an, er habe an einer Party teilgenommen und dabei in fünf Stunden „zwei Bier sowie zwei bis drei Mixgetränke" konsumiert. Gegen ein Uhr früh habe er noch mit einem Freund in eine Diskothek fahren wollen, sei dabei aber von der Fahrbahn abgekommen und gegen einen Zaun gefahren, wobei nur Sachschaden entstanden sei; verletzt wurde niemand. In der Folge kam es wieder zu einer Kontrolle durch die Exekutive, ein Alkomat-Test ergab einen Wert von umgerechnet etwa 1.4 Promille. Herr B. meint, daß er sich auch diesmal „fahrtüchtig gefühlt habe", Schuld am Unfall sei die „rutschige Fahrbahn, sicher nicht der Alkohol". Diesmal wurde die Fahrerlaubnis für ein Jahr entzogen, die Verwaltungsstrafe belief sich auf ATS 16.000.-.

An weiteren Vorfällen im Straßenverkehr führt Herr B. noch einen Alleinunfall mit Sachschaden am Anfang seiner Fahrpraxis an. Weiters habe er neben einigen Parkstrafen zwei Anzeigen wegen überhöhter Geschwindigkeit bekommen (ATS 800.- bzw. ATS 1.000.-).

Angaben zum Alkoholkonsum:

Zu seinem Alkoholkonsum befragt, gibt Herr B. an, daß er hauptsächlich am Wochenende im Freundeskreis Alkohol konsumierte; dort „trinkt man halt". Er erklärt, meist nur wenig zu trinken, ein bis zwei Bier, gelegentlich Mixgetränke. Wesentliche Veränderungen dieser Trinkmengen habe es in der letzten Zeit nicht gegeben, einen Rausch habe er schon „lange nicht mehr gehabt". Der Maximalkonsum war im letzten Jahr fünf Bier sowie drei Cola-Bacardi. Eine erste Alkoholwirkung verspürte er nach vier Bier. Um weitere Führerscheinentzüge zu vermeiden, will Herr B. künftig nach Alkoholkonsum „eben nicht mehr ins Auto steigen"; auch würden künftig auf ihn „die Freunde aufpassen".

Schlußfolgerungen aus den Explorationsdaten:

In den Angaben treten eine Reihe von problematischen Merkmalen zutage. Zunächst fällt die beschönigende und wenig reflektierte Haltung von Herrn B. gegenüber seiner Verkehrsvorgeschichte auf: Die Alkoholvorfälle werden bagatellisiert. Die bei den Delikten angegebenen Trinkmengen stehen in keinem realistischen Verhältnis zu den festgestellten Alkoholisierungsgraden. Auch die Angaben zu einem im allgemeinen sehr mäßigen Alkoholkonsum sind deutlich beschönigt. Aus seinen Auskünften zur Alkoholwirkung ist eine erhöhte Alkoholtoleranz ableitbar, wobei die Deliktanalyse auch Hinweise auf Alkoholüberkonsum in sozialen Trinksituationen ergibt. Gleich-

zeitig finden sich keine Anzeichen für eine entscheidende Änderung der Trinkgewohnheiten seit dem letzten Vorfall. Sehr problematisch ist auch die aus seinen Aussagen deutlich ableitbare Unterschätzung der Gefährlichkeit alkoholisierter Verkehrsteilnahme. Der Unfall in alkoholisiertem Zustand 1994 wurde nicht problembewußt
aufgearbeitet. Dieser unreflektierten Haltung entsprechend fehlen bei Herrn B. auch
realistische Verhaltensvorsätze, wie er künftig Fahrten im alkoholisierten Zustand
vermeiden will.

4. Rückmeldung an den Klienten

Die Explorationsdaten zeigen in Verbindung mit den auffälligen Befunden aus den
Persönlichkeitsverfahren deutlich eine erhöhte Rückfallgefährdung auf. Herr B. wird
darüber in einem Problemgespräch informiert und auf die Möglichkeit hingewiesen,
sich in einem speziell für alkoholauffällige Kraftfahrer konzipierten Nachschulungskurs mit seinen Vorfällen intensiver auseinanderzusetzen, um so seine Eignungsvoraussetzungen entscheidend zu verbessern.

5. Gutachten

Wenige Tage nach der Untersuchung erhält die zuständige Verkehrsbehörde ein ver-
kehrspsychologisches Gutachten. Dieses beinhaltet eine zusammenfassende Darstellung des Explorationsgespräches mit Herrn B., eine Beschreibung seiner Leistungsbe-
funde sowie einen Persönlichkeitsteil, in welchem die Ergebnisse der Fragebogenverfahren sowie die aus der Exploration gezogenen Schlußfolgerungen dargestellt werden. Daraus resultiert dann folgende gutachterliche Stellungnahme:

Die kraftfahrspezifischen Leistungsfunktionen weisen mäßige Schwächen im Bereich
der verkehrsspezifischen Überblicksgewinnung sowie im Reaktionsverhalten in Einfachwahlsituationen auf, sind in den übrigen Bereichen aber durchschnittlich bis überdurchschnittlich ausgeprägt, so daß insgesamt eine ausreichende kraftfahrspezifische
Leistungsfähigkeit ableitbar ist.
   Ebenso sind die intellektuellen Voraussetzungen gegeben.
   Eignungsausschließenden Charakter hat hingegen die Befundlage zur Persönlichkeit: Einerseits ist im Rahmen einer gruppenabhängigen und sozial wenig eigenständigen Grundhaltung eine deutliche und nach wie vor aktuelle Neigung des Untersuchten
ableitbar, immer wieder sozialen Trinkzwängen zu unterliegen und dann vermehrt Al-
kohol zu konsumieren. Andererseits fehlt auch eine reflektierte und problembewußte
Aufarbeitung der Vorfälle im Straßenverkehr, wodurch sich der Untersuchte selbst die
Möglichkeit nimmt, aus seiner Vorgeschichte zu lernen und sein Verhalten entschei-

dend zu ändern. In Verbindung mit fehlenden Lösungsstrategien für künftige Trink-Fahr-Konflikte ist somit insgesamt das Rückfallrisiko hinsichtlich weiterer Alkoholauffälligkeiten im Straßenverkehr derart stark erhöht, daß die nötige Bereitschaft zur Verkehrsanpassung nicht in ausreichendem Maße vorhanden ist.

In Anbetracht dieser Gesamtbefundlage ist somit Herr Markus B. vom Standpunkt verkehrspsychologischer Begutachtung zum Lenken von Kraftfahrzeugen der Gruppen A und B derzeit nicht geeignet.

Bemerkung: Da die Eignungshindernisse im Einstellungs- und Persönlichkeitsbereich liegen, könnten durch die erfolgreiche Teilnahme an einem Nachschulungskurs für alkoholauffällige Kraftfahrer die Eignungsvoraussetzungen so weit verbessert werden, daß im Anschluß daran eine zunächst befristete Wiedererteilung der Lenkerberechtigung in Betracht käme.

6. Nachschulungskurs

Dieser Empfehlung entsprechend erhält Herr B. wenige Wochen danach von der Verkehrsbehörde einen Bescheid, in welchem ihm die Absolvierung eines Nachschulungskurses (*Driver Improvement*-Kurses) für alkoholauffällige Kraftfahrer (s. Panosch, 1994) als Auflage für die Wiedererteilung der Lenkerberechtigung mitgeteilt wird.

Der Nachschulungskurs umfaßt insgesamt 6 Sitzungen à 3 Stunden und erstreckt sich über einen Zeitraum von 6 Wochen. Die Durchführung erfolgt in einer Gruppe von 10 alkoholauffälligen Kraftfahrern unter der Leitung einer Psychologin. Im Rahmen des Kurses werden Gruppendiskussionen, Erfahrungsaustausch, gezielte Übungen während und zwischen den Kurssitzungen sowie Informationsvermittlung eingesetzt.[15]

Im Zuge der Kursanmeldung unterschreibt Herr B. einen Teilnahmevertrag und verpflichtet sich damit zur Einhaltung bestimmter Regeln, wie pünktliches und regelmäßiges Erscheinen zu allen Kurssitzungen in nüchternem Zustand, aktive Mitarbeit und Bearbeitung allfälliger Aufgaben etc. Zu Kursbeginn schließt sich Herr B. zunächst der Auffassung der meisten Teilnehmer an, daß die Nachschulungsmaßnahme eine Schikane sei und daß Diskutieren ohnehin „nichts bringe". Mit der Gefahr eines neuerlichen Rückfalles habe er sich bislang nicht beschäftigt.

Durch die vertiefte Auseinandersetzung mit dem Thema Alkohol und Autofahren während des Kurses kommt es zu einer verbesserten Selbstbeobachtung und -reflexion. Dadurch werden bei Herrn B. wesentliche Einsichten als Ansatzpunkte für Veränderungsprozesse ermöglicht:

---

[15] Zur Effizienz des *Driver Improvement* s. Michalke, Barglik-Chory & Brandstätter (1987).

- Herr B. bemerkt, daß seine Trinkgewohnheiten seit vielen Jahren unverändert geblieben sind. Dies wird deutlich durch die Protokollierung seiner Alkoholkonsummengen parallel zum Kursbesuch und der Besprechung des „Alkohollebenslaufes".
- Herr B. stellt seine bisherige Überzeugung, er könne die Auswirkungen von Alkohol auf sein Verhalten stets richtig einschätzen und kontrollieren, in Frage. Dazu kommt es nach Aufzeigen von Widersprüchen und Lücken bei den Berichten über seine Vorfälle bzw. durch seine gezieltere Beobachtung von alkoholisierten Personen sowie durch Informationen und Filme.
- Herr B. erkennt den Zusammenhang zwischen seiner Alkoholisierung und dem von ihm verursachten Verkehrsunfall: Er sieht ein, daß er in alkoholisiertem Zustand leichtsinniger wird, weniger überlegt handelt und seine Leistungsfähigkeit überschätzt. Hier sind vor allem die Besprechung der Alkoholvorfälle anderer Kursteilnehmer hilfreich sowie die Diskussion der Gemeinsamkeiten aller Vorfälle.
- Herrn B. wird klar, daß die Trinkanlässe bei den beiden behördlich registrierten Alkoholvorfällen für ihn ganz typisch und wesentlicher Bestandteil seiner Freizeitgestaltung sind; andere Interessen oder Freizeitgewohnheiten hat er nicht. Gruppendiskussionen, seine Deliktdarstellungen sowie die Besprechung von Trinksituationen führen ihm dies vor Augen.
- Herrn B. wird bewußt, daß er in Gesellschaft vermehrt Alkohol trinkt, um lockerer und gesprächiger zu werden und um dazuzugehören. Er bemerkt auch, daß seine Sozialkontakte generell eher oberflächlich sind und er persönliche Dinge mit niemandem besprechen kann. Die Auseinandersetzung mit den Gründen für Alkoholkonsum sowie Rollenspiele zu Trinksituationen in der Gruppe leisten dazu einen wesentlichen Beitrag.
- Herr B. sieht ein, daß seine Absicht, nach Alkoholkonsum das „Auto einfach stehen zu lassen", unzureichend ist. Dies erkennt er bei der Besprechung der Rückfälle, da viele Kursteilnehmer mit diesem Vorsatz bereits gescheitert sind. In Kleingruppen werden für verschiedenste Situationen praktikable Pläne zur Vermeidung künftiger Alkoholfahrten ausgearbeitet und im Plenum diskutiert.
- Mit zunehmender Vertrautheit und Betroffenheit sowie durch gezielte Interventionen seitens der Kursleiterin beginnt Herr B., sich stärker mit persönlichen Erfahrungen und Einschätzungen an den Gruppendiskussionen zu beteiligen; er schließt sich weniger häufig Wortführern an und vertritt mitunter auch einen Minderheitsstandpunkt.

In einer abschließenden Kursbilanz stellt Herr B. fest, daß ihm der Kurs entgegen ursprünglichen Erwartungen „etwas gebracht hat". Er habe klarere Vorstellungen von den Alkoholwirkungen entwickelt, habe erstmals die Vorfälle genauer und kritisch betrachtet und vor allem am Beispiel anderer Kursteilnehmer gesehen, was alles passieren kann. Er werde zwar auch in Zukunft nicht völlig auf den Alkohol verzichten, doch würde er bei diesen Anlässen dann sein Fahrzeug zu Hause lassen. Die Gefahr einer neuerlichen alkoholisierten Verkehrsteilnahme schätzt Herr B. zwar gering ein, völlig ausschließen könne er dies jedoch nicht.

7. Fallabschluß

Nachdem Herr B. die Kursregeln eingehalten hat, wird die Verkehrsbehörde über die Kursabsolvierung mittels Bestätigung informiert. Seinem Antrag auf Wiederausfolgung des Führerscheins wird nun stattgegeben. Der Führerschein wird zeitlich befristet erteilt, unter anderem auch, um Herrn B. das Gefühl verstärkter externer Kontrolle zu vermitteln. Innerhalb der beiden ersten Jahre nach dem Kurs werden bei der Verkehrsbehörde keine durch Herrn B. verursachten Auffälligkeiten im Straßenverkehr bekannt.

Literatur

Bukasa, B., Kisser, R. & Wenninger, U. (1990). Computergestützte Leistungsdiagnostik bei verkehrspsychologischen Eignungsuntersuchungen. *Diagnostica, 36,* 148-165.

Bukasa, B. & Wenninger, U. (1986a). *M30 Nonverbaler Matrizentest - Manual.* Wien: Kuratorium für Verkehrssicherheit.

Bukasa, B. & Wenninger, U. (1986b). *Q1 Test zur Erfassung der Aufmerksamkeit unter Monotonie -. Manual.* Wien: Kuratorium für Verkehrssicherheit.

Bukasa, B. & Wenninger, U. (1986c). *LL5 Linienlabyrinth-Test. Test zur Erfassung der visuellen Strukturierungsfähigkeit - Manual.* Wien: Kuratorium für Verkehrssicherheit.

Bukasa, B. & Wenninger, U. (1986d). *TT15 Tachistoskop-Test. Test zur Erfassung der Überblicksgewinnung - Manual.* Wien: Kuratorium für Verkehrssicherheit.

Bukasa, B. & Wenninger, U. (1986e). *RST3 Test zur Erfassung der reaktiven Belastbarkeit - Manual.* Wien: Kuratorium für Verkehrssicherheit.

Bukasa, B. Wenninger, U. & Brandstätter C. (1990). *Validierung verkehrspsychologischer Testverfahren.* Kleine Fachbuchreihe des *Kuratoriums für Verkehrssicherheit, 25.* Wien: Literas.

Hutter, M., Bukasa, B., Wenninger, U. & Brandstätter, C. (1995). *Der Verkehrsbezogene Persönlichkeitstest Version 2 (VPT.2) - Testhandbuch.* Wien: Kuratorium für Verkehrssicherheit.

Kisser, R. & Wenninger, U. (1983). *Computerunterstütztes Testen im Rahmen der Fahreignungsdiagnostik (Act & React Testsystem ART 90).* Kleine Fachbuchreihe des *Kuratoriums für Verkehrssicherheit, 20.* Wien: Kuratorium für Verkehrssicherheit.

Lesky, J. & Krainz, D. (1995). Der Senso-Test. Ein Verfahren im Rahmen der verkehrspsychologischen Leistungsdiagnostik. Graz: Kuratorium für Verkehrssicherheit

Michalke, H., Barglik-Chory, C. & Brandstätter, C. (1987). *Effizienzkontrolle von Gruppentrainingsmaßnahmen für alkoholauffällige Kraftfahrer - Driver Improvement.* Wien: Kuratorium für Verkehrssicherheit.

Panosch, E. (1994). *Dokumentation der Kursmodelle Driver Improvement/Nachschulung in Österreich.* Wien: Kuratorium für Verkehrssicherheit.

Schmidt, L. (1986a). *FRF - Fragebogen für Risikobereitschaftsfaktoren - Testhandbuch.* Wien: Kuratorium für Verkehrssicherheit.

Schmidt, L. (1986b). *VIP - Verkehrsspezifischer Itempool - Testhandbuch.* Wien: Kuratorium für Verkehrssicherheit.

12.

Therapieindikation bei sexuellem Mißbrauch eines Kindes - Der Stiefvater Herr L., 33 Jahre

Günther Deegener

Homburg/Saar

Die *Abteilung für Kinder und Jugendliche* der Universitäts-Nervenklinik/Psychiatrie und Psychotherapie in Homburg/Saar führt ambulant und stationär psychologische Diagnostik sowie Psychotherapie bei Kindern und Jugendlichen im Alter von drei bis 18 Jahren durch. Im Kindesalter liegen die Schwerpunkte bei Lernstörungen, hyperkinetischem Syndrom, Verhaltensstörungen, emotionalen Störungen, Entwicklungsdefiziten und Teilleistungsstörungen, im Jugendalter bei psychosomatischen Störungen, Adoleszentenkrisen, Neurosen, Psychosen sowie dissozialen Störungen. Als Spezialgebiet wird der Bereich von Gewalt in Familien bzw. Kindesmißhandlungen betrachtet. Außerdem werden Gutachten, unter anderem zur Glaubwürdigkeit, zu Sorge- und Besuchsrechtsregelungen sowie zur Verantwortungsreife, durchgeführt.

Der Stiefvater Herr L., 33 Jahre

1. Vorbemerkung: Psychosoziale Versorgung sexueller Mißbraucher

Im gegebenen psychosozialen Versorgungsgebiet finden sich kaum HelferInnen, welche die Therapie von sexuellen Mißbrauchern übernehmen. TherapeutInnen, die mit mißbrauchten Kindern und Jugendlichen arbeiten, sind meist überlastet. Familienorientierte Therapie bei innerfamiliärem sexuellen Mißbrauch wird häufig als kontraindiziert angesehen. Dies bedingte im vorliegenden Fall, daß die Behandlung der Familienmitglieder im Rahmen der genannten Ambulanz einer Kinder- und Jugendpsychiatrie (bei zusätzlicher zweimaliger stationärer Aufnahme der Tochter) durch ein und dieselbe Person erfolgte und im überlasteten Terminkalender „notfallmäßig" eingeschoben wurde.

2. Vorgeschichte

Die 14jährige Karin L. fiel ihrer Lehrerin schon längere Zeit u.a. wegen Schnittwunden an den Armen, sozialem Rückzug, depressiver Stimmung und krassem Abbau der Schulleistungen in der (Gesamt-) Schule auf. Sie sprach Karin häufiger darauf an, woraufhin diese immer nur eine schroff-abweisende Haltung zeigte. Als dann Karin eines Tages mitten im Unterricht weinend aus der Klasse lief, ging die Lehrerin ihr nach, und Karin offenbarte ihr, daß der Stiefvater sie seit Jahren sexuell mißbrauchen würde, und bat sie gleichzeitig, darüber niemandem etwas zu berichten. Dennoch schaltete die Lehrerin das Jugendamt ein. Dieses konfrontierte die Eltern mit dem Vorwurf, wobei Herr L. zunächst alles abstritt und Frau L. meinte, daß ihre Tochter in ein Heim solle, bis die Lügen aus der Welt geschaffen worden seien. Erst in weiteren Einzelgesprächen gestand Herr L. gegenüber dem Jugendamt einige Vorwürfe ein.

3. Fragestellungen

Das Jugendamt stellte folgende Fragen an die Klinik:

1. kann überhaupt eine Diagnostik von einem sexuellen Mißbraucher durchgeführt werden
2. wenn ja, kann dabei herausgefunden werden, ob durch Herrn L. auch andere Kinder inner- oder außerhalb der Familie mißbraucht wurden
3. kann Herr L. in Therapie übernommen werden und wie hoch wird das Rückfall-Risiko eingeschätzt
4. bestehen gleichzeitig Möglichkeiten, die Behandlung von Tochter und Ehefrau zu übernehmen.

Wenn der Stiefvater sich als therapiemotiviert/-fähig erweisen und vorübergehend aus der Wohnung ausziehen würde, wollte das Jugendamt von einer Strafanzeige absehen. Zu dieser Entscheidung trug mit bei, daß Karin ihre Aussage im Nachhinein als Lüge hinstellte, jeglichen Kontakt zu HelferInnen abblockte, weiter nicht wünschte, daß der Stiefvater auszog, auch selbst nicht vorübergehend, zum Beispiel in eine therapeutische Wohngruppe gehen wollte sowie Frau L. keine Trennung von ihrem Mann wünschte.

4. Einschätzung vor der Erstbegegnung

In der BRD werden meist noch äußerst grobe Klassifikationen und ätiologische Modelle über sexuelle Mißbraucher verwendet, mit der Folge von unzulänglichen Therapiekonzepten sowie undifferenzierten (meist negativen) Annahmen über Rückfallgefährdung und Therapierbarkeit. Dies führt dazu, daß eine „punktuell-dualistische, individuumzentrierte" diagnostische Festlegung auch bei familienorientierter Behandlung eines sexuellen Mißbrauchers erwartet wird, also: „Besteht *jetzt* bei *ihm* Rückfallgefährdung, *ja oder nein*". Dagegen wird hier die Meinung vertreten, daß a) psychologisch-diagnostische und -therapeutische Prozesse sich während der gesamten Behandlung überlagern, b) bei innerfamiliärem sexuellem Mißbrauch zum Beispiel die Rückfallgefährdung des Mißbrauchers während der gesamten Therapie immer wieder neu einzuschätzen ist vor dem Hintergrund u.a. der jeweiligen familiären Psychodynamik und Persönlichkeitsentwicklungen der Familienmitglieder.

Die Konflikte von Karin erscheinen typisch im Rahmen von familiärem sexuellem Mißbrauch. Unerwartet ist dagegen beim Vergleich mit anderen sexuellen Mißbrauchern das frühe (Teil-)Geständnis des Stiefvaters. Anfängliche Leugnung und Heim-Unterbringungswünsche von Müttern sind nicht selten und müssen verstanden werden im Rahmen deren eigener aktuellen Konflikte sowie jeweiligen Biographie und Persönlichkeit.

5. Erstgespräch mit Herrn L.

Herr L. wirkte bei der Erstbegegnung (aber auch im weiteren Verlauf) extrem unsicher und psychomotorisch unruhig, nahm kaum Blickkontakt auf, errötete sehr häufig, sprach sehr schnell und aufgeregt, pendelte hin und her zwischen einer meist etwas unterwürfigen Haltung sowie gelegentlichen aggressiv vorgetragenen Vorwürfen gegenüber Tochter und Jugendamt; auch tendierte er zu Schuldabweisungen und Verharmlosungen. Im „konfrontativen" Erstgespräch, im Sinne von Hilfestellungen zur Verantwortungsübernahme des sexuellen Mißbrauchs (vgl. Trepper & Barrett, 1991; Fürniss, 1991 und 1993; Gurris, 1993; Richter-Unger & Bruder, 1993; Deegener, 1995a), gelang es unerwartet schnell, die Abwehrhaltungen von Herrn L. abzubauen: Vor vier Jahren habe er angefangen, seine Tochter häufiger in den Arm zu nehmen und am ganzen Körper zu streicheln, auch im Genitalbereich. Später habe er ihr auch Zungenküsse gegeben, die sie von sich aus erwidert hätte. Schließlich sei es auch „zum Vollzug des Geschlechtsverkehres" gekommen, wobei der „Auslöser" gewesen sei, daß sie „von sich aus" den Stiefvater manchmal masturbiert habe. Geschlechtsverkehr sei über etwa zwei Jahre erfolgt, „in unregelmäßigen Abständen - mal Wochen, da war gar nichts, auch manchmal, wo es mehrmals in der Woche vorkam". Er habe zu seiner Tochter gesagt, daß „das dazugehören tät", „Liebe wäre", „ich sie gerne hätte". Außerdem solle sie niemandem etwas verraten, „aber speziell nicht gedroht - das Kind hat von sich aus heraus gewisse Scheu, 'was zu erzählen." Immer wieder habe er sich „schwere Vorwürfe" gemacht, sich gesagt, „das geht nicht", und auch mit der Tochter gemeinsam überlegt, „wie wir es machen, daß es nicht mehr vorkommt - nur noch nahe liegen und schmusen, mehr nicht". Es sei aber „immer wie ein gewisser Drang" gewesen: Obwohl er nicht „direkt darauf zugearbeitet" habe, sei es „halt geschehen, wenn: Kind zu Hause und Frau weg". Herr L. hofft, daß er seiner Tochter „keinen bleibenden Schaden zugefügt" habe, und „daß ich im Nachhinein wiedergutmachen kann - hab' auch nichts bestritten bei Ihnen." Weiter findet er es „einen sehr mutigen Schritt" von seiner Tochter, sich der Lehrerin anvertraut zu haben („ich selbst hätte es vielleicht nicht geschafft"), macht dieser aber auch Vorwürfe, sich nicht an die Schweigeverpflichtung der Tochter gehalten zu haben. Die Ursachen zum sexuellen Mißbrauch sieht Herr L. „in der Befriedigung im sexuellen Bereich", er habe seine Tochter „im Moment als Frau gesehen". Er habe zwar auch noch Geschlechtsverkehr mit seiner Frau gehabt, aber nur selten, weil die durch Kaiserschnitt erfolgte Geburt des jetzt 4jährigen leiblichen Sohnes noch heute bei der Ehefrau zu Beschwerden führen würde. Parallel seien sexuelle Phantasien auf seine Tochter immer stärker geworden, aber zum Teil auch gegenüber anderen, fremden Kindern (Mädchen) aufgetreten. Er würde selten Pornofilme (keine Kinderpornographie) ansehen, seine Frau wolle das nicht, „ich würde mehr sehen". Sexueller Mißbrauch mit anderen Kindern wird verneint, aber bereits im Heranwachsendenalter zeitweise aufgetretene Masturbationsphantasien auf jüngere Kinder (Mädchen) bejaht.

Bewertung:

Im Rahmen der „Konfrontation" ist Herr L. im Vergleich mit anderen Mißbrauchern relativ leicht zur Verantwortungsübernahme zu führen, d.h., er gibt Mißbrauchshandlungen an, bejaht sexuelle Phantasien auf Kinder sowie das Anschauen von Pornofilmen, schildert seine Strategien der Überredung und Suche nach Gelegenheiten zum sexuellen Mißbrauch, deutet Überlegungen zur Schweigeverpflichtung der Tochter an, schien sich über die Unrechtmäßigkeit im Klaren gewesen zu sein, spricht von Schuldgefühlen und Schadenszufügung der Tochter sowie Wiedergutmachungswünschen, macht seiner Tochter keine Vorwürfe über ihre Offenlegung des Mißbrauchs. Natürlich sind diese Angaben, Haltungen und relative Offenheit von Herrn L. zu hinterfragen, zumal er auch Schuld auf die Ehefrau und Tochter verschob, das Ausmaß des Mißbrauchs immer wieder auch leugnete und verharmloste sowie übermäßig bemüht war, einen „guten" Eindruck zu hinterlassen. Von der Persönlichkeit her wirkte Herr L. extrem selbstunsicher, gehemmt, fast unterwürfig, gelegentlich reaktiv aggressiv, wobei es nicht so schien, daß dabei seine Scham und Angst in der Erstbegegnung ausschlaggebend waren. Es ist zu vermuten, daß Herr L. Beziehungen sehr stark sexualisiert sowie über sexuelle Potenz auch das Gefühl sozialer Potenz und gesteigerten Selbstwertes zu gewinnen versucht. Zu beachten ist die verzerrte Wahrnehmung seiner

Tochter „als Frau" und die Aussage, gemeinsam mit dieser eine Entscheidung gesucht zu haben, wie der Mißbrauch beendet werden könnte.

6. Anamneseauszug

In der nachfolgenden Anamneseerhebung gibt Herr L. an, daß sein Vater mittlerer Beamter gewesen sei, ein „Gemütsmensch", viel außer Haus aufgrund von Vereinstätigkeiten („hat wenig Zeit für uns aufgebracht, war ziemlich die ganze Woche weg"). Zur Beziehung zu seinem Vater gibt Herr L. stockend an: „Ja - er war mein Vater, aber - manchmal zu ihm aufgeblickt, er war erfolgreich, - aber als Kind, da war es mehr die Mutter und Großmutter - aber geliebt, nee -". Die Mutter sei Hausfrau, „sehr ordentlich, von meiner Warte aus übertrieben". Sie sei „Respektsperson" gewesen, habe regelmäßig bei den Hausaufgaben geholfen, aber mit ihr „spielen, nee, sehr selten, ich war im Garten, Wald, Schlittenfahren." An Schmusen und in den Arm nehmen der Mutter könne er sich nicht erinnern, „wohl mal auf dem Schoß der Oma sitzen, hab' sehr viel Zeit mit der Oma verbracht." Einen Kindergarten hatte Herr L. nicht besucht. An die Grundschulzeit habe er nur „dunkle Erinnerungen", er sei nicht gerne in die Schule gegangen. Es sei dann der „Entschluß der Mutter, nicht meiner" gewesen, auf das Gymnasium zu gehen. Deswegen habe er in ein Internat gemußt, wo er sich überhaupt nicht wohl gefühlt und „keinen Menschen gekannt" habe. Er sei dann zwei Mal nicht versetzt worden. Für die Eltern sei dies „katastrophal" gewesen, sie hätten ihn einen „faulen und dummen Hund u.ä." beschimpft. Er sei dann wieder nach Hause gekommen, habe die Hauptschule abgeschlossen und sich dann „hochgearbeitet" zum Meister. An sexuelle Aufklärung könne er sich „nur dunkel" erinnern, zu Hause habe er auf Fragen keine Antworten bekommen, in der Schule sei sie nicht erfolgt, er sei letztlich „durch Bekannte auf der Straße aufgeklärt". Eine erste Freundin habe er „ziemlich spät" kennengelernt, und zwar „kurz vor meiner Frau - war aber mehr platonisch". Seine Frau sei damals noch verheiratet gewesen, nach deren Scheidung habe er zum ersten Mal in seinem Leben „mit einer Frau geschlafen". An seiner Frau würde er Ehrlichkeit und Zärtlichkeit lieben, und daß sie in „Krisensituationen", wie der jetzigen, zu ihm halte. In bezug auf Sexualität habe die Ehe „keine Wünsche offengehalten, bis der Bub auf die Welt kam". Über Probleme würden sie wenig sprechen, „wir arbeiten beide, reden über den Beruf." Konflikte gebe es in letzter Zeit deswegen, weil seine Frau zu viel trinken würde. Die Freizeit würde man mit fernsehen verbringen, oft auch Brettspiele machen, aber dabei könne er sehr schwer verlieren.

Bewertung:
Die Kindheit von Herrn L. scheint dominiert durch emotionale Vernachlässigung, Gefühle des Versagens und der Minderwertigkeit sowie Ängsten vor Verlassenwerden. Es ist zu vermuten, daß Herr L. dem regressiven sexuellen Mißbraucher (Groth, 1978a, b, 1982) mit eher nicht-sexueller Motivation (Simkins, Ward, Bowman,

Rink & De Souza, 1990) und von interpersonalem Typ (Knight, Carter & Prentky, 1989; Knight & Prentky, 1990 und 1993), bei passiv-abhängiger Beziehung zur Ehefrau (Groth, 1982) und dem Charakteristikum einer Inzest-Familie mit „Zuneigungs-Mißbrauch" (Larson & Maddock, 1986) bzw. dem endogamischen Typ (Hirsch, 1987) zuzurechnen ist - aber es finden sich auch Anteile fixierter Mißbraucher (z.B. Hinweise auf primäre sexuelle Orientierung auf Kinder/Mädchen). Diese Klassifizierung spricht für die Verantwortbarkeit einer ambulanten Behandlung unter spezifischen Bedingungen, zumal sich (bisher) keine Hinweise fanden auf: körperliche Gewaltanwendung beim sexuellen Mißbrauch; körperliche Mißhandlung von Ehefrau und Kindern; Alkohol-/Drogenabusus; weitere kriminelle Delikte; *Borderline*-Persönlichkeit; Psychose; hirnorganische Dysfunktionen. Auch wurden keine weiteren sexuell devianten Verhaltensweisen (welche häufiger als allgemein angenommen auftreten: vgl. Abel, Osborne & Twigg, 1993; Ryan, Misyoshi, Metzner, Krugman & Fryer, 1996) bekannt, wobei aber die frühen sexuellen Phantasien auf Kinder (Mädchen) - im Rahmen mangelnder Sexualaufklärung - sowie der Konsum von Pornographie zu beachten sind: in bezug auf Konditionierungen und spezifische Stimulus-Kontrollen von devianten sexuellen Phantasien (vgl. Deegener, 1980 und 1990; Barbaree, 1990). Weiter ergaben sich folgende Hypothesen: Herr L. erlebt seine Tochter wie eine Pseudo-Erwachsene; sie dient als Substitut für eine konflikthafte Ehebeziehung, wobei Sexualität zum Kind im Dienste von (unreifen) Wünschen nach Zuneigung, Körperkontakt und Bestätigung steht und die eigene emotionale Bedürftigkeit auf die Tochter projiziert wird. Zu vermuten ist auch eine Stieftochter, welche ihm den Eindruck emotionaler Bedürftigkeit vermittelt und eher selbstunsicher, ängstlich und kontaktarm ist. Herr L. wird sich ihr gegenüber sicher, überlegen und kontrollierend empfinden, im Gegensatz zu seinen Erfahrungen aus Kindheit/Jugend gegenüber männlichen Gleichaltrigen sowie Mädchen/Frauen. Konflikten und Streßsituationen gegenüber empfindet sich Herr L. als eher hilflos und ausgeliefert, verbunden mit mangelnden Möglichkeiten von Streß- und Problembewältigung. Er sucht in seiner Frau einerseits eher mütterliche Bestätigung als ich-starke Partnerin, andererseits aber auch eher eine „schwache" Hilfsbedürftige, gegenüber der er sich relativ überlegen fühlen kann, die von ihm abhängig ist und ihn deswegen nicht verläßt. Mangelnde soziale Kompetenz führte zum sozialen Rückzug, narzißtische Befriedigung wird nur in der Familie gesucht. In die Partnerschaft bringt Herr L. wohl eher repressiv-rigide Sexualnormen und patriarchalische Einstellungen zu den Geschlechterrollen ein.

7. Testpsychologische Ergebnisse

Zur Ergänzung und Kontrolle dieser Hypothesen und den damit verbundenen Hinweisen zu Rückfallgefährdung einerseits und Interventionsschwerpunkten andererseits wurden die folgenden, im Rahmen der Erstbegegnungen Herrn L. vorgelegten psychologisch-diagnostischen Verfahren (inklusive einzelner Forschungsinstrumente) zur Erfassung von Persönlichkeitsmerkmalen durchgeführt - sie beziehen sich auch auf psychoanalytische Konzeptbildungen und sind auch spezifisch bei sexuellen Mißbrauchern relevant:

- FPI-R *(Freiburger Persönlichkeitsinventar - Revision)*
- TPF *(Trierer Persönlichkeitsfragebogen)*
- *Gießen-Test* (Selbstbild; Fremdbild bezüglich der Ehefrau)
- MSI *(Multiphasic Sex Inventory;* Deegener, 1996)[1]
- „Fragebogen zur Geschlechterrollenorientierung" (Schwarz, 1987)[2]
- „Fragebogen zur Erfassung der kognitiven Verzerrungen von sexuellen Mißbrauchern" (Abel & Becker, 1988)[3]

Der Einsatz von Forschungsinstrumenten beim psychologischen Diagnostizieren wird hier folgendermaßen begründet (abgesehen vom fast völligen Mangel an spezifischen Tests im Rahmen von sexuellem Mißbrauch): Schwarz (1987) fand mit seinem Fragebogen heraus, daß „je weniger ein Mann Frauen die gleichen Rechte und Freiheiten zugesteht wie Männern, desto höher ist auch seine Akzeptanz von opferfeindlichen Vorstellungen über Vergewaltigung und Mißhandlung in der Ehe." Und solche, im Rahmen des Sozialisationsprozesses erworbenen „kognitiven Verzerrungen" finden sich immer wieder in sehr ausgeprägtem Ausmaß (auch) bei sexuellen Mißbrauchern gegenüber ihren Opfern; sie bedürfen einer exakten Erfassung sowie Durcharbeitung und Korrektur (z.B. mittels Empathie-Training, Rollenspiele, Informationen). Da sie

---

[1] Der MSI dient insbesondere der Erfassung psychosexueller Merkmale bei erwachsenen männlichen Mißbrauchern und Vergewaltigern. Die inhaltliche Gültigkeit der deutschen Version wurde durch Experten-*Rating* überprüft, wobei insgesamt hohe Übereinstimmungen zwischen den Beurteilern bestanden, welches Item zu welchem Subtest bzw. welcher Skala gehört. Zahlreiche Untersuchungen wurden durchgeführt bezüglich der Gegenüberstellung von Vergewaltigern, sexuellen Mißbrauchern und Vergleichsgruppen (auch z.B.: vor *vs.* nach Behandlung; leugnenden *vs.* nicht leugnenden, extra- *vs.* intrafamiliären Mibrauchern; Mißbrauchern von Jungen *oder* Mädchen *vs.* Mißbrauchern von Jungen *und* Mädchen) mit insgesamt sehr positiven Ergebnissen zur Validität des MSI. Verschiedene Untersuchungen zur inneren Konsistenz sowie zur *Retest*-Reliabilität weisen auf zufriedenstellend reliable Messungen hin. Es zeigte sich auch, daß der MSI recht unabhängig ist vom Alter, *IQ* und Bildungsniveau. Im Gegensatz zu den amerikanischen Normen liegen bei der deutschen Version nur Grobnormen für Vergewaltiger und sexuelle Mißbraucher vor, da es äußerst schwierig war, Klienten für die Erstellung von Normen zu gewinnen. Für die Vergleichsgruppe der männlichen Medizinstudenten kann aufgrund bisheriger Pilot-Untersuchungen hinreichende Repräsentativität angenommen werden.
[2] Dieses Forschungsinstrument (für männliche Tpn) besteht aus der Skala *Restriktion gegenüber Frauen* - 20 Fragen, z.B.: „Eine Frau sollte nicht erwarten, die gleiche Handlungs- und Bewegungsfreiheit zu haben, wie ein Mann" - und der Skala *Opferfeindlichkeit bei Vergewaltigung* - 20 Fragen, z.B.: „Oft fordern Frauen eine Vergewaltigung durch ihre äußere Erscheinung oder ihr Verhalten heraus". Grobnormen (255 Erwachsene) dazu stammen Gögelein (1995) und Merkel (1995).
[3] Dieser Fragebogen besteht aus 29 Fragen - z.B.: „Ein Kind von 13 Jahren (oder jünger) kann selbst entscheiden, ob es Sex mit Erwachsenen haben möchte oder nicht". Grobnormen (255 Erwachsene) dazu stammen Gögelein (1995) und Merkel (1995).

weiters als Rechtfertigung des sexuellen Mißbrauchs dienen, spielen sie eine bedeutsame Rolle im Rahmen der Rückfall-Prophylaxe und dem Konzept der „scheinbar irrelevanten Entscheidungen" (s. Deegener, 1995a; S. 105ff.).

Im FPI-R erzielt Herr L. in der Skala *Offenheit* einen exakt durchschnittlichen Standardwert *(SW)* von 5. Ein hoher Wert findet sich in der Skala *Gehemmtheit (SW =* 8) - ansonsten liegen die Standardwerte in allen anderen Skalen im Normbereich.

Bewertung:

Insgesamt gesehen ergibt sich so ein recht unauffälliges, unerwartet positives Persönlichkeits- (Selbst-) Bild, wobei die Einstufungen in Richtung auf „gehemmt", „unsicher" und „kontaktunfähig" mit der Verhaltensbeobachtung übereinstimmen.

Beim TPF finden sich in allen Skalen *T*-Werte zwischen 40 bis 60, wobei der höchste *T*-Wert (58) in der Skala *Seelische Gesundheit,* der niedrigste (42) in der Skala *Liebesfähigkeit* auftritt.

Bewertung:

Erneut resultiert ein recht unauffälliges Persönlichkeitsbild. Herr L. beschreibt sich einerseits - entgegen der Erwartung - als eher frei von Minderwertigkeitsgefühlen, durchsetzungsfähig und von guter körperlich-seelischer Verfassung sowie lebenszufrieden, andererseits beschreibt er sich - im Rahmen der Erwartung als: Kann sich schlecht in andere einfühlen, nimmt wenig Anteil am Leben von Freunden, ist wenig hilfsbereit/rücksichtsvoll, hat wenig Freunde, ist ungesellig/introvertiert und es fällt ihm schwer, anderen Menschen Liebe zu geben.

Im *Gießen-Test* ergeben sich in den Skalen *Soziale Resonanz* und *Soziale Potenz* erniedrigte *T*-Werte von 40 bzw. 36; in der Skala *Durchlässigkeit* findet sich ein *T*-Wert von 41. In den übrigen Skalen *(Dominanz, Grundstimmung, Kontrolle)* liegen *T*-Werte um 50 vor.

Bewertung:

Es ergeben sich erneut Hinweise darauf, daß Herr L. häufig narzißtisch frustriert wird, sich im Sozialkontakt unsicher fühlt und aufgrund eines negativen Selbstbildes (unattraktiv, unbeliebt) leicht zurückzieht, Gefühle eher unterdrückt, sich dabei eher (ur-)vertrauenslos/mißtrauisch gegenüber Mitmenschen verschließt und Frauen befangen-ängstlich, wenig liebesfähig begegnet. Bezüglich intrapsychischer Kontrolle, emotionaler Grundbefindlichkeit und Dominanzbedürfnis scheint Herr L. sich „normal" zu erleben, was als irreale Selbsteinschätzung angesehen wird. Im Fremdbild bezüglich der Ehefrau ergibt sich ein sehr paralleles Profil zum Selbstbild, allerdings in bezug auf die *Durchlässigkeit* ein geringerer *T*-Wert (35), d.h. Herr L. erlebt seine Ehefrau als noch verschlossener, mißtrauischer, „oral verstörter/deprivierter" als sich selbst. Im Rahmen der bisherigen Hypothesen ist zu vermuten, daß er mit seinen überhöht-neurotischen Erwartungen nach narzißtisch-mütterlicher Zuwendung wohl eher auf ein „Spiegelbild" mit gegebenenfalls noch größerer Bedürftigkeit nach Zuwendung trifft, wobei die Ehefrau seine Sucht nach Anerkennung über den Weg der sexuellen Potenz mit Widerwillen und Ablehnung beantwortet. Allerdings wird sie wohl Verlustängste/Enttäuschungen erleben, wenn sie Sicherheit/Geborgenheit erfahren möchte außerhalb der auf eine Sexual-Partnerin reduzierten Rolle.

In den „Validitäts-Skalen" des MSI findet sich zunächst ein sehr geringer Prozentrang von 5 in der Skala *Kognitive Verzerrungen und Unreife* beim Vergleich mit den Grobnormen für sexuelle Mißbraucher. Da etwa 50% aus der Vergleichsgruppe in dieser Skala einen höheren Wert aufweisen, wird angenommen, daß sich Herr L. bewußt als „reifer" darstellt und/oder seine „Unreife" nicht wahrnehmen kann. In der Skala *Rechtfertigung* weist der Prozentrang von 70 beim Vergleich mit sexuellen Mißbrauchern auf leicht erhöhte Tendenzen hin, die eigene Verantwortung für das sexuell deviante Verhalten auf andere/s zu verschieben. Dagegen entspricht der Testwert in der Skala *Behandlungs-Einstellung* einer recht hohen Therapiemotivation. Die Testwerte in den Skalen *Sexuelle Zwanghaftigkeit* und *Lügen-Skala: Sexueller Mißbrauch* liegen im Durchschnittsbereich.

Im Bereich „Verlaufs- und Verhaltensmuster sexueller Devianz" ergibt sich für den Subtest *Sexueller Mißbrauch an Kindern* ein Prozentrang von 60 beim Vergleich mit den Grobnormen sexueller Mißbraucher (nur 1% der Vergleichsgruppe erreichen einen entsprechend hohen Testwert). Die Testwerte in den einzelnen Teilaspekten („Phantasie", „Suchverhalten", „sexueller Angriff/Übergriff", „erschwerter sexueller Angriff", „Inzest") liegen ebenfalls jeweils im Durchschnittsbereich für sexuelle Mißbraucher, wobei Herr L. Inzest-Fragen bejaht und sexuellen Mißbrauch von Jungen verneint.

Im den Subtests *Atypisches Sexualverhalten* sowie *Sexuelle Dysfunktionen* finden sich in allen Teilaspekten („Fetischismus", „Voyeurismus", „obszöne Telefonanrufe", „Fesselung und Züchtigung", „Sado-Masochismus", „sexuelle Unzulänglichkeit", „vorzeitige Ejakulation", „physische Behinderung", „Impotenz") unauffällige Werte. Mit einem sehr hohen Prozentrang von 95 im „Wissen und Überzeugungen über Sexualität" weist Herr L. ein sehr gutes Wissen über anatomische und physiologische Fragen im Bereich der Sexualität auf.

Im Rahmen der Fragen zur „Sexual-Biographie" ergeben sich keine Auffälligkeiten in den Bereichen *Entwicklung der Geschlechtsrollen-Identität* und *Entwicklung der Geschlechtsrollen-Orientierung*. Im Bereich *Entwicklung im Rahmen der sexuellen Devianz* wird u.a. eigener sexueller Mißbrauch in der Kindheit verneint, und im Bereich *Entwicklung im Rahmen der Ehe* fällt nur auf, daß Herr L. bejaht: während der Ehe eine oder mehrere außereheliche Beziehungen gehabt zu haben.

Bewertung:

Weitgehend den bisherigen Befunden entsprechend, ergibt sich das Selbstbild einer eher unsicheren, kontaktunfähigen, wenig empathiefähigen Persönlichkeit bei insgesamt - im Vergleich zu anderen sexuellen Mißbauchern - relativ offener Beantwortung des MSI mit positiven Hinweisen zur Behandlungsmotivation, aber auch erhöhten Rechtfertigungstendenzen. Weitere psychosexuelle Störungen/sexuelle Deviationen werden verneint. Sexuelle Erregung gegenüber Jungen scheint nicht vorzuliegen. Zu beachten sind einige erneute Hinweise auf (bewußte) Selbstbeschönigungstendenzen, (unbewußte) Abwehr negativer Selbstbildaspekte und (kognitiv) irreale Selbsteinschätzungen.

Im „Fragebogen zur Geschlechterrollenorientierung" erzielte Herr L. in der Skala *Opferfeindlichkeit bei Vergewaltigung* einen Rohwert von 67 Punkten (mögliche Werte zwischen 20 und 120 Punkten; Mittelwert der untersuchten Stichprobe: 101 Punkte; 25. Percentilwert: 94 Punkte) sowie in der *Restriktionsskala* einen Rohwert von 73 (mögliche Werte zwischen 20 und 120 Punkten; Mittelwert: 93 Punkte; 25. Percentilwert: 88 Punkte). Im „Fragebogen zur Erfassung der kognitiven Verzerrungen von sexuellen Mißbrauchern" ergab sich ein erhöhter Wert von 56 Punkten (mögliche Werte zwischen 28 und 168 Punkten; Mittelwert der untersuchten Stichprobe: 45 Punkte; 75. Percentilwert: 53 Punkte).

Bewertung:

Damit kann für Herrn L. insgesamt gesehen auf „frauenfeindliche" Einstellungen geschlossen werden, also u.a. wenig Zustimmung zur Gleichberechtigung sowie hohe opferfeindliche, kognitiv verzerrte Haltungen. Dies weist einmal auf eine „typisch männliche" Sozialisation (Heiliger & Engelfried, 1995) hin, zum anderen erneut auf mangelnde Empathiefähigkeit, und weiter auch auf ein hierdurch entstehendes Gefühl vermeintlicher „männlicher" Überlegenheit und Stärke. Patriarchalische Rollenerwartungen in bezug auf „Versorgung" durch die Ehefrau sowie „Verfügbarkeit" der Ehefrau überlagern sich mit den unreifen Bedürfnissen nach mütterlicher Präsenz. Auf das narzißtisch bedürftige Paar bezogen wird der Versuch der wechselseitigen Komplettierung des eigenen fragmentarischen *Ich* zum Scheitern verurteilt sein und zu tiefgreifenden Enttäuschungen führen. Vermutet wird weiter eine Parentifizierung[4] der Tochter, was zum Beispiel in sehr hohen Erwartungen der Mutter in bezug auf Hilfe des Mädchens im Haushalt und Betreuung des Bruders seinen Ausdruck finden kann.

---

[4] der Elterngeneration zugehörig machen

8. Therapeutische Interventionen und weitere Diagnostik

Nach der *„akuten, krisenhaften Aufdeckungsphase"* erfolgte eine *„Phase der weiteren Aufdeckung und vertieften Verantwortungsübernahme"*, wobei auch gemeinsame Vereinbarungen zum therapeutischen Rahmen geschlossen wurden.

Mit Karin konnten dann erst sinnvoll, aufgrund des gewachsenen Vertrauens, psychologisch-diagnostische Verfahren durchgeführt werden. Im PFK 9-14 (*Persönlichkeitsfragebogen für Kinder zwischen 9 und 14 Jahren;* Seitz & Rausche, 1992)[5] ergab sich das folgende, im Rahmen der bisherigen Befunde/Hypothesen erwartungsgemäße Bild: Im Bereich der „Verhaltensstile" findet sich lediglich ein deutlich erhöhter Wert in der Skala *Zurückhaltung und Scheu im Sozialkontakt* (T-Wert von 67), bei grenzwertig erniedrigter *extravertierter Aktivität* (T-Wert von 41). Im Bereich „Motive" liegen in keiner Skala die T-Werte außerhalb < 40 oder > 60. Bei den „Selbstbild-Aspekten" finden sich erhöhte Werte bezüglich *Selbsterleben von allgemeiner (existentieller) Angst* (T-Wert von 70) und *Selbsterleben von Unterlegenheit (Minderwertigkeit) gegenüber anderen* (T-Wert von 64), verbunden mit erniedrigten Werten in der Skala *Selbstüberzeugung (hinsichtlich Erfolg und Richtigkeit eigener Meinungen, Entscheidungen, Planungen und Vorhaben)* (T-Wert von 32). Im *Problemfragebogen für 11- bis 14jährige* ergab sich, daß Karin in allen Problembereichen sehr viele Feststellungen bejahte und somit auch in stark erhöhtem Maße „Sicherheits-, Zugehörens- und Liebes- sowie Wertschätzungsbedürfnisse" äußerte. Dagegen konnte - laut Itemauswertung - nur auf ein geringes „Bedürfnis nach Selbstverwirklichung" (in Richtung auf Autonomie/Ablösung) geschlossen werden. Im Bereich „Bedürfnis nach Verstehen der Umwelt und Lebenssituation" bejahte sie: häufig ans Sterben zu denken, über den Sinn des Lebens zu grübeln sowie oft an die Zeit nach dem Tod zu denken, worin wohl ihre Suizidalität und Depressivität zum Ausdruck kommt.

Nachdem Herr L. gegenüber seiner Tochter (auch im Rahmen eines sog. Entschuldigungsrituals nach Trepper & Barrett, 1991) die volle Verantwortung übernommen hatte, konnte Karin sich gegenüber dem Therapeuten öffnen und ihrerseits den erlittenen Mißbrauch offenbaren. Frau L. wollte weiterhin keine Trennung von ihrem Mann; alle Familienmitglieder sprachen sich für eine familienorientierte Behandlung aus.

Es wurde vereinbart, daß der Stiefvater aus der Wohnung auszieht. Die Tochter wurde vorübergehend stationär aufgenommen (u.a. aufgrund der oben angeführten Suizidalität sowie der akuten, ausgeprägten Belastung der Mutter-Kind-Beziehung). Der Schwerpunkt der Interventionen wurde auf die Therapie von Herrn L. gelegt, wo-

---

[5] Die mit dem PFK 9-14 erfaßten Persönlichkeitsdimensionen stützen sich auf theoretische Überlegungen und empirischen Befunde. Die innere Konsistenz der einzelnen Skalen liegt zwischen $r = .65$ und $r = .79$. Es liegen vielfältige positive Ergebnisse zur Kriteriumsvalidität vor (z.B. zum Leistungs- und Sozialverhalten). Die Normierung erfolgte an 1227 Kindern.

bei Frau L. parallel regelmäßige Sitzungen angeboten wurden - zusätzliche Hilfe durch eine eigene Therapeutin lehnte sie ab. Je nach Bedarf waren Sitzungen unterschiedlicher Kombination (Ehepaar; Eltern/Tochter; Mutter/Tochter, Vater/Tochter) vorgesehen. Im gemeinsamen Gespräch mit dem Jugendamt wurden diese Vereinbarungen nochmals „amtlich" festgelegt; das Jugendamt sah weiterhin von einer Anzeige ab, wünschte aber regelmäßig formal darüber unterrichtet zu werden, daß die Therapie noch fortgesetzt wird (ansonsten unterlag natürlich der Therapeut der Schweigepflicht).

9. Zum Verlauf

9.1. Ergänzende diagnostische Informationen während der Behandlung

Karin bestätigt im wesentlichen die Angaben des Stiefvaters zum sexuellen Mißbrauch. Vor mindestens drei Jahren habe der Stiefvater angefangen, sie am ganzen Körper zu streicheln, später habe er sie auch auf die Scheide geküßt, sie habe sein Glied bis zum Samenerguß streicheln müssen; seit zwei Jahren sei es auch zum Geschlechtsverkehr gekommen, „ein Mal in der Woche, ab und zu auch gar nicht". Der Stiefvater habe zu ihr gesagt, daß sie niemandem etwas verraten solle, er habe sie lieb, und dies habe sie ihm auch ein bißchen geglaubt. Zwar habe sie sich auch gewehrt und ihm gesagt, daß sie es nicht möchte, ihn auch zurückgestoßen; aber es habe nichts genutzt. Der Stiefvater sei dann zum Beispiel in das Zimmer gekommen, habe die Tür abgeschlossen und streng zu ihr gesagt: „Zieh Dich jetzt aus!", oder er habe „gebettelt", zum Beispiel mit: „Komm' bitte, wir legen uns nur nackt beieinander, wir schmusen nur ein bißchen". Am Anfang habe sie viele Schmerzen gehabt, später nicht mehr, wobei sie sich sehr schämt, weil sie manchmal auch angenehme Empfindungen gehabt habe - dann hätte sie sich auch immer sehr schmutzig empfunden.

Karin macht sich sehr viele Schuldgefühle, zum Beispiel gegenüber der Mutter, auch weil sie sich nicht genügend gewehrt habe, sich nicht früher jemand anvertraut habe und sich nicht bereits umgebracht habe. Sie möchte möglichst bald wieder nach Hause, wünscht auch, daß der Stiefvater wieder nach Hause kommt („er braucht doch Mama"), und möchte der Mutter helfen („Mama trinkt so viel, hat so viel Kummer").

Karin hat sich von Sozialkontakten völlig zurückgezogen („wahrscheinlich kann mich niemand leiden"). In der Schule fühlt sie sich von allen abgelehnt; sie würde dort immer gehänselt und auch öfter von Jungen geschlagen werden, daheim würde sie „rumhocken, lesen, fernsehen und am Computer spielen".

Frau L. neigt in den Einzelgesprächen zur „Flucht nach vorne", sie möchte offensichtlich möglichst schnell alles vergessen und unterdrücken („alles wie früher, ganz normal"). Dementsprechend verneint sie zunächst jegliche aggressive Empfindungen auf Ehemann und Tochter („man muß nach vorne gucken"), führt allerdings mehrmals aus, wie schwer der Ehemann bei Brettspielen verlieren könne („wie ein Kind, spricht dann manchmal tagelang nicht mit mir").

Herr L. „ist zu allem bereit", er wird „selbstbestrafend" geständig, d.h., er macht sich Vorwürfe, meint, daß er eigentlich in das Gefängnis müsse, denkt an Suizid. Auf der anderen Seite ist auch bei ihm die Flucht zur schnellen Normalisierung zu beobachten: Die Eheleute würden sehr viel mehr gemeinsam unternehmen, sehr viel mehr miteinander sprechen, sich viel besser verstehen. Sex sei zur Zeit für ihn kein Problem, er würde warten, bis seine Frau wieder wolle; erst gestern habe sie ihm gesagt, er habe zu viel Sex gewollt. Zwar sei es manchmal passiert, daß er wieder sexuelle Phantasien auf Kinder hatte, aber angeblich nur, wenn er an früher dachte und sich überlegte, wie „solche Sachen" geschehen konnten. Die Pornofilme habe er zwar noch zu Hause, „am gleichen Platz, aber nicht mehr gesehen", und in bezug auf die Tochter formuliert er: „Kind ist Kind, nicht mehr Frau für mich".

Aufgrund der oben gemachten Ausführungen wurde eine *„Phase der Vertiefung der Behandlungsziele"* notwendig; in dieser sollte versucht werden, nach den ersten vielfältigen Schritten der akuten Krisenbewältigung im Rahmen der Aufdeckung insbesondere bei den Eltern ein „Mehr an Einsicht" in die möglichen Verursachungsfaktoren des sexuellen Mißbrauchs sowie in die Störungen und Konflikte der familiären Beziehungen, der Partnerschaft sowie der eigenen Persönlichkeit zu erreichen. Dazu wurden durchgeführt:

- vertiefende Befragungen zu den Biographien (unter Berücksichtigung schulenausgerichteter Anamneseerhebungen: Deegener, 1995b)
- nicht-direktive Exploration der Gefühle, Einstellungen und Bewertungen bezüglich einzelner anamnestischer Aspekte sowie bezüglich der momentanen Erlebens- und Verhaltensbereiche
- *Child Behavior Checklist* (nach *Achenbach & Edelbrook,* deutsch von: Döpfner, Schmeck & Berner, 1994)[6]

---

[6] Die *Child Behavior Checklist* ist ein Elternfragebogen zur Erfassung von Kompetenzen und psychischen Auffälligkeiten von Kindern und Jugendlichen im Alter von vier bis 18 Jahren. Bei klinischen Stichproben ermittelte innere Konsistenzen sind für den Gesamtauffälligkeitswert mit $r = .94$ als sehr gut, für die Kompetenzskalen überwiegend unbefriedigend (zwischen $r = .43$ und $r = .65$) sowie für die einzelnen Skalen bei den psychischen Auffälligkeiten noch zufriedenstellend (zwischen $r = .61$ und $r = .93$). Die *Retest*-Reliabilität (nach 5 Wochen) variiert bei einzelnen Alters- und Geschlechtsgruppen zwischen $r = .72$ und $r = .89$. Die Skalenbildung der *Child Behavior Checklist* wurde durch Faktorenanalysen an einer klinischen Stichprobe eindrucksvoll bestätigt. Bei einer klinischen Stichprobe wiesen PatientInnen mit psychiatrischen Auffälligkeiten oder Entwicklungsstörungen im Vergleich zu PatientInnen, die in diesen beiden Bereichen als unauffällig diagnostiziert wurden, signifikant höhere Gesamtauffälligkeitswerte auf. Kinder aus einer Stichprobe, die im letzten Jahr wegen einer psychiatrischen Symptomatik oder einem Entwicklungsrückstand in Behandlung waren, zeigten ebenfalls signifikant höhere Gesamtauffälligkeitswerte. Die bisherigen deutschen Normen zeigten im Vergleich mit den Normen einer repräsentativen amerikanischen Stichprobe zwar äußerst ähnliche Verteilungswerte, dennoch wird empfohlen, zunächst noch die amerikanischen Normen zu verwenden.

– gemeinsame Erarbeitung der sich hieraus ableitbaren Behandlungsziele

Für Frau L. ergab sich zum Beispiel, daß sie aus einer Familie stammt, in der Gewalt „an der Tagesordnung" gewesen sei. Der Vater habe sich „zu Tode gesoffen", die Mutter heiratete erneut, und Frau L. berichtet über „befummeln" durch den Stiefvater sowie eine „Beinah-Vergewaltigung", wobei der Stiefvater sie zunächst wegen einer Kleinigkeit und unter Alkoholeinfluß „grün und blau" geschlagen habe, dann angefangen habe, ihr die Kleider vom Körper zu reißen, und schließlich aufgrund ihrer Gegenwehr hingefallen sei und sich den Arm gebrochen habe. Sie floh später aus ihrer Familie in ihre erste Ehe: Anfangs sei der Mann sehr lieb zu ihr gewesen, in der Ehe dann aber zunehmend gewalttätig geworden; er habe sie sehr häufig brutal geschlagen und sei ebenfalls Alkoholiker gewesen. Nach dem Kennenlernen ihres jetzigen Mannes habe sie es geschafft, sich von dem ersten Mann zu trennen. In der Beziehung zu Herrn L. sieht sie sich heute als „Sexmaschine": In der Anfangszeit habe sie sich zwar „als etwas Besonderes" empfunden, sie habe „überhaupt erst damals gewußt, was Liebe ist"; sie charakterisiert diese sexuelle Beziehung dahingehend, daß sie sich als „Mittelpunkt von Herrn L. gut gefühlt" habe. Später empfand sie sich wohl zunehmend als Sexualobjekt: „der wollte immer, egal ob ich kaputt war oder von der Arbeit kam"; seit der Geburt des Sohnes „habe ich mehr Ruhe, aber auch mehr Streit". Die Mutter schildert sich als zurückgezogen lebend, sie hätte kaum Bekannte, wäre ohne besondere Freizeitbeschäftigungen und würde viel in Nebenberufen arbeiten. Sie wirkt erschöpft und ausgebrannt. Ihren Alkoholkonsum versucht sie zu verniedlichen. Zur Tochter gibt die Mutter fast nebenbei an, daß diese einmal weggelaufen sei, nachdem die Mutter sie geschlagen hatte. Sie habe etwa vier Monate bei Verwandten verbracht, sei dann aber von sich aus (trampend) wieder zurückgekehrt („ich bin nicht zu ihr betteln gegangen"). In der *Child Behavior Checklist* über ihre Tochter ergibt sich ein unauffälliges, d.h. wohl wenig realitätsgerechtes Bild.

Karin beschwert sich sehr viel über die viele Hausarbeit, die sie machen müsse; vom Saubermachen über Kochen bis hin zur Aufsicht über ihren Bruder. Die Eltern würden viel streiten, meist ginge es um den Alkoholkonsum ihrer Mutter. Sie fühlt sich von der Mutter ungeliebt; der Bruder sei deren ein und alles. Den Stiefvater würde sie auch deswegen gerne wieder zu Hause sehen, weil er ihr oft bei den Hausaufgaben hilft und sie mit ihm toben kann. Sie charakterisiert ihn als einfühlsam; er würde sie auch besser verstehen als die Mutter. Sich selbst stuft sie als schüchtern, mißtrauisch, verschlossen, verletzbar, von keinem gemocht sowie wertlos ein, wobei sie am meisten ihr Erröten stört.

Am Ende dieser Phase (der Vater war ausgezogen, die Tochter noch in der Klinik) wurden zunächst einmal sehr allgemein Probleme von Nähe und Distanz sowie damit verbundene Ängste der Verlassenheit *versus* erdrückender Enge angesprochen. In diesen Rahmen wurden Themen der Verselbständigung, der Erweiterung sozialer Beziehungen und der sozialen Kompetenz sowie Reifung der eigenen Persönlichkeit eingebettet. Bildhaft wurde dies zum Beispiel der Mutter dahingehend verdeutlicht, daß sie lernen muß, für ihre Rollen als „Mutter", „Ehepartnerin" und insbesondere „Frau" neue Inhalte und Gewichtungen zu finden, wobei dabei die Wünsche, Bedürfnisse, Hindernisse und Ängste in bezug auf diese Rollenerwartungen, -hoffnungen und -veränderungsmöglichkeiten bearbeitet wurden. Die Tochter wurde in diesem Zusammenhang darin bestärkt, eine „Lehrlingszeit" in bezug auf die Gruppe der Gleichaltrigen nachzuholen, wobei sie im Rahmen der stationären Therapie u.a. an einer Trainingsgruppe zum Erlernen sozialer Kompetenz teilnahm sowie an einer Gruppe mit Elementen aus Pantomime, Bewegung/Tanz, Entspannung und Körpererfahrung, aber auch an einer Kochgruppe, an regelmäßigen Schwimm-, Sport- und Eislaufgruppen, an einer „Meckergruppe" zum Erlernen von Konfliktlösungen zwischen MitpatientInnen und Personal, an heilpädagogischen Gruppen mit themenzentrierter Arbeit und/oder maltherapeutischen Akzenten und/oder verschiedensten gemeinsamen Gruppenaktivitäten. Weiter nahm sie extern an einer Wendo-Gruppe teil, zum Erlernen von Selbstsicherheit und -verteidigung. Schließlich wurde mit dem Vater in dieser Behandlungsphase ebenfalls eine neue Gewichtung zwischen „Vater", „Ehepartner" und „Mann" erarbeitet, wobei Schwerpunkte gelegt wurden auf das Einfühlungsvermögen in die Persönlichkeiten von Ehefrau und Tochter sowie seine Entwicklung zum „Mann-sein". In diesem Zusammenhang wurden auch seine kognitiven Verzerrungen gegenüber dem sexuellen Mißbrauch bzw. seiner Tochter bearbeitet, weiter sein patriarchalisches Rollenverständnis in der Ehe, seine Sexualisierung von Frauen und seine Kompensationsversuche mangelnder „sozialer Potenz" bzw. Minderwertigkeit durch „sexuelle Potenz".

Die Betonung in Richtung auf die Verselbständigung führte zu der Reaktion, daß alle drei Personen offensichtlich Angst vor zu viel Abstand/Verlassenwerden bekamen, zumal sie (während dieser Umlernphase) noch nicht genügend für sich die positiven Seiten sozialer Vernetzung und ich-bestimmtem Auslebens gegenüber bisher unterdrückten Wünschen und Bedürfnissen wahrnehmen und genießen konnten. Dies leitete über zu einer Phase der „*Wiederannäherung der Familienmitglieder"*.

9.2. Ergänzende diagnostische Informationen während der Behandlung, Teil 2

Die Tochter drängte zunehmend auf Entlassung und drohte auch mit Weglaufen. Die Mutter führte an, daß der Sohn zunehmend nach dem Vater fragen und unter der Trennung leiden würde, und sie selbst sei allein zu Hause nicht mehr in der Lage, Kind und Haushalt zu versorgen, ihrer Arbeit nachzugehen sowie sich ihre neuentdeckten Freizeitwünsche zu erfüllen. Der Vater strich die großen finanziellen Belastungen durch seinen zweiten Wohnsitz hervor; er fürchtete, man könne sich im Laufe der Zeit zu sehr voneinander entfremden.

Zur Vorbereitung der Entlassung der Tochter sowie zur Rückkehr des Vaters wurden klare Vereinbarungen über („äußere") familiäre Regeln und Grenzsetzungen getroffen, wobei zum Beispiel die folgenden Themen eingebracht wurden: Die Mutter wünschte sich, daß der Vater nicht mehr in Unterhose am Frühstückstisch sitzt oder

nackt zwischen Bad und Schlafzimmer hin- und herläuft; die Tochter meinte
(unterstützt von der Mutter), der Vater solle abends nicht mehr in ihr Zimmer kommen
zum „Gute-Nacht-Kuß", weil sie dazu schon zu alt sei; die Mutter war sich zwar sicher, daß „nichts mehr passiert", äußerte aber das Gefühl, Ehemann und Tochter kaum
mehr allein zu Hause lassen zu können bzw. vielleicht Angst zu bekommen, wenn der
Mann der Tochter in deren Zimmer bei den Hausaufgaben hilft. Der Vater gab an, er
würde in Zukunft hinausgehen, wenn die Tochter im Nachthemd zum Frühstück
kommt, und außerdem würde er alles tun, um die Angst bei seiner Frau zu bekämpfen -
also Schularbeiten mit der Tochter im Wohnzimmer, sehr viel arbeiten gehen (= abwesend sein), Meiden des Zimmers der Tochter, Anklopfen vor Eintreten ins Bad, immer
vollständig angezogen usw. (wobei der Eindruck gewonnen wurde, Herr L. kämpft mit
solchen Maßnahmen auch gegen seine inzestuösen Wünsche an).

Etwas zeitlich versetzt wurden gegenüber diesen Grenzsetzungen (und Wünschen
nach Distanz und Autonomie) auch immer wieder Bedürfnisse nach Nähe und Zuwendung zum Ausdruck gebracht, aufgehängt zunächst an den familiären Pflichten. Die
Mutter drückte dies im Wunsch nach mehr Hilfe im Haushalt aus, aber auch im
Wunsch nach mehr Zuwendung zum Sohn. Die Tochter klagte den Therapeuten an,
daß dieser nur noch an sexuellen Mißbrauch denken würde, aber der Stiefvater würde
ihr doch auch viel helfen; sie wolle auch wieder einmal mit ihm toben, auch wieder
einmal von ihm in den Arm genommen werden. Der Stiefvater reagierte mit Vorwürfen an die Ehefrau, sie hätte der Tochter viel zu viel Arbeit überlassen, weil sie dazu
wegen ihres Alkoholkonsumes nicht in der Lage gewesen sei; außerdem würde sich
der viele Streit schon auf den Sohn negativ auswirken. Erst viel später kann Herr L.
auch seine Wünsche nach Nähe und Geborgenheit einerseits sowie nach Eigenständigkeit und Individuation andererseits formulieren.

Die Rückkehr von Vater und Tochter zu Mutter und Sohn leitete eine Phase der
„vertieften Bewußtwerdung des sexuellen Mißbrauchs" ein. Gezielt wurde diese
Rückkehr noch vorbereitet, etwa durch die Erarbeitung der Rückfallrisiken des Mißbrauchers (mit Stiefvater und Mutter getrennt sowie gemeinsam), durch Erarbeitung
von „scheinbar irrelevanten Entscheidungen" (mit dem Mißbraucher) als Rückfallpro-
phylaxe, durch Einstufungen des Erreichens spezifischer Behandlungs(-zwischen)-
ziele, durch Klärung der Rollen der Familienmitglieder und der Generationengrenzen,
durch Verbesserung der Kommunikationsfähigkeit und Streit-Kultur, durch Einsichten
beim Vater in bezug auf Opferbewußtsein und Empathiefähigkeit für die Tochter
(auch im Zusammenhang mit der Arbeit an der Verantwortungsabwehr und dem Aufzeigen der Folgen des sexuellen Mißbrauchs für das Opfer), durch das Übergeben von
„Erzählungen"/Jugendbüchern über sexuellen Mißbrauch an Karin.

Das erneute Zusammenleben, verbunden mit einer Verstärkung der Nähe-Distanz-
Problematik sowie die nicht mehr so leicht unterdrückbaren Konflikten des familiären
Alltags führten zwangsläufig zu einer verstärkten, offeneren Auseinandersetzung mit
der Inzest-Thematik.

9.3. Ergänzende diagnostische Informationen während der Behandlung, Teil 3

In dieser Behandlungsphase wurden mannigfache Einstellungen, Ängste und Absichten thematisiert; stichwortartig waren das die folgenden:

Bei der Tochter
- Angst vor Trennung der Eltern und vor Heimunterbringung
- Suche nach Nähe zum Vater bei gleichzeitiger Angst vor erneutem Mißbrauch
- Vermissen der Zuwendung des Vaters bei ausgeprägten Schuldgefühlen gegenüber der Mutter und Wiedergutmachungswünschen
- Rivalität zur Mutter („ich verstehe Vater besser"; Mutter, eine Säuferin)
- einerseits Ablehnung des Vaters („von so einem laß' ich mir nichts mehr sagen"), bei gleichzeitig auftretenden Idealisierungen des Vaters, verbunden mit eigener Entwertung
- Fragen: warum der Vater „das" gemacht hat, warum Männer sexuell gewalttätig werden, woran sie „gute" Jungen erkennen könne, wie sie sich vor sexueller Gewalt schützen kann; ob die Mutter ihr verzeiht
- Sorge, nicht „normal" zu sein, indem sie in Medien immer wieder nur von „Überlebensopfern" nach sexuellem Mißbrauch gelesen hatte und sich aufgrund ihrer „geringeren" Folgen als unnatürlich reagierend erlebt
- „Animation" der Familie, sich vermittels des Verdachts des sexuellen Mißbrauchs einer Freundin mit den eigenen Problemen zu beschäftigen

Bei der Mutter
- Schuldvorwürfe und Ekelgefühle gegenüber der Tochter („kann sie nicht mehr in den Arm nehmen")
- Schuldgefühle, als Mutter versagt zu haben
- Wünsche nach Zärtlichkeit gegenüber dem Ehemann bei gleichzeitigen Gefühlen von Ekel und Haß sowie Trennungsgedanken
- Ängste vor weiterem Mißbrauch
- Aggressionen auf den Ehemann, der sich oft „wie ein Kind" verhalten würde
- „Lust auf Sex", bei unvereinbaren, immer wiederkehrenden Phantasien über Mißbrauchshandlungen
- starke Wünsche nach einer außerehelichen Beziehung (mit einem Bekannten), verbunden mit Verlust- und Vereinsamungsängsten („am Ende stehe ich allein")

Beim Stiefvater
- Wagt nicht, die Tochter zu erziehen, aus Angst, sie könne ihn doch noch anzeigen
- Kompensation von Schuldgefühlen durch Überverwöhnung der Tochter

- möchte (im Gegensatz zur Mutter) längeren Abendausgang der Tochter verbieten, weil sich in der Stadt „böse Männer im Dunkeln" befänden
- findet (im Gegensatz zur Mutter) nichts dabei, als sich die Tochter in einen 28jährigen Mann verliebt
- Befürchtungen, von der Frau verlassen zu werden, verbunden mit Angst vor kritisch-abgrenzender Auseinandersetzung mit der Ehefrau

10. Verlauf

Die Behandlung erfolgte insgesamt über 1½ Jahre, wobei der letzte Therapieabschnitt als „*Phase der Verselbständigung und Individuation*" bezeichnet werden könnte. Die Tochter machte dabei eine Zeit durch, in der sie sich radikal ablöste, sich kaum mehr etwas sagen ließ, in der Schule schwänzte und die Familienbeziehungen sehr negativ einstufte (während die Eltern ganz eindeutig die für sie positive Entwicklung herausstrichen).

Nach einem Suizidversuch von Karin (u.a. aufgrund des Verlassenwerdens von einem Freund), welcher einen erneuten Klinikaufenthalt im Sinne einer kurzen Krisenintervention notwendig machte, konnten aufgrund erhöhter Therapiemotivation die bisherigen Therapiethemen vertiefend bearbeitet werden.

In den letzten Monaten bestimmten die Familienmitglieder zunehmend den Verlauf und bestanden auf größeren Abständen zwischen den Terminen sowie häufigeren Einzel- anstatt paarweisen oder Gruppen-Sitzungen. Die Familie grenzte sich gegenüber dem Therapeuten ab (z.B. verweigerte sie, Fragebogen auszufüllen - dies sei nur noch für den Therapeuten wichtig, nicht für sie selbst) und hatte ihre Sozialkontakte stark erweitert; jeder versuchte vermehrt auch seinen Interessen und Bedürfnissen nachzugehen. Die innerfamiliären Grenzen und Rollen waren strukturierter geworden, Konflikte konnten recht offen angesprochen und „niederlagelosen" Lösungen zugeführt werden.

Die Tochter kam nach der abschließenden Sitzung noch in losen Abständen „zu Besuch" in die Klinik, die Eltern wollten sich anderweitig noch in eine Paartherapie begeben.

Abschließend ist noch anzumerken, daß - so wie grundsätzlich bei der gegebenen Problematik die Geschwister der Opfer (u.zw. nicht nur aus Sorge wegen sexuellen Mißbrauchs) psychologisch zu betreuen sind - auch der Bruder psychologischer Behandlung zugeführt wurde: Allerdings hatten Eltern und Therapeut erst gegen Ende der hier dargestellten Behandlung „den Kopf frei", um die Entwicklungsverzögerungen des Sohnes zu bemerken, fachgerecht zu diagnostizieren und ihn einer Frühförderung zuzuführen.

Literatur

Abel, G.G. & Becker, J. (1988). Abel and Becker Cognitions Scale. In A.C. Salter (1988), *Treating Child Sex Offenders and Victims* (pp. 278-280). New York: Sage Publications.

Abel, G.G., Osborne, C.A. & Twigg, D.A. (1993). Sexual Assault through the Life Span: Adult Offenders with Juvenile Histories. In H.E. Barbaree, W.L. Marshall & S.M. Hudson (Eds.), *The Juvenile Sex Offender* (pp. 104-117) New York: Guilford Press.

Barbaree, H.E. (1990). Stimulus Control of Sexual Arousal: Its Role in Sexual Assault. In W.L. Marshall, D.R. Laws & H.E. Barbaree (Eds.), *Handbook of Sexual Assault* (pp. 115-142). New York: Plenum Press.

Becker, P (1989). *Der Trierer Persönlichkeitsfragebogen (TPF)*. Göttingen: Hogrefe.

Deegener, G. (1980). Zur Behandlung psychosexueller Verhaltensauffälligkeiten bei männlichen Jugendlichen. *Zeitschrift für Kinder- und Jugendpsychiatrie, 8*, 150-169.

Deegener, G. (1990). *Grundlagen der Psychotherapie bei Kindern und Jugendlichen*. Weinheim: Beltz.

Deegener, G. (1995a). *Sexueller Mißbrauch: Die Täter*. Weinheim: Psychologie Verlags Union.

Deegener, G. (1995b). *Anamnese und Biographie im Kindes- und Jugendalter*. Göttingen: Hogrefe.

Deegener, G. (1996). *Multiphasic Sex Inventory (MSI). Fragebogen zur Erfassung psychosexueller Merkmale bei Sexualtätern*. Göttingen: Hogrefe.

Döpfner, M., Schmeck, K. & Berner, W. (1994). Handbuch: Elternfragebogen über das Verhalten von Kindern und Jugendlichen. Forschungsergebnisse zur deutschen Fassung der Child Behavior Checklist (CBCL). Köln: Klinik für Psychiatrie und Psychotherapie des Kindes- und Jugendalters, Univ.Köln.

Fürniss, T. (1991). *The Multiprofessional Handbook of Child Sexual Abuse*. London: Routledge.

Fürniss, T. (1993). Verleugnungsarbeit. In G. Ramin (Hrsg.), *Inzest und sexueller Mißbrauch* (S. 63-89). Paderborn: Junfermann.

Gögelein, H.G. (1995). *Zusammenhänge zwischen der Beurteilung von sexueller Gewalt gegen Kinder und der Beurteilung von sexueller Gewalt und Restriktion gegen Frauen. Eine Fragebogenstudie*. Diss. Med. Fak. Univ. des Saarlandes: Homburg/Saar.

Groth, A.N. (1978a). Guidelines for the Assessment and Management of the Offender. In W. Burgess, A.N. Groth, L.L. Homstrom & S.M. Sgroi (Eds.), *Sexual Assault of Children and Asolescents* (pp. 25-42). Toronto: Lexington Books.

Groth, A.N. (1978b). Patterns of Sexual Assault against Children and Adolescents. In W. Burgess, A.N. Groth, L.L. Homstrom & S.M. Sgroi (Eds.), *Sexual Assault of Children and Asolescents* (pp. 3-24). Toronto: Lexington Books.

Groth, A.N. (1982). The Incest Offender. In S.M. Sgroi (Eds.), *Handbook of Clinical Intervention in Child Sexual Abuse* (pp. 215-239). Toronto: Lexington Books.

Gurris, N. (1993). Wie kann es gelingen, den Mißbrauch zu beenden. Wege der Konfrontation. In K.J. Bruder & S. Richter-Unger (Hrsg.), *Monster oder liebe Eltern? Sexueller Mißbrauch in der Familie* (S. 162-187). Berlin: Aufbau Verlag.

Heiliger, A. & Engelfried, C. (1995). *Sexuelle Gewalt. Männliche Sozialisation und potentielle Täterschaft*. Frankfurt/Main: Campus.

Hirsch, M. (1987). *Realer Inzest. Psychodynamik des sexuellen Mißbrauchs*. Berlin: Springer.

Knight, R.A., Carter, D.L. & Prentky, R.A. (1989). A System for the Classification of Child Molesters. Reliability and Application. *Journal of Interpersonal Violence, 4*, 3-23.

Knight, R.A. & Prentky, R.A. (1990). Classifying Sexual Offenders: The Development and Corroboration of Taxonomic Models. In W.L. Marshall, D.R. Laws & H.E. Barbaree (Hrsg.), *Handbook of Sexual Assault* (pp. 23-52). New York: Plenum Press.

Knight, R.A. & Prentky, R.A. (1993): Exploring Characteristics for Classifying Juvenile Sex Offenders. In In H.E. Barbaree, W.L. Marshall & S.M. Hudson (Eds.), *The Juvenile Sex Offender* (pp. 45-83). New York: Guilford Press.

Larson, N.R. & Maddock, J.W. (1986). Structural and Functional Variables in Incest Family Systems: Implications for Assessment and Treatment. In T.S. Trepper & M.J. Barrett (Eds.), *Treating Incest: A Multiple Systems Perspective* (pp. 27-45). New York: Haworth.

Merkel, P. (1995). *Untersuchung der Fremdbeurteilung von Pädophilie in Abhängigkeit von der persönlichen Einstellung zur Sexualität.* Diss. Med. Fak. Univ. des Saarlandes: Homburg/Saar.

Richter-Unger, S. & Bruder, K.J. (1993). Annäherung an das gestörte Selbstbild. Zur Therapie von Mißbrauchern. In K.J. Bruder & S. Richter-Unger (Hrsg.), *Monster oder liebe Eltern? Sexueller Mißbrauch in der Familie* (S. 188-220).Berlin: Aufbau Verlag.

Ryan, G., Misyoshi, T.J., Metzner, J.L., Krugman, R.D. & Fryer, G.E. (1996). Trends in a National Sample of Sexually Abusive Youths. *Journal American Academic Child Adolescence Psychiatry, 35,* 17-25.

Schwarz, N. (1987). Geschlechtsrollenorientierung und die Einstellung zu Gewalt gegen Frauen: Informationsaktivierung als Alternative zu ex post facto-Versuchsplänen. *Psychologische Rundschau, 38,* 137-144.

Seitz, W. & Rausche, A. (1992). *Persönlichkeitsfragebogen für Kinder zwischen 9 und 14 Jahren (PFK 9-14).* Göttingen: Hogrefe.

Simkins, L., Ward, W., Bowman, S., Rink, C.M. & De Souza, E. (1990). Predicting Treatment Outcome for Child Sexual Abusers. *Annals of Sex Research, 3,* 21-57.

Trepper, T.S. & Barrett, M.J. (1991). *Inzest und Therapie. Ein (system-)therapeutisches Handbuch.* Dortmund: Verlag modernes lernen.

13.

Eignungsbegutachtung bei Leistungs- und Verhaltensdefiziten in der beruflichen Tätigkeit - Dipl.-Ing. Conrad M., 34 Jahre

Klaus Althoff

Hannover

Die *Deutsche Gesellschaft für Personalwesen e.V.* (DGP; Hannover, Düsseldorf, Frankfurt, Leipzig) berät seit 1949 den öffentlichen Dienst vor allem in Fragen der Personalauswahl, Personalentwicklung und Personalschulung. Sie führt in großem Umfang psychologische Eignungsuntersuchungen für sämtliche Laufbahnen und Berufsbilder des öffentlichen Dienstes sowie jeweils mehrtägige Fortbildungsveranstaltungen mit unterschiedlichen Mitarbeitergruppen durch, berät die Verwaltungen bei der Bewältigung von Konflikten in Organisationseinheiten und gibt Hinweise für die berufliche Entwicklung einzelner Personen.

Dipl.-Ing. Conrad M., 34 Jahre

1. Fragestellung

Eine hier nicht näher zu nennende überregionale Institution des öffentlichen Rechts beauftragte die DGP, die grundsätzliche Eignung sowie die Ursachen für partielle berufliche Minderleistungen des EDV-Mitarbeiters Conrad M. zu ermitteln und Vorschläge zur Abhilfe der Mängel bzw. Vorschläge für organisatorische Änderungen oder personalrechtliche Maßnahmen zu erarbeiten.

2. Aufgabengebiet des EDV-Mitarbeiters

Herr M. ist im Sachgebiet EDV-Informations- und Kommunikationstechnologie der Verwaltungsabteilung eingesetzt; er erhält die Vergütungsgruppe IVa nach Datenverarbeitung-Tarifvertrag - ein Bewährungsaufstieg nach Gruppe III wurde zurückgestellt.

Sein Aufgabengebiet umfaßt die Beschaffung, den Einsatz und die Betreuung von Rechnern, Systemen, Netzen, Geräten sowie von Telefon- und Telefax-Anlagen, außerdem die Betreuung einer Leittechnik für die Verwaltung mit 120 Anwendern und für Partner- und Tochtergesellschaften mit ca. 50 Anwendern.

3. Problemlage

Herr M. hat nach Auskunft seiner Vorgesetzten einen ausgezeichneten Kenntnisstand bezüglich der umfangreichen und breit angelegten Informations- und Kommunikations-Technologie seines Aufgabengebietes. Unter den technischen Aspekten werden seine Leistungen als gut bis sehr gut bezeichnet. Er wird als stets freundlicher, hilfsbereiter und fleißiger Mitarbeiter eingestuft, der ein offenes und unkompliziertes Verhältnis zu Kollegen und Vorgesetzten hat.

Erhebliche Schwächen werden ihm dagegen bei der Abwicklung von Projekten attestiert. Bei der Auswahl, Beschaffung, dem Einsatz und der Wartung von Hard- und Software fehle es ihm sowohl an der Fähigkeit zu angemessenem Umgang mit seinen Partnern als auch an der Zielstrebigkeit bei der Umsetzung notwendiger Vorgaben und Maßnahmen. Er lasse sich von Anbietern frühzeitig festlegen, verhandle nicht ausreichend und hartnäckig; „Wünsche" der Anwender kläre er nicht genug auf. Um offene Fragen und Situationen kümmere er sich zu wenig, zum Teil lasse er sie „liegen" oder warte einfach den Gang der Dinge ab und investiere nichts. Vieles würde er einfach „aussitzen".

Kritikgespräche haben Herrn M. nach Angabe seiner Vorgesetzten nicht sensibilisiert oder mobilisiert. Er habe eingeräumt, daß ihm wohl die Energie zum Verfolgen von Zielen, zum Klären und Lösen von Problemen fehle; geändert habe er sich aber nicht.

4. Psychologische Untersuchung

Herr M. unterzog sich freiwillig einer 6stündigen psychologischen Untersuchung, in deren Verlauf eine Anamnese erhoben, eine ausführliche Exploration durchgeführt sowie vier Leistungstests zur Analyse berufsbezogener Fähigkeiten und ein Persönlichkeitsfragebogen zur Aufhellung seiner Persönlichkeitsstruktur appliziert wurden. Herr M. erklärte sich nicht nur ausdrücklich mit der Anwendung dieser Methoden einverstanden, sondern wünschte selbst eine testpsychologische Untersuchung seiner Persönlichkeit; er sagte ausdrücklich die ehrliche und offene Beantwortung eines Fragebogens zu, so daß im konkreten Fall von der üblichen Praxis der DGP, nämlich keine Persönlichkeitsfragebogen vorzugeben, abgewichen wurde.[1]

4.1. Anamnese und Exploration

Herr M. wuchs als Einzelkind auf. Sein Vater, Elektriker, hat ihn schon als Schüler mit auf Baustellen genommen und so sehr früh sein Interesse für elektrotechnische Fragen geweckt bzw. ihn in dieser Richtung geprägt. Folgerichtig absolvierte Herr M. nach erfolgreichem Realschulabschluß eine Ausbildung zum Energieanlagenelektroniker bei einem Großunternehmen der Elektrobranche, die er in der praktischen Prüfung mit „befriedigend" und in der theoretischen Prüfung mit „gut" abschloß. Anschließend besuchte er die Fachoberschule *Technik* und studierte dann Elektrotechnik an einer Fachhochschule mit dem Studienschwerpunkt Informationstechnik.

1987 legte er dort das Diplom mit der Gesamtnote „gut" ab. Nach Ableistung eines zweijährigen Zivildienstes in einem Altenheim trat er 1989 eine Stelle bei seinem jetzigen Arbeitgeber an.

Nach eigenen Angaben ging sein Interesse ursprünglich mehr in Richtung Forschung und Entwicklung; er entschied sich dann aber für das Angebot seiner derzeitigen Institution. Nicht ohne Stolz vermerkt er, daß er aus über 100 Bewerbern den Zuschlag erhielt. Herr M. hat nach eigenen Angaben diese Entscheidung bisher nicht bereut. Er übe seine Tätigkeit - soweit es das Sachgebiet EDV und die rein technischen Aspekte seines Aufgabengebietes betrifft - sehr gern aus. Zu Kollegen und Vorgesetzten habe er ein unkompliziertes und vertrauensvolles Verhältnis. Probleme habe er dagegen im kommunikativen Bereich, wenn er zum Beispiel im Rahmen von Beschaffungen schwierige Verhandlungen mit Anbietern führen müsse. Ihm fehlten hier das notwendige Interaktionsgeschick, geeignete Argumentationstechniken, aber eigentlich auch das Interesse, sich hier einbringen, behaupten und durchsetzen zu müssen. Am liebsten wäre es ihm wohl, wenn diese Aufgaben aus seinem Aufgabengebiet ausgeklammert wären.

Auf den Anlaß der psychologischen Untersuchung und die von seinen Vorgesetzten festgestellten Defizite angesprochen, bestätigte er - wenn auch nicht in allen Einzelheiten - im Kern die Berechtigung der Vorwürfe und die Richtigkeit der dargestellten Fehlleistungen. Er gab auch zu verstehen, daß ihn die Angelegenheit durchaus belaste; während der gesamten Untersuchung bestand jedoch der Eindruck, daß es sich dabei mehr um ein Lippenbekenntnis handelt, er aber nicht wirklich irgendeinen Leidensdruck empfindet, sondern die doch recht massive Kritik weitgehend an ihm abperlt und ihn im Innersten kaum berührt. Zum einen schiebt er sein partielles Versagen auf sein Naturell, das ihn eben für das hartnäckige Verfolgen von Zielen, zum Beispiel

---

[1] Die DGP wendet in ihren eignungsdiagnostischen Untersuchungen in aller Regel wegen der Verfälschbarkeit der Testresultate im Sinne der sozialen Erwünschtheit, aber auch wegen gravierender testtheoretischer und berufsethischer Bedenken Persönlichkeitsfragebogen nicht an.

in Verhandlungen, weniger prädestiniere; zum anderen fehle ihm aber auch eine entsprechende Schulung. Als persönliche Schwäche bezeichnet er es, daß seine Einsatzbereitschaft schnell erlahmt, wenn er sich mit einer Sache nicht identifiziert; verstärkt würde dies allerdings dadurch, daß häufig von Vorgesetzten „großartige" Projekte angekündigt und angefangen würden, die sich dann aber bald in nichts auflösten. Er würde sich lieber mit einem Problem intensiv und beharrlich bis zu einem erfolgreichen Abschluß auseinandersetzen als für den Papierkorb zu arbeiten.

4.2. Testergebnisse

Das Persönlichkeitsprofil im FPI *(Freiburger Persönlichkeitsinventar)*[2] zeigt in den meisten Dimensionen Ausprägungen, die exakt dem Durchschnitt der männlichen Altersstichprobe entsprechen, der Herr M. angehört: *Nervosität* (Stanine-Wert 5), *Aggressivität* (5), *Erregbarkeit* (5), *Geselligkeit* (4), *Gelassenheit* (4), *Dominanzstreben* (4), *Offenheit* (5), *Extraversion* (4) und *Maskulinität* (4). In drei Skalen sind dagegen bedeutende Abweichungen vom Durchschnitt festzustellen, wobei besonders die Skala *Depressivität* (1) herausfällt: Danach ist Herr M. ein ausgeglichener, selbstsicherer, optimistischer Mensch, der sich ziemlich unbeschwert dem Leben gewachsen fühlt und mit seinem Schicksal zufrieden ist. Dieses Ergebnis wird durch einen relativ niedrigen Testwert in der Skala *Emotionale Stabilität* (2) bestätigt, nach dem Herr M. als emotional stabil, beherrscht und gelassen erscheint, er sich wenig Sorgen macht und er kaum Schuldgefühle und Gewissenskonflikte erkennen läßt. Der überdurchschnittlich hohe Wert in der Skala *Gehemmtheit* (8) signalisiert eine eher geringe Tatkraft, eingeschränkte Durchsetzungsbereitschaft und Probleme in der Kontaktaufnahme.

Diese Ergebnisse korrespondieren direkt mit entsprechen Charakterisierungen seiner Vorgesetzten, aber auch mit dem Eindruck aus der Exploration und seiner Selbsteinschätzung.

Um die Frage der generellen Eignung für sein Aufgabengebiet zu beantworten, wurden folgende von der DGP eigens entwickelte Leistungstests mit Herrn M. durchgeführt: *Textanalyse, Tabellen- und Statistiken, Computerausdruck* und *Postaufgabe*.[3]

---

[2] Das ist der von Fahrenberg & Selg (1970) stammende Vorläufer des FPI-A1 aus dem FPI-R.

[3] Bei den vier Tests handelt es sich um speziell für Fragestellungen in Verwaltungsberufen entwickelte (unveröffentliche) Verfahren - die DGP verwendet grundsätzlich im Rahmen eignungsdiagnostischer Untersuchungen zur Personalauswahl ausschließlich selbst entwickelte, für die konkreten Zielgruppen bzw. Fragestellungen angepaßte Tests:

– Der Test *Textanalyse* besteht aus 18 jeweils 1/2 DIN A4-Seite langen Texten mit komplexem Inhalt; aus 5 Sätzen ist jeweils derjenige herauszusuchen, der einen Teil des im Text dargestellten Sinnes wiedergibt. Geprüft wird die Fähigkeit, komplexe sprachlogische Sinnzusammenhänge zu erfassen, Wesentliches von Unwesentlichem zu unterscheiden und logische Schlußfolgerungen zu ziehen. Die Testdauer beträgt 25 Minuten. Die *Retest*-Reliabilität ist $r = .82$, die prognostischen Validitäten schwanken je nach Kriterium zwischen $r = .30$ und $r = .52$ (vgl. Seggebruch, Graudenz, Werner & Althoff, 1982). Der Test zeigt im Kontext mit dem bimodalen Strukturmodell von *Jäger* („Berliner

Die Ergebnisse in diesen vier Leistungstests sind nachstehend Tabelle wiedergegeben:

Test	Geprüfte Leistung	Standardwert $(SW)^4$
Textanalyse	Verarbeitungskapazität bei sprachlichem Material	119
Tabellen und Statistiken	Verarbeitungskapazität bei numerischem Material	89
Computerausdruck	Konzentrative Belastbarkeit, Ausdauer, Antrieb	97
Postaufgabe	Arbeitseffizienz bei komplexen Routineaufgaben	108

Intelligenz-Strukturmodell"; Jäger, 1982) hohe Ladungen in der Operation „Verarbeitungskapazität" und der inhaltsgebenden Komponente „sprachgebundenes Denken" (Schmid, 1986).

– Der Test *Tabellen und Statistiken* umfaßt 21 Aufgaben mit jeweils einer Vielzahl von Detailinformationen und Beziehungen zwischen Variablen, die graphisch oder in Tabellenform dargestellt sind. Anhand der Graphiken bzw. Tabellen sind konkrete Fragen zu beantworten. Geprüft wird die Fähigkeit, eine Vielzahl von optisch in Zahlen- und Diagrammform dargestellten Informationen zu analysieren, zu verarbeiten und sachgerechte, den tatsächlichen Vorgaben und Beziehungen entsprechende Schlüsse zu ziehen. Die Testdauer beträgt 30 Minuten. Die *Retest*-Reliabilität ist $r = .87$; es wurden für unterschiedliche eignungsdiagnostische Fragestellungen prognostische Validitäten von $r = .30$ bis $r = .54$ nachgewiesen. Im Kontext mit *Jägers* Strukturmodell weist der Test substantielle Ladungen in der Operation „Verarbeitungskapazität" und der inhaltsgebundenen Komponente „zahlengebundenes Denken" auf (s. Seggebruch et al., 1982; Schmid, 1986).

– Beim Test *Computerausdruck* sind auf einem DIN A5-Bogen als Ergebnis einer statistischen Berechnung 735 Zahlen abgedruckt, die immer mit „0," beginnen und nach dem Komma 4 Stellen haben (z.B. 0,3712). Unter jeder Zahl ist in Klammern noch die Anzahl der Fälle angegeben, die in diese Berechnung eingingen. Die Aufgabe besteht darin, möglichst schnell aus diesen Zahlen diejenigen herauszusuchen, die zwischen zwei Grenzwerten (z.B. 0,1600 und 0,2810) liegen, jedoch nur, wenn der unter der Zahl in Klammern angegebene Wert eine bestimmte Größe überschreitet (z.B. 238). Geprüft wird die konzentrative Belastbarkeit und ausdauernde Einsatzbereitschaft. Die Testdauer beträgt 12 Minuten. Die Retest-Reliabilität ist $r = .88$; der Test weist im Kontext mit anderen Leistungstests eine hohe Ladung in einem Faktor „Arbeitsschnelligkeit und Konzentration bei der Ausübung von Routinetätigkeiten" auf und korreliert mit Prüfungsleistungen in Laufbahnprüfungen der Verwaltung zu $r = .25$ bis $r = .42$.

– Bei dem Test *Postaufgabe* sind möglichst schnell unter Berücksichtigung verschiedener Kriterien, die aus Tabellen abzulesen sind (Beförderungsgegenstand, Beförderungsort, Zielort, Entfernung), Gebühren für bestimmte Postsendungen aus einer Gebührentabelle abzulesen. Geprüft wird die Effizienz und Arbeitsschnelligkeit bei der Bearbeitung komplexer Routineaufgaben. Die Testdauer beträgt 12 Minuten. Die *Retest*-Reliabilität ist $r = .86$; die *Postaufgabe* weist im Kontext mit anderen Leistungstests hohe Ladungen in einem Faktor „Arbeitsschnelligkeit und Konzentration bei der Ausübung von Routinetätigkeiten" auf; sie korreliert mit Prüfungsleistungen in unterschiedlichen Ausbildungsberufen zu $r = .25$ bis $r = .56$.

[4] es handelt sie jeweils um Altersnormen für die Zielgruppe „Abitur bzw. Fachhochschulreife"

Herr M. erzielte beim Erfassen komplexer sprachlogischer Sinnzusammenhänge im Vergleich zu seiner Bildungs- und Altersgruppe sehr gute Ergebnisse. Es gelang ihm sicher, auch bei schwierigen Texten, rasch Wesentliches von Unwesentlichem zu unterscheiden und sachgerechte Schlußfolgerungen zu ziehen.

Erhebliche Probleme hatte er dagegen beim Erfassen komplexer statistischer und tabellarischer Zusammenhänge. Es gelang ihm nur unzureichend, die in Tabellen und Diagrammen aufbereiteten Informationen und Daten in angemessener Zeit zu analysieren und zu verarbeiten bzw. ein Netz von Beziehungen zwischen verschiedenen Variablen und Einflußfaktoren zu durchdringen und die richtigen Schlußfolgerungen daraus abzuleiten. Diese relative Schwäche könnte sich im Berufsalltag insbesondere bei der Abwicklung von Projekten, bei denen eine Vielzahl von Daten, Fakten, Faktoren und deren Auswirkungen zu berücksichtigen sind, nachteilig auswirken bzw. zum Übersehen wichtiger Aspekte und Abhängigkeiten führen.

Einfache Routinearbeiten erledigt er angemessen schnell, umsichtig und effizient. Bei Aufgaben, die eine erhöhte Anstrengungs- und Konzentrationsbereitschaft erfordern, erzielte er dagegen nur knapp durchschnittliche Ergebnisse; es fehlt ihm an Antrieb und Energie, um in der vorgegebenen Zeit eine höhere Leistung zu erreichen, so daß er in diesem Punkt die Anforderungen seines Arbeitsplatzes nicht erfüllt.

5. Schlußfolgerungen

Bei Herrn M. handelt es sich um einen freundlichen, umgänglichen, anpassungswilligen und wenig konfliktträchtigen Mann, der Optimismus und Harmonie verbreitet, gelassen reagiert und mit sich und der Welt zufrieden scheint. Er ist emotional außerordentlich stabil und auch durch Mißerfolge kaum aus dem Gleichgewicht zu bringen.

Die ihm attestierten Schwächen akzeptiert er weitgehend; verbal zeigt er sich betroffen und einsichtig, daß etwas geändert werden müßte. Es besteht jedoch der Eindruck, daß ihn die ganze Angelegenheit im Kern doch nicht berührt, d.h. kein wirklicher Leidensdruck besteht, der ihn zu einem aktiven Angehen der Beseitigung der Schwächen veranlassen könnte. Dazu fehlt ihm nicht nur der notwendige Ehrgeiz; sondern es steht auch seine Persönlichkeitsstruktur, die ein sehr gemäßigtes Temperament erkennen läßt, einer grundlegenden Änderung entgegen. Er ist zwar sehr willig und leistungsbereit, ein Mangel an Antrieb, Tatkraft und Dynamik lassen jedoch dauerhafte Verhaltensänderungen eher unwahrscheinlich erscheinen.

Appelle werden hier wenig bewirken können.

Dies betrifft zum Teil auch seine Probleme im Kontaktverhalten. Ihm fehlt einmal die notwendige Schulung im Umgang mit versierten Verhandlungspartnern - die sich allerdings nachholen ließe -, zum anderen entspricht es aber auch nicht seinem Naturell, sich gegen Widerstand behaupten und durchsetzen zu müssen.

Die festgestellten intellektuellen Probleme bei der Informationsaufnahme und -verarbeitung von tabellarischen, betriebswirtschaftlichen, kaufmännischen Zusammenhängen erschweren zusätzlich ein erfolgreiches Abwickeln entsprechender Projekte bzw. Verhandlungen, zum Beispiel anläßlich von Beschaffungsmaßnahmen. Seine Wahrnehmung ist hier oft zu selektiv; es fällt ihm schwer, die verschiedenen Einflußgrößen zu erkennen und in ihren Wirkungen angemessen einzuschätzen.

6. Empfehlungen

Von arbeitsrechtlichen Maßnahmen (Entlassung, Herabstufung in der Vergütung) wird abgeraten, obwohl wirksame Maßnahmen zur vollständigen Beseitigung der bei Herrn M. im Berufsalltag festgestellten Schwächen aufgrund seiner Persönlichkeitsstruktur nur begrenzt erfolgreich sein werden. Herr M. verfügt jedoch über so detaillierte EDV-Erfahrungen und technische Kenntnisse und ist in seinem angestammten Gebiet so leistungsfähig, daß er auch künftig ein wertvoller Mitarbeiter sein kann, wenn entsprechende organisatorische Änderungen vorgenommen, ein anderer Führungsstil praktiziert und Herrn M. intensive Verhaltenstrainings ermöglicht werden.

6.1. Änderung des Aufgabengebietes

Soweit es organisatorisch realisierbar ist, sollte das Aufgabengebiet auf die Tätigkeiten reduziert bzw. konzentriert werden, in denen Herr M. seine umfangreiche EDV-Erfahrung und guten technischen Kenntnisse optimal einsetzen kann, etwa beim Einsatz und der Betreuung von Rechnern, Netzen, Geräten und Telefon- und Telefaxanlagen.

D.h. die übergreifenden Aufgaben, wie etwa selbständige Auswahl und Beschaffung von Soft- und Hardware, werden einer anderen Person übertragen und Herr M. dadurch von Aufgaben entlastet, die Initiative, rasches Erkennen von Zusammenhängen, hartnäckiges Verhandeln und Durchsetzungswillen erfordern.

6.2. Führung durch klare Zielvorgaben

Aus dem Gespräch mit Herrn M. war zu entnehmen, daß er mit seinem direkten Vorgesetzten ein unkompliziertes Verhältnis hat, diesen aber nicht als Führungskraft wahrnimmt; d.h., daß Führung von dieser Person (Zielvereinbarungen, Motivierung, Kontrolle etc.) nicht oder kaum stattfindet.

Außer den angedeuteten Änderungen bezüglich Herrn M.s Aufgabengebiet könnte daher von einer sachgerechten Wahrnehmung der Führungsaufgaben durch seinen direkten Vorgesetzten zumindest partiell eine Verbesserung der Leistungsergebnisse erwartet werden. Dazu wären mit Herrn M. für einzelne Projekte und Aufgaben konkrete Zielvereinbarungen mit Zeitvorgaben zu treffen, wobei in der Anfangsphase die Umsetzung der Zielvereinbarungen häufiger kontrolliert und gegebenenfalls Hilfestellung, Anerkennung, aber im Bedarfsfall auch Druck gegeben werden müßte. Nach Abschluß eines Projektes bzw. Erledigung einer Aufgabe sollte eine Zielkontrolle und kritische Würdigung der Aufgabenerledigung und Zielerreichung erfolgen, wobei bei positivem Ergebnis selbstverständlich auch eine ausdrückliche positive Verstärkung zu geben wäre.

Dem direkten Vorgesetzten von Herrn M. sollte deutlich gemacht werden, daß ein freundschaftliches Vorgesetzten-Mitarbeiterverhältnis und Harmonie am Arbeitsplatz zwar durchaus positiv sein können, aber keinesfalls zum Selbstzweck werden dürfen, sondern Mitarbeiter wie Führungskräfte möglichst effektiv an der Realisierung der Organisationsziele arbeiten müssen - wofür sie letztendlich bezahlt werden.

6.3. Flankierende Maßnahmen durch Verhaltenstraining

Die Mißerfolge, die Herr M. im Umgang mit Verhandlungspartnern hatte, sind sicher zum Teil - wie oben beschrieben - auf seine Persönlichkeit zurückzuführen. Andererseits hat er aber auch offensichtlich bisher keinerlei Schulung im Argumentieren und Verhandeln erfahren, so daß empfohlen wird, Herrn M. an entsprechenden Seminaren teilnehmen zu lassen, die ihm zumindest etwas „Handwerkszeug" im Umgang mit Verhandlungspartnern liefern und so seine Interaktionsgeschicklichkeit erhöhen. Herr M. sollte dazu zunächst ein 3tägiges Grundseminar „Gesprächs- und Verhandlungsführung" und nach angemessener Zeit (ca. 3 Monate) ein 2tägiges Aufbauseminar absolvieren, in dem in Rollenspielen Verhandeln und Argumentieren geübt wird.

7. Fallabschluß

Die Institution hat das Aufgabengebiet von Herrn M. entsprechend den Empfehlungen neu organisiert, Herrn M. die Teilnahme an Verhaltenstrainings ermöglicht und eine Neudefinition der Führungsrolle des direkten Vorgesetzten von Herrn M. vorgenommen.

Literatur

Fahrenberg, J. & Selg, H. (1970). *Das Freiburger Persönlichkeitsinventar (FPI)*. Göttingen: Hogrefe.

Jäger, A.O. (1982). Mehrmodale Klassifikation von Intelligenzleistungen. Experimentell kontrollierte Weiterentwicklung eines deskriptiven Intelligenzstrukturmodells. *Diagnostica, 28*, 195-226.

Schmid, J.K. (1986). Analysen zum Berliner Intelligenzstrukturmodell und der Eignungstestbatterie der DGP. *DGP-Informationen, 46*, 2-24.

Seggebruch, G., Graudenz, H., Werner, R. & Althoff, K. (1982). Untersuchungen zur Vorhersage des Ausbildungserfolges von Anwärtern des mittleren und gehobenen Dienstes. Vier Bewährungskontrollen. *DGP-Informationen, 42*, 3-66.

14.

Begutachtung der Schuldfähigkeit sowie der Therapieindikation (-motivation) unter justitiellem Zwang - Ein 34jähriger drogenabhängiger Straftäter

Klaus-Peter Dahle

Berlin

Beim folgenden Fallbeispiel handelt es sich um ein vom Berliner Strafgericht in Auftrag gegebenes Gutachten aus dem *Institut für Forensische Psychiatrie* der Freien Universität Berlin. Neben der Erfüllung universitärer Aufgaben in Lehre und Forschung unterhält das interdisziplinäre Institut eine Beratungsstelle für straffällige und -gefährdete Menschen und erstellt vielfältige sachverständige Gutachten für Straf- und Zivilgerichte: zur strafrechtlichen Schuldfähigkeit, zur Verantwortungsreife jugendlicher Täter, zur Kriminalprognose, zur Glaubhaftigkeit von Zeugenaussagen, zu vormundschaftsrechtlichen Fragestellungen u.v.m.

Ein 34jähriger drogenabhängiger Straftäter

1. Der Gutachtenauftrag

Der Mann war innerhalb eines kurzen Zeitraumes mit 11 Diebstahlsdelikten (in einem Fall unmittelbar nachdem er bereits aufgegriffen und verhört worden war) aufgefallen, im Rahmen einer polizeilichen Vernehmung wurden ihm ferner für denselben Zeitraum sechs Raubhandlungen zur Last gelegt. Dort gab er an, seit einigen Monaten heroinabhängig zu sein und die Straftaten begangen zu haben, weil er Geld für die Beschaffung der Drogen benötigte. Im relevanten Zeitraum war er zudem dreimal im bewußtlosen Zustand nach der Einnahme von Heroin und Barbituraten in die Notfallambulanz eingeliefert worden. Das Gericht beauftragte daher ein Sachverständigengutachten, um zu klären, ob die Voraussetzungen einer eingeschränkten oder aufgehobenen strafrechtlichen Schuldfähigkeit gemäß §§ 20, 21 Strafgesetzbuch (StGB-BRD)[1] vorlägen, ob im Falle der Bestätigung einer Suchtmittelabhängigkeit eine Behandlungsindikation bestehe und welche motivationalen Auswirkungen auf die Behandlungsprognose im Falle einer gerichtlichen Therapieauflage[2] zu erwarten seien.

2. Diagnostische Leitfragen: Exkurse zu den Grundlagen der gerichtlichen Fragestellungen

2.1. Exkurs I: Schuldfähigkeit

Forensisch-psychologische Sachverständigentätigkeit setzt die Vermittlung zwischen den Konzepten zweier Wissenschaften voraus: Dem normativen Begriffssystem der Rechtswissenschaft und den erfahrungswissenschaftlich begründeten Konzepten der Psychologie. Es ist also ein zweifacher Übersetzungsprozeß erforderlich, bei dem die im Gutachtenauftrag formulierten juristisch begründeten Fragen zunächst in eine Problemstellung übersetzt werden, die einen psychologisch-diagnostischen Zugang ermöglichen, um abschließend eine Rückübersetzung der Untersuchungsergebnisse in das rechtswissenschaftliche Begriffssystem zu tätigen.

Der juristische Schuldbegriff, der dem Gutachtenauftrag zugrunde liegt, geht zunächst davon aus, daß jeder erwachsene Mensch prinzipiell für sein Tun verantwortlich ist. Eine Straftat ist nach diesem Verständnis jedermann als schuldhafte Verletzung einer Rechtsnorm vorwerfbar, mögliche Einschränkungen seiner „Schuldfähigkeit" sind an definierte Ausnahmen gebunden. Das bundesdeutsche Strafgesetz kennt vier Bedingungen, die eine solche Ausnahme begründen können: Eine *krankhafte see-*

---

[1] § 20 StGB (Schuldunfähigkeit wegen seelischer Störungen): Ohne Schuld handelt, wer bei Begehung der Tat wegen einer krankhaften seelischen Störung, wegen einer tiefgreifenden Bewußtseinsstörung oder wegen Schwachsinns oder einer schweren anderen seelischen Abartigkeit unfähig ist, das Unrecht der Tat einzusehen oder nach dieser Einsicht zu handeln.

§ 21 StGB (Verminderte Schuldfähigkeit): Ist die Fähigkeit des Täters, das Unrecht der Tat einzusehen oder nach dieser Einsicht zu handeln, aus einem der in § 20 bezeichneten Gründe bei Begehung der Tat erheblich vermindert, so kann die Strafe ... gemildert werden.

[2] Die bundesdeutschen Strafgerichte haben, je nach Interventionserfordernis, abgestufte Möglichkeiten, auf einen suchtmittelabhängigen Straftäter Druck auszuüben, sich in Behandlung zu begeben. So können Täter, von denen die suchtmittelbedingte Gefahr gravierender Straftaten ausgeht, in eine besondere Behandlungseinrichtung für gefährliche suchtmittelabhängige Straftäter (sog. „Maßregelvollzug in einer Entziehungsanstalt" nach § 64 StGB) eingewiesen werden. Speziell bei betäubungsmittelabhängigen Tätern kann das Gericht unter bestimmten Voraussetzungen auch von der Strafverfolgung oder -vollstreckung absehen, wenn der Betreffende sich in die Behandlung einer anerkannten Einrichtung begibt und diese nicht vorzeitig abbricht (§§ 35-37 BtMG [Betäubungsmittelgesetz]). Darüber hinaus besteht die Möglichkeit, die Aussetzung einer ausgesprochenen Freiheitsstrafe zur Bewährung mit der Weisung, sich in Behandlung zu begeben, zu verknüpfen (§§ 56ff. StGB) sowie – bei geringfügigen Straftatbeständen – ein Strafgerichtsverfahren bei Erfüllung entsprechender Auflagen auch einzustellen (§§ 153ff. StPO [Strafprozeßordnung]).

lische Störung, eine *tiefgreifende Bewußtseinsstörung, Schwachsinn* oder eine *schwere andere seelische Abartigkeit* (vgl. Fußnote 1). Hierbei handelt es sich zunächst um Rechtsbegriffe, denen bei der Begutachtung bestimmte diagnostizierbare psychologische (Ausnahme-) Zustände oder auch psychiatrische Diagnosen zuzuordnen sind[3]. Der erste Schritt zur Beantwortung der gerichtlichen Frage nach der Schuldfähigkeit betrifft somit die Frage, ob beim Beschuldigten zum Tatzeitraum ein solcher Zustand bestanden haben könnte, der sich einem der vier gesetzlich definierten Merkmale zuordnen läßt. In Anbetracht der Umstände, die zum Gutachtenauftrag führten, käme im hiesigen Fall insbesondere eine Suchtmittelabhängigkeit (dies entspräche der „schweren anderen seelischen Abartigkeit"), ggf. auch ein akuter Rauschzustand oder eine akute Entzugssymptomatik (dies entspräche der „krankhaften seelischen Störung") in Betracht.

Neben dem Vorhandensein (zumindest) eines der genannten vier Voraussetzungen erfordern die §§ 20, 21 StGB einen kausalen bzw. symptomatischen Zusammenhang zwischen der diagnostizierten psychischen Störung und einer hierdurch bedingten Beeinträchtigung der Einsichts- oder Steuerungsfähigkeit in der Tatsituation. Die Feststellung einer solchen (vor allem hinreichend erheblichen) störungsbedingten Einschränkung obliegt der richterlichen Urteilskompetenz, doch erwartet das Gericht vom Sachverständigen die Vermittlung der für eine solche Bewertung erforderlichen Kenntnisse über die relevanten psychologischen und psychopathologischen Zusammenhänge. Vom Sachverständigen ist daher zu prüfen, ob, wie und in welchem Ausmaß eine festgestellte Störung das Tatverhalten beeinflußt haben könnte. Im hiesigen Fall käme hierfür z.B. eine bestehende oder die Furcht vor einer drohenden Entzugssymptomatik zum Tatzeitpunkt in Betracht, die bei gleichzeitigem Mangel an Handlungsalternativen die Hemmschwelle gegenüber der Tatbegehung erheblich reduziert haben könnte.

2.2. Exkurs II: Therapieprognose drogenabhängiger Straftäter

Ein regulärer Therapieabschluß erwies sich bei Drogentherapien bislang als bester Prädiktor für einen Therapieerfolg;, „Durchhalter" haben im Mittel eine zu rund 50% höhere langfristige Erfolgschance als „Abbrecher" und selbst bei Abbrechern steigt die Erfolgsquote mit zunehmender Verweildauer in der Therapie (Roch, Küfner, Arzt, Böhmer & Denis, 1992). Nach bisheriger Erfahrung beenden jedoch fast Dreiviertel

---

[3] Hierbei liegen z.T. eher Konventionen als tatsächlich eindeutige Zuordnungsregeln zugrunde. Im wesentlichen werden unter den „seelischen Störungen" körperlich begründbare pathologische Zustände (z.B. hirnorganische Syndrome, akute Intoxikationen – aber auch endogene Psychosen), unter „Bewußtseinsstörungen" bestimmte Ausnahmezustände (vor allem hochgradig affektgeladene Zustände), unter „Schwachsinn" ausgeprägtere Formen intellektueller Minderbegabung und unter „schwere andere seelische Abartigkeit" andere – nicht primär körperlich begründbare – psychopathologische Entwicklungen (z.B. neurotische Entwicklungen, Persönlichkeitsstörungen, Sucht) subsumiert (s. detaillierter: Rasch, 1986).

aller Drogenabhängigen die Behandlung vorzeitig (Roch et al.), die Therapieprognose hängt insofern maßgeblich von den Chancen für einen regulären Therapieabschluß ab.

Zur Vorhersage eines regulären Therapieabschlusses liegt eine Reihe empirischer Studien vor. Leider sind viele Befunde widersprüchlich, so daß die Vermutung einer hohen Person-Einrichtung-Interaktion besteht (s. z.B. Herbst & Hanel, 1989). Es kommt hinzu, daß vor allem solche Verhaltensvariablen der Klienten bedeutsam scheinen, die erst im Therapieverlauf und nicht bereits im Vorfeld beobachtbar sind (vgl. Herbst & Hanel). Als einrichtungsübergreifend wirksame und auch vor Behandlungsbeginn erfaßbare Prädiktoren stellten sich jedoch ein eher hohes Alter, ein später Abhängigkeitsbeginn, eine kurze Abhängigkeitsdauer, eine gute Schulbildung sowie gute Extraversionswerte (im FPI) bei den Betroffenen dar (vgl. Roch et al., 1992; Vollmer & Ellgring, 1988). Einen erheblichen (positiven) Einfluß auf die Beendigungsprognose scheint zudem eine gerichtliche Therapieauflage auszuüben: Vollmer und Ellgring (1988) berichten zum Beispiel über eine Durchhalterquote von 54% bei den Patienten *mit* Auflage gegenüber 16% bei jenen, die sich freiwillig in den selben Einrichtungen befanden (s. Egg, 1992; Lipton, 1995). Gutachterlich ist somit zunächst zu prüfen, wie sich im Fall der Bestätigung einer Drogenabhängigkeit die Therapieprognose des Angeschuldigten vor dem Hintergrund der skizzierten Befunde darstellt.

Die Therapiemotivation der Betroffenen (soweit durch Therapeuten oder Betroffene eingeschätzt) erwies sich bislang als gänzlich ungeeigneter Prädiktor (Vollmer, 1989). Dieser Befund erscheint angesichts der prognostischen Bedeutung des tatsächlichen Therapieverhaltens der Betroffenen und des Behandlungsmodus (Gerichtsauflage *vs.* freiwillig) zunächst unplausibel. Es ist zu vermuten, daß Praktiker wie Betroffene einen eher eingeschränkten Motivationsbegriff zugrunde legen, der einseitig intentionale Aspekte (Leidensdruck, Änderungswunsch) betont und instrumentelle (therapiebezogene Handlungskompetenz) sowie situationale (Zwangssituation) Einflüsse vernachlässigt (vgl. Dahle, 1995). Für die hiesige motivationsbezogene Fragestellung wurde daher auf ein Konzept von Dahle (1995) Bezug genommen, das speziell für Therapiemaßnahmen unter justitiellen Zwangsbedingungen entwickelt wurde und auf die Erklärung und Vorhersage konkreter Verhaltensweisen abzielt. Das Konzept fußt auf dem „Handlungstheoretischen Partialmodell der Persönlichkeit" (Krampen, 1987), das intentionale Aspekte mit situationalen und persönlichkeitsspezifischen Bezügen verknüpft und für die genannten Zwecke spezifiziert wurde. Zur Erfassung der relevanten (therapie-) motivationalen Bedingungen im speziellen Fall einer (noch) nicht eingeleiteten Behandlung – d.h. konkrete Erfahrungen sind den Betroffenen nicht verfügbar, so daß Erwartungen eine größere Bedeutung zukommt – haben sich folgende Variablengruppen für die Verhaltensvorhersage als bedeutsam herausgestellt: Die antizipierte Problembelastung und die Art der zugehörigen Problemattributionen, die Therapieeinstellungen, das Ausmaß justizbezogener Vorbehalte, Lockerungserwartungen bei Therapieaufnahme, die therapiebezogene Handlungskompetenzerwartung und das Ausmaß antizipierter Handlungsalternativen. Mit Ausnahme der Lockerungserwartungen[4] waren diese Aspekte im Rahmen der Untersuchungen einzubeziehen.

3. Psychologische Begutachtung

3.1. Begutachtungskontext

Noch vor dem Gutachtenauftrag wurde der Beschuldigte aus der Untersuchungshaft entlassen; die Untersuchungen konnten daher im Institut stattfinden. Den ersten Einladungen kam der Klient allerdings nicht nach. Erst nach der Ankündigung, daß der Gutachtenauftrag im Falle weiteren Nichterscheinens unerledigt an das Gericht zurückgeschickt würde, erschien er termingerecht. Auch bei weiteren Terminen gab es Versäumnisse (zweimal entschuldigte er sich am Folgetag telefonisch); er kam jedoch stets zuverlässig, wenn die Einladung mit der Ankündigung eines Untersuchungsabbruchs verbunden wurden.

Beim ersten Untersuchungstermin stand der Klient sichtlich unter dem Einfluß sedierender Pharmaka – er war motorisch und im Denkablauf erheblich verlangsamt, die Sprache klang verwaschen und war mitunter kaum verständlich. Auf Nachfrage räumte er ein, eine Mischung aus Heroin und Medinox (ein Barbiturat) gespritzt zu haben; sein rechter Arm wies frische Einstichstellen auf. Zu den übrigen zwei Terminen erschien er nach eigenem Bekunden drogenfrei; der klinische Eindruck war unauffällig und eine Prüfung der kognitiven Verarbeitungsgeschwindigkeitsleistung erbrachte normgerechte Befunde (vgl. testpsychologische Befunde weiter unten).

3.2. Fremdbefunde

Beim ersten Termin wurde (wegen des Zustandes des Klienten) mit seinem Einverständnis eine ärztliche Kollegin um eine Zusatzuntersuchung gebeten. Diese bestätigte eine Heroin- und Barbituratintoxikation, eine akute Gefährdung bestand nicht. Außer

---

[4] Unter „Lockerungserwartungen" werden mögliche Erwartungen bzw. Hoffnungen der straffälligen Zielgruppe gefaßt, durch eine Therapieaufnahme oder durch Demonstration von Behandlungsbereitschaft einen positiven Einfluß auf die strafrechtliche Sanktion und ihre Folgen ausüben zu können. Dies kann im Haftkontext beispielsweise die Erwartung sein, mit einer Therapieaufnahme in eine spezielle und möglicherweise weniger restriktiv geführte therapeutisch orientierte Abteilung wechseln zu können, die Hoffnung auf eine frühzeitigere Gewährung von Haftlockerungen (Freigang, Urlaub etc.) oder die Erwartung einer größeren Wahrscheinlichkeit, vorzeitig zur Bewährung entlassen zu werden. Es ist leicht nachvollziehbar, daß auch solche (durchaus realistischen) Intentionen das Therapieverhalten beeinflussen können – neben der Hoffnung auf positive Therapieeffekte i.e.S. Im hiesigen Kontext waren die sanktionsbezogenen Effekte einer Therapieaufnahme durch die besondere Gesetzeslage bei betäubungsmittelabhängigen Tätern bereits weitgehend gesetzlich vordefiniert (s. Fußnote 2), d.h. die Fragestellung, ob und mit welcher Wahrscheinlichkeit der Klient solche Erwartungen hegte, erübrigte sich.

multiplen älteren und frischen Einstichstellen, verschiedenen Tätowierungen sowie einem allgemein reduzierten Ernährungszustand waren die medizinischen Befunde im übrigen unauffällig.

Aus den Gerichtsakten ging hervor, daß der Klient mehrfach vorbestraft war, es fanden sich insgesamt 12 Eintragungen im Strafregisterauszug, u.a. wegen Betruges, Diebstahls, Körperverletzung, Sachbeschädigung. Der erste Eintrag war im Alter von 15 Jahren erfolgt, 20jährig verbüßte er eine einjährige Jugendstrafe und in der Folgezeit weitere Freiheitsstrafen (meist 6-12 Monate). Nach einer längeren Haftstrafe (3 Jahre), die sich vor allem aus diversen Bewährungswiderrufen zusammensetzte, war er bis zu den aktuellen Vorwürfen vier Jahre lang straffrei geblieben. Keine der Vorstrafen wies einen erkennbaren Zusammenhang mit einer Suchtmittelabhängigkeit auf.

Da der Klient angab, bei einer Psychotherapeutin, einer Suchtberatungsstelle und mehreren Psychiatern in ambulanter Behandlung zu sein, wurden diese mit seinem Einverständnis angeschrieben. Die Anfragen bei der Psychotherapeutin und der Suchtberatungsstelle ergaben, daß der Klient dort um Hilfe nachgefragt hatte, bei weiteren Terminen dann jedoch nicht mehr erschienen war. Zwei der angeschriebenen Psychiater bestätigten ein bis drei Konsultationen, ein Behandlungsanliegen sei jedoch nicht erkennbar gewesen. Vielmehr habe der Patient um die Verschreibung bestimmter Medikamente – Diazepam und Barbiturate – nachgesucht, dem jeweils nicht entsprochen wurde.

Den dritten Psychiater suchte der Klient seit 2 ½ Jahren regelmäßig – mit einer knapp dreimonatigen Konsultationspause nach ca. einem ¾ Jahr – auf. Aus den Unterlagen ging hervor, daß er wöchentlich bis monatlich – mit unterschiedlichen Begründungen (er sei überfallen worden, habe das Rezept versehentlich mitgewaschen u.ä.) gelegentlich auch häufiger – Barbiturate, Diazepam und kodeinhaltige Hustenmittel in nicht unerheblichen Dosen verschrieben bekam. Die Diagnose des Arztes bezog sich zunächst auf eine frühkindliche Hirnschädigung, später kam die Diagnose eines Heroinabusus hinzu. Der Psychiater hatte seinerseits ärztliche Unterlagen über den Klienten angefordert und seinem Bericht beigefügt. Hieraus ging hervor, daß der Klient achtjährig mit der Diagnose einer frühkindlichen Hirnschädigung in einer kinderpsychiatrischen Klinik war. Vom Jugendamt lag die Bestätigung einer Heimunterbringung vor, weitere Unterlagen seien mittlerweile jedoch vernichtet worden.

Im Bericht des ärztlichen Dienstes der Strafvollzugsanstalt war eine Häufung freiwilliger (negativer) HIV-Testungen während der letzten Inhaftierung des Klienten vermerkt, ferner die wiederholte Bitte um die Verschreibung von Diazepam.

3.3. Explorationsangaben des Klienten (Auswahl)

Lebenslauf:
Der Klient wuchs mit drei Geschwistern in einer westberliner Zweizimmerwohnung auf. Die Mutter schilderte er als unberechenbare, chronische Alkoholikerin, die nur selten zu Hause gewesen sei. Zum Vater habe daher ein besseres Verhältnis be-

standen. Dieser habe wegen verschiedenen Behinderungen (Kinderlähmung, Verlust mehrerer Finger nach Arbeitsunfall) nicht in seinem Beruf als Feinmechanikermeister arbeiten können und als Lagerarbeiter gearbeitet. Die Beziehung der Eltern beschrieb der Klient als konfliktgeladen, oft habe der Vater Trennungsabsichten geäußert. Dieser sei dann aber, als der Klient 13 Jahre alt war, 40jährig an TBC gestorben.

Die Einschulung erfolgte mit einjähriger Verspätung, da der Klient als Kind „zappelig und ängstlich" gewesen sei, sich nicht habe konzentrieren können und noch lange Zeit (bis ca. neun Jahre) einnäßte. Er sei oft weggelaufen, kam dann für kurze Zeit in eine kinder- und jugendpsychiatrische Klinik und wurde schließlich vom Jugendamt aus der Familie genommen. Es folgten mehrere Heimwechsel bis er in ein Heim für erziehungsschwierige Kinder nach Hannover kam. Im rauhen Klima dort schloß er sich anderen Jungen aus Berlin an und in dieser Gruppe kam es dann auch zu den ersten Kontakten mit der Justiz (Mofadiebstähle). Nach („mittelmäßigem") Hauptschulabschluß wechselte der Klient in ein Lehrlingsheim. Eine erste Ausbildung zum Elektroinstallateur scheiterte wegen alkoholbedingter Probleme (Zuspätkommen, Alkohol bei der Arbeit); eine Tischlerlehre brach er mit Erreichen der Volljährigkeit ab; er kehrte nach Berlin zurück.

Dort schloß er sich einer „Clique" an; es kam wiederum zu Straftaten (Diebstähle, Einbrüche), die schließlich in einer Jugendstrafe mündeten. Nach Entlassung lernte er seine erste Freundin kennen und zog mit ihr zusammen. Man hielt sich mit Gelegenheitsjobs über Wasser, die jedoch – wegen „Unzuverlässigkeiten" oder weiterer Straftaten – nie länger als ein paar Wochen anhielten. Mit 27 Jahren kam es schließlich zu einer dreijährigen Haftstrafe, da wegen erneuter Delikte mehrere zuvor ausgesprochene Bewährungsaussetzungen widerrufen wurden.

Nach der Haftentlassung kam es zu einer psychischen Krise (Sinnlosigkeitsgefühle, „Depressionen", Alkohol), da die Clique sich inzwischen aufgelöst hatte. Im Obdachlosenheim lernte der Klient seine zweite Freundin kennen und bekam über sie Kontakt zur Drogenszene. Seither bezog sich sein Freundeskreis auf Personen daraus. Zum Begutachtungszeitpunkt wohnte er mit einem Bekannten aus der Szene in einer kleinen Wohnung und lebte von Sozialhilfe.

Suchtmittelanamnese:

Der Klient berichtete, während der Lehrzeit regelmäßig erhebliche Mengen Alkohol (Bier und Schnaps) getrunken zu haben; dies sei im damaligen Freundeskreis üblich gewesen. Später in Berlin wurde im Kreis der Clique häufiger Haschisch („2-3 mal täglich") geraucht, Alkohol spielte nur eine geringe Rolle. Erst nach der letzten Haftstrafe, als die Freunde nicht mehr da waren und er allein war, gab es dann wieder eine Zeit (ca. ½ Jahr) verstärkten Alkoholkonsums, derzeit trinke er jedoch kaum noch.

Mit 31 Jahren sei er erstmalig mit Heroin in Kontakt gekommen[5]; die Zeit bis zur Abhängigkeit schätzte er auf ca. 2-3 Monate. Nach der Trennung von der Freundin erfolgte nach knapp sieben Monaten regelmäßigen Konsums ein erster eigenständiger Entzugsversuch, der über eine Woche dauerte und als sehr qualvoll erlebt wurde. Rund ¼ Jahr sei er drogenfrei gewesen, nachdem sich die Hoffnung auf einen Ausbildungsplatz aber zerschlagen hatten, habe er wieder den Kontakt zur Drogenszene gesucht. Er lernte dort seine letzte Freundin kennen, zog mit ihr zusammen und war kurze Zeit später wieder abhängig. Zwei gemeinsame Entzugsversuche scheiterten bzw. endeten bald mit erneutem Rückfall (wegen „Frust"). Zur Zeit spritze er alle ein bis zwei Tage Heroin (meist mit Medinox vermischt); genauere Mengenangaben machte er auch auf Nachfrage nicht. Zu den versäumten Untersuchungsterminen gab er an, Drogen genommen und sich nicht getraut zu haben, zu kommen. Seine derzeitigen (wenigen) Sozialkontakte ordnete der Klient weitgehend der Drogenszene zu; darüber hinaus bestünden gelegentliche Kontakte zu den Geschwistern.

Erfahrungen mit weiteren Drogen verneinte der Klient (außer Zigaretten und Kaffee). Die mehrjährige Einnahme kodeinhaltiger Hustenpräparate (vgl. Fremdbefunde) begründete er mit einem chronischen Reizhusten aufgrund seiner feuchten Wohnung.

Zu den Straftaten:

Die meisten früheren Straftaten führte der Klient auf Einflüsse der (wechselnden) Peer-Gruppen zurück. Die aktuellen Straftaten begründete er hingegen mit der Notwendigkeit zur Beschaffung von Heroin. Während der Zeit zuvor hatte die Partnerin durch Prostitution den gemeinsamen Drogenbedarf finanziert, unterdessen er sich mit Gelegenheitsarbeiten um die Wohnungsmiete und den sonstigen Lebensunterhalt kümmerte. Die Freundin wurde dann aber aufgegriffen und inhaftiert. Nachdem der Bedarf nicht mehr gesichert war und andere Möglichkeiten der Geldbeschaffung ausgeschöpft waren (Blutspenden, Geld von Geschwistern geliehen), habe er aus Furcht vor einem Entzug, den er damals nicht hätte durchstehen können, die Diebstähle und Raubdelikte begangen.

Entzugssymptome bei der Tatbegehung waren dem Klienten nicht erinnerlich, auch bestand keine Erinnerung an eine akute Intoxikation („... eher nicht, ich brauchte ja das Geld für die Drogen"). Die dreimalige Einweisung in die Notfallambulanz (vgl. Gutachtenauftrag) erklärte der Klient als Suizidversuche, weil er sich durch die kumulierenden Ereignisse jener Zeit überfordert fühlte: Die unsichere Situation bei der Drogenbeschaffung, ein positiver HIV-Befund im Rahmen einer Blutspende (dieser stellte sich im Nachhinein als falsch heraus) und – vor allem – die Furcht vor einer erneuten Haftstrafe.

---

[5] Der Verdacht eines Heroinabusus bereits im Verlauf der letzten Inhaftierung (wiederholte Testungen auf HIV; Bemühungen um Medikamente; vgl. die Fremdbefunde) wurde vom Klienten verneint, eine Angst vor AIDS habe er wegen der Tätowierungen und der unsterilen Instrumente gehabt.

Zur Frage einer Entwöhnungsbehandlung:

Der Klient schätzte selbst seine Chancen, ohne Hilfen von den Drogen wegzukommen, skeptisch ein, äußerte jedoch den starken Wunsch nach einem drogenfreien Leben „... in einigermaßen geordneten Bahnen". Gleichwohl waren seine Antworten auf konkrete Fragen nach einer Behandlung ambivalent. Insgesamt wollte er versuchen, die ambulante Behandlung bei der Therapeutin und der Suchtberatungsstelle (vgl. Fremdbefunde) fortzusetzen (bzw. wieder aufzunehmen), sein Rückfallrisiko bzw. das Risiko, es nicht zu schaffen, schätzte er auf 30-40%. Eine Einschätzung im Falle einer stationären Therapie mochte er mangels eigener Erfahrung nicht abzugeben, äußerte aber Zweifel, eine solche Behandlung durchzuhalten. Andererseits fragte er wiederholt von sich aus nach verschiedenen Behandlungsmöglichkeiten und den juristischen Modalitäten im Zusammenhang mit den Straftaten – keinesfalls wollte er erneut in Strafhaft. Eine (drogenbezogene) Rückfallgefährdung sah er insbesondere in Verführungssituationen, aus diesem Grund wollte er zukünftig den Kontakt zur Drogenszene auch meiden.

3.4. Testpsychologische Untersuchungsbefunde

Da der Klient beim ersten Untersuchungstermin unter Drogenwirkung stand (vgl. Begutachtungskontext), wurde ihm zu Beginn der übrigen Termine jeweils der ZVT *(Zahlen-Verbindungs-Test)* vorgelegt (das erste Mal vollständig, beim zweiten Termin nur zwei Matrizen). Hierdurch sollte die Angabe des Klienten, keine Drogen/Medikamente genommen zu haben, überprüft werden, um die Interpretierbarkeit der übrigen Leistungstests abzuschätzen. Seine Leistungen im ZVT lagen mit mittleren Bearbeitungszeiten von 71 bzw. 74 sec. im Durchschnittsbereich seiner Altersgruppe ($T = 52$ bzw. $T = 50$), ein Hinweis auf einen signifikanten Substanzeinfluß ergab sich somit nicht.

Zur Prüfung der allgemeinen intellektuellen Leistungsfähigkeit wurde mit dem Klienten am zweiten Untersuchungstermin der HAWIE-R *(Hamburg-Wechsler-Intelligenztest für Erwachsene Revision 1991)* durchgeführt. Er erzielte folgende Ergebnisse (in Wertpunkten): *Allgemeines Wissen* (10), *Zahlennachsprechen* (11), *Wortschatz* (11), *Rechnerisches Denken* (13), *Allgemeines Verständnis* (14), *Gemeinsamkeitenfinden* (12), *Bilderergänzen* (9), *Bilderordnen* (10), *Mosaik-Test* (10), *Figurenlegen* (12) und *Zahlen-Symbol-Test* (11). Er erreichte einen Verbal-*IQ* von 109 und einen Handlungs-*IQ* von 102, insgesamt erzielte er mit einem *IQ* von 109 ein gut durchschnittliches Ergebnis. Trotz leicht besserem Verbalteil erschien das Leistungsprofil insgesamt als homogen; bedeutsame Einbrüche – insbesondere solche, die an das Vorhandensein hirnorganischer Beeinträchtigungen denken ließen – ergaben sich nicht.

Um gleichwohl der Vordiagnose einer frühkindlichen Hirnschädigung (vgl. Fremdbefunde) bzw. der Frage etwaiger hirnorganischer Beeinträchtigungen in der Tatsituation weiter nachzugehen, wurde noch der *Benton-Test* (Benton Sivan & Spreen, 1996; Standardinstruktion, Form C)[6] durchgeführt. Der Klient machte zwei Fehler (eine Entstellung, ein Drehungsfehler) bei acht richtigen Lösungen. Das Ergebnis lag damit im Erwartungsbereich und die Hypothese einer etwaigen forensisch relevanten Beeinträchtigung auf Grundlage einer dauerhaften Hirnschädigung wurde fallengelassen.

Zur Frage der Prognose einer etwaigen Entwöhnungsbehandlung wurde wegen des empirischen Befundes einer schlechteren Erfolgsaussicht introvertierter Persönlichkeiten dem Klienten zunächst das FPI *(Freiburger Persönlichkeitsinventar* – Form A1) vorgelegt. Er erzielte folgende Ergebnisse (in Stanine-Werten): *Nervosität* (6), *spontane Aggressivität* (4), *Depressivität* (6), *Erregbarkeit* (4), *Geselligkeit* (5), *Gelassenheit* (3), *Dominanzstreben* (2), *Gehemmtheit* (7), *Offenheit* (6), *Extraversion* (4), *emotionale Labilität* (5), *Maskulinität* (3). Der Klient beschrieb sich demnach in weiten Zügen ähnlich seiner Referenzgruppe; der Extraversionswert des FPI lag im Normbereich. Auffallend waren indessen eine reduzierte Ausprägung der Skala *Dominanzstreben* sowie leicht normabweichende Werte der Skalen *Gelassenheit* und *Gehemmtheit*. Der Klient schilderte sich in diesem Sinne als eher zurückhaltenden, nachgiebigen Menschen, der Konflikten lieber aus dem Wege geht und sich anpaßt, im sozialen Kontakt eher gehemmt und angespannt ist und sich durch unerwartete Widrigkeiten vergleichsweise schnell irritieren läßt.

Der spezifischen Frage nach den motivationalen Voraussetzungen für eine etwaige – gerichtlich forcierte – Entwöhnungsbehandlung wurde unter Bezugnahme auf das genannte straftäterspezifische Therapiemotivationskonzept nachgegangen. Hierzu mußte z.T. auf Erhebungsinstrumente zurückgegriffen werden, die im Rahmen von Forschungsarbeiten entwickelt wurden, da nicht für alle relevanten Aspekte geeignete publizierte Verfahren zur Verfügung standen[7]. Zur Auswertung wurde dabei auf Forschungsergebnisse (*N* = 120 Straftäter; davon *n* = 27 drogenabhängig[8]) Bezug genommen. Dieses Vorgehen erforderte eine sehr vorsichtige Interpretation, erlaubte aber eine zumindest grobe Abschätzung der wesentlichen Aspekte. Zunächst wurden Ausmaß und Art der vom Klienten antizipierten persönlichen Probleme erhoben. Hierzu wurde ein Vorgehen gewählt, das sich bereits bei früheren Arbeiten zur Therapiemotivation von Straftätern bewährt hat (Steller & Hommers, 1977), seither weiterentwickelt wurde (Dahle, 1995) und neben Umfang und Art von Problemwahrnehmungen auch deren

---

[6] Der *Benton-Test* besteht aus 10 Karten mit geometrischen Figuren, die jeweils nach 10 Sekunden Darbietungszeit aus dem Gedächtnis nachzuzeichnen sind. Ausgewertet werden die Anzahl richtiger Reproduktionen sowie die Fehleranzahl; die Fehler werden auch qualitativ bewertet. Zahlreiche Untersuchungen belegen die differentialdiagnostische Möglichkeit des *Benton-Tests* zur Erfassung von Hirnschädigungen. Die *Retest*-Reliabilität beträgt nahezu .85.

[7] Die (wenigen) verfügbaren spezifischen Instrumente – z.B. der *Fragebogen zur Messung der Psychotherapiemotivation* (Schneider, Basler & Beisenhertz, 1989) – wurden unter Bezugnahme auf andere Zielgruppen entwickelt und erfassen nicht die Besonderheiten straffälliger Gruppen.

[8] Zu beachten ist, daß es sich weitgehend um solche drogenabhängigen Straftäter handelte, die über einschlägige Therapieerfahrungen verfügten, aber durchgängig rückfällig geworden waren.

wesentliche Verarbeitungsmodalitäten erfaßt[9]. Für den Klienten erweisen sich 32 Probleme als individuell bedeutsam. Dies war sowohl im Vergleich mit der allgemeinen als auch mit der drogenabhängigen Straffälligengruppe überdurchschnittlich (PR > 90). Es fiel auf, daß es vor allem *Zukunftssorgen*, Probleme bei der *Alltagsbewältigung* und *soziale Probleme* waren, die der Klient ausgewählt hatte (PR > 90), demgegenüber i.e.S. psychische Befindlichkeitsstörungen im Vergleich zu beiden Bezugsgruppen durchschnittlich ausgeprägt waren. Bei der Problemverarbeitung zeigte sich eine erhebliche Tendenz zu konsistent-externalen Ursachen- *und* Änderungsattributionen („Meine Probleme sind sowohl durch andere Personen bzw. äußere Bedingungen verursacht als auch nur durch diese veränderbar"); gegenüber den Erwartungshäufigkeiten waren solche external-external-Konfigurationen signifikant erhöht (vgl. Fußnote 8). Dieser Befund deckte sich mit dem Ergebnis zu den generalisierten Kontrollüberzeugungen des Klienten im IPC (*IPC-Fragebogen zu Kontrollüberzeugungen*). Auch hierbei ergab sich ein unterdurchschnittlicher Wert für internale ($T = 30\text{-}35$), hingegen erhöhte Werte für beide externale Skalen ($T = 70$ bzw. $T = 65\text{-}70$) des Fragebogens.

Zur Erfassung allgemeiner Therapieeinstellungen wurde dem Klienten der *Fragebogen zu therapiebezogenen Einstellungen* (TBE)[10] vorgelegt. Die durch das Instrument erfaßte *Erfolgserwartung in therapeutische Maßnahmen* war beim Klienten im Vergleich zur straffälligen Gesamtgruppe durchschnittlich (PR 50-60), im Vergleich zu den drogenabhängigen Straftätern jedoch deutlich besser ausgeprägt (PR > 90; vgl. jedoch nochmals Fußnote 7). Ähnliche Ergebnisse ergaben sich bei der Skala *Therapieabwehr* (PR 40-50 im Vergleich zur allgemeinen und PR < 10 im Vergleich zur drogenabhängigen Straftätergruppe). Demgegenüber lag die Ausprägung des *therapeu-*

---

[9] Das Verfahren besteht aus einem Set von 50 Karten mit Problembeschreibungen, die z.T. bekannten Problemchecklisten entstammen, z.T. einer Studie über Problembelastungen von Straftätern (Zamble & Porporino, 1988) entnommen waren. Hieraus wählt die Testperson zunächst die für sie bedeutsamen aus. Im zweiten Schritt werden zu jedem dieser Probleme Fragen zum Belastungsausmaß und den spezifischen ursachen- und änderungsbezogenen Attributionen gestellt, die jeweils auf der Rückseite jeder Karte formuliert sind. Das Verfahren erlaubt eine Einschätzung der allgemeinen Problembelastung wie auch eine Spezifizierung relevanter Problembereiche. Für den Gesamtwert liegen die Reliabilitätsschätzungen (nach *Cronbach*) bei $\alpha = .89$, für einzelne Problembereiche zwischen $\alpha = .72$ und $\alpha = .89$. Zusammenhänge mit Selbsteinschätzungen zur Problembelastung liegen zwischen $r = .44$ und $r = .65$, Korrelationen mit verschiedenen Außenkriterien (Schulden, Wohn-, Arbeits- und soziale Situation) zwischen $r = .28$ und $r = .47$ (Dahle, 1995). Die Problemattributionen wurden mittels (leicht modifizierter) MKK-BKK-Analyse (*multinominale und bayesstatistische konfigurale Klassifikationsanalyse*; Hommers, 1987) ausgewertet. Diese erlaubt auf der Grundlage der problembezogenen Attributionen eine zufallskritisch abgesicherte Zuordnung des Klienten zu spezifischen Attributionstypen, sofern er eine gegenüber der Erwartung signifikante Häufung einer bestimmten Attributionsvariante zeigt.

[10] Das Verfahren stellt die Übersetzung und Weiterentwicklung des *ASSPH* (*Attitude Scales of Seeking Professional Help;* Fischer & Turner, 1970) dar und erfaßt u.a. die Aspekte *Erfolgserwartung, Therapieabwehr* (Widerstand gegenüber der Vorstellung, an einer Therapie teilzunehmen) und *therapeutenbezogenes Mißtrauen*, die sich als relevant bei der Prognose therapiebezogenen Verhaltens gezeigt haben. Bei Voruntersuchungen ergaben sich Retestreliabilitäten (nach 6 Wochen) zwischen .81 und .92 sowie lineare Zusammenhänge mit dem Bildungsniveau (Dahle, 1993). Drogenabhängige unterschieden sich systematisch von den übrigen Straftätern, wobei sie im Mittel deutlich negativere Einstellungen zeigten.

tenbezogenen Mißtrauens im Mittelbereich der drogenabhängigen (PR 40-50) und über dem Durchschnitt der allgemeinen Straftätergruppe (PR bei 80).

Um das Ausmaß justizbezogener Vorbehalte abzuschätzen, wurde dem Klienten zunächst die Skala *Sensible Intoleranz gegenüber der Justiz* aus dem *Persönlichkeitsfragebogen für Inhaftierte* (Seitz, 1983)[11] vorgelegt. Seine Ausprägung auf dieser Skala war im Vergleich zur allgemeinen Straffälligengruppe überdurchschnittlich (PR 80-90), lag aber im Durchschnittsbereich der drogenabhängigen Teilgruppe (PR 50-60). Zweimal wurde ihm die *Adjektivliste zur Erfassung des subjektiven Eindrucks eines Patienten über einen Therapeuten* (SEPT; Halder, 1977)[12] vorgelegt. Zunächst mit der Bitte um Beschreibung eines idealen, dann zur Beschreibung eines antizipierten realen Suchttherapeuten. Die Unterschiede zwischen den Beschreibungsprofilen waren im Vergleich zur allgemeinen Straffälligengruppe erhöht (PR 80-90), erreichten aber nicht ganz das hohe Niveau der drogenabhängigen Vergleichsgruppe (PR 20-30).

Um Aufschluß darüber zu erlangen, ob und inwieweit Ängste bestanden, den antizipierten Anforderungen einer Therapie möglicherweise nicht gerecht werden zu können, wurde wiederum zweimal eine Adjektivliste (nach Halder, 1977) vorgelegt. Hierbei ging es um die Beschreibung eines antizipierten „erfolgreichen Therapieklienten" und zu einem anderen Zeitpunkt um eine Selbstbeschreibung. Auf der Skala *Durchsetzungsfähigkeit*[13] zeigte der Klient überdurchschnittliche Diskrepanzen zwischen dem Bild des Idealklienten und dem Selbstbild (im Vergleich zu beiden Referenzgruppen; PR 80-90 bzw. > 90).

Als letztes ging es um generalisierte Copinggewohnheiten und dem Selbstkonzept eigener Problemlösefähigkeiten, die sich als relevante Aspekte der allgemeinen Handlungskompetenz zur Vorhersage therapiemotivierten Verhaltens gezeigt haben. Um zunächst die Bewältigungspräferenzen zu erfassen, wurden dem Klienten der SVF *(Streßverarbeitungsfragebogen)* vorgelegt. Im Hinblick auf die hier bedeutsamen Skalen *Bagatellisierung* und *Schuldabwehr*[14] ergaben sich beim Klienten deutlich überdurchschnittliche Werte ($T = 67$ bzw. $T = 69$), auch im Vergleich zur straffälligen Gesamtgruppe der Studie (PR 80-90), jedoch kaum noch im Vergleich zur drogenabhängigen Teilgruppe (PR 60-70). Aus den FSKN *(Frankfurter Selbstkonzeptskalen)*

---

[11] Der Autor gibt die Zuverlässigkeit der Skala mit $r = .80$ an und berichtet über Zusammenhänge mit der Hafterfahrung sowie mit der Haftphase. Weitere Studien finden sich bei Littmann, Friemert & Szewczyk (1989) sowie bei Dahle & Steller (1990).

[12] Für die motivationale Fragestellung zeigte sich nur jener Teil der Adjektive bedeutsam, der positive Therapeuteneigenschaften erfaßt. Für diese 13 Items lag *Cronbach-α* bei .96.

[13] Die Ideal-Realbild-Differenz dieser Skala zeigte in der Studie die deutlichsten Zusammenhänge mit dem Therapieverhalten; ihre konsistenzanalytische Reliabilitätsschätzung lag allerdings nur bei $\alpha = .79$ (d.h. vor allem der Differenzwert ist fehlerbehaftet). Es ergaben sich verschiedene Zusammenhänge, z.B. mit der allgemeinen Handlungskompetenzerwartung (FSKN - Skala *allgemeine Problembewältigung*, $r = .42$), mit externalen Kontrollattributionen (IPC - Skala *powerful others*; $r = .33$) und dem Ausmaß sozialer Probleme ($r = .48$).

[14] In der Studie erwiesen sich aus dem SVF insbesondere diese Skalen als relevante (Negativ-) Prädiktoren, sie korrelierten jedoch zu $r = .92$ und erfaßten insofern faktisch identische Aspekte.

wurde schließlich die Skala zur *allgemeinen Problembewältigung* vom Klienten bearbeitet. Hier erzielte er einen insgesamt unterdurchschnittlichen Wert (PR = 5), im Vergleich zur straffälligen Untersuchungsgruppe lag das Ergebnis bei PR 20-30 und zur drogenabhängigen Teilgruppe im Bereich zwischen PR 10-20.

Der Übersicht halber seien im folgenden die wesentlichen Befunde zur Therapiemotivation des Klienten noch einmal zusammengestellt.

Dimension	Ausprägung beim Klienten		Prognosewert[a]	
	im Vergleich mit Straftätern allgemein	im Vergleich mit drogenabhängigen Straftätern	hinsichtlich aktiver therapiebezogener Handlungen[b]	hinsichtlich passiver therapiebezogener Handlungen[c]
Problembelastung	hoch	hoch	+	+
Problemattributionen (Ursache/Änderung)	überdurchschnittlich external/external	überdurchschnittlich external/external	–	ohne Belang
allgemeine Therapieeinstellungen	durchschnittlich, leicht erhöhte Vorbehalte gegenüber Therapeuten	gut	± bis +	± bis +
Selbstvertrauen in therapiebezogene Handlungskompetenz	gering	gering	–	+
justizbezogene Vorbehalte	hoch	durchschnittlich	–	–
allgemeine Handlungskompetenz	gering, erhöhte Neigung zu konfliktvermeidenden Bewältigungsstilen	gering	–	+

Anmerkung: [a] empirischer Zusammenhang der Variable in der vom Klienten gezeigten Ausprägung mit dem Auftreten therapiebezogener Handlungen
[b] eigeninitiative therapiebejahende Handlungen ohne äußere Anstöße
[c] therapiebejahende Handlungen in Reaktion auf äußere Anstöße

3.5. Schlußfolgerung

Die bereits vom Gericht vermutete Heroinabhängigkeit des Klienten konnte aufgrund der Untersuchungsbefunde als sicher bestätigt angesehen werden, die erforderlichen

Kriterien der gängigen psychiatrischen Klassifikationssysteme (z.B. ICD-10; DSM-IV) waren vollständig erfüllt und auch durch mehrere Datenquellen (Verhaltens- und Explorationsdaten, medizinische Untersuchung, Arztbrief) belegt. Die Störung wurde als schwer eingestuft, da sie seit mindestens 2 ½ Jahren – evtl. länger – bestand (Exploration, Arztbrief), der Klient mehrere und letztlich vergebliche Entwöhnungsversuche (in einem Fall durch Fremdbefunde, die Konsultationspause beim Psychiater, bestätigt) mit jeweils schwerer Entzugssymptomatik schilderte und in der Exploration, aber auch im Verhalten selbst (z.B. Terminversäumnisse trotz gegenteiliger Handlungsplanung) erhebliche suchtmittelbedingte Einschränkungen der sozialen Handlungsfähigkeit erkennbar waren. Die erste Voraussetzung zur Annahme einer rechtsrelevanten Einschränkung der Schuldfähigkeit des Klienten (im Sinne §§ 20, 21 StGB) wurde daher bejaht, die Störung entsprach dem Rechtsbegriff der „schweren anderen seelischen Abartigkeit" (vgl. Fußnote 3). Für die anfänglich formulierten Zusatzhypothesen möglicher Intoxikationen oder akuter Entzugssymptome zu den Tatzeitpunkten fanden sich indessen keine hinreichende Anhaltspunkte.

Auch die zweite Voraussetzung zur Annahme einer rechtsrelevanten Einschränkung der Schuldfähigkeit – eine erhebliche störungsbedingte Beeinträchtigung von Einsichts- oder Steuerungsfähigkeit – wurde aus psychologisch-sachverständiger Perspektive bejaht (die letztliche Bewertung obliegt der richterlichen Beurteilung. Hierfür sprach nicht allein die Art der Störung selbst (Beschaffungsdelinquenz gilt in vielen diagnostischen Systemen – z.B. im DSM – als diagnostisches Kriterium für eine Heroinabhängigkeit), ihre Ausprägung und die bekanntermaßen gravierende Symptomatik eines Entzuges, die der Klient aus eigener Erfahrung kannte. Auffällig war zudem die für den Klienten ungewöhnliche Beharrlichkeit der Deliktbegehung (z.B. unmittelbar nachdem er zuvor bereits aufgegriffen wurde). Schließlich ergaben sich gewichtige Hinweise auf eine starke psychische Belastung im relevanten Zeitraum (wiederholte Einlieferung in die Notfallambulanz aufgrund von – nach Angaben des Klienten in suizidaler Absicht erfolgten – Überdosierungen) und es ließen sich auch bei den Untersuchungen noch Indizien für suchtmittelbedingte Einschränkungen der Fähigkeit zu situationsangepaßtem Verhalten erkennen (erster Termin unter erheblichen Drogeneinfluß; mehrfache Terminversäumnisse, nach Angaben des Klienten wegen Drogengebrauchs bei gleichzeitigen Ängsten, intoxikiert zu erscheinen). Seine Erklärung für die plötzliche Häufung von Straftaten, nachdem er trotz Abhängigkeit mehrere Jahre zuvor nicht mehr strafrechtlich auffällig wurde – die Inhaftierung der Freundin, die zuvor den gemeinsamen Drogenbedarf sicherstellte – war nachvollziehbar, die Feststellung dieses Sachverhaltes gleichwohl Aufgabe des Gerichts (und für die gutachterliche Fragestellungen auch nur von sekundärer Bedeutung). Eine gänzlich aufgehobene Steuerungsfähigkeit (§ 20 StGB) wurde aus sachverständiger Sicht jedoch verneint, da in den Aktenangaben (Tatschilderungen von Dritten, Vernehmungsprotokolle) und auch in den Schilderungen des Klienten zum Tatablauf durchaus noch Anzeichen situationsangepaßten Verhaltens und ein Minimum risikoabwägenden Kalküls bei der Tatbegehung erkennbar waren.

In Anbetracht der Schwere der diagnostizierten Störung sowie der mehrfachen vergeblichen Versuche des Klienten, ohne professionelle Hilfe den Drogen- und Medikamentenkonsum einzustellen, wurde von der Notwendigkeit einer Behandlung ausgegangen und in diesem Sinne eine Therapieindikation bejaht. Dabei wurde von der Erforderlichkeit eines stationären Settings ausgegangen. Der Klient verfügte, nicht zuletzt wegen seiner langjährigen Erfahrungen im Umgang mit „professionellen Helfern", über Strategien, sich im Sinne sozial erwünschter Erwartungen darzustellen und Helfer für kurzfristige Ziele zu gewinnen (z.B. den Psychiater). Angesichts der bisherigen Erfahrungen mit ambulanten Behandlungsversuchen (vgl. die Fremdbefunde) und seiner begrenzten Fähigkeit, Belastungen zu bewältigen (die bisherigen Rückfälle nach Entzugsversuchen erfolgten in Frustrationssituationen; vgl. auch die Testbefunde zur Handlungskompetenz und den Kontrollattributionen), schien die Chance, daß er in einem ambulanten Setting von sich aus in Krisensituationen der Versuchung eines vorzeitigen Abbruchs widerstehen könnte, zu gering.

Im Hinblick auf die empirische Befundlage zur Behandlungsprognose bei Drogenabhängigen sprachen einige Aspekte für eine vergleichsweise gute Ausgangslage des Klienten: Sein eher hohes Alter, der lebenszeitlich späte Abhängigkeitsbeginn und nicht zuletzt die – im Vergleich zur durchschnittlichen drogenabhängigen Therapieklientel – relativ kurze Abhängigkeitsdauer. Der in diesen Variablen letztlich abgebildete Akkulturationsprozeß in eine drogenspezifische subkulturelle Identität schien beim Klienten insofern noch nicht allzu verfestigt. Gleichwohl zeigte seine Biographie eine starke Anfälligkeit für subkulturelle Einflüsse; die Suche nach Anschluß an unterschiedliche Gruppen stellte seit seiner frühen Jugend eine wesentliche Lebensstrategie des Klienten dar, dem kaum Ansätze einer überdauernden eigenen Lebensplanung gegenüberstanden. Seine Therapiechancen dürften insofern nicht unwesentlich davon abhängen, inwieweit es gelingt, im Laufe der Behandlung eine realistische und tragfähige alternative Lebensperspektive zu erarbeiten. Auch war davon auszugehen, daß seine Behandlungsaussichten stark von der subkulturellen Beeinflussung des therapeutischen Milieus in der jeweiligen Behandlungseinrichtung abhängen würde – hierauf ließ sich jedoch nur wenig Einfluß nehmen. Gleichwohl schienen Behandlungskonzepte, die sehr stark das Suchtverhalten fokussieren und darüber hinausgehenden Aspekten nur wenig Aufmerksamkeit schenken, nicht optimal. Aus diesem Grunde wurde eine Behandlung außerhalb der Entwöhnungsstation eines Krankenhauses empfohlen, z.B. im Rahmen einer therapeutischen Wohngemeinschaft.

Hinsichtlich seiner Bereitschaft zur Teilnahme an einer stationären Therapiemaßnahme äußerte sich der Klient ambivalent. Die nähere Analyse seiner motivationalen Voraussetzungen offenbarte dabei vor allem instrumentelle Barrieren gegenüber einer Behandlung (Mißtrauen und vor allem antizipatorische Überforderungsängste). Auf der anderen Seite waren ein hohes Maß an chronischer Problembelastung und der Änderungswunsch, für sich einen Lebensweg „... in einigermaßen geordneten Bahnen" zu finden, durchaus erkennbar. Die instrumentellen Hemmnisse waren vor dem Hintergrund eines generell sehr geringen Selbstvertrauens des Klienten in seine eigene

Handlungskompetenz zu sehen. Er erlebte sich als stark fremdkontrolliert und abhängig und hatte daher einen Bewältigungsstil entwickelt, der vor allem auf die Vermeidung offener Auseinandersetzungen mit Problemen und Konflikten abzielte. Diese Strategie ließ sich bereits früh in der Biographie erkennen und schien entsprechend fixiert. Diese motivationale Ausgangslage ließ erwarten, daß der Klient mit hoher Wahrscheinlichkeit auch im Therapieverhalten zunächst nur wenig Eigeninitiative zeigen würde, daß er aber bei entsprechender äußerer Anregung durchaus zum Mitmachen zu bewegen wäre. Aus diesem Grund – nicht zuletzt aber auch vor dem Hintergrund der empirischen Befundlage (vgl. Exkurs II) – wurde die gerichtliche Frage nach den Effekten einer möglichen gerichtlichen Therapieauflage auf die Behandlungsprognose des Klienten positiv – d.h. als wahrscheinlich die Behandlungsprognose erheblich verbessernd – beantwortet.

4. Folgen

Das Gericht folgte dem Gutachten weitgehend und räumte dem Beschuldigten die Möglichkeit ein, sich einen anerkannten Therapieplatz zu suchen. Es stellte – nachdem dieser schließlich einen Platz nachweisen konnte – die Strafverfolgung nach den Modalitäten des BtMG (vgl. Fußnote 2) vorläufig zurück.

Literatur

Benton Sivan, A. & Spreen, O. (1996). *Benton-Test.* Bern: Huber.

Dahle, K.P. (1993). Therapie als (Aus-) Weg? Eine Untersuchung zu therapiebezogenen Einstellungen von Strafgefangenen. *Bewährungshilfe, 40,* 401-407.

Dahle, K.P. (1995). *Therapiemotivation hinter Gittern – Zielgruppenorientierte Entwicklung und Erprobung eines Motivationskonzepts für die therapeutische Arbeit im Strafvollzug.* Regensburg: Roderer.

Dahle, K.P. & Steller, M. (1990). Coping im Strafvollzug: eine Untersuchung zu Haftfolgen bei Jugendlichen. *Zeitschrift für experimentelle und angewandte Psychologie, 37,* 31-51.

Egg, R. (Hrsg.) (1992). *Die Therapieregelungen des Betäubungsmittelrechts – deutsche und ausländische Erfahrungen.* Wiesbaden: KrimZ.

Fischer, E. H. & Turner, J. L. (1970). Seeking Professional Help for Psychological Disturbances: Development and Research Utility of an Attitudes Scale. *The Journal of Counseling and Clinical Psychology, 35,* 79-90.

Halder, P. (1977). *Verhaltenstherapie und Patientenerwartung.* Bern: Huber.

Herbst, K. & Hanel, E. (1989). Verlauf der stationären Entwöhnungsbehandlung bei Drogenabhängigen. *Suchtgefahren, 35,* 235-251.

Hommers, W. (1987). Anti-Typen: Zur psychologischen Validität eines methodischen Konstrukts der Konfigurationsfrequenzanalyse. *Diagnostica, 33,* 301-318.

Krampen, G. (1987). *Handlungstheoretische Persönlichkeitspsychologie.* Göttingen: Hogrefe.

Lipton, D.S. (1995). *The Effectiveness of Treatment for Drug Abusers Under Criminal Justice Supervision.* Washington DC: U.S. Department of Justice.

Littmann, E., Friemert, K. & Szewczyk, H. (1989). Psychosoziale Fehlentwicklung und strafrechtliche Verantwortlichkeit – Ergebnisse psychopathometrischer Untersuchungen. *Zeitschrift für Psychiatrie,*

Neurologie und medizinische Psychologie, 41, 269-279.

Rasch, W. (1986). *Forensische Psychiatrie*. Köln: Heymann.

Roch, I., Küfner, H., Arzt, J., Böhmer, M. & Denis, A. (1992). Empirische Ergebnisse zum Therapieabbruch bei Drogenabhängigen: Ein Literaturüberblick. *Sucht, 38*, 304-322.

Seitz, W. (1983). Zur Struktur und Erfassung der Persönlichkeit von Inhaftierten am Beispiel eines inhaftierungsadäquaten Persönlichkeitsfragebogens. *Zeitschrift für Differentielle und Diagnostische Psychologie, 4*, 261-281.

Schneider, W., Basler, H.D. & Beisenherz, B. (1989). *Fragebogen zur Messung der Psychotherapiemotivation*. Weinheim: Beltz.

Steller, M. & Hommers, W. (1977). Zur Behandlungsmotivation von Delinquenten. *Monatsschrift für Kriminologie und Strafrechtsreform, 60*, 279-285.

Vollmer, H. (1988). Die vorzeitige Therapiebeendigung bei der Entwöhnungsbehandlung Drogenabhängiger: Analyse und Interventionen. *Suchtgefahren, 34*, 65-79.

Vollmer, H. (1989). Motivation und Willensstärke im Urteil opiatabhängiger Patienten und deren Therapeuten. *Suchtgefahren, 35*, 281-288.

Vollmer, H. & Ellgring, H. (1988). Die Vorhersage der vorzeitigen Therapiebeendigung bei Drogenabhängigen. *Suchtgefahren, 34*, 273-284.

Zamble & Porporino (1988). *Coping, Behavior and Adaptation in Prison Inmates*. New York: Springer.

15.

Beurteilung des Entwicklungspotentials hochrangiger Spezialisten - Die Mitarbeiter Herr Dr. S. und Herr K. (Ph. D.) eines Chemieunternehmens

Heinrich Wottawa

Bochum

Der Autor arbeitet regelmäßig als Berater für verschiedene Unternehmen. Die Fragestellungen betreffen typischerweise die Gestaltung von Systemen in der Personalarbeit (Beurteilungsverfahren, Nachfolgeplanung, motivationsfördernde Gehaltssysteme etc.), Planung und gegebenenfalls Durchführung von Interventionsmaßnahmen im Sinne der Personalentwicklung (Workshops, Trainings, Einzelberatung) und die Entwicklung von Konzepten zur Eignungsdiagnostik (Auswahl und Interpretationshilfen für Testverfahren, Gestaltung von Assessmentcentern).[1]

Die Mitarbeiter Herr Dr. S. und Herr K. (Ph. D.) eines Chemieunternehmens

1. Vorbemerkung: Personalentwicklung

Eine Besonderheit dieses Tätigkeitsfeldes ist, daß eine sehr enge Verknüpfung zwischen Intervention (im Sinne von Training) und diagnostischen Verfahren (insbesondere die verhaltensorientierten Übungen im Rahmen von Assessmentcentern) besteht. Absolviert etwa ein Teilnehmer im Rahmen eines zweitägigen Assessmentcenters (AC) bis zu 10 Verhaltensübungen mit anschließendem ausführlichen Feedback über seine dabei gezeigten Erfolge, stellt dies schon für sich eine erhebliche Interventionsmaßnahme dar (um so mehr, als die Feedback-Gespräche im Anschluß an diagnostisch ausgerichtete ACs von den Teilnehmern im besonderen Maße ernst genommen wer-

---

[1] Das hier gegebene Beispiel stammt aus einem Projekt in Zusammenarbeit mit der Unternehmensberatung *Lerou, Robrecht und Partner* in Berlin, Frankfurt und Paris.

den, oft mehr als die Trainerrückmeldung in vergleichbar aufgebauten Seminaren). Umgekehrt kann kein Zweifel bestehen, daß sich durch geeignete Interventionsmaß-nahmen die Leistung während der „diagnostischen" Verhaltensübungen wesentlich beeinflussen läßt, sicher mehr, als dies zum Beispiel bei standardisierten Intelligenz- und Leistungstests der Fall ist. Dies erfordert eine andere als von Laien meist bei oberflächlicher Betrachtung vermuteten Begründung für Selektionsentscheidungen auf der Basis von ACs: Für eine negative Aussage ist weniger der unzureichende Entwick-lungsstand der Verhaltenskompetenz als solcher entscheidend - da dieser mit einem meist vertretbaren Aufwand auf das Mindest-Akzeptanzniveau gehoben werden könnte -, sondern entweder relative Effizienzüberlegungen („Wer es schon kann, ver-ursacht keine Trainingsaufwendungen mehr") oder - und viel entscheidender (!) - die Interpretation der Defizite als Hinweis auf unzureichende Nutzung von Lernchancen in der Vergangenheit. Hat es jemand bisher nicht verstanden, auf der Grundlage einer (vielleicht nur schwachen, unauffälligen) Rückmeldung aus seiner Umgebung an einer systematischen Optimierung seines Verhaltens zu arbeiten, oder hat er eventuell ein falsches Bild über das „richtige" Verhalten, kann dies seine schlechte Leistung im AC bedingen. Gleichzeitig ist dies ein Hinweis auf entscheidende Defizite in der Fähigkeit zum persönlichen selbständigen Weiterentwickeln, die viel gravierender für eine (relativ) schlechte Zukunftsprognose sind als zum Beispiel die Tatsache einer nicht guten Nutzung von Präsentationsmedien im Rahmen einer Vortragsübung als solche.

Dieser Effekt ist für die Gestaltung von ACs kein allzu großes Problem, wenn „typische" Kandidaten eignungsdiagnostisch zu untersuchen sind. Hochschulabsolven-ten einschlägiger Studiengänge, Sachbearbeiter mit Aufstiegsambitionen oder Füh-rungskräfte mit einigen Jahren Berufserfahrung haben jeweils in ihrer Vergleichsgrup-pe relativ ähnliche Chancen auf eine persönliche Verhaltensoptimierung, auch wenn hier insbesondere bei der Mischung von Kandidaten aus unterschiedlichen Unterneh-men oder stark verschieden strukturierten Unternehmensteilen natürlich umgebungs-bedingte Verzerrungen nicht auszuschließen sind. Entscheidend wird die Berücksich-tigung der „Lernbarkeit" von Verhaltensübungen aber dann, wenn festgestellt werden soll, ob Potential für Führungsaufgaben bei Personen vorliegt, die bisher in einer völ-lig anderen sozialen Umgebung gelebt und sich dort nach ganz anderen Kriterien „optimiert" haben als bezüglich der jetzt neu gesuchten allgemeinen Management-kompetenz.

Eine solche prinzipielle Veränderung der Aufgabengebiete von Mitarbeitern hat quantitativ in den letzten Jahren deutlich zugenommen. Insbesondere als Folge von Fusionen, Aufkäufen oder Spaltungen sind immer wieder organisatorische Umschich-tungen erforderlich, die natürlich auch die Einsatzmöglichkeiten der vorhandenen Mit-arbeiter beeinflussen. Zwangsläufig zeigen sich bei solchen Vorgängen in manchen Bereichen personelle Überhänge, während gleichzeitig in anderen Bereichen für neue Aufgaben Vakanzen entstehen.

Es ist für mitarbeiterorientierte Unternehmen selbstverständlich, daß man sich bemüht, in einer solchen Situation die unternehmensintern frei werdenden Stellen

möglichst mit den vorhandenen Mitarbeitern zu besetzen und die dafür eventuell erforderlichen Personalentwicklungsmaßnahmen durchzuführen. Leider ist eine solche
interne Umschichtung in vielen Fällen auch unter Kostengesichtspunkten nicht möglich. Jedes Unternehmen wird sich aber bemühen, zumindest die Leistungsträger im
Spezialisten- und Führungskräftebereich auch in solchen schwierigen Situationen an
sich zu binden.

2. Fragestellung

Im konkreten Fall ging es darum, daß bei einer größeren Gruppe (geplant waren ca.
36) hochqualifizierter Mitarbeiter aus dem Forschungsbereich des Unternehmens festgestellt werden sollte, in welchem Ausmaß Potential für Managementaufgaben
(innerhalb und außerhalb des Forschungsbereiches) vorhanden ist und welche Personalentwicklungsmaßnahmen gegebenenfalls einzuleiten wären, um diese Kompetenzen
weiter zu fördern. Es war also weder eine Selektionsaufgabe, da an eine Trennung von
den Mitarbeitern bei schlechten AC-Ergebnissen in keiner Weise gedacht wurde. Es
war auch kein klassisches Plazierungsproblem, da es nicht eine Menge von wohldefi-
nierten konkreten Positionen gab, zu denen aufgrund entsprechender Anforderungs-
profile eine Zuteilung aufgrund der AC-Ergebnisse vorzunehmen wäre. Statt diesen
klassischen Zielsetzungen handelt es sich also um eine Zielsetzung, die am ehesten als
„Erkundung" zu charakterisieren ist.

3. Erarbeitung der diagnostischen Strategie

In mehreren intensiven Vorgesprächen mit Experten des Unternehmens mußte geklärt
werden, welche Kompetenzbereiche als für diese Fragestellung diagnostisch relevant
anzusehen wären. Selbstverständlich war, daß übliche Leistungs- und Intelligenztests
keine Rolle spielen würden, da die Mitarbeiter aus dem Forschungsbereich für die
Übernahme anderer Funktionen sicher keine intellektuellen Defizite (im Sinne der abstrakten Informationsverarbeitung) zu befürchten hätten.

Ausgewählt wurden schließlich vier Bereiche:

- 9 Aspekte[2], wie sie in vielen Fällen für das Feststellen von Führungspotential in
  ACs herangezogen werden

---

[2] und zwar: *Kommunizieren, Kooperieren, Kontakt Aufnehmen, Analysieren, Planen, Entscheiden, Motivieren, Verhandeln, Repräsentieren*

- Den Fragebogen „MAP"[3] zur Erfassung von relevanten Dimensionen des Managementpotentials
- Eine ausführliches Interview, in dem u.a. die Motivation und Passung für andere als die bisherigen Aufgaben erhoben werden
- Die Einschätzung verschiedener Konzeptionen für die Führung von Unternehmen, die ebenfalls im Rahmen des Interviews erklärt und bewertet wird[4]

Ein besonderes Problem war, daß in Anbetracht des bisherigen Tätigkeitsbereiches in der Forschung nicht davon ausgegangen werden konnte, daß die Teilnehmer - fast ausnahmslos promovierte Naturwissenschaftler - über spezielle Kenntnisse im Bereich von Managementtheorien, Führungsverhalten und dergleichen verfügen. Es wurde deshalb vorgesehen, vor jeder Übung die jeweils relevanten Konzepte zu erklären und damit den Teilnehmern zu ermöglichen, wenigstens eine erste kognitive Basis für ihre optimale Verhaltenssteuerung zu haben. In gleicher Weise war es notwendig, die genannten zu bewertenden Konzeptionen im Rahmen des Interviews ausführlich darzustellen.

---

[3] Beim Fragebogen „MAP" handelt es sich um ein Verfahren, daß in seinen Grundzügen Hübbe (1992) entwickelte und am *Wirtschaftspsychologischen Institut (WIP)*, Dortmund, durch umfangreiche Normierungs- und Validierungsstudien für die Beratungspraxis nutzbar gemacht wurde. Es besteht aus 109 Fragen, die alternativ zu beantworten sind. Bei der Fragenkonstruktion wurde besonderer Wert darauf gelegt, sie für Untersuchungen im Wirtschaftsbereich akzeptabel zu machen, d.h., alle „klinischen" Aspekte wurden vermieden. Die aus den Fragen ableitbaren 7 Skalen sind bipolar angelegt und vermeiden eine „positiv/negativ" Aussage: *Besonnenheit vs. Handlungsorientierung, Anpassung vs. Unabhängigkeit, Globaldenken vs. Detailbetrachtung, Offenheit vs. Zurückhaltung, Stabilität bei Mißerfolgen vs. Sensibilität bei Mißerfolgen, Integration vs. Dominanz, Tradition vs. Innovation.* Je nach Einsatzbereich kann der linke oder der rechte Pol bzw. ein mittlerer Wert optimale Voraussetzungen für die Arbeit bieten. Die übliche Normierung erfolgt in Stanine-Werten, für die hier vorgenommene Verwendung im Rahmen des ACs wurden die Werte wegen der Kompatibilität mit den Verhaltensbeurteilungen durch Zusammenfassung der Skalenpunkte zu 5 Stufen reduziert.

[4] Dabei handelt es sich um folgende Bereiche:
- Die Gründe der Entscheidung zwischen der Bevorzugung einer „Bürokratie" (im Sinne von *Max Weber*) und einer „Professionellen Organisation", die durch den Drang nach Selbstverwirklichung von Experten geprägt ist (s. dazu Glasl, 1994)
- Die bevorzugte Art der Konfliktlösung (entsprechend dem Modell von Thomas, 1976)
- Die für richtig gehaltenen formalen Prinzipien der Verteilungsgerechtigkeit (alle das Gleiche / gleiches Ausmaß der Bedürfnisbefriedigung / gleicher Vorteil für gleiche Leistung / gleicher Vorteil für gleiche Anstrengung) in der Mitarbeiterführung
- Persönlich bevorzugte Formen der Systemsteuerung (Input-, Verhaltens- und Ergebniskontrolle; s. dazu Wottawa & Gluminski, 1995)
- Bevorzugte Machtbasen (Belohnung / Zwang / Legitimation / Identifikation / Expertenmacht und Informationsmacht) nach French & Raven (1959)

4. Diagnostische Erhebungsinstrumente

Im Gegensatz zu Routineaufgaben der Eignungsdiagnostik muß bei ACs meistens die Konstruktion der „Meßinstrumente" (Übungen, Beurteilungsbögen dazu) für jeden Anwendungsfall spezifisch erfolgen. Im gegebenen Fall war es möglich, als „fertige" Hilfsmittel den „MAP" einzusetzen; auch bei der Gestaltung des Interviews und der im Rahmen des Interviews erfolgende Konzepteinschätzung konnte auf erprobtes Material (mit geringen Modifikationen) zurückgegriffen werden. Völlig neu gestaltet werden mußten alle Übungen, die der Erfassung der genannten 9 Aspekte der Führungskompetenz dienten.

Hierfür wurden folgende Übungen ausgearbeitet:

1. Übung: Selbstpräsentation und Selbsteinschätzung

Als *Theorieinput* wurde vom Verfasser zunächst ein Überblick zu dem Thema „Persönlichkeit und Führung" geboten, die eine psychologische Analyse der Führungsrolle und ihre Beziehung zu den im „MAP" enthaltenen Potentialdimensionen zum Inhalt hatte. Grundlage war dabei ein systematischer Überblick über die typischen Führungsaufgaben in Unternehmen, aus denen sich die einzelnen Anforderungsdimensionen logisch ableiten lassen. Diese wurden ausführlich beschrieben und hinsichtlich ihrer Spezifität für unterschiedliche Aufgaben erläutert, um deutlich zu machen, daß eine einfache Einschätzung nach gut bzw. schlecht nicht möglich ist, sondern der erforderliche Ausprägungsgrad von der jeweiligen konkreten Managementaufgabe abhängt. Danach gaben die Teilnehmer mediengestützt (Flipcharts) eine kurze Vorstellung der eigenen Person und führten im nachhinein eine Selbsteinschätzung auf den „MAP"-Dimensionen durch. Die Vorstellung wurde von den Beobachtern auf einem Antwortbogen bewertet; die gegenüber den anderen Teilnehmern vertrauliche Selbsteinschätzung wurde schriftlich abgegeben.

2. Übung: Gruppendiskussionen

Hier wurden als theoretische Grundlage den Teilnehmern Informationen über unterschiedliche Modelle von Teamstrukturen, die psychologische Situation von Gruppen und, darauf aufbauend, Hinweise zum „richtigen" Gruppenverhalten gegeben. Danach wurde die Übung in zwei Phasen durchgeführt:

– Zunächst bekamen die Teilnehmer in zwei Kleingruppen Informationen über die von vielen Stellen als verbesserungsbedürftig angesehene Ausbildungssituation im Studiengang Chemie (kritische Zeitungsartikel, kurze Kongreßreferate von Politikern, Unternehmensvorständen und Professoren zu diesem Thema, eine aktuelle Studienordnung) mit dem Auftrag, auf der Grundlage dieses Materials gemeinsam in der Kleingruppe genau drei besonders vorrangige Lösungsvorschläge zu erarbeiten. Eine der beiden Gruppen erhielt dazu die Instruktion, sich auf die Steigerung des *fachlich-intellektuellen* Niveaus der zukünftigen Absolventen zu konzentrieren, die andere, stärker als in den jetzigen Ausbildungsgängen *außerfachliche* Qualifikationen zu fördern.

– Nach der Beschlußfassung in den beiden Teilgruppen mußten die Teilnehmer im Plenum zu einer gemeinsamen Maßnahmenplanung kommen, wobei nach den Vorgaben in den endgültigen Beschluß nur drei Maßnahmen, also die Hälfte der in den beiden Gruppen erarbeiteten und gemeinsam beschlossenen Ergebnisse, aufgenommen werden konnten und damit eine Konfliktsituation zwischen den beiden Teilgruppen gegeben war. Dadurch wurden im Plenum für die Teilnehmer andere Argumentationsstrategien notwendig als in den auf konsensualer Problemlösung aufbauenden Vorgaben für die Teilgruppen.

3. Übung: Mitarbeitergespräch

Hier wurde den Teilnehmern zunächst erklärt, welche Managementkonzepte bezüglich des „Führen durch Zielvereinbarung / Zielsetzung" bestehen und wie diese konkret in der Führungsarbeit genutzt werden können. Besonderes Gewicht wurde dabei auf die Erläuterung der Unterschiede von *Zielsetzung* (die Führungskraft leitet aus den Unternehmenszielen sachlogisch Teilziele ab und teilt diese dem Mitarbeiter erläuternd mit) und *Zielvereinbarung* (die schließlich vereinbarten Ziele sind das Resultat eines Verhandlungsprozesses zwischen Führungskraft und Mitarbeiter, mit dem Vorteil des wesentlich höheren Commitments des Mitarbeiters und dem Nachteil einer gesteigerten Komplexität der Führungsaufgabe) gelegt. Danach führten die Teilnehmer in Rollenspielen (jeweils ein Vorgesetzter / ein Mitarbeiter) anhand von vorgegebenem Material ein Mitarbeitergespräch und zeigten dabei, ob sie auf der Basis des theoretischen Verständnisses der „Führung durch Zielvereinbarung" in der Lage waren, für simulierte Fälle auch argumentationstechnisch zu einer konsensualen Lösung zu kommen.

4. Übung: PC-gestützte Unternehmenssimulation

Zunächst wurden Informationen über die psychologischen Grundlagen optimaler Entscheidungsfindung gegeben, insbesondere für Situationen, in denen aus einer Vielzahl vorliegender Informationen einige als relevant erscheinende ausgewählt werden müssen und es erforderlich ist, auf der Basis eines so reduzierten Informationspools Entscheidungen zu treffen, den Erfolg an der Realität zu kontrollieren und gegebenenfalls die Entscheidung zu korrigieren. Eine solche Situation ist etwa typisch für die Entscheidung über die Einführung eines neuen Produktes am Markt, wo nur ein Bruchteil der an sich für eine „fundierte" Entscheidung notwendigen Informationen (z.B. durch Marktforschung) vorliegt und trotzdem (auch die Nichteinführung könnte dem Unternehmen schaden!) zu handeln ist - wobei zur Risikominimierung natürlich besonders sorgfältige Controlling-Maßnahmen während der Einführungsphase erforderlich sind. In der auf die Einleitung folgenden Simulationsübung wurden die Teilnehmer (in zwei Kleingruppen getrennt) aufgefordert, für ein am Computer simuliertes

Unternehmen Entscheidungen zu treffen. Hierzu war es zunächst erforderlich, sich auf gemeinsame Ziele zu einigen (Umsatzmaximierung? / Gewinnmaximierung? / Möglichst viele Mitarbeiter beschäftigen? / Bilanzwerte des Unternehmens optimieren?), um danach die vorhandenen Eingabevariablen für mehrere Zeitperioden so zu gestalten, daß in der Computersimulation das gewünschte optimale Ergebnis erreicht wurde. Diagnostisch interessant war in dieser Übung nicht die tatsächlich in der Simulation erreichten Ergebnisse, sondern die Beobachtung des Diskussionsverhaltens in der Gruppe (z.B.: Setzt sich jemand auch bei vorangegangem Mißerfolg seiner Vorschläge durch? Wie flexibel können nicht-zielführende Positionen aufgegeben werden? Wie langfristig wird geplant?). Die Einschätzung des Verhaltens der Teilnehmer wurde wieder, wie in den anderen Verhaltensübungen, von den Beobachtern auf standardisierten Bögen festgehalten.

5. Übung: Präsentation einer Fallstudie

Als letzte Übung sollten die Teilnehmer (jeder für sich) einen Lösungsvorschlag für die Ihnen am besten erscheinende mittelfristige Unternehmensstrategie erarbeiten und im Plenum präsentieren. Als Grundlage dafür wurde sehr umfangreiches Material zur Verfügung gestellt (u.a. Perspektiven der Forschungs- und Technologiepolitik der Bundesregierung 1996, Originaltexte von Anfragen der Bundestagsfraktionen zu Aspekten der Umweltpolitik der Zukunft, Ausarbeitungen von Kommissionen der Europäischen Union zu neuen technischen Entwicklungen mit Relevanz für Chemiekonzerne, ausgewählte Artikel der internationalen Presse zur Standortdebatte in Deutschland, Prognosen über die mittelfristige internationale Wirschaftsentwicklung). Dies mußte in Einzelarbeit durchgesehen und zu der gewünschten Empfehlung aufgearbeitet werden, wobei in Anbetracht der Zeitvorgaben nur die Erarbeitung eines groben Überblicks und die Auswahl einiger spezieller Details aus dem Material durch die Teilnehmer leistbar war. Eine zusätzliche Vorbereitung durch einen „Theorieinput" erschien nicht erforderlich, da auf die entsprechenden vorhergehenden Ausführungen (zur Entscheidungsfindung, Zielvereinbarung, Umgang mit Komplexität) zurückgegriffen werden konnte.

Entsprechend den üblichen AC-Gestaltungsregeln wurde mit dieser Auswahl von Übungen sichergestellt, daß alle ausgewählten Dimensionen mehrfach beobachtbar waren und damit die Abhängigkeit der Leistung von der jeweiligen Übungsvorgabe zum Teil kompensiert werden kann.[5]

---

[5] Zusätzlich zu dieser Grob-Planung war für die Gestaltung der Instrumente wie in jedem AC auch noch ein sehr hoher Aufwand an „Feinarbeit" zu leisten:
– Es mußten Beobachtungsbögen spezifisch für jede Übung erstellt werden
– Das Arbeitsmaterial für die Teilnehmer mußte erarbeitet, mit Vertretern des Unternehmens hinsichtlich der Akzeptanz besprochen und in Einzelfällen modifiziert werden
– Es waren umfangreiche Rotationspläne zu erstellen, um den üblichen Regeln des ACs (z.B. jeder Teilnehmer wird von jedem Beobachter gesehen) gerecht zu werden.

5. Ergebnisse des Assessmentcenters

Die Durchführung erfolgte in einem gut ausgestatteten Seminarhotel und erforderte zwei volle Tage. Da nur erfahrene Beobachter eingesetzt wurden, die überwiegend auch an der Vorbereitung beteiligt waren (drei Führungskräfte aus dem Unternehmen, drei externe Berater) konnte die Beobachterschulung relativ kurz gehalten werden.

Im Anschluß an die Durchführung der Übungen erfolgte am Abend des zweiten Tages die Verabschiedung der Teilnehmer, wobei zunächst nur ein sehr globales Feedback gegeben wurde. Daran schloß sich eine Beobachterkonferenz an, die noch am selben Tag aufgrund des EDV-mäßig ausgearbeiteten Materials zu einer zusammenfassenden Einschätzung der einzelnen Teilnehmer kam und auch für jeden ein grobes Konzept für die angezeigten Personalentwicklungsmaßnahmen erarbeitete.[6]

5.1. Unausgeschöpftes Managementpotential: Dr. S., 41 Jahre

Die numerischen Ergebnisse dieses Teilnehmers für die führungsrelevanten Aspekte finden sich in Tabelle 1, für den „MAP" in Tabelle 2 - diese Ergebnisse können aber nur dann schlüssig interpretiert werden, wenn man die ergänzenden Beobachtungen aus den Verhaltensübungen und dem Interview mitberücksichtigt.

Tabelle 1: Ergebnisse von Dr. S. in den führungsrelevanten Aspekten (auf einer Skala von 1 bis 5, wobei 5 die höchste Ausprägung bedeutet).

Aspekt	Ergebnis
Kommunizieren	3
Kooperieren	2
Kontakt aufnehmen	2
Analysieren	5
Planen	4
Entscheiden	3
Motivieren	3
Verhandeln	4-5
Repräsentieren	1-2

– Es war ein detaillierter Zeitplan erforderlich, um die Parallelarbeit der Teilnehmer- und Beobachtergruppen exakt miteinander zu koordinieren

– Für die schnelle Auswertung des umfangreichen Ergebnismaterials mußten entsprechende EDV-Programme vorbereitet und die technischen und organisatorischen Fragen der schnellen und präzisen Eingabe geklärt werden

[6] Die eigentlichen Feedback-Gespräche mit den einzelnen Teilnehmern erfolgten unternehmensintern unter der Beteiligung der Führungskräfte und mindestens eines internen Beobachters aus dem AC. Die externen Berater wurden dabei nicht mehr eingeschaltet, so daß zu diesen Gesprächen und den damit schließlich erreichten Vereinbarungen im folgenden nichts mehr gesagt werden kann.

Bei der Selbstpräsentation (erste Übung) macht Herr Dr. S. zunächst einen ausgesprochen unangenehmen Eindruck: arrogant, in seiner Mimik und Gestik im unangenehmen Sinn „professoral", sehr schlechte Vortragstechnik mit extrem geringem Kontakt
zu den Zuhörern, außerdem eine Beschränkung des Vortragsinhaltes auf Formalia im
Lebenslauf ohne darüber hinausgehende persönliche, in diesem Sinne aussagekräftige
Informationen. Auch in der Gruppendiskussion zum Thema „Reform des Chemiestu-
diums" war er zunächst zurückhaltend, brachte dann einige Vorschläge ein - die aber
nicht die Akzeptanz der anderen Gruppenmitglieder fanden - und zog sich darauf in
dieser Übung so gut wie völlig in sich zurück.

Die Gründe für dieses Verhalten wurden erst im persönlichen Interview gegen Ende des ersten Tages deutlich. Herr Dr. S. war zu dem Unternehmen unmittelbar nach
dem Studium und der Promotion in Chemie gekommen, und war dort stets in der For-
schungsabteilung beschäftigt. Zunächst erbrachte er dort in seinem Spezialgebiet her-
vorragende Leistungen, in den letzten drei Jahren waren aber keine besonderen Erfolge mehr festzustellen; er erledigte eher seiner eigenen Einschätzung nach „langweilige
Routine" anstatt kreativer Forschungsarbeit und wurde zunehmend mit seiner Aufgabe
unzufrieden. Er sah vor sich die eher negative Perspektive, die verbleibenden etwa 24
Jahre im Forschungsbereich mit wenig Hoffnung auf eine Wiederholung seiner früher
ausgezeichneten Leistungen zu verbringen. Da natürlich auch seine Kollegen den
(relativen) Verlust an kreativem Potential in der Forschung bemerkten, schottete er
sich zunehmend diesen gegenüber ab.

Bei der Vorlage der Organisationskonzepte während des Interviews (s. Fußnote 4)
war auffallend, wie schnell sich Herr Dr. S. in diese einfinden konnte und in der Lage
war, sie auf die konkrete Situation des Unternehmens zu übertragen. Er zeigte dabei
ein hohes Problembewußtsein für die Grundlagen und Aufgaben des Managements,
obwohl bisher von ihm keine besonderen Leistungen in dieser Hinsicht erwartet oder
erbracht worden waren. Eine Ausnahme machten nur die seiner Meinung nach zu nut-
zenden Machtbasen. Hier vertrat er die Auffassung, daß Führungskräfte durch Legitimation und ihr überlegenes Expertentum führen sollten, das Konzept der Identifikati-
onsmacht (d.i. Führung der Mitarbeiter durch den persönlich überzeugenden, charis-
matischen Vorgesetzten, mit dem man sich begeistert identifizieren kann) wurde von
ihm als unrealistisch abgelehnt.

Am zweiten Tag zeigte Herr Dr. S. bei den Übungen ein zum eher schlechten Eindruck des Vortages weitgehend konträres Bild. Bei dem ersten Durchgang der 3.
Übung (Mitarbeitergespräch zur Zielvereinbarung) hatte er die Rolle des Mitarbeiters
zu übernehmen, und es gelang ihm dabei in sehr geschickter Weise, Schwachstellen in
der Argumentation des „Vorgesetzten" herauszuarbeiten und für die Durchsetzung
seiner eigenen Ziele zu nutzen, ohne daß im Gespräch Aggression aufkam oder gar ein
verletzendes Verhalten gezeigt worden wäre. Beim nächsten Durchgang, in dem er mit
einem anderen Partner selbst die Rolle des Vorgesetzten zu übernehmen hatte, verhielt
er sich ausgezeichnet, befolgte die Hinweise aus dem vorhergehenden Theorieinput an
einigen Punkten sehr genau, und kam zu einer für beide Seiten akzeptablen Vereinba-

rung. Auffallend war, daß er sich dabei zwar keiner speziellen, geschulten Argumentationstechnik bediente, es ihm aber trotzdem gelang, das Gespräch sehr kooperativ ablaufen zu lassen.

In der 4. Übung (Unternehmensplanspiel) beteiligte er sich zunächst sehr aktiv an der Diskussion, mußte aber feststellen, daß seine ersten Vorschläge nicht zum gewünschten Erfolg führten. Daraufhin zog er sich wieder deutlich zurück, machte zwar gelegentlich sachliche Beiträge in der Diskussion zum neuen Vorgehen, nahm aber in keiner Weise eine führende oder dominierende Rolle ein.

In der abschließenden Fallstudie (Übung 5) war seine Leistung unter inhaltlichen Gesichtspunkten hervorragend. Er hatte sich ganz besondere Mühe gemacht, das sehr umfangreiche Material trotz des Zeitdruckes sorgfältig durchzuarbeiten, und es gelang ihm, eine wirklich überzeugende Konzeption für die Problemlösung zu skizzieren. Die Vortragstechnik war allerdings nur geringfügig überzeugender als am Vortag. Der Kontakt zu den Zuhörern war in einigen Teilen des Vortrages besser, nämlich immer dann, wenn es ihm offensichtlich ein inneres Anliegen war, diese von seiner „Botschaft" zu überzeugen, großteils aber immer noch unzureichend.

Tabelle 2: Ergebnisse von Dr. S. im „MAP".

linker Pol	Ausprägung					rechter Pol
Besonnenheit	-	-	-	x	-	Handlungsorientierung
Anpassung	-	-	-	-	x	Unabhängigkeit
Globaldenken	-	-	x	-	-	Detailbetrachtung
Offenheit	-	-	-	x	-	Zurückhaltung
Stabilität bei Mißerfolgen	-	-	x	-	-	Sensibilität bei Mißerfolgen
Integration	-	-	-	x	-	Dominanz
Tradition	-	-	-	x	-	Innovation

Überraschend war das Profil im „MAP". Es zeichnete sich durch ein besonders starkes Streben nach Unabhängigkeit aus, bei gleichzeitig deutlich erhöhter Handlungsorientierung, Streben nach Dominanz, Bevorzugung von Zurückhaltung (Introversion) und in vergleichbarem Maße die Bevorzugung von innovativen Verhaltensweisen im Gegensatz zu einem Verhaftetbleiben an Traditionen. Durchschnittlich war die Stabilität im Umgang mit Mißerfolgen und globales Denken bzw. Detailbetrachtung - wobei natürlich zu beachten ist, daß diese Ergebnisse auf den Angaben in einem Fragebogen beruhen und in diesem Sinn keine objektive Messung darstellen.

Diese Resultate legen es nahe, für Herrn Dr. S. eine Tätigkeit außerhalb des Forschungsbereiches anzustreben. Im Bereich des kognitiven Verständnisses von Führung sowie in wichtigen, für Managementaufgaben relevanten Persönlichkeitsdimensionen verfügt er offensichtlich über eine gute Grundlage für Managementaufgaben, auch sein hohes Engagement für übergreifende Probleme des Unternehmens (wie in der Fallstudie gezeigt) ist sehr positiv. Dem stehen allerdings erhebliche Defizite in der Verhaltenskompentenz gegenüber, und ebenso muß geklärt werden, ob sich die vorhandenen Anzeichen eines depressiven Rückzuges aufgrund der Frustration im Hinblick auf seine eigene Forschungskreativität Hinweise auf einen allgemeinen Persönlichkeitszug darstellen oder nur reaktiv auf die spezielle Situation der nicht mehr so ganz kreativen Forschungsleistung zurückzuführen sind.

Als Konsequenz wurde empfohlen, mit Herrn Dr. S. im Feedback-Gespräch abzuklären, ob er sich selbst eine Managementfunktion außerhalb des Forschungsbereiches vorstellen könne und ob er bereit wäre, die dafür erforderlichen Verbesserungen im Bereich der Verhaltenskompetenz sicherzustellen. Im (erwarteten) Falle der Zustimmung ist die Erarbeitung eines Trainingsplans vorgesehen, der von einfachen Techniken (Präsentation, Diskussionsverhalten) ausgehen und allmählich auch die komplexeren Probleme, insbesondere das Verhalten in Gruppen und das „Selbstverständnis" als Führungskraft betreffend, erfassen muß. Da nicht mit Sicherheit ein Erfolg dieser Maßnahmen gewährleistet ist, sollte eine offizielle berufliche Veränderung von Herrn Dr. S. erst dann erfolgen, wenn die angestrebten Fortschritte zumindest zum Teil eingetreten sind. Bis dahin wäre vom unmittelbaren Vorgesetzten zu prüfen, wieweit eine praktische Erfahrung in Managementaufgaben innerhalb der jetzigen Position geschaffen werden kann, zum Beispiel die Teilnahme an bereichsübergreifenden Projektgruppen oder die Übernahme der Leitung kleinerer Arbeitsgruppen aus verschiedenen Abteilungen innerhalb des Forschungsbereiches.

Insgesamt entstand der Eindruck, daß sich die entsprechenden Personalentwicklungsaufwendungen bei Herrn Dr. S. lohnen könnten und auf diese Weise für das Unternehmen eine für mittlere Führungsaufgaben gut geeignete Kraft gewonnen werden kann, anstatt einen nicht mehr voll kreativen und deswegen unzufriedenen Mitarbeiter im Forschungsbereich zu haben.

5.2. Grenzen der Aussagekraft dieses ACs: Herr K. (Ph. D.), 27 Jahre

Herr K. ist Franzose, hat auch in Frankreich die allgemeinbildenden Schulen besucht und sein Chemiestudium in England und in den USA absolviert. Er ist fachlich extrem gut qualifiziert, mit herausragenden Studienzeugnissen und ersten selbständigen wissenschaftlichen Publikationen. Darüber hinaus hat er mit 27 Jahren nicht nur bereits den Doktorgrad erworben, sondern beherrscht neben seiner Muttersprache auch Englisch fließend und Deutsch sehr gut.

Er war erst seit 6 Monaten im Unternehmen und hatte seinen dauerhaften Platz noch nicht gefunden; gemäß seinen Angaben im Interview konnte er sich zwischen einer intensiven Forschungsarbeit bis hin zur Übernahme der Leitung einer kleinen Tochterfirma für später alles vorstellen.

Auffallend war, daß er sich bei der Selbstpräsentation sehr aggressiv gegenüber den anderen Teilnehmern äußerte (sinngemäß, „Wenn Ihr wirklich etwas darstellen wollt, dann geht in die USA studieren!"), sich im Gegensatz dazu aber in der ersten Gruppendiskussion so gut wie völlig zurückhielt. Im Interview zeigten sich erhebliche

Defizite im Umgang mit den vorgelegten Konzepten, die er zwar intellektuell voll erfaßte, aber nicht auf die konkrete Situation des Unternehmens oder einzelner Mitarbeiter anzuwenden verstand - möglicherweise aufgrund seiner sehr kurzen, eben erst ein halbes Jahr umfassenden beruflichen Erfahrung außerhalb seiner Universitätszeit.

Dieses Bild blieb im wesentlichen am zweiten Tag erhalten. Im Zielvereinbarungsgespräch konnte er zwar in der Rolle des Mitarbeiters argumentativ überzeugen, es gelang ihm, den Vorgesetzten in erheblichem Umfang „vorzuführen" und Schwachstellen in seiner Argumentation deutlich zu machen. Diese intellektuelle Brillianz ging allerdings auf Kosten der Konsensfähigkeit des Gespräches; in einer echten Situation hätte der Vorgesetzte vermutlich emotional negativ reagiert. Bei der Übernahme der Vorgesetztenrolle selbst wurde deutlich, daß er zwar seine Position sehr geschickt vorzutragen verstand, es ihm aber nicht gelang, auf der Basis ausreichend guter Empathie die Perspektive des Mitarbeiters zu übernehmen und im Gespräch zu nutzen. Die abschließende Fallstudie nahm er offensichtlich nicht ernst, zumindest ließ seine Präsentation keine elaborierte Durcharbeitung des Materials erkennen und war bezüglich der Vorschläge zwar durchaus originell, aber hinsichtlich ihrer Fundierung und Praktikabilität negativ zu bewerten. - Eine den üblichen Auswertungen entsprechende Interpretation der Beobachtereinschätzungen in den Übungen erschien bei diesen Grundlagen nicht angezeigt.

Die Hoffnung, durch die Einführung des standardisierten Fragebogens „MAP" zu aussagekräftigen Ergebnissen zu kommen, konnte leider nicht erfüllt werden. Wie das Profil in Tabelle 3 zeigt, war das Ergebnis von Extremwerten geprägt. In Anbetracht der Auffälligkeiten im Interview und während der Übungen scheint es ratsam, ein so ungewöhnliches Ergebnis nicht als gesichert aufzufassen.. Es bleibt offen, ob dieses Resultat die Folge unpassender Normen ist (Herr K. paßte ja weder von seiner Herkunft noch von seiner bisher prägenden Sozialisation an der Universität zu den in diesem Fragebogen zugrunde gelegten Normgruppen aus der Wirtschaft), ob trotz seiner guten deutschen Sprachkenntnisse doch bei vielen Fragen Verständnisprobleme hinsichtlich der damit angesprochenen Nuancen aufgetreten waren oder ob er das Ausfüllen ganz einfach nicht ernsthaft betrieben hatte.

Tabelle 3: Ergebnisse von Herrn K. im „MAP".

linker Pol	Ausprägung	rechter Pol
Besonnenheit	- - - - x	*Handlungsorientierung*
Anpassung	x - - - -	*Unabhängigkeit*
Globaldenken	- - - x -	*Detailbetrachtung*
Offenheit	x - - - -	*Zurückhaltung*
Stabilität bei Mißerfolgen	- x - - -	*Sensibilität bei Mißerfolgen*
Integration	- - - - x	*Dominanz*
Tradition	- - - x -	*Innovation*

Insgesamt konnte für diesen Fall daher nur festgestellt werden, daß es sich um einen offensichtlich hoch begabten, vielseitig interessierten und im sozialen Umgang etwas schwierigen jungen Mitarbeiter handelt, der eine Führungskraft benötigt, die sich in besonders intensiver Weise um seine persönliche Weiterentwicklung - hier wäre eventuell das Wort „Reifung" durchaus angebracht - bemüht. Dieses Ergebnis war sicher für den Vorgesetzten von Herrn K. nicht überraschend, so daß in diesem Fall das AC nur eine zusätzliche Bestätigung der an sich wohl bereits bekannten Situation ergab.

Literatur

French, J.R.P. & Raven, B. (1959). The bases of social power. In Cartwright (Ed.), *Studies in social power* (pp. 150-167). Ann Arbor: University of Michigan.

Glasl, F. (1994). *Konfliktmanagement*. Bern: Haupt; Stuttgart: Verlag Freies Geistesleben.

Hübbe, E. (1992). „MAP" - ein wirtschaftsnahes Verfahren zur Beschreibung von Denk-, Arbeits- und Motivationsstilen. Dipl.Arb.Univ.Bochum, Bochum.

Thomas, K. (1976). Conflict and conflict management. In Dunnette, M.D. (Ed.), *Handbook of industrial and organizational psychology* (pp. 889-935). Chicago: Rand McNally.

Wottawa, H. & Gluminski, I. (1995). *Psychologische Theorien für Unternehmen*. Göttingen: Verlag für Angewandte Psychologie.

16.

Neuropsychologische Abklärung und Behandlung einer Patientin mit amnestischen Syndrom - Frau P., 41 Jahre

Peter Metzler

Berlin

Der Funktionsbereich für *Neuropsychologie der Abteilung für Neurologie* des Wilhelm Griesinger Krankenhaus Berlin (Fachkrankenhaus für Psychiatrie und Neurologie im Ostteil der Stadt) ist nach seinem Leistungsumfang eine Querschnittsabteilung: Es werden auf Überweisung der Ärzte neurologische und psychiatrische Patienten, sowohl Erwachsene als auch Kinder, mit vorwiegend hirnorganischen Erkrankungen untersucht und behandelt. Diese Patienten haben sehr häufig kognitive Teilleistungsstörungen, die von den Psychologen erkannt und nach ihrem Schweregrad beurteilt werden müssen. Dazu werden in der Regel standardisierte Tests eingesetzt. Der psychologische Befund enthält neben einer differenzierten Darstellung der Störung auch eine Beurteilung über Art und Ausmaß der Behinderung in Beruf und Alltag sowie Möglichkeiten einer Behandlung und Rehabilitation. Im Vordergrund der neuropsychologischen Behandlung stehen computergestützte Trainingsverfahren, die in Einzelfällen durch verhaltenstherapeutische Interventionen ergänzt werden.

Frau P., 41 Jahre

1. Überweisungskontext

Frau P. war berufstätig, Mutter von 3 Kindern und lebte mit ihrer Familie in Ostberlin. Sie war wegen einer Hypertonie in ärztlicher Behandlung und fühlte sich, bis auf häufige Müdigkeit, gesund. Eines Morgens stand sie nicht auf, ließ sich nur schwer wecken und schlief sofort weiter. Sie wurde noch am Vormittag in die Abteilung für Neurologie eingewiesen. Dort war sie bald kontaktfähig und zur Person orientiert. Sie wirkte verunsichert und etwas ratlos, klagte über große Müdigkeit und Gedächtnisschwäche. Bis auf eine generelle Verlangsamung zeigte sie keine weiteren Symptome. Die Patientin erholte sich in den folgenden Tagen schnell, wobei ein übergroßes Schlafbedürfnis blieb. Es fiel weiters auf, daß sie sich an Tagesereignisse, zum Beispiel an Arztkontakte, Angehörigenbesuche oder eingenommene Mahlzeiten, kaum erinnern konnte.

In einer ersten ärztlichen Exploration berichtete die Patientin u.a. über Eheprobleme, die sie nur schwer verkraften könne. Auffällige kognitive Störungen wurden dagegen, bis auf die erwähnte Gedächtnisschwäche, nicht festgestellt. Daraus entstand die Verdachtsdiagnose, daß es sich um eine dissoziative (hysterische) Amnesie[1] handeln könne.

Andererseits lag ein Befund der Computer-Tomographie vor, der den Verdacht auf einen eng umschriebenen (lakunären) Infarkt im vorderen linksseitigen Thalamus nahelegte. Der gleiche Befund zeigte sich auch in der Magnet-Resonanz-Tomographie.

In dieser unklaren Situation, zwei Wochen nach der Krankenhausaufnahme, war die Patientin zur neuropsychologischen Diagnostik mit der Fragestellung angemeldet, ob es Hinweise für hirnorganisch bedingte kognitive Leistungsminderungen gäbe.

2. Neuropsychologische Diagnostik

Mit der Patientin fand zunächst ein Gespräch statt, bei dem sie über Art und Ziel der Untersuchung informiert und nach Bildungsweg, Familie, beruflicher Situation und nach ihrem Befinden befragt wurde.

Sie berichtete, daß sie das Abitur abgelegt und danach studiert hätte. Während des Studiums heiratete sie. Dann bekam sie drei Kinder und brach in Folge dessen das Studium ab. Später studierte sie noch einmal, diesmal im Fernstudium. Sie zählte ihre Arbeitsstellen bis zur politischen Wende 1989/90 auf, jedoch mit einigen Unsicherheiten; und erzählte danach, daß sie gegenwärtig (1994) eine Anstellung als Verkäuferin habe, da sie keine andere Arbeit gefunden hätte.

Ihre Familie käme jeden Tag ins Krankenhaus und würde sich sehr um sie kümmern. An vieles könne sie sich aber nicht sicher erinnern: Es wäre alles „wie unter einem Schleier". Und sie sei häufig müde.

Nach dem Vorgespräch folgte die Untersuchung mit psychologischen Leistungstests. Augenscheinliche Störungen der Sprache, des Lesens, Rechnens oder Schreibens, die die Untersuchbarkeit einschränken könnten, lagen bei der Patientin nicht vor. Auch Sehstörungen waren nicht vorhanden. Die Patientin war kooperativ und für die Untersuchung gut motiviert. Sie wollte gerne Klarheit darüber haben, was ihr eigentlich fehlt.

---

[1] Unter einer dissoziativen Amnesie versteht man nach ICD-10, F44.0, einen Erinnerungsverlust über meist wichtige aktuelle Ereignisse, die gewöhnlich mit traumatischen Erlebnissen, z.B. Unfällen oder Trauerfällen, verbunden sind. Die dissoziative Amnesie hat keine hirnorganische Ursache. Man nimmt vielmehr an, daß die Fähigkeit zur bewußten und selektiven Kontrolle des Verhaltens gestört sind. Hinweisend für diese Erkrankung sind partielle Erinnerungsverluste und das Fehlen von anterograden Gedächtnisstörungen - zu anterograden Gedächtnisstörungen s. Fußnote 9.

Wir untersuchten die Patientin zunächst mit einer Reihe von Tests, die wir standardmäßig bei allen Patienten verwenden, wenn dies Art und Ausmaß der Störung erlaubt. Dazu gehören: der WST *(Wortschatztest)* und die Untertests 1+2 des LPS *(Leistungs-Prüf-System;* Horn, 1962) zur Abschätzung der prämorbiden verbalen Intelligenz[2]; der BAT *(Berliner Amnesietest;* Metzler, Voshage & Rösler, 1992) zur Beurteilung von Gedächtnisstörungen[3]; den *Test d2* sowie den KVT *(Konzentrations-*

---

[2] Der WST ist bei hirnorganischen Erkrankungen sehr gut zur Abschätzung der prämorbiden Intelligenz geeignet, weil die geprüfte Leistung (bloße Wiedererkennung von Wörtern ohne Bedeutungserklärung) sehr lange unverändert erhalten bleibt und erst bei schweren Demenzen nachläßt. Ähnliches gilt für die Lesegeschwindigkeit, die z.b. in England zur Schätzung der prämorbiden Intelligenz herangezogen wird, und für die Untertests 1+2 des LPS. Der LPS ist eine auf *Thurstone's* Intelligenztheorie beruhende, früher universell eingesetzte Testbatterie mit 15 Untertests, wovon 1+2 *„ verbal comprehension"* erfassen, indem sie von der Testperson verlangen, Druckfehler in Hauptwörtern zu erkennen.

[3] Der BAT beruht auf folgender Theorie: Die Gedächtnisbildung und der Abruf von Gedächtnisinhalten sind multifunktionale Geschehen, welche aus vier wesentlichen Teilfunktionen bestehen:

- die Art und Weise wie Informationen mental verarbeitet werden; man nennt das Elaborations- und Kodierungsbedingungen
- das Erinnern von Gedächtnisinhalten; das sind die *Retrieval-* oder Abrufbedingungen
- der Vergessensprozeß, d.h. die Verringerung der Abrufmöglichkeit von Gedächtnisinhalten in Abhängigkeit von der Latenzzeit oder von Distraktoren, die die mentale Verarbeitung in der Zwischenzeit beeinflussen
- die gegenseitige Beeinflussung von zeitlich oder inhaltlich verknüpften Gedächtnisinhalten, allgemein als Interferenzprozeß bezeichnet

Bei Patienten mit mnestischen Störungen sind in der Regel nicht alle Teilbereiche des Gedächtnisses in gleicher Weise betroffen. Vielmehr gibt es Regelhaftigkeiten oder Merkmale, die für Gedächtnisstörungen typisch sind:

1. es treten starke Defizite beim freien Reproduzieren von Gedächtnisinhalten *(free recall)* auf
2. im Unterschied dazu sind die Wiedererkennungsleistungen *(recognition)* geringer gestört
3. das Vergessen geschieht wesentlich schneller als bei Gesunden
4. Gedächtnisinhalte können sehr viel schlechter separiert werden; es bestehen dadurch stärkere Interferenzwirkungen
5. die aktive Bearbeitung *(Elaboration)* des Lernstoffes ist wesentlich reduziert; es werden keine Kodierungsstrategien (z.B. Verbalisierung, bildliche Vorstellung, Assoziationen) angewendet
6. die Kurzzeitgedächtnisspanne, d.h. das unmittelbare Reproduzieren einer geringen Informationsmenge, wie z.B. *digit span* (Zahlennachsprechen), ist in der Regel erhalten.

Die mnestische Störung kann materialspezifisch sein. Die klinisch bedeutsamste Unterscheidung besteht zwischen mnestischen Leistungen bei verbalen *vs.* figuralen (bildlichen und räumlichen) Informationen. Ein Test zur Messung mnestischer Störungen sollte diese typischen Merkmale prüfen. Der BAT ist mit dieser Zielstellung konstruiert worden. Er besteht aus 8 Untertests, mit folgenden Funktionen:

1	*Recall* - semantisch (unstrukturierte Wortliste)	*Retrieval*bedingung	verbal
3A	*Recognition* - semantisch (unstrukturierte Wortliste)	*Retrieval*bedingung	verbal
8	*Recall* - strukturiert (Wortliste nach Oberbegriffen geordnet)	Kodierungsprozeß	figural
7A	*Recall* - begrifflich assoziierte Muster (Strichzeichnungen)	Kodierungsprozeß	figural
6	*Recall* - räumliche Anordnung von Feldern	*Retrieval*bedingung	figural
4	Musterrecognition - räumliche Anordnung von Feldern	*Retrieval*bedingung	figural
7B	längerfristiges Behalten (Distraktorwirkung)	Vergessensprozeß	

5	Kurzzeitgedächtnisspanne *(digit span)*	Vergessensprozeß
3B	Proaktive Interferenz	Interferenzprozeß
2	Semantische Interferenz	Interferenzprozeß

Zum Vergleich der materialspezifischen Gedächtnisleistungen wird ein Verbal- und ein Figuralscore angegeben. Vergleicht man die Leistungen von Untertests, die sich nur in der Art der Reproduktion unterscheiden, also freies Erinnern *vs.* Wiedererkennen, so kann der Einfluß des Wiedererinnerungsprozesses *(retrieval)* abgeschätzt werden. Dies ist getrennt für verbales und für figurales Material möglich. Z. B. haben die Tpn in Untertest 1 eine Liste von 20 semantisch unstrukturierten Substantiven zu lernen und anschließend frei zu reproduzieren. Im Vergleich dazu wird in Untertest 3A bei vergleichbaren Substantiven die Wiedererkennungsleistung geprüft, d.h. die Tpn müssen angeben, ob das gerade gezeigte Wort in der Lernliste war oder nicht. Tpn mit mnestischen Störungen haben beim Wiedererkennen in der Regel einen weit besseren Wert als bei der freien Reproduktion.

Eine analoge Prüfung erfolgt mit Mustern. Ein Muster wird kurzzeitig dargeboten, beim Wiedererinnern hat die Tp das Muster nachzubauen; beim Wiedererkennen muß sie unter vier Vorlagen die richtige heraussuchen.

Mit den Untertests 8 und 7A kann geprüft werden, ob die Tp zusätzliche Informationen nutzen kann. Der Untertest 8 ist bis auf die Struktur der Items mit dem Untertest 1 identisch. Die Substantive sind bei dem Test so ausgewählt, daß jeweils 4 zu einem gemeinsamen Oberbegriff, z.B. Berufe, gehören. Bei Gesunden führt diese Itemstruktur zu einer großen Steigerung der Gedächtnisleistung, wesentlich mehr Wörter können erinnert werden; Patienten mit schweren mnestischen Störungen können diese Zusatzinformation jedoch nicht nutzen.

In Untertest 7A werden abstrakte Strichzeichnungen dargeboten, die entfernte Ähnlichkeiten mit bestimmten Objekten haben und daher begriffliche Assoziationen zulassen. Die Assoziation mit Objekten, die bei Gesunden spontan erfolgt, führt zu einer wesentlichen Verbesserung der Gedächtnisleistung in diesem Test. Das längerfristige Behalten von Informationen wird mit Untertest 7B geprüft: Da die Untersuchungsbedingungen in einer Klinik keine lange kontrollierte Latenzzeit zuläßt, wird dabei eine Distraktor-Aufgabe zwischen Lern- und Reproduktionsphase eingeführt (die Tp muß eine Minute lang in Zweierschritten rückwärts zählen), die nachweislich die gleiche Wirkung wie eine längere Latenzzeit hat. Nach dem Distraktor muß die Tp noch einmal alle 10 Items des Untertests 7A zeichnen. Patienten mit schweren mnestischen Störungen haben nach dem Distraktor nahezu alles vergessen. Im Unterschied dazu sind sie in der Kurzzeitgedächtnisspanne genauso gut wie Gesunde. Als Maß für die Kurzzeitgedächtnisspanne wird im BAT die *digit span* verwendet.

Die Interferenzleistung wird in zwei verschiedenen Paradigmen geprüft: Die proaktive Interferenz besteht im Verwechseln der Zielitems mit den Items einer vorher dargebotenen Wortliste. Diese Prüfung erfolgt im Untertest 3B. Hingegen muß im Untertest 2 (semantische Interferenz), ein Text gelesen (und verstanden) werden, gleichzeitig sind alle darin enthaltenen Wörter aus der vorhergehenden Lernliste zu erkennen und anzustreichen.

Der BAT bietet für die Auswertung des Testprofils verschiedene validierte Summen-Scores an:

- Amnesiescore, d.i. ein globales Maß für die Gedächtnisleistung der Tp (Gesamtscore); ist dieser Wert kleiner als -2 (PR < 2.5), so liegt mit großer Wahrscheinlichkeit ein Defizit im mnestischen Bereich vor
- Verbalscore, berücksichtigt nur die Gedächtnisleistungen für verbales Material
- Figuralscore, beurteilt die Gedächtnisleistungen für bildliche und räumliche Informationen
- *Korsakow*-Score bildet die spezifischen Defizite beim amnestischen Syndrom[*] ab

[*] Als amnestisches Syndrom (vgl. auch ICD - 10, F04 bzw. F1x.6) wird die schwerste Form einer hirnorganisch bedingten mnestische Störung bezeichnet. Bei diesen Patienten liegt immer eine anterograde mnestische Störung (vgl. in Fußnote 4) und häufig, aber nicht notwendig, auch eine retrograde mnestische

Verlaufs-Test; Abels, 1954)[4], den *Farbe-Wort-Interferenztest nach Stroop* (in der Version von Wolfram, Neumann & Wieczorek, 1989)[5] und den Untertest 14 des LPS[6] für die verschiedenen Aspekte der Aufmerksamkeit; den *Mosaik-Test* aus dem HAWIE *(Hamburg-Wechsler Intelligenztest für Erwachsene)*[7] und die Untertests LPS 7, 9, 10 und 11[8] zur Prüfung verschiedener Leistungen der höheren visuellen Wahrnehmung und mentalen Vorstellung; schließlich den Computertest *Reaktionszeitanalyse* (Pfeifer, 1997)[9] zur Bewertung der Reaktionsgeschwindigkeit und des kognitiven Tempos. Von dieser Standarduntersuchung wird ein weiter Bereich kognitiver Leistungen erfaßt, wobei die in der Klinik am häufigsten zu beobachtenden Teilleistungsstörungen den zeitlich größten Anteil einnehmen; das sind in der angegebenen Reihenfolge: Störungen des Gedächtnisses, der Aufmerksamkeit, des kognitiven Tempos und der Wahrnehmung. Die Standarduntersuchung soll darüber hinaus Hinweise auf andere bzw. zusätzliche Störungen geben. Ist der Befund der Standarduntersuchung nicht eindeutig oder liegen Hinweise auf andere Störungen vor, so sind weitere neuropsychologische Verfahren einzusetzen.

Störung vor. Die Störung des Gedächtnisses bezieht sich auf das deklarative Gedächtnis; erlernte Fertigkeiten, motorische Programme und erworbene Fähigkeiten sind nicht betroffen, ebenso nicht die Kurzzeitgedächtnisspanne. Die Intelligenz ist bei diesen Patienten ebenfalls weitgehend erhalten. Als zusätzliche, aber nicht notwendige Symptome werden Konfabulation, räumliche Orientierungsstörungen, Mangel an Einsicht und emotionale Veränderungen beobachtet. *Korsakow*-Patienten sind die klinisch größte Gruppe von Patienten mit einem amnestischen Syndrom; die Ursache für die Herausbildung eines *Korsakow*-Syndroms ist in der Regel eine Alkoholabhängigkeit. - Zur Konfabulation s. Fußnote 11.

[4] Bei diesem Test besteht die Aufgabe der Testperson darin, einen Kartenstapel danach zu ordnen, ob die Karten unter den vielen darauf abgedruckten Zahlen die eine oder andere von zwei vorgegebenen Zahlen enthalten, beide oder keine von beiden. Er prüft damit das Arbeitsverhalten unter Daueraufmerksamkeitsbedingungen.

[5] Mit diesem, das sog. „Interferenzphänomen" messenden Test soll die kognitive Umstellfähigkeit erfaßt werden, deren Minderung oft auf zerebrale Erkrankungen und Veränderungen zurückgeführt werden kann. Das Testprinzip besteht darin, der Testperson farbig gedruckte Farbnamen, die mit der Druckfarbe jedesmal nicht übereinstimmen, vorzulegen, wobei sie die Druckfarbe so schnell wie möglich sagen, nicht den Farbnamen lesen soll. Die Version der genannten Autoren wurde parallel zu der heute viel weiter verbreiteten Version von Bäumler (1985) erstellt, ist aber in der Durchführungsdauer wesentlich kürzer.

[6] Hier muß die Testperson zwei Matrizen von Zahlen und Buchstaben bezüglich etwaiger Unterschiede vergleichen; nach *Thurstone* geht es hier um *„perceptual speed"*.

[7] Das ist der von Hardesty & Lauber (1956) stammende Vorläufer des HAWIE-R.

[8] Der Untertest 7 besteht aus mehreren verdrehten und teilweise spiegelbildlich dargestellten Zeichen, woraus das jeweils nicht passende erkannt werden muß. Der Untertest 9 besteht aus Zeichnungen dreidimensionaler Körper mit Kanten, von denen jeweils die Anzahl der Flächen gefragt ist. Beim Untertest 10 müssen einfache geometrische Muster aus komplexen Darstellungen identifiziert werden. Der Untertest 11 besteht aus schemenhaften Darstellungen einfacher Objekte, wobei herausgefunden werden soll, worum es sich jeweils handelt. Diese Untertests beziehen sich auf *„space"* bzw. *„closure"*.

[9] Dieser Computertest verlangt von der Tp bestimmte Wahlreaktionen bzw. erfordert bestimmte visuelle Suchleistungen, woraus die Reaktionszeitanteile für den Wahrnehmungsprozeß, für die Informationsverarbeitung und für die Antwortorganisation zu separieren versucht werden.

3. Ergebnisse der Untersuchung

Im WST erreichte die Patientin einen *IQ* = 104. In den Untertests 1+2 des LPS zeigte die Patientin mit einem Centil-Wert von 4 ebenfalls normale, durchschnittliche Leistungen.

Im *Test d2* und im KVT arbeitete die Patientin nahezu fehlerfrei (PR = 88 bzw. PR = 92), aber deutlich verlangsamt: Die Mengenleistung bzw. der Zeitwert lagen (mit PR = 5 bzw. PR = 2) außerhalb des Normbereichs. Auch die Zeiten bei der *Reaktionszeitanalyse* waren - insbesondere bei komplexeren Aufgaben der visuellen Suche - wesentlich höher als die der Norm (die genauen Ergebnisse entfallen hier wegen ihres Umfangs).

In den genannten Tests zur visuellen Wahrnehmung und mentalen Vorstellung zeigte die Patientin durchschnittliche, normgerechte Leistungen (*Mosaik-Test, WP* = 9; LPS 7, *C* = 3; LPS 9, *C* = 4; LPS 10, *C* = 5; LPS 11, *C* = 4). Sie hatte also weder Wahrnehmungsstörungen noch Störungen der selektiven Aufmerksamkeit sondern eine generelle leichte Verlangsamung, die sich bei nahezu allen Tests bemerkbar machte.

Etwas anders zu werten ist das Ergebnis im *Farbe-Wort-Interferenztest nach Stroop*. Ihre Testleistung lag (mit *C* = 0) deutlich unter dem Normbereich. Die Patientin war nur schwer in der Lage, beim Nennen der Farben den automatisierten Leseprozeß zu unterdrücken. Immer wieder las sie die Farbnamen statt die Farben zu nennen, in denen sie geschrieben waren: Die sog. fokussierte Aufmerkeitsleistung war verringert. Allerdings kommen Minderleistungen im *Farbe-Wort-Interferenztest nach Stroop* relativ häufig vor; ebenso die beobachtete allgemeine Verlangsamung bei kognitiven Prozessen.

Die eigentlichen Probleme der Patientin zeigten sich im BAT. In diesem Test wies die Patientin schwere Defizite auf, die auf anterograde mnestische Störungen[10] schließen lassen: Die genauen Ergebnisse im BAT sind in Abbildung 1 dargestellt.

Im Untertest 1 konnte die Patientin von 20 Wörtern (bei 3 Minuten Lernzeit) nur noch 8 reproduzieren; das ist kaum mehr als ihre Kurzzeitgedächtnisspanne ausmacht, die bei 7 Wörtern lag. Ihre Wiedererkennungsleistung von Worten im Untertest 3A war im Vergleich dazu besser, lag aber sicherlich auch unter ihrem prämorbiden Niveau. Extrem auffällig war die Leistung im Untertest 8: Die Patientin konnte die semantische Struktur der Wortliste nicht nutzen. Sie kam auch bei diesem Untertest nur auf 7 Wörter. Beim Zeichnen der Muster aus der Erinnerung (Untertest 7A) erreichte

---

[10] Anterograde mnestische Störungen sind Defizite des Konsolodierungs-, Retrieval- und Vergessensprozesses, die als Folge einer Erkrankung fortbestehen. Im Unterschied dazu spricht man von retrograden mnestischen Störungen, wenn Gedächtnisinhalte nicht mehr zur Verfügung stehen, die nachweislich vor der Erkrankung erinnert werden konnten.

sie dagegen einen recht guten Wert. Gleiches gilt für das Erinnern und Wiedererkennen von räumlichen Mustern; auch hier ist Frau P. unauffällig. Ihre Kurzezeitgedächtnisspanne war mit 7 reproduzierten Ziffern leicht überdurchschnittlich. Wenn aber, wie im Untertest 7B, zwischen Lernphase und Testphase eine Minute lang eine Ablenkaufgabe bearbeitet werden mußte, so hatte die Patientin danach alles vergessen - bei einer gesunden Tp bewirkt die Ablenkaufgabe keine wesentliche Leistungseinbuße. Schließlich fiel bei der Patientin noch eine erhöhte Interferenzneigung auf, insbesondere bei der semantischen Interferenz.

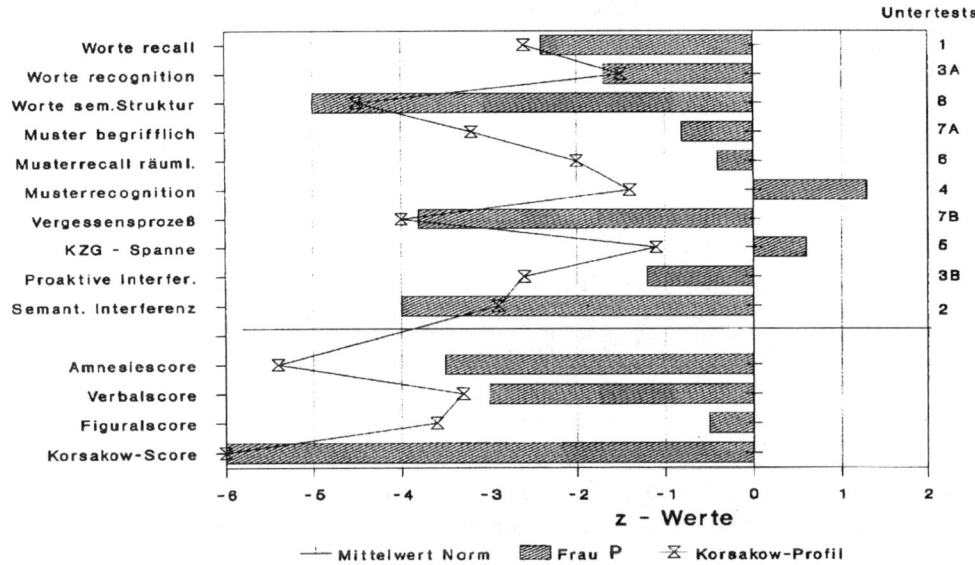

Abbildung 1: Profilverlauf des BAT von Frau P. im Vergleich zum typischen *Korsakow*-Profil ($N = 35$ Patienten).

Die Summen-Scores des BAT geben wesentliche Hinweise für die Interpretation: Der Amnesiescore lag weit unterhalb des Normbereichs, d.h. die Patientin hat eine mnestische Störung, die alle oben genannten Merkmale einer organisch verursachten anterograden Amnesie trägt. Die Hauptdefizite bei Frau P., mangelnde Elaboration (Untertest 8), extrem beschleunigter Vergessensprozeß (Untertest 7B) und sehr hohe Interferenz (Untertest 2, Untertest 3B), sind typisch für ein amnestisches Syndrom. Der *Korsakow*-Score lag mit $z = -9.2$ im Verteilungsbereich der *Korsakow*-Patienten. Allerdings wiesen Verbalscore und Figuralscore extreme Unterschiede auf, die bei *Korsakow*-Patienten in der Regel nicht vorkommen. Die Gedächtnisleistungen bei verbalen Material waren extrem gering, während die figuralen Gedächtnisleistungen noch im Normbereich lagen. Die mnestischen Defizite der Patientin sprachen für eine organische Verursachung, da anterograde mnestische Störungen ein Ausschlußmerkmal für eine dissoziative (hysterische) Amnesie sind.

Neben der geschilderten anterograden Amnesie hatte die Patientin offenbar auch eine retrograde Amnesie, die im Rahmen von diagnostischen Zusatzuntersuchungen aufgeklärt werden mußte.

Die genaue Prüfung dieser Störung ist aufwendig. In diesem Fall hatten wir mit Hilfe des Ehegatten eine chronologische Liste von familiären, autobiographischen und gesellschaftlichen Ereignissen zusammengestellt, die die Patientin mit sehr großer Sicherheit vor der Erkrankung erinnert haben mußte. Das Ergebnis war recht eindeutig: Frau P. konnte keines von den Ereignissen erinnern, die im Jahr ihrer Erkrankung lagen; ihren Urlaub nicht, die Krankheit des Kindes nicht. Auch aus dem Jahr davor wußte sie selbst emotional hochbesetzte Ereignisse, wie einen Unfall in der Familie, nicht mehr. Nach dem gegenwärtigen Staatsoberhaupt gefragt (im Jahre 1994!), antwortete sie, Erich Honecker, dann stutze sie und meinte, er sei krank. Sie war sich aber unsicher und ergänzte: „...irgend etwas ist noch passiert". Dann kam sie darauf: „Da waren doch Vorfälle, Demonstrationen, in Leipzig". Sie konnte sich an die politischen Ereignisse von 1989 und 1990, die sie hautnah erlebt und die einschneidende Veränderungen in ihrem Leben bewirkt hatten, nicht mehr erinnern. Sie hatte vergessen, daß es die Mauer nicht mehr gab. Das Eheproblem, von dem sie auf Befragen bei der ersten Exploration berichtete, hatte sich tatsächlich zugetragen, aber bereits 1988. Alle wichtigen Ereignisse, die in ihrem Leben vor 1988 passiert waren, konnte sie wieder besser erinnern. Sie beschrieb ihren Ausbildungsweg und Ereignisse aus ihrer Kindheit; die ein Jahr zuvor erfolgte Umschulung hatte sie aber vergessen.

Frau P. hatte außerdem eine räumliche Orientierungsstörung, die aus der unmittelbaren Verhaltensbeobachtung ersichtlich war. Sie hatte ziemliche Mühe, sich auf der Station und im Krankenhausgelände zurechtzufinden. Insbesondere fehlte ihr die Richtungsorientierung. Auch stellte sich während der folgenden Behandlung heraus, daß sie u.a. beim Problemlösen Defizite aufwies, die nicht nur Folge ihrer Gedächtnisstörungen waren.

Die schweren anterograden und retrograden mnestischen Störungen der Patientin bezogen sich ausschließlich auf das Lernen, Behalten und Erinnern von aufzählbaren Informationen, insbesondere auf Alltagsinformationen und auf das Aneignen und Erinnern von Wissen, also auf das sog. deklarative Gedächtnis. Dagegen waren die Fähigkeiten und manuellen Fertigkeiten, die die Patientin bis zu ihrer Erkrankung erworben hatte, ihre Sprachkompetenz, ihre künstlerischen Begabungen oder ihr motorisches Lernvermögen vollständig erhalten. Die Patientin hatte zum Beispiel bis zu ihrer Erkrankung zu ihrem Vergnügen Klavier gespielt. Dies konnte sie nach wie vor. Sie spielte ihre alten Stücke und war auch in der Lage, neue zu erlernen. Auch Schreibmaschine schreiben konnte sie, wie vor der Erkrankung. Diese erhaltenen Fähigkeiten sind ein weiteres klinisches Merkmal bei einem amnestischen Syndrom.

4. Behandlung

Nachdem Ursache und Ausmaß der Erkrankung feststanden, vereinbarten wir mit der Patientin die Durchführung eines kognitiven Trainings. Sie kam dazu jeden Tag eine Stunde in den Funktionsbereich *Neuropsychologie*. Im Vordergrund des Trainings stand eine Verbesserung ihrer anterograden mnestischen Leistungen, weil diese Störung für sie die größten Beeinträchtigungen verursachte. Die markanten retrograden Gedächtnisdefizite waren für die Patientin weit unproblematischer. Sie wurden in Zusammenarbeit mit der Familie aufgearbeitet. Insbesondere ihre Kinder erledigten dies fabelhaft, indem sie ihr die wesentlichen Ereignisse immer wieder schilderten und sie danach fragten. Zusätzlich wurden Übungen durchgeführt, die die Aufmerksamkeit, das Problemlösen und vor allem das kognitive Tempo verbessern sollten.

Das Gedächtnistraining bestand aus funktionellen und kompensatorischen Techniken. Zu den kompensatorischen Techniken gehörten ein sinnvoller Umgang mit einem Notizbuch und einer Pinwand sowie das Einüben von Verhaltensweisen, zum Beispiel: Tagesplanung, häufiges Rückerinnern, Ordnungsprinzipien. Das Funktionstraining bildete den Schwerpunkt der Behandlung; es bestand aus mentalen Übungen. Damit sollte sowohl die Gedächtnisleistung bei konkreten Aufgaben verbessert als auch der natürliche Remissionsprozeß des Gehirns unterstützt werden (z.B. zeigen Studien, etwa von Posner & Raichle, 1995, daß durch die Übungen die Stoffwechselprozesse in den beteiligten Regionen des Gehirns selektiv aktiviert werden.)

Mit der Patientin wurden vor allem Elaborations- und Erinnerungs-Techniken geübt. Da die Patientin ein nahezu ungestörtes Gedächtnis für figurale Informationen hatte, bot es sich an, als Elobarationsmethode mentale bildliche Vorstellungen bei verbalen Informationen zu benutzen. Frau P. lernte relativ schnell, sich zu kleinen Texten möglichst konkrete „Bilderfolgen" vorzustellen, welche die wesentlichen Informationen des Textes wiedergaben. Dazu kamen die üblichen Regeln der Textelaboration, zum Beispiel wichtige Wörter anstreichen, eine instruktive oder originelle Überschrift suchen, die Textstruktur angeben und zu einzelnen Inhalten Assoziationen, Eselsbrücken oder Kontextinformationen bilden. Neben solchen Elaborations-Strategien wurden auch Techniken des Abrufprozesses geübt. Hier wurde vor allem eine Technik der „Selbstbefragung" benutzt, bei der sich die Patientin in abgestimmten Schritten bestimmte Fragen, sog. *retrieval cues*, stellt. Diese Fragen sind zuerst sehr allgemein und werden in Abhängigkeit von den erinnerten Fakten immer spezifischer.

Nach ca. einem Viertel Jahr hatte sich der Gesamtzustand der Patientin deutlich gebessert. Sehr schnell stabilisierte sich ihr Verhalten; ihre Unsicherheit und leichte Irritierbarkeit verschwanden. Ihre Reiz-Reaktions-Zeiten wurden deutlich schneller, ihre Belastbarkeit stieg. Nach einem weiteren Viertel Jahr hatten sich auch ihre Gedächtnisleistungen wesentlich verbessert. Im BAT konnten nur noch im Wort-*recall* und im Vergessensprozeß Defizite nachgewiesen werden. Sie behielt außerdem eine örtliche Orientierungsschwäche.

Nachwort:

Die Kenntnis von Fällen, bei denen ein eindeutiger Zusammenhang zwischen Ursache (Art der Erkrankung und Läsionsort) und Symptomen bestehen, sind für die neuropsychologische Praxis von großer Bedeutung. Sie vertiefen das Wissen über das klinische Syndrom der Erkrankung und verbessern die Vorhersagen über den möglichen Erfolg einer therapeutischen Intervention. Die Bedeutung dieses Falls liegt in der sehr zuverlässigen Zuordnung von Läsionsort und kognitivem Defizit. Das geringe Alter der Patientin garantiert darüber hinaus, daß altersbedingte mnestische Störungen prämorbid nicht anzunehmen sind. Solche Fälle sind selten. Gut ist aus der Literatur bekannt, daß ein amnestisches Syndrom nach beidseitiger Läsion des Hippocampus (z.B. nach Hypoxie[11]) oder des Thalamus (z.B. *Korsakow*-Syndrom oder Schlaganfälle) auftreten kann. Beim *Korsakow*-Syndrom, das klinisch durch die Trias: amnestisches Syndrom (anterograde und häufig auch retrograde Störungen), räumliche Orientierungsstörungen und fakultativ auch Konfabulation[12] definiert ist, liegen beidseitige Läsionen im Thalamus und häufig in den Mamillarkörpern vor. Die kognitiven Defizite der Patientin hatten gewisse Ähnlichkeit mit diesem Syndrom, nur die Konfabulation fehlte. Das Bemerkenswerte des Falls besteht darin, daß sich die anterograde Amnesie der Patientin nur auf verbales Material bezog, während beim *Korsakow*-Syndrom mnestische Störungen bei verbalem und figuralem Material bestehen. Die Rückbildung der Erkrankung war bei Frau P. gut. Bei *Korsakow*-Patienten und auch bei Hypoxien, bei denen eine beidseitige Läsion besteht, haben wir dagegen in der Regel gar keine oder eine weit geringere Rückbildung der Störung nach einer vergleichbaren Therapie beobachtet.

Literatur

Abels, D. (1954). *Konzentrations-Verlaufs-Test (KVT)*. Göttingen: Hogrefe.

Bäumler, G. (1985). *Farbe-Wort-Interferenztest nach J.R. Stroop (FWIT)*. Göttingen: Hogrefe.

Hardesty, A. & Lauber, H. (1956). *Hamburg-Wechsler-Intelligenztest für Erwachsene (HAWIE)*. Bern: Huber.

Horn, W. (1962). *Leistungs-Prüf-System (LPS)*. Göttingen: Hogrefe.

Metzler, P., Voshage, J. & Rösler, P. (1992). *Berliner Amnesietest (BAT)*. Göttingen: Hogrefe.

Pfeifer, T. (1997, in Vorb.). *Reaktionszeitanalyse*. Mödling: Dr.G.Schuhfried GmbH.

Posner, J. & Raichle, E. (1995). *Bilder des Geistes. Hirnforscher auf den Spuren des Denkens*. Heidelberg: Akademischer Verlag Spektrum.

Schmidt, K.H. & Metzler, P. (1992). *Wortschatztest (WST)*. Weinheim: Beltz.

Wolfram, H., Neumann, J. & Wieczorek, V. (1989). *Psychologische Leistungstests in der Neurologie und Psychiatrie*. Leipzig: Thieme.

---

[11] nach Hypoxie (Sauerstoffmangel), z.B. bei kurzzeitigem Herzstillstand, treten vor allem diffuse neuronale Läsionen auf

[12] Als Konfabulation werden Äußerungen eines Patienten bezeichnet, die sprachlich korrekt, aber inhaltlich abwegig sind und der Realität des Patienten in keiner Weise entsprechen, von deren Richtigkeit er aber vollkommen überzeugt ist.

17.

Erfolgsprognose von Hirnleistungstrainings bei Alkoholmißbrauch - Eleonore H., 45 Jahre[1]

Wolfgang Beiglböck

Wien

Am *Anton-Proksch-Institut* in Kalksburg/Wien, einem Sonderkrankenhaus für Alkohol-, Medikamenten- und Drogenabhängige, umfaßt das therapeutische Konzept einen 6- bis 8wöchigen stationären Aufenthalt, an dessen Beginn die medikamentöse Behandlung der Entzugssymptomatik steht. Danach wird mittels verschiedener psychiatrischer, psychologischer und psychotherapeutischer Methoden versucht, Ursachen (z.B. neurotische Störungen, in deren Verlauf Alkohol im Sinne einer „Selbstmedikation" eingesetzt wurde) und Folgen (z.B. hirnorganische Beeinträchtigungen durch das Suchtmittel) der Suchterkrankung zu behandeln. Ein weiterer Schwerpunkt liegt in der soziotherapeutischen Versorgung der Patienten, wobei auch auf eine intensive Nachbetreuung im Anschluß an den stationären Aufenthalt Wert gelegt wird. Die Aufgabe einer eigenen „Psychologischen Abteilung" besteht im psychologischen Diagnostizieren sowie in der Behandlung der Patienten im späteren Verlauf des stationären Aufenthalts. Typische diagnostische Fragestellungen beziehen sich auf die Abklärung derjenigen psychischen Grundstörung, welche als Ursache für die Suchterkrankung gelten könnte, aber auch auf die Abklärung von Art und Ausmaß hirnorganischer Beeinträchtigungen[2]; im Behandlungsbereich werden neben diversen Hirnleistungstrainings auch Entspannungsmethoden, *Biofeedback*behandlungen und andere Trainingsverfahren, wie zum Beispiel Selbstsicherheitstrainings, angeboten.

---

[1] Ich danke Elisabeth Genner-Diem für die Unterstützung bei Durchführung und Befundung der psychologischen Untersuchungen.
[2] Abgesehen davon muß in Österreich zur leistungsorientierten Krankenhausfinanzierung eine eindeutige Diagnose gestellt werden, um eine finanzielle Abgeltung für den Spitalserhalter sicherzustellen.

Eleonore H., 45 Jahre

1. Vorgeschichte

Frau H. erscheint am 28.9.1995 deutlich alkoholisiert (die Messung der Alkoholatem-konzentration ergibt 2.1 Promille) in Begleitung ihrer Schwester zur stationären Auf-nahme, um sich einer Entzugsbehandlung zu unterziehen. Innerhalb der ersten drei Ta-ge des stationären Aufenthaltes schläft sie aufgrund der Entzugsmedikation meist. In den Wachzuständen ist sie zwar persönlich orientiert, zeitlich und örtlich jedoch des-orientiert (Jahres- und Tageszeit können nicht angegeben werden, die Patientin glaubt, sich in einem Landschulheim zu befinden). Während sich die Entzugssymptomatik in-nerhalb der nächsten Tage deutlich bessert und die sedierende (Oxazepam[3]) bezie-hungsweise antikonvulsive Medikation (Mephenytoin und Carbamazepin[4]) ausgeschli-chen werden kann, bleiben örtliche und zeitliche Desorientierung aufrecht. Durch eine höher dosierte Verabreichung von Nootropika (Piracetam[5]) kann der Antrieb weitge-hend normalisiert werden. Der Gedankenductus ist geordnet, zum Teil umständlich, das Denkziel[6] wird jedoch erreicht. Konzentration, Aufmerksamkeit und Merkfähig-keit sind - soweit im Gespräch mit der Patientin beurteilbar - reduziert, vor allem be-züglich des Altgedächtnisses zeigen sich deutliche Störungen in der zeitlichen Einord-nung („Zeitgitterstörungen") und Gedächtnislücken werden konfabulierend[7] gefüllt. Die Stimmungslage ist ausgeglichen[8], der Affekt flach[9]; es besteht keine produktive Symptomatik[10].

---

[3] Oxazepam ist ein Tranquilizer, der verabreicht wird, um die im Alkoholentzug auftretenden vegetativen Erscheinungen (innere Unruhe, Zittern, Schweißausbrüche, Schlafstörungen etc.) zu behandeln. Tranquili-zer führen im Regelfall zu einer herabgesetzten Aktivierung und beeinträchtigen die Leistungsfähigkeit im kognitiven Bereich.

[4] Bei diesen beiden Substanzen handelt es sich um Antikonvulsiva, d.h. um Substanzen, die das Auftreten eines epileptischen Anfalles verhindern sollen.

[5] ein Präparat, das die Sauerstoffversorgung des Gehirns verbessern soll

[6] Das normale logische Denken wird durch Denkziele geleitet; bei krankhaften Denkstörungen gehen diese während des Gedankenvorganges verloren oder der Gedankengang findet oft erst nach langen Umwegen sein vorgesehenes Ende.

[7] Kopelman (1987) unterscheidet zwei Arten von Konfabulationen: spontane und provozierte. Unter spontanen Konfabulationen wird das Produzieren einer großen Spannbreite falscher Erinnerungen *ohne* äußeren Auslöser verstanden. Provozierte Konfabulationen sind plausible, aber falsche Erinnerungen, mit welchen der Patient an ihn gerichtete Fragen aus seiner unmittelbaren Vergangenheit beantwortet. Letztere finden sich meist bei Patienten mit *Korsakow*-Syndrom.

[8] d.h. weder depressiv, noch dysphorisch (reizbar gestimmt), noch euphorisch gefärbt

[9] es wird zwar affektiv reagiert, jedoch am Anlaß gemessen zu wenig

[10] Auftreten von psychopathologischen Erscheinungen, die nicht im normalen Erleben vorhanden sind: vor allem Wahn und Halluzinationen (Peters, 1984)

Erstmals sei, nach den Angaben der Schwester, vor 2 Monaten aufgefallen, daß es der Patientin zunehmend schwerer fiel, ihre Arbeit zu erledigen. Sie habe mehrmals am Tag nach dem Datum gefragt und, laut ihrer beruflich Vorgesetzten, Arbeitsaufträge selbst über einen kurzen Zeitraum nicht behalten können. Vor 14 Tagen sei die Patientin während eines Krankenstandes am Nachmittag in einem völlig verwirrten Zustand an ihrem Arbeitsplatz erschienen und wollte zu arbeiten beginnen. Ein Abbringen von diesem Vorhaben sei erst möglich gewesen, als der Arbeitgeber die Schwester der Patientin verständigt hatte, welche sie mit nach Hause nahm.

Es ergibt sich daraus die Frage nach einer eventuellen (progredient[11] verlaufenden) präsenilen Demenz bzw. es taucht der Verdacht auf Vorliegen eines (möglicherweisen reversiblen) *Korsakow*-Syndroms[12] auf, in dessen Zusammenhang es darum geht, eine psychologisch-diagnostisch begründete Prognose über den Erfolg möglicher Trainingsmaßnahmen zu geben.

2. Anamnese

Frau Eleonore H. schloß nach der Grundschule eine Lehre als Bürokauffrau ab und arbeitete seither in diesem Bereich bei zwei verschiedenen Unternehmen, zuletzt seit zehn Jahren in ungekündigter Stellung bei einer Spedition. Sie war von 1970 bis 1985 verheiratet - die Ehe wurde in beidseitigem Einvernehmen geschieden; die Beziehung war kinderlos. Seither lebt die Patientin in einer eigenen Wohnung, in einer kleinen Gemeinde. Soweit erhebbar, liegt keinerlei finanzielle Problematik vor.

Ein pathologischer Alkoholkonsum besteht seit etwa 12 Jahren, wobei eine tägliche Trinkmenge von etwa 1½ bis 2 l Wein, über den Tag verteilt, angegeben wird. Zusätzlich hatte die Patientin gelegentlich auch noch härtere Getränke in geringerer Menge konsumiert. Berauschungen werden negiert, ebenso *Blackouts*[13] oder Kontrollverlust. Vor 3 Jahren wäre die Patientin ca. 6 Monate abstinent gewesen; damals sei die derzeit vorhandene Symptomatik nicht zu beobachten gewesen, was außenanamnestisch abgesichert wurde.

---

[11] Erkrankung mit fortschreitendem, nur mäßig beeinflußbarem Verlauf, verbunden mit einem Verlust des logischen Denkens, des Wissens, der Urteilsfähigkeit und der Anpassungs- und Merkfähigkeit

[12] psychische Erkrankung mit, u.a. folgender Leitsymptomatik: Desorientiertheit in Raum und Zeit - die persönliche Orientierung bleibt jedoch erhalten; schwere Merkfähigkeitsstörung, wobei neu zu Merkendes nicht in ein Zeitgitter eingeordnet werden kann, das Altgedächtnis aber gut erhalten ist; es bestehen Umstellungs- und Auffassungsstörungen, Gedächtnislücken werden konfabulierend gefüllt; die Kritikfähigkeit ist herabgesetzt - In der Literatur bestehen unterschiedliche Auffassungen darüber, ob diese Symptomatik chronifiziert oder ob eine Verbesserung möglich ist; im allgemeinen wird davon ausgegangen, daß es sich um eine irreversible Störung handelt (vgl. z.B. ICD 10).

[13] nach dem Konsum von verhältnismäßig geringen Mengen auftretende amnestische Störung im Sinne einer Gedächtnislücke

3. Neurologische Vorbefunde

Gemäß den Angaben der Schwester der Patientin seien vor ca. einem Jahr zweimal (fragliche) epileptische Anfälle mit 3- bis 5minütiger Bewußtlosigkeit aufgetreten. Die Auswertung des EEG erbringt einen leicht pathologischen Befund im Sinne einer epileptischen Krampfbereitschaft. Daher erfolgte auch eine antikonvulsive Abschirmung zu Beginn des Entzugsbehandlung.

Mit Hilfe der folgenden neurologischen Untersuchungsmethoden wurde versucht, cerebelläre (Kleinhirn-) Störungen zu erfassen - diese Störungen finden sich vor allem im Zuge einer _Wernicke_schen Enzephalopathie, die im Regelfall einem _Korsakow_-Syndrom vorausgeht, so daß sie hinsichtlich einer Abgrenzung zur präsenilen Demenz von Bedeutung sind (vgl. Helscher, Pinter & Schnaberth, 1992; Knight & Longmore, 1994): An den oberen Extremitäten ergibt sich ein unauffälliger Positionsversuch[14] sowie ein Finger-Nasenversuch[15] beidseitig ohne Befund; es läßt sich jedoch ein deutlicher Nystagmus[16] feststellen, des weiteren fällt ein breitbeiniger, unsicherer, ataktischer Gang auf. Die Ergebnisse der Computertomographie sprechen deutlich für eine cerebelläre Hirnatrophie[17].

4. Psychologische Testung

Zur Klärung der Fragestellung sollten folgende diagnostische Verfahren eingesetzt werden: HAWIE-R _(Hamburg-Wechsler Intelligenztest für Erwachsene - Revision 1991)_, WST _(Wortschatztest)_, BAT _(Berliner Amnesietest;_ Metzler, Voshage & Rösler, 1992)[18], _c.I.-Test (zur raschen Objektivierung cerebraler Insuffizienzen;_ Lehrl &

---

[14] Der Patient streckt seine Arme symmetrisch nach vorne und wird aufgefordert, bei geschlossenen Augen die eben eingenommene Position beizubehalten: Bei cerebellären Läsionen kann es zu einem Absinken oder seitlichen Abweichen der Arme kommen.

[15] Der Patient soll bei geschlossenen Augen mit dem Zeigefinger der dominanten Hand von der Seite kommend auf die Nasenspitze zielen und diese berühren. Bei cerebellären Läsionen ist die Zielgerichtetheit der Bewegung gestört; das Abweichen von der idealen Bewegungslinie wirkt in der Bewegung abgehackt, und die abweichenden Bewegungen treten um so mehr auf, je näher das Ziel der Bewegung kommt.

[16] Unter Nystagmus werden unwillkürlich auftretende, rhythmische Augenbewegungen verstanden: Bei cerebellären Läsionen findet sich entweder ein spontaner Nystagmus oder ein Auftreten dieser unwillkürlichen Augenbewegungen beim Blick in eine Richtung.

[17] Rückbildung des Kleinhirns entweder durch Verkleinerung der Zellen oder Abnahme der Anzahl der Zellen

[18] Beim BAT handelt es sich um ein Verfahren zur Überprüfung typischer Merkmale amnestischer Störungen (d.s.: Defizite im freien Reproduzieren; Störung der Wiedererkennungsleistung; schnelleres Vergessen als bei Gesunden; schlechtere Einordnung von Gedächtnisinhalten und damit verbunden eine höhere Interferenzneigung; aktive Bearbeitungen eines Lernstoffes, wie z.B. Assoziation und Verbalisierung werden nicht vorgenommen - wobei die Kurzzeitgedächtnisspanne erhalten ist). Die einzelnen Untertests

Fischer, 1985)[19] und *c.I.-Skala (Selbstbeurteilungsverfahren zur Objektivierung leichter cerebraler Insuffizienzen;* Weidenhammer & Fischer, 1987)[20].

---

prüfen: Unstrukturiertes verbales Reproduzieren, unstrukturiertes verbales Wiedererkennen, (anhand von Oberbegriffen) strukturiertes verbales Reproduzieren; Reproduzieren von Mustern, die Assoziationen zu allgemein bekannten Mustern zulassen, Musterreproduktion sowie -wiedererkennen verschiedener Schachbrettmuster, Musterreproduktion bei Distraktorwirkung; Kurzzeitgedächtnisspanne; proaktive sowie semantische Interferenz. Darüber hinaus bietet das Verfahren Vergleichsprofile mit verschiedenen klinischen Gruppen, u.a. für Alkoholkranke sowie *Korsakow*-Patienten. Mittels Faktorenanalyse konnte Konstruktvalidität weitgehend bestätigt werden. Die *Retest*-Reliabilität für einzelne Summen-Scores ist ausreichend hoch (.75 bis .95), für die Untertests zur Wiedererkennungsleistung nur mäßig zufriedenstellend (.53 bis .59). - Siehe zum BAT auch den Beitrag von *Metzler* in diesem Buch.

[19] Der *c.I.-Test* ist ein *Screening*-Verfahren zur Frühdiagnostik von Demenzen bzw. leichten Formen cerebraler Insuffizienzen. Die Autoren definieren „cerebrale Insuffizienz" als Hilfskonstruktion zur Kennzeichnung eines Syndroms, das auf das Gehirn als organisches Substrat und eine Minderung dessen Funktionen hinweist. Das Verfahren wurde aus dem SKT (*Syndrom-Kurz-Test;* Erzigkeit, 1977) entwickelt, wobei die beiden trennschärfsten Subtests aus dem SKT verwendet wurden. Bei der Durchführung des Subtests *Symbole zählen* muß die Tp aus insgesamt 126 Symbolen (Sterne, Blütensymbole und Vierecke) alle Vierecke zählen. Einziges Kriterium ist die dafür benötigte Zeit. Der zweite Subtest *Interferenz* besteht aus 2 Reihen à 17 Buchstaben, wobei die Buchstaben A und B in zufälliger Reihenfolge angeordnet sind. Die Aufgabe der Tp besteht darin, immer wenn sie A liest, B zu sagen, und umgekehrt. Auch hier ist das einzige Auswertungskriterium die dafür benötigte Zeit. Die Autoren führen unter Bezugnahme auf den SKT alters- und intelligenzbezogene Normtabellen an, wobei pro Subtest ein Punkt vergeben werden kann, der bedeutet, daß der erreichte Wert um mindestens eine Standardabweichung unter dem Mittelwert der Normpopulation liegt. Die Autoren führen mehrere Kreuzvalidierungsstudien an, die belegen, daß mit dem *c.I.-Test* höhere prädiktive Werte (zwischen 78% und 91 % richtig-negative Zuordnungen) als mit dem SKT oder sogar mit EEG-Untersuchungen erreicht werden. Angaben zur Reliabilität fehlen. - Der Wert dieses Verfahrens im Zusammenhang mit der vorliegenden Fragestellung liegt darin, daß andere als mnestische Parameter in das Ergebnis eingehen.

[20] Diese Skala beinhaltet 38 Items, die charakteristische Symptome, die mit einer cerebralen Insuffizienz einhergehen, abfragen; sie sind mit „ja" oder „nein" zu beantworten. Liegt ein Summenwert von weniger als 20 Punkten vor, so spricht dies gegen eine cerebrale Insuffizienz. Die Autoren definieren „cerebrale Insuffizienz" als Hilfskonstruktion zur Kennzeichnung eines Syndroms, das auf das Gehirn als organisches Substrat und der Minderung dessen Funktionen hinweist. Sie sehen diesen Begriff umfassender als den des „organischen Psychosyndroms", da sich der Begriff auch auf somatisch greifbare Veränderungen, z.B. der Hirndurchblutung oder des Hirnstoffwechsels, bezieht. Daher wird nicht nur nach den psychischen Begleiterscheinungen der cerebralen Insuffizienz (Item 25: „Meine Angehörigen machen mich oft darauf aufmerksam, daß ich etwas vergessen habe"), sondern auch nach Begleiterscheinungen der Beeinträchtigung des organischen Substrats (Item 28: „Ich habe beim Bücken Schwindelgefühle") gefragt. Die Retest-Reliabilität des Verfahrens nach 2 Wochen liegt nach Angaben der Autoren bei $r = .87$ ($n = 80$). Die innere Konsistenz *(Cronbach-α)* wird mit .94 angegeben. Die Kriteriumsvalidität sehen die Autoren durch einige Studien belegt, die als äußeres Kriterium die Ergebnisse im *c.I.-Test* gewählt hatten. Dabei liegt der prädiktive Wert der Skala bei 89%. Mit Hilfe einer durchgeführten Faktorenanalyse meinten die Autoren die dem Verfahren zugrundeliegende Eindimensionalität des gemessenen Konstruktes belegt zu haben. - Beim *Korsakow*-Syndrom sollte dieser Fragebogen aber *keinen* Hinweis auf eine cerebrale Insuffizienz ergeben: Ein charakteristisches Symptom des *Korsakow*-Syndroms ist nämlich die nicht vorhandene Einsichtsfähigkeit in die objektivierbare mnestische Störung (vgl. Talland, 1965).

4.1. Ergebnisse

Die Testung erfolgte am 12.10.1995. Die Patientin ist während des gesamten Verlaufs der Untersuchung kooperativ und gut motivierbar; sie zeigt nur eine geringe Ermüdbarkeit. Zum Zeitpunkt der Untersuchung ist sie zeitlich und örtlich, teilweise auch situativ desorientiert. Konfabulationen können weiterhin beobachtet werden.

Im HAWIE-R erreicht Frau Eleonore H. einen Gesamt-*IQ* von 88, der somit an der unteren Grenze der entsprechenden Altersnorm liegt. Die Leistung im Verbalteil erweist sich als durchschnittlich (*IQ* = 103) und liegt deutlich über der Leistung im Handlungsteil (*IQ* = 72), welche eindeutig als unterdurchschnittlich zu bewerten ist. Die besten Ergebnisse erzielt die Patientin in den Subtests *Allgemeines Verständnis* (Erfassung der kognitiven Aspekte der Umweltbewältigung; *WP* = 14, PR = 91) und *Allgemeines Wissen* (allgemeine Verbalbefähigung; *WP* = 13, PR = 84). Die niedrigsten Werte zeigen sich in den Subtests *Gemeinsamkeitenfinden* (abstrakt-logisches Denken; *WP* = 7, PR = 16), *Bilderordnen* (Erfassen sozialer Gesamtsituationen; *WP* = 6, PR = 9), *Bilderergänzen* (Unterscheidung relevanter von irrelevanten optischen Details; *WP* = 4, PR = 2), *Zahlen-Symbol-Test* (Gedächtnis und Konzentrationsfähigkeit; *WP* = 3, PR = 1) sowie im *Mosaik-Test* (nonverbale Kombinationsfähigkeit und Formwahrnehmung; *WP* = 4, PR = 2). Die niedrigsten Testergebnisse werden also überwiegend in denjenigen Subtests erreicht, welche entweder die Zeitkomponente in die Auswertung miteinbeziehen oder bei welchen eine Oberbegriffsbildung bzw. das Erkennen übergeordneter Zusammenhänge zur adäquaten Lösung der Aufgabe beiträgt. Ebenso werden niedrigere Leistungen in solchen Subtest erreicht, in denen überwiegend Gedächtnis und Konzentration erfaßt wird. Diese Bereiche erweisen sich bei hirnorganischen Beeinträchtigungen in Folge eines Alkoholmißbrauchs regelmäßig am ehesten betroffen (vgl. Knight & Longmore, 1994; Metzler, Voshage & Rösler, 1992), so daß von einem hirnorganischen Abbaugeschehen ausgegangen werden kann.

Im WST erreicht die Untersuchte einen *IQ* von 118. Die prämorbide verbale Intelligenz liegt demnach oberhalb des Normbereiches.

Im BAT zeigen sich in allen Gesamtskalen pathologische Werte ($z \leq -2$: ähnlich niedrige Ergebnisse werden von weniger als 2.5% der Normpopulation erreicht): Amnesiescore (-5.5), *Korsakow*-Score (-10.1), CVI-Score (cerebrovaskuläre Insuffizienz; -6.9), Figuralscore (-2.5), Verbalscore (-2.7). Der Amnesiescore zur Unterscheidung zwischen auffälligen und unauffälligen Gedächtnisleistungen ohne Berücksichtigung der Genese der Störung erweist sich als weit unterdurchschnittlich, so daß eine deutliche Leistungsbeeinträchtigung im mnestischen Bereich anzunehmen ist. Bei einem vorgenommenen Profilvergleich der Leistungen der Patientin mit dem Mittelwert einer Stichprobe von Patienten mit *Korsakow*-Syndrom finden sich die zu erwartenden charakteristischen Übereinstimmungen. Insbesondere die reduzierten Leistungen bei Reproduktionsaufgaben (*Recall bei semantischer Struktur: z = -4.1, Recall begrifflich assoziierbarer Muster: z = -3.3*) sowie vor allem bei der *Reproduktionsleistung nach*

Distraktor (z = -3.3) und die Defizite im Subtest *Proaktive Interferenz* (z = -4.9) stellen einen deutlichen Hinweis auf ein *Korsakow*-Syndrom dar. Dabei liegen - wie bei einem *Korsakow*-Syndrom zu erwarten - die Wiedererkennungsleistungen im Normbereich (die erreichten z-Werte liegen in den entsprechenden Subtests zwischen -0.8 und 1). Insgesamt ist daher aufgrund der Art und der Ausprägung der erbrachten Leistungen in diesem Verfahren von einem *Korsakow*-Syndrom auszugehen. Das Fehlen einer Differenz zwischen Figural- und Verbalscore spricht gegen eine hemisphärenspezifische Schädigung.

Im *c.I.-Test* ergeben sich - unter Berücksichtigung von Alter und Intelligenzniveau der Patientin - im Subtest *Symbole zählen* 0 Punkte, im Subtest *Interferenz* 1 Punkt. Aus diesem Verfahren ergibt sich somit eine erhöhte Interferenzanfälligkeit, jedoch noch kein Hinweis auf eine hirnorganische Störung im Sinne einer Demenz.

In der *c.I-Skala* demonstriert die Patientin lediglich eine erhöhte Reizbarkeit. Andere Symptome, insbesondere ein Nachlassen der Merk- und Konzentrationsfähigkeit, werden von ihr nicht wahrgenommen bzw. verleugnet. Der kritische Wert von 20 zur Stellung der Diagnose „cerebrale Insuffizienz" wird nicht erreicht (Summenwert = 3).

4.2. Schlußfolgerung

Wegen der nur mehr geringen Oxazepam-Medikation können die objektivierten Defizite nicht auf die Medikation zurückgeführt werden.

Die Ergebnisse der psychologischen Testung sowie der neurologischen Untersuchung sprechen für ein amnestisches Syndrom im Sinne eines *Korsakow*-Syndroms (ICD-10: F10.6) und gegen das Vorliegen einer (progredienten) präsenilen Demenz.

Verlaufsuntersuchungen sind jedoch zwingend nötig, weil für die Diagnose „*Korsakow*-Syndrom" der Nachweis einer andauernden Absenkung des Funktionsniveaus als Indiz für eine chronische Substratschädigung unabdingbar ist.

Eine entsprechende Kontrolluntersuchung zur Abklärung dieser Frage sollte daher in 6 bis 8 Wochen erfolgen.

5. Behandlungsvorschläge

Bis dahin wird ein Training der mnestischen Funktionen, insbesondere ein Training der Reproduktionsleistungen in Zusammenhang mit Distraktoren sowohl für den optischen als auch den verbalen Bereich empfohlen. Ebenso sollten die kognitiven Leistungen unter Stör- und Ablenkungsbedingungen trainiert werden.

Als erster Schritt scheint jedoch ein Realitäts- und Orientierungstraining seitens des zuständigen Pflegepersonals unabdingbar.

6. Verlauf

Nach der Durchführung der empfohlenen (computerunterstützten) Trainings an der „Psychologischen Abteilung" erfolgte am 11.1.1996 die psychologisch-diagnostische Kontrolluntersuchung (abgesehen vom WST, mit denselben Verfahren).

Seit der Voruntersuchung kam es laut behandelndem Arzt zu einer deutlichen Verbesserung der klinischen Symptomatik. Die Patientin schien in allen Bereichen orientiert; die Zeitgitterstörung hatte sich deutlich verbessert, obwohl weiterhin eine klinisch beobachtbare Störung der Merkfähigkeit vorlag. Zu Konfabulationen kam es jedoch nur noch sehr selten. Die Patientin konnte bereits - unter genauer Strukturierung und teilweiser Kontrolle - allein für einige Stunden die Station verlassen.

Es bestanden nur mehr geringe neurologische Anzeichen einer Kleinhirnschädigung. Ein EEG vom 7.1.1996 zeigte jedoch keine Verbesserung gegenüber dem Vorbefund und erwies sich weiterhin als leicht pathologisch im Sinne einer erhöhten Krampfbereitschaft, weshalb die antikonvulsive Einstellung beibehalten werden mußte.

6.1. Ergebnisse

Im HAWIE-R erreichte die Patientin einen Gesamt-*IQ* von 101, der somit im Bereich der entsprechenden Altersnorm liegt. Die Leistung im Verbalteil erweist sich als durchschnittlich (*IQ* = 103), ebenso die Leistung im Handlungsteil (*IQ* = 98), wobei kein signifikanter Unterschied zwischen den beiden Testleistungen besteht. Gegenüber dem Vorbefund (*IQ* = 88, Verbal-*IQ* = 103, Handlungs-*IQ* = 72) ergibt sich unter Berücksichtigung der Meßungenauigkeit des Verfahrens und unter festgelegter Irrtumswahrscheinlichkeit von 5% ein Anstieg der intellektuellen Gesamtleistungsfähigkeit, die vor allem auf die nunmehr verbesserte Leistungsfähigkeit im Handlungsteil zurückzuführen ist.

Während die Leistungen in den Subtests des Verbalteiles im wesentlichen unverändert blieben (lediglich die Leistungen im Subtest *Gemeinsamkeitenfinden* erhöhten sich von PR = 16 auf PR = 50), kam es also zu einer deutlichen Verbesserung der Leistungen in den Subtests des Handlungsteiles: *Bilderordnen* (von PR = 9 auf PR = 50), *Zahlen-Symbol-Test* (von PR = 1 auf PR = 50) und *Mosaik-Test* (von PR = 2 auf PR = 25). Insgesamt fanden sich also deutliche Verbesserungen in denjenigen Subtests, welche Merkfähigkeit, Erkennen höherer Zusammenhänge sowie Arbeiten unter Berücksichtigung der Zeitkomponente erfordern. Dies spricht für eine „Aufhellung" der hirnorganisch bedingten kognitiven Beeinträchtigung.

Im BAT zeigten sich in allen Gesamtskalen unterdurchschnittliche Werte, wobei es jedoch zu deutlichen Verbesserungen kam: Amnesiescore (z = -2.5), *Korsakow-Score* (z = -3.5), CVI-Score (z = -3.5), Figuralscore (z = -1.6), Verbalscore (z = -1.4). Der Amnesiescore zur Unterscheidung zwischen auffälligen und unauffälligen Gedächtnisleistungen ohne Berücksichtigung der Genese der Störung erwies sich zwar weiterhin als unterdurchschnittlich, so daß eine deutliche Leistungsbeeinträchtigung im mnestischen Bereich anzunehmen ist. Beim Profilvergleich mit Patienten mit *Korsakow*-Syndrom fanden sich jedoch keine Übereinstimmungen mehr. Zwar waren die Leistungen in den für *Korsakow*-Patienten sensitiven Subtests weiterhin reduziert, sie hatten sich jedoch so weit gebessert, daß nun nicht mehr auf das Vorliegen eines *Korsakow*-Syndroms geschlossen werden kann (*Recall bei semantischer Struktur:* von $z =$ -4.1 auf $z =$ -1.2; *Recall begrifflich assoziierbarer Muster:* von $z =$ -3.3 auf $z =$ -1.6; *Reproduktionsleistung nach Distraktor:* von $z =$ -3.3 auf $z =$ -2.4; *Proaktive Interferenz:* von $z =$ -4.9 auf $z =$ -3.7). Die Leistungen der Patientin entspricht vielmehr den reduzierten mnestischen Fähigkeiten einer Stichprobe von „Alkoholkranken mit leichtem bis mittelschwerem hirndiffusem organischem Psychosyndrom". - Die mangelnde Differenz zwischen Verbal- und Figuralscore spricht gegen eine hemisphärenspezifische Störung.

Im *c.I.*-Test ergaben sich für beide Subtests, *Symbole zählen* und *Interferenz*, 0 Punkte. In diesem Verfahren finden sich somit keine Anhaltspunkte für eine hirnorganische Störung im Sinne einer Demenz; auch die bei der Vorbefundung noch festzustellende leicht erhöhte Interferenzanfälligkeit konnte nicht mehr objektiviert werden.

In der *c.I.-Skala* beschrieb sich die Patientin nur in einem geringen Maß so, daß auf eine cerebrale Insuffizienz geschlossen werden könnte. Gegenüber dem Vorbefund berichtete sie jedoch nun vermehrt über ihre Wahrnehmungen einer reduzierten Merkfähigkeit. Trotzdem wurde weiterhin nicht der kritische Wert von 20 zur Diagnose „cerebrale Insuffizienz" erreicht (Summenwert = 7).

6.2. Schlußfolgerung

Die Kriterien für ein amnestisches Syndrom im Sinne eines *Korsakow*-Syndroms wurden bei der Kontrolluntersuchung nicht mehr erfüllt. Insgesamt lagen jedoch weiterhin, wenn auch in deutlich geringerem Ausmaß, mnestische Defizite vor. Unter Berücksichtigung des klinischen Erscheinungsbildes ist von der Diagnose "anhaltende kognitive Beeinträchtigung bei Alkoholmißbrauch" (ICD-10: F10.74) auszugehen.

Es wurde entschieden, das Hirnleistungstraining, wie bereits begonnen, weiterzuführen. Bei durchaus möglicher weiterer Verbesserung der mnestischen Leistungen im Rahmen dieses Trainings wäre auf ein ergopsychometrisches Setting[21] überzugehen.

---

[21] Unter „Ergopsychometrie" wurde ursprünglich die Erhebung kognitiver Parameter sowohl in Ruhebedingung (herkömmliches diagnostisches Setting) als auch unter Belastung (z.B. über Kopfhörer zugespieltes weißes Rauschen) verstanden. Die Reduktion der Leistung unter psychischer und/oder physischer Belastung erwies sich in der sportpsychologischen Diagnostik als geeigneter Prädiktor für die im Wettkampf zu erwartende Leistung: Erfolgreiche Hochleistungssportler vermögen ihre Leistungsfähigkeit unter Belastung zu steigern; aber diejenigen Sportler, die ihre Trainingsleistungen im Wettkampf nicht umsetzen können, zeigen in diesem Setting einen deutlichen Leistungsabfall. In der Zwischenzeit konnte gezeigt werden, daß ein solcher Abfall der Leistungsfähigkeit bei bestimmten klinischen Gruppen signifikant häu-

Literatur

Beiglböck W., Feselmayer S. & Bischof, B. (1989). Ergopsychometrie - Neue Wege der experimentellen Psychodiagnostik pathologischer Belastungsreaktionen. *Zeitschrift für experimentelle und angewandte Psychologie, 36,* 16-30.

Erzigkeit, H. (1977). *Syndrom-Kurz-Test (SKT).* Weinheim: Beltz..

Hauk, E. & Beiglböck, W. (1989). Neue Aspekte der Alkoholforschung - Psychodiagnostik unter Belastung. *Wiener Zeitschrift für Suchtforschung, 12,* 11-20.

Helscher, R.J., Pinter, M.M. & Schnaberth, G. (1992). *Der neurologische Status.* Wien: Maudrich.

Knight, R.G. & Longmore, B.E. (1994). *Clinical Neuropsychology of Alcoholism.* Hove: Lawrence Erlbaum.

Kopelman, M.D. (1987). Two types of confabulation. *Journal of Neurology, Neurosurgery and Psychiatry, 50,* 1482-1487.

Lehrl, S. & Fischer, B. (1985). *c.I.-Test zur raschen Objektivierung cerebraler Insuffizienzen.* Ebersberg: Vless.

Metzler, P., Voshage, J. & Rösler, P. (1992). *Berliner Amnesietest (BAT).* Göttingen: Hogrefe.

Peters, U.H. (1984). *Wörterbuch der Psychiatrie und medizinischen Psychologie.* Wien: Urban & Schwarzenberg.

Talland, G.A. (1965). *Deranged Memory.* New York: Academic Press.

Weidenhammer, W. & Fischer, B. (1987). *c.I.-Skala. Selbstbeurteilungsverfahren zur Objektivierung leichter cerebraler Insuffizienzen.* Ebersberg: Vless.

figer als in der Normalbevölkerung zu finden ist (Beiglböck, Feselmayer & Bischof, 1989; Hauk & Beiglböck, 1989), so daß entsprechende Behandlungsmaßnahmen entwickelt wurden, die im wesentlichen die üblichen Trainingsmaßnahmen zur Verbesserung kognitiver Leistungen umfassen, jedoch unter psychischer Belastung (weißes Rauschen) durchgeführt werden: Damit soll eine höhere Leistungsfähigkeit unter Belastung erreicht werden.

18.

Psychologische Beurteilung eines Rentenbegehrens - Herr S., 45 Jahre

Andreas Krafack

Wien

Aufgabe der *Psychologischen und Psychiatrisch-Neurologischen Begutachtungsstelle* der Wiener Magistratsabteilung 15/Gesundheitswesen ist die Untersuchung von Angestellten und Beamten der Gemeinde Wien zu Fragen der Berufseignung sowie der Berechtigung von Ruhestandsansuchen und Krankenständen. Unter der Leitung eines Klinischen Psychologen arbeiten hier ein Team von PsychologInnen und FachärztInnen für Psychiatrie und Neurologie.

Herr S., 45 Jahre

1. Grund der Untersuchung

Herr S., der seit 20 Jahren als Sozialpädagoge tätig ist, steht bereits seit mehreren Wochen im Krankenstand. Im Rahmen der amtsärztlichen Untersuchung, bei der sich kein organisches Substrat ergab, führt Herr S. aus, an Erschöpfungszuständen, depressiven Verstimmungen, Angstzuständen und einem „*Burnout*-Syndrom" zu leiden. Da er sich außerstande sieht, seinen Dienst effizient zu versehen, sucht er um frühzeitige Versetzung in den Ruhestand an. Es erfolgte die Zuweisung zur psychologischen Untersuchung unter besonderer Berücksichtigung der Frage, inwieweit in absehbarer Zeit mit einer Wiedererlangung der Dienstfähigkeit gerechnet werden kann.

2. Auszug aus der Anamnese

Herr S. stammt aus einer Familie, die ihm einen hohen Leistungsanspruch vermittelte. Auch seine beiden Schwestern standen unter starkem Leistungsdruck und reagierten phasenweise mit einer „Leistungsblockade". Der Klient selbst absolvierte die Matura[1]. Den Beruf des Sozialpädagogen übt er in einem Heim für schwererziehbare Jugendliche aus - er wollte sich immer sozial engagieren, um dem Druck der Eltern, Rechtswissenschaften zu studieren, entgegenzutreten.

Im Alter von 35 Jahren kam es erstmals zum Auftreten einer Angstreaktion bei einer Besprechung in einer Arbeitsgruppe, die sich in weiterer Folge generalisierte, so daß sukzessiv ein Vermeidungsverhalten entstand. Dieses bezog sich primär auf soziale Situationen, die allerdings in seinem Beruf häufig gegeben sind. Zudem registrierte Herr S. einen zusätzlich auftretenden Kontrollzwang, der jeweils kurzzeitig die Angstreaktion reduzierte. Schließlich gibt der Klient diffuse Schmerzen in der Wirbelsäule, Kopf- und Magenschmerzen sowie Herzrhythmusstörungen an. Aufgrund der erlebten Intensität dieser multiplen Beschwerden befindet sich Herr S. im Krankenstand.

Die derzeitige Behandlung besteht aus der Konsultation eines Facharztes für Orthopädie und fallweise eines Facharztes für Psychiatrie/Neurologie, der ihm die Medikation Lexotanil[2] verschreibt. Eine Psychotherapie wird nicht durchgeführt.

Herr S. verfügt über einen nur kleinen Freundeskreis, bedingt durch das sich auch im Sozialbereich niederschlagende Vermeidungsverhalten. Allerdings ist Herr S. verheiratet; er berichtet von keinerlei privaten Turbolenzen.

3. Exploration und Beobachtung

Auf seine Befindlichkeit genauer angesprochen gibt Herr S. an, daß er sich in seinem Beruf erschöpft fühle und keinerlei Kraft für seine Aufgabe als Sozialpädagoge verspüre.

Die Aussagen des Klienten zeigen den eindeutigen Entschluß, seine Arbeit nicht wieder aufnehmen zu wollen und den vorzeitigen Ruhestand anzustreben. Die Möglichkeit nach allfälligen anderen Einsatzbereichen (durch Umschulung) wird vom Klienten als nicht vorstellbar erachtet.

Der Untersucher gewinnt den Eindruck, daß bisher nicht alle therapeutischen Möglichkeiten ausgeschöpft wurden und die geäußerten Beschwerden simuliert bzw. aggraviert[3] werden. Der Verdacht der Aggravation wird vor allem dadurch getragen, daß die bisher am Arbeitsplatz erbrachten Leistungen (und die damit erzielten guten Dienstbeschreibungen) bis zuletzt bestanden, dem Gutachter gegenüber aber zum Untersuchungszeitpunkt generelle Überlastung vermittelt werden; auffallend ist, daß die Beschwerden, anamnestisch gesehen, seit zehn Jahren bestehen - wenngleich sie auch in letzter Zeit anscheinend an Intensität zunahmen.

---

[1] entspricht in Österreich dem Abitur
[2] Tranquilizer
[3] übertrieben dargestellt

An seinem (Gesprächs-) Verhalten ist bei Herrn S. ein zusammenhängender und zielgerichteter Gedankenduktus zu beobachten. Die Affektivität ist nicht eingeengt (gute emotionale Resonanz), aber eine leichte Verlangsamung der Motorik ist feststellbar. Während der Vorgabe der Testverfahren wirkt Herr S. leidend und vermittelt den Eindruck, selbst einfachsten Anforderungen nicht gewachsen zu sein.

4. Testpsychologische Untersuchung

Folgende Testverfahren wurden mit Hilfe des *Wiener Testsystems (Dr.G.Schuhfried GmbH)* am Computer vorgegeben:

- SPM *(Standard Progressive Matrices)*, zur Abschätzung der allgemeinen Intelligenz
- *Cognitrone*, zur Prüfung der konzentrativen Auffassungsgabe
- *Signal Detection*, zur Prüfung der fokussierenden Aufmerksamkeit
- ALS *(Arbeitsleistungsserie)* [4], zur Prüfung der kognitiven Anstrengungsbereitschaft
- *Wiener Determinationsgerät* [5], zur Prüfung der Daueraufmerksamkeit unter Streß
- FPI-R *(Freiburger Persönlichkeitsinventar - Revision)*, zur Messung allgemeiner Persönlichkeitsfaktoren
- AVEM (*Arbeitsbezogenes Verhaltens- und Erlebensmuster;* Schaarschmidt & Fischer, 1996)[6], zur Messung von Einstellungen gegenüber der Arbeitssituation

---

[4] *Cognitrone, Signal Detection* und ALS sind mittlerweile Standardverfahren zur Erfassung von - im weitesten Sinn -: Aufmerksamkeit und/bzw. Konzentration, innerhalb des *Wiener Testsystems*, und zwar jeweils ohne Autor, (seit) 1986. Beim *Cognitrone* muß die Tp erkennen, ob bzw. welche von vier geometrischen Figuren einer weiteren, fünften Figur entspricht; bei *Signal Detection* hat die Tp unter den laufend variierenden Punkten am Bildschirm die gelegentlich auftauchende Punktkonfiguration „Quadrat" zu entdecken; bei der ALS muß die Tp innerhalb von 20 Minuten soviele einstellige Zahlenpaare addieren wie möglich. (Abgesehen von den Manualen, die dazu publiziert wurden, s. z.B. auch die jeweilige Kurzcharakteristik bei Kubinger, 1996).

[5] Das *Wiener Determinationsgerät* (ebenfalls: ohne Autor, 1986) verlangt von der Tp, auf fortlaufend gebotene Lichtreize und Töne differenziert zu reagieren. Die *split-half*-Reliabilität der verschiedenen Testkennwerte (rechtzeitige, verspätete, falsche, ausgelassenen Reaktionen) beträgt .82 - .98. Zahlreiche Validierungsstudien belegen signifikante Unterschiede zwischen Personen mit und ohne Alkohol- sowie Drogeneinwirkung, zwischen Personen mit und ohne „Psychosyndrom" sowie Altersabbau und zwischen verkehrsauffälligen und -unauffälligen Kraftfahrern. Die Normen beruhen auf verschiedenen, teilweise recht großen Anfallsstichproben.

[6] Der mehrdimensionale Persönlichkeitsfragebogen AVEM versucht, mittels seiner 11 faktorenanalytisch gewonnenen Skalen (*Subjektive Bedeutsamkeit der Arbeit, Beruflicher Ehrgeiz, Verausgabungsbereitschaft, Perfektionsstreben, Distanzierungsfähigkeit, Resignationstendenz (bei Mißerfolg), Offensive Problembewältigung, Innere Ruhe/ Ausgeglichenheit, Erfolgserleben im Beruf, Lebenszufriedenheit, Erleben sozialer Unterstützung*) Aussagen über gesundheitsförderliche bzw. -gefährdende Verhaltens- und Erlebensmuster zu entdecken. Insbesondere erlaubt es eine Typisierung in 4 Typen: Gesundheitsförderliches Verhalten; Schonungsorientiertes Verhalten; Gesundheitsgefährdendes Verhalten i.S. des „Typ-A-Verhaltens"; Gesundheitsgefährdendes Verhalten i.S. des *„Burnout*-Syndroms". Die Reliabilitäten (*Cron-*

Diese Testbatterie beinhaltet sowohl Leistungs- als auch Persönlichkeitsfaktoren, die zur Beantwortung der Fragestellung relevant sind: Insbesondere stellt sich die Frage nach den vorhandenen Leistungsressourcen des Klienten und nach dessen Arbeitsmotivation.

5. Testergebnisse

Bei den SPM erzielte Herr S. einen Testwert, dem eine durchschnittliche hohe (allgemeine) Intelligenz entspricht (IQ = 98) - der Vergleich zu Patienten mit einem organischen Psychosyndrom[7] ergibt einen überdurchschnittlichen Wert (IQ = 116).

Die Prüfung der konzentrativen Auffassungsgabe mittels *Cognitrone* zeigte hinsichtlich der Arbeitsqualität eine gute, im Streubereich der Norm liegende Leistung (T = 50); die Arbeitsquantität und somit die Tempoleistung ist jedoch reduziert (Testdauer: 16 Minuten und 32 Sekunden für 200 Reize). Auffallend ist, daß Herr S. immer wieder diesen Test abbrechen möchte.

Die Prüfung der fokussierenden Aufmerksamkeit (-spanne) im Bereich der *Signal Detection* ergibt insgesamt ein grenzwertiges Ergebnis (Anzahl termingerechter plus verspäteter, richtiger Reaktionen: T = 44), die Dauer bis zum Entdecken des Signals ist (folglich) ebenfalls grenzwertig (T = 43); die Analyse des Leistungsverlaufes zeigt schließlich ein Absinken der Aufmerksamkeit im letzten Arbeitsdrittel.

Laut ALS fällt auch die kognitive Anstrengungsbereitschaft (bei einfachen Rechenaufgaben) im Laufe der Zeit - mit insgesamt zwar normgemäßer Anzahl bearbeiteter Aufgaben (T = 53) vor; die hohe Anzahl korrigierter Werte (T = 65) weist auf eine starke Selbstkontrolle i.S. einer Fehlerüberwachung hin.

Am *Wiener Determinationsgerät*, das hier in drei Phasen eingesetzt wurde - zunächst in einer „langsamen", d.h. bei freier Bearbeitungszeit, dann in einer „Belastungsphase", d.i. unter Zeitdruck, und schließlich wieder bei freier Bearbeitungszeit, in der „Entlastungsphase" - reagierte Herr S. zunächst mit Verständnisschwierigkeiten und leidend-klagendem Verhalten; danach erzielte er jedoch in beiden Phasen mit freier Bearbeitungszeit normgemäße Werte (vgl. Tab. 1). In der „Belastungsphase", also unter Zeitdruck, erhöhte sich die Anzahl verspäteter, ausgelassener und falscher Reaktionen. Insgesamt wirkte Herr S. deutlich überfordert.

Das FPI-R ist nur bedingt interpretierbar, da die Offenheit des Klienten bei der Beantwortung gemäß Skala *Offenheit* (Stanine-Wert 2) gering ist. Die Skalen *Körperliche Beschwerden* (9), *Beanspruchung* (9) sowie *Gesundheitssorgen* (9) werden ex-

---

bach-α) liegen für die einzelnen Skalen um .80. Die Gültigkeit von AVEM ist laut Autoren u.a. als Übereinstimmungsvalidität mit einschlägigen Verfahren gegeben. Die Normierung beruht auf über 2.000 Personen. - Siehe zum AVEM auch den Beitrag von *Schaarschmidt & Fischer* in diesem Buch.

[7] bei einer Hirnschädigung unterschiedlicher Genese auftretendes Syndrom, das durch Störungen des Antriebs, des Affekts und bestimmter Einzelleistungen, wie Merkfähigkeit und Konzentration, gekennzeichnet ist

trem, und zwar in Richtung Belastung beantwortet. Die *Emotionalität* (7) wäre laut Angaben labil, bei erhöhter affektiver Ansprechbarkeit (*Erregbarkeit* sowie *Aggressivität*: Stanine-Wert 8) und gleichzeitig verminderter *Gehemmtheit* (2). Die *Lebenszufriedenheit* (3) wird als niedrig berichtet.

Tabelle 1: Die Ergebnisse am *Wiener Determinationsgerät.*

Phase	Reaktionen	*T*-Wert
„Langsame" Phase	rechtzeitige	50
	verspätete	58
	falsche	47
	ausgelassene	43
„Belastungsphase"	rechtzeitige	40
	verspätete	39
	falsche	38
	ausgelassene	41
„Entlastungsphasen"	rechtzeitige	47
	verspätete	51
	falsche	49
	ausgelassene	52

Im AVEM zeigt sich eine Kombination aus höherer *Verausgabungsbereitschaft* im Beruf (*T* = 66) und *Perfektionsstreben* (*T* = 63), bei gleichzeitiger *Resignationstendenz* im Fall von Mißerfolgen (*T* = 61); vor allem besteht eine eingeschränkte *Distanzierungsfähigkeit* (*T* = 27) vom beruflichen Umfeld (dazu paßt: *Subjektive Bedeutsamkeit der Arbeit*, *T* = 52; *Beruflicher Ehrgeiz*, *T* = 63). Auffällig ist sein *Erfolgserleben im Beruf* (*T* = 27), *Lebenszufriedenheit* (*T* = 36) und *Erleben sozialer Unterstützung* (*T* = 34). Die Fähigkeit *Offensiver Problembewältigung* (*T* = 40) ist genauso eingeschränkt wie das Erleben *Innerer Ruhe/Ausgeglichenheit* (*T* = 43). Die nach diesen Ergebnissen zu prognostizierende Gruppenzugehörigkeit entspricht dem Risikotyp B (mit einer Wahrscheinlichkeit von .96), was einem „*Burnout*-Syndrom" - und wohl auch dem Erleben des Klienten - entspricht. Allerdings sind aufgrund der festgestellten mangelnden Offenheit bei der Beantwortung (vgl. oben) auch diese Ergebnisse mit Vorsicht zu interpretieren.

6. Interpretation und Interventionsvorschlag

Herr S. zeigt bei der psychologischen Untersuchung insgesamt ein heterogenes Leistungsprofil: Einer durchschnittlichen Intelligenz und ausreichenden Werten im Bereich der Arbeitsqualität steht ein verlangsamtes Arbeitstempo bzw. eine schnelle Ermüdbarkeit gegenüber; bei der Belastbarkeit infolge Zeitdruck sinkt ebenfalls die Arbeitsqualität. Jedenfalls bestehen jedenfalls ausreichende Leistungsreserven zur Bewältigung von Aufgaben bei mittlerem Zeitdruck.

Im Persönlichkeitsbereich ist eine gewisse emotionale Irritabilität und auch eine deutliche Hypochondrie feststellbar - letztere wird vor allem im Gespräch und bei der Beobachtung deutlich.

Es gründet sich der Verdacht auf Simulation bzw. Aggravation der Beschwerden nicht nur aufgrund der mangelnden Offenheit im Persönlichkeitfragebogen, sondern auch in Kenntnis der bisher erbrachten guten Arbeitsleistungen.

Als Intervention wurde die Aufnahme einer Psychotherapie empfohlen sowie das Erlernen der progressiven Relaxation[8]. Die ohnedies stattfindenden sporadischen Konsultationen beim Facharzt für Neurologie und Psychiatrie scheinen angebracht.

7. Gutachterliche Stellungnahme

Aufgrund des vorliegenden Untersuchungsergebnisses kann Herrn S. keine vollkommene Arbeitsunfähigkeit attestiert werden. Viele Leistungsbereiche sind ausreichend gut ausgeprägt, so daß eine weitere Dienstfähigkeit möglich erscheint - allerdings wäre aufgrund der beschriebenen Persönlichkeitsfaktoren von einer Tätigkeit als Sozialpädagoge abzuraten. Vor allem eine verantwortungsvolle Tätigkeit mit Kindern und Jugendlichen, die Herr S. über Jahre ausgeübt hat, ist von ihm wahrscheinlich nicht mehr effizient zu erfüllen. Unter begleitenden therapeutischen Maßnahmen ist aber ein Einsatz im administrativem Bereich sicherlich möglich. Ein weiterer Krankenstand ist aus psychologischer Sicht genauso wenig gerechtfertigt wie eine vorzeitige Ruhestandsversetzung. Eine zumindest teilweise Aggravation der Beschwerden ist anzunehmen, da

- die Offenheit bei Angaben zu Persönlichkeitseigenschaften gering ist,
- der zur Darstellung gebrachte Leidensdruck und der demonstrative Versuch, manche Arbeitsproben abzubrechen, mit den bisher zuletzt erhobenen Arbeitsleistungen nicht in Übereinstimmung steht ,
- eine sehr starke hypochondrische Fixierung auf die Beschwerden faßbar ist
- keine Arbeitsmotivation gegeben ist.

8. Katamnese

Herr S. trat nach Vorliegen des Gutachtens mit der *Conclusio* „Dienstantritt sofort möglich, Arbeiten mit mittlerem Zeitdruck können bewältigt werden" kurzzeitig den

---

[8] Methode der Muskelantspannung nach *Jacobsen*.

Dienst an, begab sich jedoch danach sofort wieder in den Krankenstand. Einer mehr-
maligen Aufforderung zum Dienstantritt mit der Möglichkeit einer Versetzung in einen administrativen Bereich bzw. unter Einräumung entlastender Arbeitsbedingungen
kam er nicht nach, so daß die Bezüge eingestellt wurden und Herr S. mit einem Dis-
ziplinarverfahren rechnen muß.

Literatur

Kubinger, K.D. (1996). *Einführung in die Psychologische Diagnostik.* Weinheim: PVU.
Schaarschmidt, U. & Fischer, A. W. (1996). *Arbeitsbezogenes Verhaltens- und Erlebensmuster (AVEM).*
Frankfurt/M.: Swets.

19.

Therapieindikation einer laufenden Paartherapie - Zwei Familien mit dem gemeinsamen Vater Ingo T., 49 Jahre

Klaus D. Kubinger

Wien

Am *Institut für Psychologie* der Universität Wien gibt es im Rahmen der Ausbildung im Prüfungsfach *Psychologische Diagnostik*, Studiengang Psychologie, eine Beratungsstelle für Klienten mit unterschiedlichen Problemen. Die entsprechende Fallbetreuung erfolgt entweder zur Demonstration durch den Ausbildungsleiter selbst oder durch die Studierenden in der Eigenschaft als Praktikant(in) unter dessen Anleitung. Es geht dabei um Klärung der Problemfragestellung, Anamneseerhebung, Exploration, Verhaltensbeobachtung, Testdurchführung, Befundung, psychologische Beratung und Intervention. Die Fragestellungen beziehen sich auf einschlägige psychosoziale Probleme (z.B. Re/Integration in die Arbeitswelt, Bildungsberatung, berufliche Streßbewältigung, soziale Integration inklusive Partnerschaft) - in letzter Zeit haben sich familiendiagnostische Fragestellungen als Schwerpunkt etabliert.

Zwei Familien mit dem gemeinsamen Vater Ingo T., 49 Jahre

1. Vorgeschichte

Frau Cornelia L., 40 Jahre, sucht Hilfe bei der (systemischen) Familientherapeutin in freier Praxis, Frau B; Anlaß ist das Stottern ihres 9jährigen Sohns David. Auf die Idee, sich an Frau B. bezüglich einer „Mutter-Kind-Therapie" zu wenden, brachte sie eine Kollegin. Nach der ersten Konsultation, bei der sie zwecks Vorbesprechung ohne David erscheint, entschließt sie sich, allein in Therapie zu gehen, „weil auch das allen helfen würde": Als angehende Psychotherapeutin wisse sie schließlich, daß der Grund für Davids Stottern „an ihr als Mutter!" läge. Insgesamt nimmt sie 6 Sitzungen in Anspruch. In der letzten dieser Sitzungen, in all denen es um ihre Familien- und Beziehungsgeschichte geht, meint sie auf Anfrage der Therapeutin, daß sich das Stottern von David verbessert habe. Nach der folgenden Pause von 3 Monaten meldet sie sich

wieder, und zwar mit der Vorstellung, eine Familientherapie gemeinsam mit dem Vater Davids, Herrn Ingo T., 49 Jahre, David selbst und einem weiteren Sohn von Herrn
T., dem 15jährigen Clemens, zu beginnen. Der Grund läge jetzt weniger im Stottern
Davids, als in den häufigen Streits der beiden Halbbrüder David und Clemens. Um
auch hier einiges vorzubesprechen, kommen Frau L. und Herr T. zu einer gemeinsamen Sitzung, zu einem „Elterngespräch", ohne die beiden Buben.

Schon bei der ersten Konsultation von Frau L. hat die Therapeutin erfahren, daß
David einer bis dahin zwei Jahre dauernden Beziehung seiner Eltern entstammt. Herr
T. war damals und ist heute noch verheiratet mit Frau T., 47 Jahre; außer Clemens haben Herr und Frau T. noch den gemeinsamen Sohn Arno, 22 Jahre. Die Beziehung zu
Frau L. dauerte bis David 1 ½ Jahre alt war, dann kehrte Herr T. in den ehelichen
Haushalt zurück, den er zwei Jahre nach Beginn der Beziehung zu Frau L. verlassen
hatte, um mit dieser eine Lebensgemeinschaft zu begründen - damals waren demnach
Arno und Clemens 13 und 6 Jahre alt. Nach dem Wegziehen von Herrn T. wuchs David zunächst ohne wesentlichen Kontakt zu ihm bei seiner Mutter als Alleinerzieherin
auf. Seitdem er alt genug ist, seit dem 4. bis 5. Lebensjahr, besucht David regelmäßig
(wochenendweise) seinen Vater, und zwar in dessen Wohnung und Familie. Gelegentlich gibt es auch jetzt noch gemeinsame Freizeitaktivitäten von Frau L., David, Herrn
T. und Clemens - Clemens war früher, vor Davids Existenz sowie nach dessen Geburt,
öfters mit Frau L. (und seinem Vater) zusammen. Die aktuelle Familiensituation ist in
einem „Genogramm" in Abbildung 1 veranschaulicht.

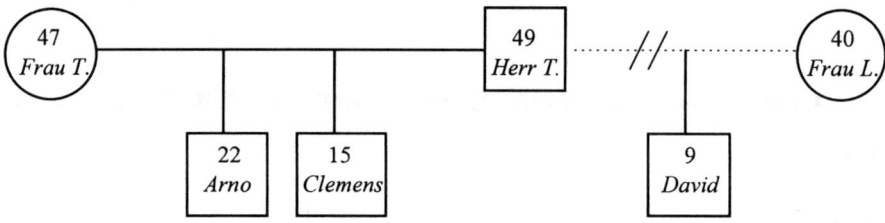

Abbildung 1: Das Genogramm der beiden Familien.

Der wirtschaftliche Hintergrund ist folgender: Herr T. arbeitet als Vertriebsleiter in einem Verlag, seine Frau ist Hausfrau; Frau L. war bis vor einem Jahr als Kindergärtnerin beschäftigt, seither ist sie selbständig und arbeitet als „Einzelpädagogin" mit lern-
und verhaltensauffälligen Kindern - sie steht vor dem Abschluß ihrer Psychotherapieausbildung. Arno studiert, Clemens besucht das Gymnasium.

In der gemeinsamen Sitzung mit Frau L. und Herrn T. erfährt die Therapeutin darüber hinaus erstens, daß Herr T. seit einiger Zeit eine Außenbeziehung unterhält, von
der allerdings lediglich Frau L. informiert ist; zweitens, daß Frau L. nunmehr, nachdem sie bisher darauf verzichtet hat, die ihr zustehenden Alimente von Herrn T. ein-

fordert, wogegen sich dieser mit dem Argument wehrt, sie hätte es finanziell nicht nötig! Die Therapeutin gewinnt den Eindruck, daß zwischen ihren beiden Klienten, Frau L. und Herrn T., unterschiedliche Motive für die Inanspruchnahme der Therapie (Beratung) bestehen: Bei Frau L. vermutet sie ein Beziehungsproblem zu Herrn T. derart, daß diese eine andere, größere Bedeutung den notwendigen Kontakten zwischen ihnen beimißt als er, nämlich unter Umständen (lebens-)partnerschaftliche Ambitionen hat; Herrn T., dagegen, gehe es lediglich um die Probleme von David (und Clemens).

Einerseits zur Beschleunigung des Prozesses, andererseits zur Objektivierung des Therapieziels, aber auch motiviert durch den Umstand, daß nicht das Gesamtsystem, die beiden Familien mit dem gemeinsamen Vater zusammen, zur Therapie kommen wollen, wendet sich die Therapeutin an uns mit der Bitte um psychologisch-diagnostische Begleitung und Unterstützung[1]. Ihre Fragen sind:

- Welche unterschiedliche Sichtweise ihrer Beziehung haben Herr T. und Frau L.?
- Welche Zukunftswünsche haben beide?
- Welche Rolle spielt in diesem Zusammenhang die Ehefrau, Frau T.?
- Wie erlebt Clemens die Beziehung: Vater zu Frau L., und: Vater zu Mutter?
- Wo und wie ist Clemens' „Platz"?
- Welche Phantasien hat David über die Beziehung seiner Eltern, über die (andere) Familie seines Vaters?
- Wo ist Davids „Platz"?

Die Bereitschaft der beiden hauptsächlich betroffenen Halbbrüder zu einer psychologisch-diagnostischen Untersuchung, und zwar nicht-leistungsmäßiger Art, wird von beiden Klienten unmittelbar eingeholt.

2. Planung der psychologischen Untersuchung

Mit Frau L. und David einerseits sowie mit Herrn T. und Clemens andererseits wird ein separater Untersuchungstermin am Institut für Psychologie vereinbart. Alle werden über die ungefähre Dauer und die Art der Untersuchung informiert. Die Unterstützung des Psychologen bei der Untersuchung durch eine „psychologisch-technische Assistentin" (Praktikantin[2]) wird ihnen mitgeteilt. Es wird jedem einzelnen auch zugesagt, die festgestellten Ergebnisse zunächst persönlich und allein in einem Gespräch vermit-

---

[1] Die Ausübung von Psychotherapie regelt in Österreich ein eigenes *Psychotherapiegesetz* (1991); dem dort geregelten Curriculum entsprechend ist sie nicht auf Mediziner und Psychologen beschränkt, so daß psychologisch-diagnostische Untersuchungen sehr oft anderen Orts erfolgen (müssen). Umgekehrt qualifiziert die (ebenfalls durch ein eigenes Gesetz, das *Psychologengesetz*, geregelte) postgraduelle Ausbildung zum *Klinischen Psychologen* diesen *nicht* automatisch auch zum Psychotherapeuten.

[2] Das war Frau *Michaela Mühl*, der ich dafür an dieser Stelle herzlich danke.

telt zu bekommen; danach könne man auch ausgewählte Ergebnisse bzw. ausgewählte Inhalte der dabei erfolgten Beratung in einem gemeinsamen Gespräch mit allen Beteiligten, inklusive der Therapeutin, besprechen. Eine gemeinsame Sitzung mit der Therapeutin war aber nicht verbindlich vorgesehen. Vereinbart wurde jedoch, daß die Fortsetzung der Therapie bei der Therapeutin, Frau B., erst nach dem psychologisch-diagnostischen Abschlußgespräch stattfinden wird!

An diagnostischen Verfahren wurden vorgesehen:

- die *Familienbögen* (Cierpka & Frevert, 1994)[3], und zwar vor allem die „Zweierbeziehungs"-Fragebogen zur wechselseitigen Beurteilung zwischen Vater bzw. Mutter einerseits und jedem eigenen Kind andererseits sowie zwischen den Brüdern, aber auch der „Allgemeine"-Familienbogen zumindest seitens Frau L., Herrn T. und Clemens - Herr T. am besten in bezug auf beide Familien
- der *Familien-System-Test* (*FAST;* Gehring, 1993)[4] für alle untersuchten Personen, und zwar in bezug auf die Repräsentation der „typischen" Beziehungsstruktur
- das Projektive (Zeichen-)Verfahren *Familie in Tieren* (Brem-Gräser, 1992)[5], allerdings nur bei den beiden Brüdern

---

[3] Die *Familienbögen* beruhen auf sieben für die „Familiendynamik" als relevant erachtete Dimensionen: *Aufgabenerfüllung, Rollenverhalten, Kommunikation, Emotionalität, Affektive Beziehungsaufnahme, Kontrolle* sowie *Werte und Normen.* Darauf beziehen sich drei Aspekte der Betrachtung, d.h. drei Stellungnahmen seitens der Tp zu je 28 Statements: Ein erster Aspekt bezieht sich auf das Familiensystem als Ganzes, ein zweiter auf alle Zweierbeziehungen und ein dritter auf die eigene Funktion innerhalb der Familie. Die Stellungnahme erfolgt dabei vierkategoriell abgestuft. Insbesondere wenn die *Familienbögen* von mehreren Familienmitgliedern bearbeitet werden, sollten - laut Autoren - diese verschiedenen Perspektiven zur Aufklärung einer komplexen Familiendynamik beitragen. Zusätzlich beinhalten die *Familienbögen* zwei Kontrollskalen: *Soziale Erwünschtheit* und *Abwehr,* mit je 6 Items. Die innere Konsistenz der sieben Beziehungsskalen liegt bei nur je 4(!) Items erwartungsgemäß niedrig zwischen .45 und .75 *(Cronbach-α)*; vereinzelte Validierungsstudien offenbaren in den *Familienbögen* größere „Familienschwierigkeiten" bei Familien mit objektivierbaren Problemen. Die Normierung bezieht sich auf $N = 218$ Familien - niedrige Prozentränge (PR) sind als „Stärken", hohe als „Probleme" zu interpretieren.

[4] Dieses Verfahren entstammt explizit der *Systemischen Familientherapie.* Vom Autor als eine „Figurentechnik" bezeichnet, ist es dem dortigen „Skulptur"-Stellen angelehnt. Und zwar erhält die Tp den instruktionsmäßig genau festgelegten Auftrag, die vorhandenen Figuren und Klötzchen auf dem gegebenen (mit einem 9x9-Raster versehenen) Brett als Vertreter der einzelnen Familienmitglieder so zu plazieren, daß deren Beziehungen untereinander repräsentiert werden. Neben der offensichtlich erfaßten *Kohäsion* soll auch noch die *Hierarchie* der Familienmitglieder als zweite (Beziehungs-) Dimension eruiert werden; letztere ist seitens der Tp durch ein Unterlegen der Figuren mit den verschieden hohen Klötzchen auszudrücken. Das Verfahren sieht die „typische", die „Ideal-" und eine „Konflikt-" Repräsentation vor und ist sowohl für eine Einzel- als auch für eine Gruppenvorgabe gedacht. Die Stabilität (über eine Woche) genügt ab dem Jugendlichenalter hohen Ansprüchen; die Validität (gemessen als Übereinstimmungsvalidität in bezug auf einschlägige Fragebogen) ist eher mäßig. Indem für den FAST gar nicht der Anspruch eines „normativen" Verfahrens erhoben wird, gibt es für ihn auch keine Normierung, d.h. die jeweils dreistufte Kategorisierung hinsichtlich *Kohäsion* und *Hierarchie* ist nur „erfahrungsgeleitet".

[5] Dieses Verfahren erhebt den Anspruch, die Familiensituation eines Kindes zu erhellen, d.h. in der Familienberatung eine fundierte Diagnose, und daraus einen familienspezifischen „Heilungsplan" zu ermögli-

- die *Paardiagnostik mit dem Gießen-Test* (Brähler & Brähler, 1993)[6], und zwar für Herrn T. in bezug auf beide Frauen
- ein unpublizierter Statistikbogen über die eigene Geschwisterposition und die der bisherigen Lebenspartner

3. Einführungsgespräch und Testung

3.1. Informationen aus Gespräch und Beobachtung

Frau L. und David kamen am 30.9.1996 ans Institut; mit Herrn T. und Clemens wurde der 7.10. vereinbart.

Während des Gesprächs und der Testung ergaben sich zusätzliche Informationen.

Zunächst gehen alle Beteiligten davon aus, daß der Psychologe über die wesentlichen Hintergründe Bescheid wisse, also vollständig von der Therapeutin, Frau B., über die Sachlage informiert ist: Das Thema „Stottern" und das Thema „Streiten" wird seitens der Klienten nicht angesprochen, daher auch nicht seitens des Psychologen. Die psychologisch-diagnostische Untersuchung mache man, weil die Therapeutin dies für

---

chen: Das Kind wird aufgefordert, seine eigene Familie einschließlich sich selbst als Tiere zu zeichnen, die Reihenfolge der Tierzeichnungen zu notieren und unter jedes Tier zu schreiben, wen es darstellen und um welches Tier es sich handeln soll. Mehr noch als beim FAST handelt es sich bei der *Familie in Tieren* um keinen Test im strengen Sinn des Wortes, sondern (nur) um ein in bezug auf interessierende Bedingungszusammenhänge hypothesengenerierendes, die Exploration unterstützendes Verfahren.

[6] Dieses Verfahren geht unmittelbar aus dem weit verbreiteten *Gießen-Test* hervor; da dieser die Möglichkeit vorsieht, Selbst- und Fremdbeurteilung einer Tp gegenüberzustellen, wurde er auch schon immer zur Paardiagnostik, d.h. zur Gegenüberstellung von Selbst- und Fremdbeurteilung zwischen Mann und Frau eingesetzt. Allerdings gibt es erst durch das Buch von Brähler & Brähler (1993) ein „Handbuch", das die Erfahrungen des *Gießen-Tests* in der Paardiagnostik systematisch zusammenstellt und die diesbezügliche Spezifität dieses Persönlichkeitsfragebogens aufklärt: So sind zur *Paardiagnostik mit dem Gießen-Test* nur die ersten fünf Skalen des Originals relevant, und diese sogar in leicht modifizierter (faktorenanalytisch fundierter) Form. Dementsprechend gibt es ein eigenes Profilblatt. Aus den Daten zahlreicher klinischer Stichproben konnten die Autoren, im wesentlichen mittels Clusteranalyse, 16 Paartypen identifizieren, die weniger der gewählten Bezeichnungen wegen (z.B. „Anale Beziehungsmodi") interessieren als vielmehr wegen ihrer Existenz allein: Es gibt also zwischen Partnern typische Konstellationen von selbst- und fremderlebten „Persönlichkeiten". Sind diese Typen auch seit einiger Zeit für eine Interpretation grundsätzlich verfügbar, so ist doch erst seit der Arbeit von Kubinger, Wagner & Alexandrowicz (in Vorb.) die rechentechnische Möglichkeit gegeben, für das jeweils getestete Paar die Ähnlichkeit zu den 16 Paartypen zu quantifizieren, d.h. den bestpassenden Paartyp zu identifizieren. Die Neu- bzw. Rekonstruktion der fünf Skalen beruht u.a. auf einer Stichprobe von $n = 197$ repräsentativ erhobenen Ehepaaren; die Normierung (1989) beruht auf $N = 1546$ Personen und die Gruppierung in die 16 Paartypen auf $N = 2953$ Paaren aus diversen klinischen Stichproben bzw. aus der genannten Repräsentativgruppe. Validität haben diese Paartypen insofern, als innerhalb der einzelnen Paartypen bestimmte Patientengruppen über- bzw. unterrepräsentiert sind. Die innere Konsistenz *(Cronbach-α)* der einzelnen Skalen liegt allerdings zwischen (nur) .47 (Fremdbeurteilung) und höchstens .70 (Selbstbeurteilung).

nützlich halte bzw. der Vater/die Mutter dies wünsche. Skepsis der Untersuchung gegenüber taucht in keiner Weise auf.

David zeigt sich in der Testung und im Gespräch (ohne seiner Mutter) gut kommunikativ, interessiert und bemüht. Die für sein Alter schwierig formulierten Fragen der *Familienbögen* beantwortet er nach dem Vorlesen durch den Psychologen, wobei er immer wieder Illustrationen des Gemeinten braucht; seine Antworten wirken überlegt und werden seinerseits gelegentlich illustriert. Ein Stottern fällt nicht auf, allerdings spricht er nicht in sehr langen Sätzen. Nur in den Pausen zwischen den einzelnen „Zweierbeziehungs"-Fragebogen, die zum Erkunden bestimmter Sachverhalte, wie Freizeitverhalten und Schule genutzt werden, stottert er: Als er über die aktuelle Ersatzlehrerin spricht, die ihn im Gegensatz zur „richtigen" Lehrerin nicht wolle, und wenn es um Clemens geht. Ansonsten erzählt er ohne wesentliche Sprechprobleme davon, daß er Martha (Frau T.) sehr nett finde, auch Arno; daß er jedes Wochenende zu seinem Vater *müsse*, seine „Mammi" bestehe darauf, er fände es aber „dort" sehr langweilig, habe dort keine Spielsachen, keine Freunde und könne nur fernsehen. Aber „natürlich" sage er das nicht seinem „Papa", weil dies ihn kränken würde. Lieb habe er ihn schon, aber er würde lieber die Wochenenden mit seiner „Mammi" oder eben zu Hause verbringen. Die Schule mache ihm Spaß; es gäbe nichts in der Schule, das er nicht mag.

Bei Frau L. fällt ein leichter Sigmatismus[7] auf.

Zum genauen Sachverhalt angesprochen resümiert sie: „An Clemens und David manifestiert sich alles, was nicht stimmt, sie sind die Symptomträger"; Clemens habe eine „enorme Wut" auf sie, weil sie ihm den Vater damals weggenommen hat, und diese Wut lasse er jetzt an David aus.

Nach der Testung meint sie unvermittelt, daß bei allen diesen Untersuchungen immer „die Frau" (Frau T.) draußen bleibt; sie müsse man doch auch befragen und mit einbeziehen. Dies durchaus bestätigend, wird Frau L. seitens des Psychologen ermutigt, diesen Vorschlag Herrn T. zu unterbreiten; sein Termin mit Clemens stehe noch aus, so daß Frau T. gern mitkommen könne. Frau L. findet sich unterstützt und betont, sie mache selbst eine Psychotherapieausbildung und sage „das schon immer".

Ohne weitere Ankündigung erscheint dann Frau T. tatsächlich gemeinsam mit ihrem Ehemann und Clemens. Auch sie wirkt kooperativ, betont aber, niemals mit „Cornelia" (Frau L.) zusammentreffen zu wollen; im übrigen, meint sie, würde auch Clemens nicht so gerne zu einem gemeinsamen Abschlußgespräch oder gar zu einer gemeinsamen Therapiesitzung kommen wollen. Ihr Auftreten wirkt, auch ihrem Mann gegenüber, sehr bestimmend.

Auch bei Clemens, der altersgemäß kindlich wirkt, fällt ein leichter Sigmatismus auf.

Herr T. hat ein „geschäftsmäßiges", einerseits höfliches, andererseits kritisches Auftreten; er macht den Eindruck, das „Notwendige" seriös, aber möglichst bald hinter

---

[7] fehlerhafte Aussprache der s-Laute

sich bringen zu wollen. Auf das Thema: Streit zwischen Clemens und David, angesprochen, meint er, Clemens könne eben, weil Arno jetzt wenig zu Hause ist, seine Aggressionen nur an David auslassen; Arno und Clemens hätten früher auch sehr viel miteinander gestritten bzw. habe Arno auch oft Clemens, als den Kleinen, geärgert - wenn Clemens einmal eine Freundin hat und viel weggeht, werde sich „das" mit David lösen.

3.2. Ergebnisse der Testung

Die Abbildungen 2 bis 6 zeigen die typischen Repräsentationen der Beziehungsstruktur im FAST aus der Sicht von David, Frau L., Clemens, Herrn T. und Frau T.

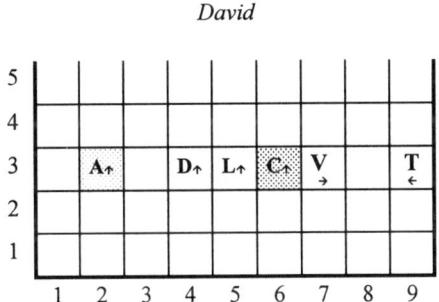

Abbildung 2: Typische Beziehungsstruktur nach David (V für Herrn T., T für Frau T., L für Frau L., A für Arno, C für Clemens, D für David). - Ein hellschattierter Hintergrund bedeutet eine Erhöhung der Figur um 1 Einheit, mittelschattiert um 2 Einheiten; die Pfeile geben die „Blickrichtung" an.

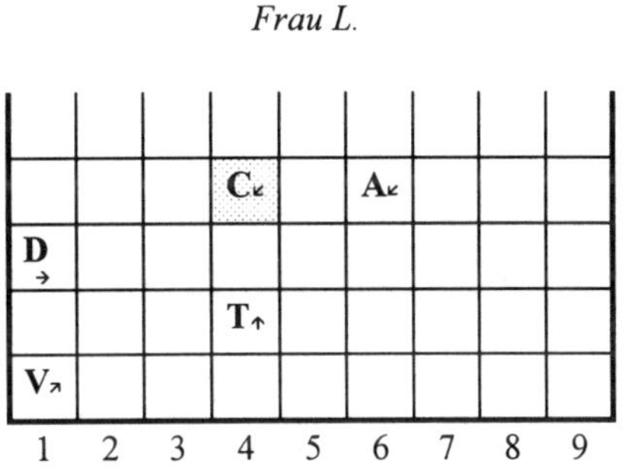

Abbildung 3: Typische Beziehungsstruktur nach Frau L., ohne sich selbst.

Die Berechnung der Kohäsion ergibt laut Verrechnungsvorschrift ein tiefes, d.h. ein geringes „Naheverhältnis" der Familie aus der Sicht von David sowie aus der Sicht seiner Mutter, Frau L.; und während es für seinen Vater, Herrn T., keinen Unterschied macht, ob die Familie mit oder ohne David betrachtet wird - in beiden Fällen ist die Kohäsion mittel -, reduziert sich die ursprünglich hohe Kohäsion der Familie durch die Berücksichtigung Davids sowohl aus der Sicht von Clemens als auch von dessen Mutter, Frau T., auf mittel. Die obligate Nachbefragung, sobald die typische Repräsentation aufgestellt ist (u.a.: „Was führte dazu, daß sich die Beziehungen so verändert haben, wie sie aktuell sind?"; „Was bedeutet die Blickrichtung der Figuren?"), ergab zusätzlich, daß Frau L. Herrn T. als stark auf Clemens konzentriert beschreibt, und

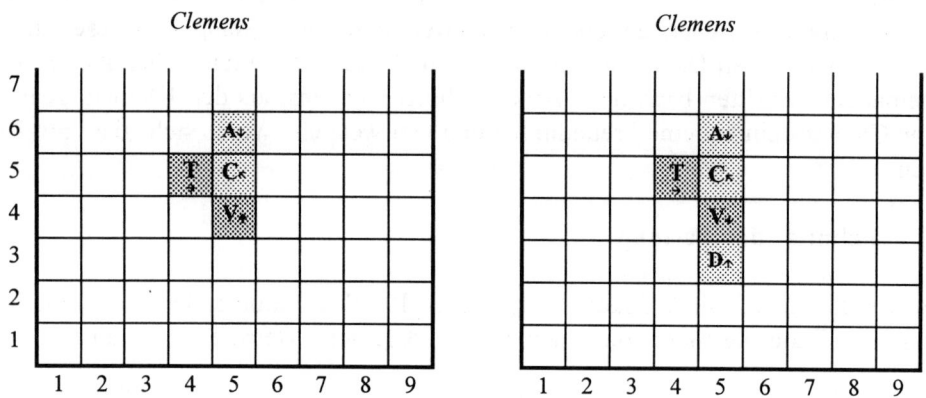

Abbildung 4a, b: Typische Beziehungsstruktur nach Clemens, einmal ohne, einmal mit David. - Ein dunkelschattierter Hintergrund bedeutet eine Erhöhung der Figur um 3 Einheiten.

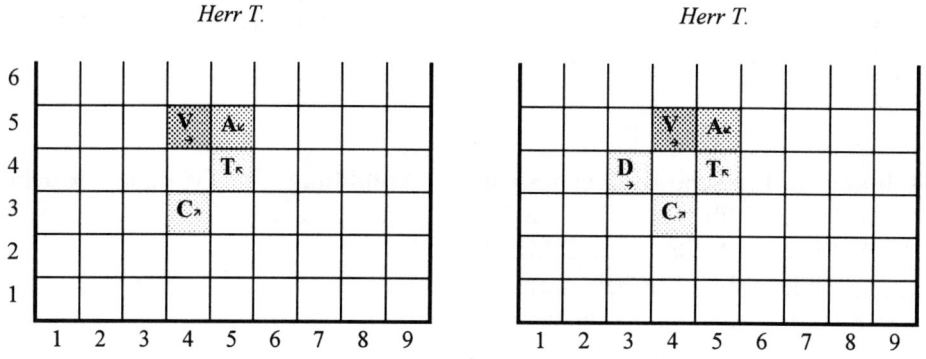

Abbildung 5a, b: Typische Beziehungsstruktur nach Herrn T., einmal ohne, einmal mit David.

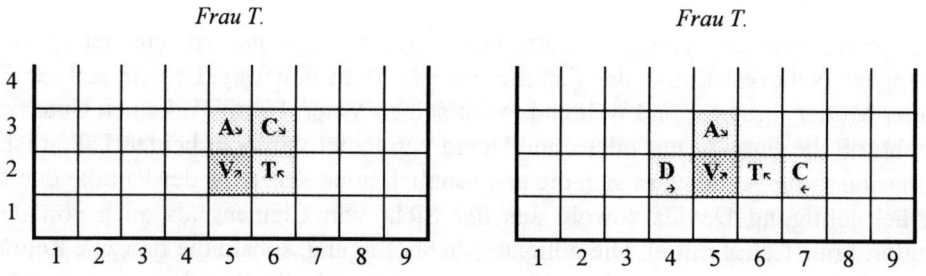

Abbildung 6a, b: Typische Beziehungsstruktur nach Frau T., einmal ohne, einmal mit David.

Tabelle 1: Ergebnisse in den *Familienbögen* (*T*-Werte; PR >75 schraffiert, <25 in Kästchen) - die Beurteiler in den Spalten, die (in ihrer Zweierbeziehung) *Berurteilten* in den Zeilen; die Einschätzung der Familie als Ganzes jeweils bei übereinstimmenden Namen.

		David	Frau L.	Clemens	Herr T.	Frau T.
David	Aufgabenerfüllung		62	77	58	70
	Rollenverhalten		51	81	51	55
	Kommunikation		52	59	69	79
	Emotionalität		37	45	58	94
	Affektive Beziehung		54	81	52	71
	Kontrolle		48	64	68	54
	Werte und Normen		58	67	63	63
Frau L.	Aufgabenerfüllung	48				
	Rollenverhalten	47				
	Kommunikation	61				
	Emotionalität	69				
	Affektive Beziehung	49				
	Kontrolle	39				
	Werte und Normen	66				
Clemens	Aufgabenerfüllung	57		68	68	70
	Rollenverhalten	55		62	56	55
	Kommunikation	63		52	64	63
	Emotionalität	57		43	52	54
	Affektive Beziehung	52		45	62	48
	Kontrolle	60		44	68	48
	Werte und Normen	67		37	53	63
Herr T.	Aufgabenerfüllung	53		60	75	
	Rollenverhalten	68		55	54	
	Kommunikation	55		51	60	
	Emotionalität	56		56	71	
	Affektive Beziehung	52		56	67	
	Kontrolle	54		58	62	
	Werte und Normen	61		52	37	
Frau T.	Aufgabenerfüllung			52		59
	Rollenverhalten			52		40
	Kommunikation			53		53
	Emotionalität			51		54
	Affektive Beziehung			40		54
	Kontrolle			44		40
	Werte und Normen			57		44
Arno	Aufgabenerfüllung			41	53	41
	Rollenverhalten			55	42	37
	Kommunikation			45	49	47
	Emotionalität			32	36	48
	Affektive Beziehung			32	42	48
	Kontrolle			48	50	43
	Werte und Normen			43	58	58

zwar wegen seiner Schuldgefühle, ihn „damals verlassen" zu haben; es drehe sich viel um Clemens, dieser habe Macht und Aufmerksamkeit, obwohl er das Gefühl habe, alles drehe sich zu wenig um ihn. Von Clemens kommt die Bemerkung, sein Vater kümmere sich zu viel um David; dann kritisiert er, David werde von dessen Mutter dazu angehalten, seine Aufgaben nicht zu erfüllen, und: „das Problem ist, daß ich als Nicht-Einzelkind erzogen wurde und am Wochenende muß ich mit einem Einzelkind zusammenleben".

Die Ergebnisse in den *Familienbögen* stellt die Tabelle 1 zusammen. Aus Gründen der Zumutbarkeit wurde doch auf die Vorgabe des allgemeinen Teils der *Familienbögen* (zur Erfassung der Familie als Ganzes) bei Frau L. sowie bei Herrn T. in bezug auf die Familie mit ihr, Frau L., verzichtet. Die im allgemeinen Teil mit erfaßten Skalen *Soziale Erwünschtheit* und *Abwehr* erbrachten für Herrn und Frau T. jeweils T-Werte unter 42, für Clemens in der Skala *Abwehr* den diesbezüglich höchsten T-Wert mit 47.

Beim Zeichnen der *Familie in Tieren* widmet sich David spontan der Familie seines Vaters mit Frau T. und Clemens, ohne daß er sich selbst darstellt (vgl. Abb.7) - auch Arno fehlt, „weil er so selten zu Hause ist". Ebenso spontan wendet er das Blatt mit dem Kommentar: „Und jetzt zeichne ich unsere Familie" - er als Löwe, Frau L. als Nilpferd, hintereinander aufgereiht mit Blick zum Betrachter. Auch Clemens zeichnet seine Familie ohne David - Arno/Pferd links oben, er selbst/Eichhörnchen rechts oben, beide mit Blick nach „vorne", Frau T./Löwin rechts unten, Herrn T./Löwe links unten, beide mit Blick in die entgegengesetzte Richtung ihrer Kinder. Wie bei

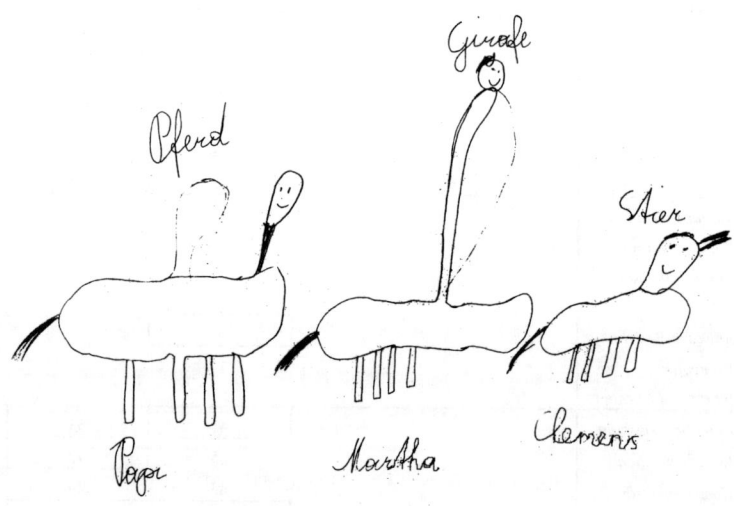

Abbildung 7: Die Zeichnung von David der *Familie in Tieren*, und zwar die Familie seines Vaters mit Frau T. und Clemens.

David fällt bei Clemens die altersmäßig besonders schwache Leistung im Zeichnen auf; bei David läßt jedoch das klare Schriftbild eine feinmotorische Schwäche ausschließen.

Der Profilverlauf gemäß *Paardiagnostik mit dem Gießen-Test* findet sich für Frau L. und Herrn T. in Abbildung 8, für Frau T. und Herrn T. in Abbildung 9. Die Bestimmung der Ähnlichkeit beider Paarprofile mit den 16 Paartypen ergibt für Frau L./Herr T. am ehesten Typ 9 sowie Typ 6 (*„Verdeckte Kampfbeziehung"* bzw. *„Verantwortung der Frau"*; durchschnittliche Abweichung vom Typ 16.7 bzw. 16.8 *T*-Werte), für das Ehepaar T. Typ 8 sowie Typ 3 (*„Traditionelle Rollenteilung"* bzw. *„Die sadomasochistische Paarbeziehung"*; durchschnittliche Abweichung vom Typ 14.4 bzw. 14.9 *T*-Werte).

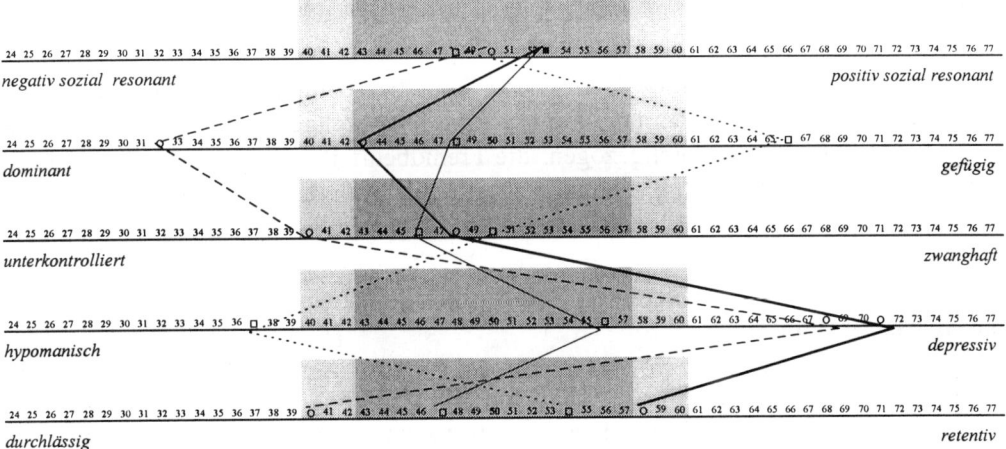

Abbildung 9: Profilverlauf der Selbst- und Fremdbeurteilung im *Gießen-Test* für Frau L. und Herrn T. - die Selbstbeurteilung von Frau L. dick durchgezogen, die Selbstbeurteilung von Herrn T. dünn durchgezogen; die Fremdbeurteilung von Herrn T. in bezug auf Frau L. lang gestrichelt, die Fremdbeurteilung von Frau L. in bezug auf Herrn T. kurz gestrichelt.

Bezüglich der eigenen Geschwisterposition sowie der der bisherigen Lebenspartner geben beide Frauen (Frau L. als jüngste von drei Schwestern, Frau T. als jüngere Schwester eines Bruders) Herrn T. als ersten und einzigen Lebenspartner an; dieser (ein Einzelkind) gibt seinerseits nur die beiden Frauen T. und L. an.

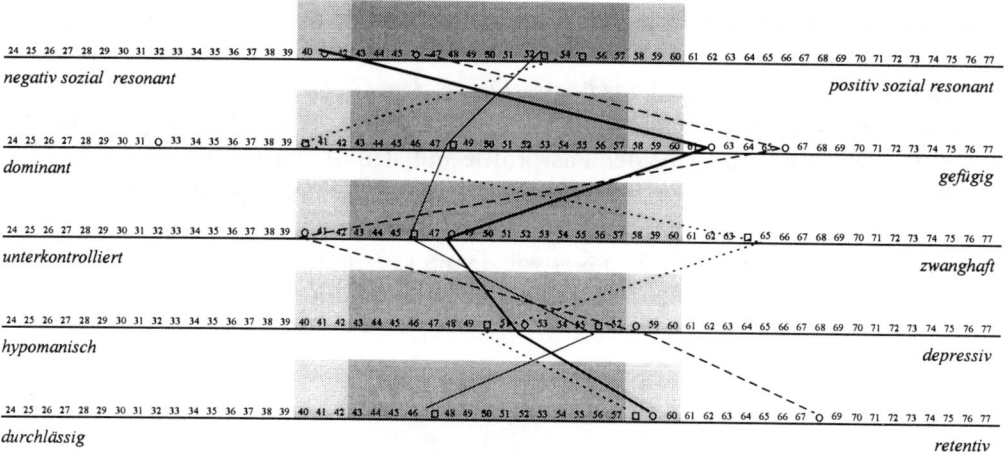

negativ sozial resonant   positiv sozial resonant

dominant   gefügig

unterkontrolliert   zwanghaft

hypomanisch   depressiv

durchlässig   retentiv

Abbildung 10: Profilverlauf der Selbst- und Fremdbeurteilung im *Gießen-Test* für das Ehepaar T. - die Selbstbeurteilung von Frau T. dick durchgezogen, die Selbstbeurteilung von Herrn T. dünn durchgezogen; die Fremdbeurteilung von Herrn T. in bezug auf Frau T. lang gestrichelt, die Fremdbeurteilung von Frau T. in bezug auf Herrn T. kurz gestrichelt.

3.3. Interpretation

Auftragsmäßig war in der psychologischen Untersuchung explizit nicht nach dem Problem des Stotterns von David gefragt; trotzdem steht es im Gesamtkontext im Raum. In der Verantwortlichkeit des Psychologen liegt es daher, der Frage einer möglichen anderen Verursachung des Stotterns als der durch das (familiäre) Umfeld - wie implizit, zumindest seitens Frau L. und seitens der Therapeutin angenommen wird - nachzugehen. Obwohl, zum gegebenen Zeitpunkt, anamnestisch (noch) nicht restlos abgeklärt, war die Sprachentwicklung als unauffällig zu werten: Das Stottern wurde erstmals entwicklungspsychologisch spät, vor etwa drei bis vier Jahren, also im Vorschulalter, bemerkt; und dem beobachteten Sprechverhalten zufolge kam es nicht, wie oft bei Stotterern, im Entwicklungsstadium eines ungefähr 4jährigen, in dem die sprachliche Elaboriertheit mit dem Mitteilungsdrang noch nicht Schritt hält, (infolge psychischer Belastung) zu einer Fixierung von Sprach-/Ausdrucksfehlern. David hat auch keinerlei Schwierigkeiten in der Schule; im Gegenteil, trotz zumeist kurzer Sätze vermag er sich manchmal sehr elaboriert auszudrücken. Nach Rücksprache mit einer Logopädin[8] scheint deshalb eine „organische" Abklärung mit entsprechenden Tests im Sinne einer Abklärung bei einem Schädel-Hirn-Trauma bzw. bei einer Anfallssym-

---

[8] Das war Frau *Dagmar Formann-Bartik*, der ich für ihre Stellungnahme danke.

ptomatik gar nicht, und eine funktionelle Abklärung in Richtung Teilleistungsstörung bzw. Wahrnehmungsschwäche nicht zwingend notwendig - der Gewinn an Gewißheit ist im Vergleich zum zusätzlichen Konsultationsaufwand als weniger gewichtig anzusehen. Logopädie ist jedoch angezeigt!

Um Hypothesen über Bedingungszusammenhänge zwischen dem Stottern Davids bzw. dem Streiten Davids mit Clemens einerseits und dem familiären Umfeld andererseits zu generieren, dürfte der FAST das ergiebigste psychologisch-diagnostische Verfahren sein.

Die Beobachtungen im FAST deuten darauf hin, daß sich Clemens von David „bedroht" fühlt, und zwar in der Richtung, daß David - Clemens' Meinung nach - ihm, Clemens, den (Blick des) Vater(s) entzieht. David sieht das nicht so, indem er den (Blick des) Vater(s) nicht auf sich orientiert erlebt. Herr T. selbst stellt die Familie so, daß weder Clemens noch David derart nahe zu ihm sind wie Arno, jedenfalls ändert die Anwesenheit von David nichts an Herrn T.s Position zu Clemens; der Blick, mehr noch als der festgestellte Kohäsionsgrad, sprechen für eine Orientierung Herrn T.s zu Arno.

Frau T. offenbart mit ihren Repräsentationen einschneidende Veränderungen in der Beziehungsstruktur ihrer Familie durch die Anwesenheit Davids: Während ohne David die Positionen exakt denjenigen entsprechen, wie sie Clemens in der *Familie in Tieren* zeichnet(!), kommt es durch David zu einer im wesentlichen „linearen" Anordnung, aus der lediglich Arno herausfällt: Herr T. steht zwischen David und seiner Ehefrau, diese zwischen Herrn T. und Clemens; so gesehen, kommen David und Clemens nicht in Beziehung. - Immer jedoch drückt ihre Positionierung zu Herrn T. die (laut Handanweisung) engstmögliche Kohäsion aus. Und immer stellt sie sich hierarchisch auf eine Stufe mit den Kindern.

Ebenfalls „linear" angeordnet erlebt David seine gesamtfamiliäre Situation: Zwischen ihm und Clemens steht seine Mutter, Frau L., und erst hinter Clemens der Vater beider Buben; dieser mit Blick in Richtung Ehefrau, während die Blickrichtung aller anderen ins Leere geht. (Beim Abschlußgespräch stellt sich heraus, daß David die von ihm gestellte Position Arnos nicht erinnern kann.)

Frau L. stellt (unter Ausschluß von sich selbst) alle Familienteile als wenig kohäsiv dar.

Die wichtigste Beobachtung bei der *Familie in Tieren* ist die, daß beide Buben David nicht zur Familie (T.) zählen.

Die damit anklingenden Hypothesen zur Erklärung familienbelastenden Fehlverhaltens (Stottern; Streiten; u.a.?) können durch die Ergebnisse in den *Familienbögen* gestützt werden. - Daß die Fragebogen (auch der *Gießen*-Test) ehrlich beantwortet werden würden, schien vorweg gegeben: Alle untersuchten Personen bekundeten, an der Problemlösung mitarbeiten und die angebotene psychologische Hilfe infolgedessen annehmen zu wollen; genauer noch zeigen die beobachteten Ergebnisse in den Skalen *Soziale Erwünschtheit* und *Abwehr*, daß kaum mit Verfälschungen bei der Beantwortung zu rechnen ist.

Dementsprechend interpretiert zeigen sich in den *Familienbögen* folgende „Probleme": Erstens zwischen Clemens und David in bezug auf die *Aufgabenerfüllung* und die *affektive Beziehung*, aber nur aus der Sicht Clemens'; zweitens, zwischen Clemens und seinem Vater in bezug auf *Kontrolle*; drittens zwischen David und seinem Vater in bezug auf *Kommunikation* seitens Herrn T.s und in bezug auf *Rollenverhalten* seitens Davids; viertens zwischen Frau T. und David in bezug auf *Kommunikation, Emotionalität* und *affektive Beziehung* seitens Frau T.s. (David wurde diesbezüglich nicht befragt). Schließlich empfindet, fünftens, David in der Beziehung zu seiner Mutter Probleme bezüglich der *Emotionalität* („wenn ich mich über etwas aufrege, weiß sie gewöhnlich warum" - stimmt überhaupt nicht), während Frau L. gerade diesen Bereich unproblematisch findet. Unabhängig von diesen Detailergebnissen steckt die wesentliche Information der *Familienbögen* wohl in der Deutlichkeit, mit der Clemens und seine Eltern ihre Beziehungen zu David einerseits und zu Arno andererseits polarisieren; während in bezug auf David fast alle Dimensionen problematisch gesehen werden, zeigen sich in bezug auf Arno ziemlich viele „Stärken". Und diesbezüglich kommt auch Clemens selbst, aus der Sicht seiner Eltern, seinem Bruder David viel näher als seinem Bruder Arno.

In der *Paardiagnostik mit dem Gießen-Test* stellt sich heraus, daß Frau T. ihren Ehemann, Herrn T., viel eher genau so beschreibt, wie er sich selbst sieht, als Frau L. dies tut bzw. tun kann: Während er sich in allen erfaßten Persönlichkeitsbereichen als nahezu „durchschnittlich" gibt, findet ihn Frau L. äußerst *gefügig* (im Gespräch bestätigt sie das mit dem Begriff: „bequem") und eher als „übertrieben heiter". Umgekehrt beschreibt Herr T. sie, Frau L., als wesentlich *dominanter* als sie sich selbst beschreibt. Sieht man von der „Depressivität" ab - Frau L. offenbart eine extrem traurige *Grundstimmung*, die auch Herr T. erkennt -, dann zeigen Frau L. und Herr T. (jeder von sich selbst) ein recht ähnliches Persönlichkeitsprofil. Demgegenüber unterscheiden sich die Persönlichkeitsprofile von Herrn und Frau T. beachtlicher.

Den Paartyp betreffend, kommen Frau L. und Herr T. einerseits dem nahe, was, ziemlich unmittelbar interpretierbar, im Handbuch *Verdeckte Kampfbeziehung* heißt, andererseits dem, was wie folgt beschrieben wird: „Die Frauen sind sehr dominant und depressiv. Die Männer ordnen sich eher unter und neigen wenig zur Selbstreflexion. In dieser Paarstruktur scheint alle Aggression an die Frauen delegiert zu sein, die sie sowohl nach innen als auch nach außen wenden. Sie fühlen sich verantwortlich für die gemeinsame Lebenssituation und leiden darunter. Die Männer erscheinen aggressionslos-unkompliziert." (Brähler & Brähler, 1993; S.149). Demgegenüber ähnelt das Ehepaar T. dem Paartyp mit der *Traditionellen Rollenteilung* - welche die Partner einenge und das Beziehungsgleichgewicht störanfällig mache - bzw. einer typischen Paarbeziehung, die durch ein komplementäres Dominanzverhalten der Partner charakterisiert ist: „Die Rollenteilung ... beschreibt eine autoritäre Beziehungsstruktur, in der die Frauen sich masochistisch unterordnen" (S. 145).

Die Geschwisterposition läßt diese Ergebnisse der Paardiagnostik besser begreifen: Nach den „Verhaltens- und Einstellungsporträts" typischer Geschwisterpositionen von Toman (1974) hat Herr T., als ein Einzelkind, definitionsgemäß in jeder Paarbeziehung einen „Geschlechtskonflikt", weil aus der Ursprungsfamilie keine Erfahrung mit Personen des anderen Geschlechts derselben Generation. Der Geschlechtskonflikt besteht auch bei Frau L. als der jüngsten von drei Schwestern; darüber hinaus sollte sie durch ihre Geschwisterposition geübt sein, um alles Erstrebenswerte zu kämpfen. Umgekehrt hat Frau T. als eine jüngere Schwester eines Bruders vermutlich bereits in ihrer Ursprungsfamilie ein Rollenverhalten gelernt, welches sie in ihrer Partnerschaft anwendet.

4. Schlußfolgerung

Was das Therapieziel bzw. die von der Therapeutin, Frau B., gestellten Fragen betrifft, ist folgendes zu schließen:

Im Vordergrund steht eine von Herrn T. in ihrer Bedeutung wahrscheinlich nicht wahrgenommene Irritation von Frau T., Clemens sowie David selbst als Folge der „obligaten" Besuche Davids in der Familie T. Die Buben haben teilweise irreale Phantasien über ihre Beziehung zum Vater bzw. über die Beziehung des Vaters zu den anderen. Dem erhobenen Sachverhalt nach nimmt - vielleicht mit Ausnahme von Frau L. - niemand Einfluß bzw. kann auch niemand wirklich Einfluß nehmen, ob und wann David in die Familie T. kommt. Diese Ohnmacht und Unsicherheit mag einerseits phantastische Hoffnungen schüren (z.B. bei David: Rückgewinnung des Vaters als Mann für die Mutter - zumal in einer entsprechend anmutenden Konstellation gemeinsame Freizeitaktivitäten unternommen werden) oder phantastische Ängste provozieren (z.B. bei Clemens: eben den Verlust des Vaters an eine Familie mit Frau L.), andererseits mag diese Ohnmacht und Unsicherheit diejenigen Konflikte und Probleme begründen oder verstärken, die insbesondere zwischen David und den übrigen Personen der Familie T. in der Untersuchung sichtbar wurden.

Sowohl die Beratung der Betroffenen selbst als auch die danach zu erfolgende Empfehlung an die Therapeutin muß daher die Frage nach Regeln (Rechte/Pflichten) und Grenzen (Abgrenzungen) thematisieren. Es scheint angebracht, daß Herr T. seine Vorstellungen über die Rahmenbedingungen eines Kontakts mit David, insbesondere was seine Frau und Clemens betrifft, offenbar macht, um allen Beteiligten die Möglichkeit zu geben, ihre persönlichen Interessen einzubringen - in diesem Zusammenhang ist er darauf aufmerksam zu machen, daß der regelmäßige Besuch eines außerehelichen Kindes im ehelichen Haushalt im allgemeinen *nicht* selbstverständlich ist.

Diese Frage der Regeln und Grenzen wird wohl am besten mit Hilfe der Therapeutin im Sinne einer „Mediation" zwischen allen Beteiligten zu behandeln sein. Darüber hinaus verspricht eine Familientherapie Veränderungen, die manche der festgestellten belastenden Konflikte auflösen. Mit der zu gewinnenden Gewißheit und Klarheit über alle familiären Bedingungen *könnte* sich letztlich das Stottern Davids legen.

Eine Paartherapie, auch wenn sie eigentlich als Elternberatung läuft, scheint im Vergleich zur Therapie mit möglichst allen Betroffenen wenig erfolgversprechend.

5. Abschlußgespräche

Am 21.10. kamen zunächst Frau und Herr T. gemeinsam mit Clemens zu einem diagnostischen Abschlußgespräch, am 30.10. Frau L. und David - ein gemeinsames Gespräch scheiterte an der Zustimmung von Frau T. (die Zustimmung von Frau L. und Herrn T. wurde deshalb gar nicht versucht, einzuholen). Das Angebot, jeweils ein Einzelgespräch pro Person zu führen, nahm niemand in Anspruch.

Soweit es sie jeweils betrifft, wurden alle über die wesentlichen Ergebnisse samt Interpretation informiert. Herr T. wurde mit Nachdruck darauf aufmerksam gemacht, daß die Anwesenheit Davids an den Wochenenden für seine beiden Familienmitglieder, nämlich seine Ehefrau und Clemens, eine besondere Belastung zu bedeuten scheine. Für beide, ganz im Gegensatz zu ihm selbst, verändere das die Familiensituation beachtlich. Er wurde auch über das vermutete Gefühl Clemens' informiert, daß nämlich David ihm seinen Vater wegnehme, vielleicht mit allen Befürchtungen, daß dies nicht auf das jeweils gegenwärtige Wochenende beschränkt sei. Clemens selbst wurde erstens informiert, daß dem aus der Sicht des Vaters nicht so sei, indem dieser sich nämlich stets auf Arno zuwende, egal ob David anwesend ist oder nicht; und zweitens, daß David seinerseits keine besondere Zuwendung seines Vaters erlebe, sobald er sich in d(ies)er Familie aufhält - vielmehr fühle sich David dort gar nicht so wohl. Über ersteres schien Clemens überrascht und irritiert. - Frau T. bestätigte, daß ihre Familie durch die Anwesenheit Davids „durcheinander käme". Herr T. nahm dies relativ unbeeindruckt, aber Interesse bekundend zur Kenntnis.

Als erster Schritt einer Beratung wurde das Thema andiskutiert, inwieweit es überhaupt Regeln über die Anwesenheit Davids in der Familie T. gibt; geäußert wurde die Vermutung, daß keiner der Betroffenen, weder David noch Frau T. und Clemens Bescheid wüßten, wann David kommt und wie seine Rolle dann definiert ist: Als Besucher oder als Familienmitglied mit allen vergleichbaren Rechten und Pflichten. Herr und Frau T. bestätigten, daß dies nie angesprochen und festgelegt worden sei; „er ist einfach da" - so Frau T. Demzufolge wurde darauf hingewiesen, daß die fehlenden verbindlichen Vereinbarungen und Regeln bei allen Beteiligten große Unsicherheit bedeuten könnten: Was ist von David zu erwarten, was ihm zuzumuten, wie geht es mit seiner Existenz im Zusammenhang mit der Vaterschaft Herrn T.s weiter? Es wurde darauf aufmerksam gemacht, daß ohne Definition der Rolle Davids sowie ohne Festlegung seiner Besuchszeiten, beide Buben die Angst bzw. Hoffnung haben müssen, daß Herr T. sich für eine Familie mit David entscheidet. Jede verbindliche Regelung würde hier Klarheit schaffen, letztlich auch für Frau L. Unter Hinweis, daß zum Beispiel auch eine Regelung, die vorsehe, daß Herr T. abwechselnd jedes zweite Wochenende mit David, vielleicht allein, also herausgelöst aus der Familie T., verbringen könnte, die anderen Wochenenden dann definitiv der Familie T. und damit Clemens „gehören" würden, wurde klargemacht, daß genau solche Überlegungen innerhalb der vorgesehenen Therapie bei der Therapeutin, Frau B., angestellt und unter ihrer Anleitung gegeneinander abgewogen werden könnten. Clemens protestierte energisch gegen den Vorschlag, sein Vater möge jedes zweite Wochenende mit David verbringen, sehe er selbst doch seinen Vater nur am Wochenende, verstand aber nach Erklärung das zu vermitteln versuchte Prinzip, bei eindeutigen Regeln immerhin bestimmte Sicherheiten zu gewinnen. Er willigte daher sofort ein, in der nächsten Therapiesitzung, seine Rechte am Vater gegenüber David zu fordern. Frau T. bestätigte, daß eine/jede Regelung ihr tatsächlich helfen würde; zu einer gemeinsamen Therapiesitzung mit Frau L. war sie jedoch nicht zu bewegen, auch wenn sie damit ihre Interessen nicht so gut vertreten könne. Daß Clemens daran teilnehmen würde, fand sie jetzt gut.

Frau L. wurde am Beginn in Abwesenheit von David gefragt, inwieweit das Stottern für David selbst ein Problem sei und inwieweit dieses Thema im folgenden ansprechbar sei. Weil er sehr darunter leide, wäre es nur gut, auch hier darüber zu sprechen. Tatsächlich darauf angesprochen, meinte er, die Konsultationen hier am Institut nicht damit in Zusammenhang gebracht zu haben, sondern es ginge nur um sein Streiten mit Clemens; gegen das Stottern unternähmen sie, er und Frau L., jetzt etwas bei einem „besonderen Arzt". Beiden wurde sinngemäß dasselbe gesagt wie der Familie T., insbesondere wurden ihnen Clemens' zu vermutende Ängste berichtet. David wurde auch darüber informiert, Clemens wisse jetzt, daß sich David nicht besonders vom Vater beachtet fühlt oder besondere Zuwendung von ihm verspürt. Konkret wurde auch ihnen der Vorschlag unterbreitet, bei der Therapeutin Regeln über den Besuch Davids bei der Familie T. auszu-„handeln". David und Clemens könnten dort auch angeleitet werden, die gegenseitigen Erwartungen auszutauschen und aneinander anzupassen. Die professionelle Hilfe sollte es auch beiden Buben ermöglichen, ihre Ansprüche an den Vater zu artikulieren bzw. zu Gehör zu bringen. David nahm dies, nach Blickkontakt mit seiner Mutter, zustimmend auf. Frau L. wurde gesagt, daß selbstverständlich sie und Herr T. allein in der Lage sein müßten, verbindliche Regelungen zu treffen, der Psychologe vermute allerdings den Wunsch bei Frau L., eine Unterstützung dabei zu haben, die Herrn T. weitgehend akzeptiert. Frau L. wurde dann, während David nur mehr wenig interessiert zuhörte, über die Ergebnisse in der Paardiagnostik informiert. Es freue sie wenig, zu hören, daß sie dominanter eingeschätzt wird als sie sei; die festgestellte „Gefügigkeit" Herrn T.s veranlaßte sie, mit deutlich lauterer Stimme davon zu berichten, daß dieser „immer schon nur seine Bequemlichkeit sucht und ohnehin am Samstag sowie Sonntag vormittags arbeiten geht, egal ob David bei ihm zu Hause ist oder nicht". Die diagnostizierte, ihr gegenüber als tiefe „Traurigkeit" bezeichnete depressive Grundstimmung bestätigte sie, wobei ihr Tränen kamen. So wurde ihr die Alternative aufgezeigt, vielleicht doch weiter die Hilfe der Therapeutin, Frau B., (weiter) für sich persönlich in Einzeltherapie in Anspruch zu nehmen und die anstehenden Besuchsregelungen anders als in einer Therapiekonsultation zu klären. Dies lehnte sie jedoch trotz ihrer skeptischen Frage ab, ob es nicht besser wäre, wenn sie fürs erste nur mit Herrn T., also ohne den Buben, zur Therapeutin ginge. Als schließlich das Thema auf den „Ausdruck von Gefühlen" gebracht wird, um das diagnostizierte Problem Davids in seiner Beziehung zur Mutter in bezug auf die Emotionalität abzuklären, beteiligt sich David wieder am Gespräch und wirft seiner Mutter spontan vor, manchmal sehr schnell und für ihn nicht einsichtig die Stimmung ihm gegenüber zu wechseln. Diese reagiert darauf irritiert: „hat sich herausgestellt, daß ich eine zu dominante Mutter bin?". Frau L. wurde dahingehend beruhigt, daß die erhobenen Befunde überhaupt nicht gegen eine gefühlsmäßig positive, enge Beziehung zwischen ihr und David sprechen; beratend wurde ihr jedoch gesagt, daß sich ihre Interaktion mit David möglicherweise/gelegentlich durch einen unzulänglichen Ausdruck von Gefühlen und/oder einer unangemessenen Intensität geprägt ist bzw. es bei ihr zur Unterdrückung oder Übertreibung von Gefühlen kommt, was, wenn nicht schon allein durch die Bewußtmachung, ebenfalls therapeutisch veränderbar ist.

Am Ende beider Gespräche wurde für den Fall, daß tatsächlich eine gemeinsame Sitzung von Frau L., Herrn T., Clemens und David bei der Therapeutin, Frau B., vereinbart wird, angeboten, die wesentlichen Ergebnisse dort nochmals, diesmal aber allen gemeinsam, inklusive der Therapeutin, zu präsentieren, um den diesbezüglichen Informationsstand bei Therapiebeginn offenzulegen bzw. zu vereinheitlichen.

5. Vorgespräch zur Familientherapie

Dazu kam es nach telefonischer Rücksprache mit der Therapeutin, Frau B.; aus diesem Grund konnte ihr gegenüber die psychologisch-diagnostisch abzuleitende Therapieindikation in gebotener Kürze begründet werden. Bei dem Telefonat war zu erfahren, daß Frau L. sehr bald nach dem geschilderten Abschlußgespräch um einen Termin bat; außerdem, daß sie insbesondere deshalb sehr an einer Besuchsregelung interessiert sei, weil sie seit kurzem eine Beziehung eingegangen ist und dafür eine längerfristige Terminisierung der Besuche von David bei der Familie T. benötige.

Das betreffende Vorgespräch zur Familientherapie sowie die Familientherapie selbst fand am 14.11.1996 in den Praxisräumen der Therapeutin, Frau B., statt. Nachdem die Empfehlung zur Festlegung von Regeln und Grenzen im Umgang zwischen den Mitgliedern beider Familien wiederholt und mit den vermuteten Verunsicherungen zumindest einiger der Beteiligten begründet wurde, zog sich der Psychologe zurück.

6. Fallabschluß

Wie von der Therapeutin zu erfahren war, verlief die Sitzung in der Folge zunächst lösungsorientiert; als David seinem Vater endlich offenbarte, daß er ihn lieber nicht (mehr) besucht, schien Herrn T. die väterliche Gestaltungsverantwortlichkeit im Kontakt mit David zwar (erstmals ?) bewußt zu werden, entsprechende Initiativen sagte er jedoch definitiv nicht zu. Er ließ allerdings erkennen, daß er davon ausgeht, es würden noch mehrere Sitzungen dieser Art stattfinden. Die Buben relativierten beide ihr Interesse an Aktivitäten mit dem Vater; vielmehr gestanden sie sich Zug um Zug gegenseitig ein, bestimmte Dinge gerne gemeinsam machen zu wollen. Clemens freue sich oft auf David und fände es gut, wenn er sich darauf für jedes zweite Wochenende einstellen könne. In einer „Skulptur" (Aufstellung aller Personen in möglichen Beziehungsstrukturen) erlebte David, daß es seiner Mutter durchaus gut gehe, wenn er gerade in der Familie seines Vaters verweilt.

Die Therapeutin entschied, daß Frau L. und Herr T. unter Kenntnis der Vorstellungen der beiden Buben (sowie denen Frau T.s) an den Regeln wohl allein arbeiten könnten; und erst, wenn dies nicht gelingen würde, sie wieder sie kontaktieren sollten - frühestens jedoch in vier Wochen. Überrascht, aber sichtlich erleichtert, nahmen das alle zur Kenntnis.

Eine Woche später meldete sich Frau L. wieder bei der Therapeutin. David ginge es „sehr gut"; es fiele sogar in der Schule auf, daß er weniger stottert. Sie aber habe gemerkt, daß sie ziemliche Aggressionen gegen Herrn T. hege; sie möchte ihm einiges Grundsätzliche sagen, fürchte jedoch, es könne „etwas passieren", wenn niemand dabei ist, so daß sie bei der Therapeutin eine gemeinsame Sitzung wünsche, in die Herr T. auch bereits eingewilligt hätte.

In der Zwischenzeit fand tatsächlich eine solche Sitzung statt; weitere sind geplant. Thema ist, laut Auskunft der Therapeutin, Klärung und Beendigung der partnerschaftlichen Beziehung, um in einer „neuen", nur mehr elterlichen Beziehung gemeinsam verantwortlich für David sorgen zu können.

Wie schließlich zu erfahren war, denkt auch Frau T. an eine Familientherapie, und zwar für ihre gesamte Familie: Sie habe in letzter Zeit vor allem mit ihren beiden Söhnen Probleme.

Literatur

Brähler, E. & Brähler, C. (Hrsg.) (1993). *Paardiagnostik mit dem Gießen-Test*. Bern: Huber.
Brem-Gräser, L. (1992). *Familie in Tieren*. München: Reinhardt.
Cierpka, M. & Frevert, G. (1994). *Die Familienbögen*. Göttingen: Hogrefe.
Gehring, T.M. (1993). *Familien-System-Test (FAST)*. Weinheim: Beltz.
Kubinger, K.D., Wagner, M.M. & Alexandrowicz, R. (in Vorb.). Zur Interpretation der Paardiagnostik mit dem Gießen-Test: Ein Algorithmus samt Auswertungsprogramm für die Bestimmung des Typus.
Toman, W. (1974). *Familienkonstellationen*. München: Beck.

20.

Psychologische Abklärung und Beratung bei beruflichem Belastungserleben - Frau S., 49 Jahre

Uwe Schaarschmidt & Andreas W. Fischer

Potsdam

Im Rahmen einer am *Institut für Psychologie* der Universität Potsdam durchgeführten Studie zur Arbeitsbeanspruchung in Einrichtungen der öffentlichen Verwaltung Österreichs und der BRD wird den Betroffenen ein individuelles Auswertungsgespräch angeboten. In einigen Fällen ist dieses Gespräch Anlaß für eine tiefergehende psychologische Begutachtung und Beratung, was zumeist vor Ort geschieht.

Frau S., 49 Jahre

1. Fragestellung

Frau S., Abteilungsleiterin in einem kommunalen Verwaltungsbereich in Wien, bat um Abklärung ihrer als extrem empfundenen individuellen Belastungssituation und um Unterstützung bei deren Bewältigung. Sie faßte das Erleben ihrer Arbeitssituation mit folgenden Worten zusammen: „Diese Arbeit macht mich kaputt, aber ohne sie könnte ich nicht leben."

2. Psychologische Untersuchung

Aus der Studie lagen bereits Daten vor, die eine Einschätzung und Bewertung der im Funktionsbereich von Frau S. anfallenden Arbeitsanforderungen erlaubten. In der nun erfolgenden psychologischen Untersuchung kam es darauf an, die Belastungssymptome, über die Frau S. pauschal klagte, differenziert zu erfassen und genauen Aufschluß über die Persönlichkeitsstruktur sowie insbesondere über das persönliche Verhältnis gegenüber den Anforderungen und Bedingungen der Arbeitstätigkeit zu erhalten. Zu diesem Zweck wurden neben einem explorativen Gespräch die folgenden drei psychologisch-diagnostischen Verfahren eingesetzt: AVEM (*Arbeitsbezogenes Verhaltens- und Erlebensmuster;* Schaarschmidt & Fischer, 1996)[1], FPI-R *(Freiburger Persönlich-*

---

[1] AVEM ist ein mehrdimensionales Persönlichkeitsverfahren, das Aussagen über gesundheitsförderliche bzw. -gefährdende Verhaltens- und Erlebensmuster in bezug auf Arbeits- und Berufsanforderungen erlaubt. Es bietet sich im Rahmen arbeits- und gesundheitspsychologischer Fragestellungen für die Begründung und Ableitung präventiver Maßnahmen (nicht für Auswahl- und Lenkungsentscheidungen!) an.

Das Verfahren setzt sich aus 11 faktorenanalytisch gewonnenen Dimensionen (mit je 6 Items) zusammen, die jeweils unterschiedliche Aspekte des arbeitsbezogenen Verhaltens und Erlebens wiedergeben: *Subjektive Bedeutsamkeit der Arbeit, Beruflicher Ehrgeiz, Verausgabungsbereitschaft, Perfektionsstreben, Distanzierungsfähigkeit, Resignationstendenz (bei Mißerfolg), Offensive Problembewältigung, Innere Ruhe/ Ausgeglichenheit, Erfolgserleben im Beruf, Lebenszufriedenheit, Erleben sozialer Unterstützung.* In dem resultierenden Zueinander der Ausprägungen in den einzelnen Dimensionen drückt sich aus, wie der betreffende Mensch arbeitsbezogenen Anforderungen begegnet und seine eigenen Beanspruchungsverhältnisse mitgestaltet. Damit knüpft das Verfahren an solchen gesundheitspsychologischen Konzepten an, die die Art und Weise, wie sich Menschen beanspruchenden Situationen stellen, zum entscheidenden Kriterium psychischer Gesundheit machen.

Bei der Entwicklung des Verfahrens gelang es (über Cluster- und Diskriminanzanalysen), vier unterschiedliche Typen arbeitsbezogener Verhaltens- und Erlebensmuster aufzufinden, die (über die Berechnung von Wahrscheinlichkeiten) die Zuordnung individueller Profile und, daraus folgend, deren Bewertung unter Gesundheitsaspekten erlauben. Die Typen lassen sich wie folgt charakterisieren:

– Typ G: Gesundheitsförderliches Verhalten und Erleben, d.h. deutliche, aber nicht exzessive Ausprägung im Arbeitsengagement bei erhaltener Distanzierungsfähigkeit gegenüber den Arbeitsproblemen, offensives Bewältigungsverhalten und Widerstandsfähigkeit bei Belastungen, positives Lebensgefühl
– Typ S: Schonungsorientiertes Verhalten und Erleben, d.h. geringes Arbeitsengagement bei starker Distanzierung gegenüber den Arbeitsproblemen, psychische Widerstandsfähigkeit gegenüber Belastungen, (relative) Zufriedenheit
– Risikotyp A: Gesundheitsgefährdendes Verhalten und Erleben (i.S. des bekannten „Typ-A-Verhaltens"), d.h. überhöhtes Engagement und geringe Distanzierung in bezug auf die Arbeitsprobleme, verminderte psychische Widerstandsfähigkeit gegenüber Belastungen; eingeschränktes Lebensgefühl
– Risikotyp B: Gesundheitsgefährdendes Verhalten und Erleben (i.S. des „*Burnout*-Syndroms"), d.h. reduziertes Engagement bei zugleich eingeschränkter Distanzierungsfähigkeit gegenüber den Arbeitsproblemen, starke Resignationstendenz und verminderte Widerstandsfähigkeit gegenüber Belastungen, deutlich eingeschränktes Lebensgefühl

Die Prüfung der inneren Konsistenz *(Cronbach-α)* erbrachte für die einzelnen Skalen Koeffizienten zwischen .78 und .87. Die Validität wird durch Ergebnisse auf drei Ebenen unterstrichen: Erstens ist eine klare, inhaltlich gut begründete und replizierbare Faktorenstruktur hervorzuheben; zweitens konnten für die einzelnen Dimensionen enge Beziehungen zu verwandten Merkmalen anderer Verfahren bestätigt werden. Drittens ließen sich für die Typen von Verhaltens- und Erlebensmustern, die die entscheidende Basis für die Auswertung bilden, die erwarteten Zusammenhänge mit anderen Merkmalsbereichen überzeugend nachweisen. Die Normierung erfolgte an 2160 Personen aus Österreich und der BRD, wobei vorrangig die Berufspopulationen Lehrer(innen), Pflegekräfte, leitende Angestellte öffentlicher Verwaltungen einbezogen wurden.

keitsinventar - Revision), BVND (*Berliner Verfahren zur Neurosendiagnostik;* Häns-gen, 1991)[2].

Großes Gewicht kam dem Einsatz des speziell für derartige Fragestellungen kon-struierten Verfahrens AVEM zu; vorrangiges Anliegen war dabei die Identifizierung solcher Verhaltens- und Erlebensmuster, die auf Risiken im Sinne psychischer und psychosomatischer Gefährdung schließen lassen. Das FPI-R sollte vor allem prüfen, wie sehr weitere Verhaltens- und Erlebensbesonderheiten durch das Persönlichkeits-bild bestimmt werden. Das BVND sollte dazu dienen, die Messung des Belastungser-lebens mittels einer zweiten Methode abzusichern bzw. die erfaßten Beschwerden nach unterschiedlichen qualitativen Aspekten zu differenzieren - um den Erhebungs-aufwand in Grenzen zu halten, wurden aus dem BVND allerdings nur die beiden *Scre-ening*-Skalen *körperlich-funktionelle Beschwerden* sowie *unspezifische Befindlich-keitsbeeinträchtigungen* herangezogen.

Auf eine Leistungsdiagnostik wurde verzichtet, weil erstens der Bildungs- und bisherige Berufsweg keinen Anlaß dafür geben, die erlebte Belastung auf Kompetenz-defizite zurückzuführen, und zweitens früher dieselbe Tätigkeit von Frau S. ausgeführt wurde, ohne daß eine vergleichbare Belastungsproblematik aufgetreten wäre.

2.1. Exploration

Frau S. ist seit 27 Jahren in der öffentlichen Verwaltung tätig. Sie ist geschieden und hat zwei Kinder.

Sie führt unter anderem aus, daß es seit der Trennung von ihrem Mann vor sieben Jahren und dem Erwachsenwerden der Kinder (beide sind schon längere Zeit aus dem Haus und besuchen ihre Mutter nur gelegentlich) allein die Arbeit ist, die ihren Le-bensinhalt ausmacht. Alle ihre Gedanken kreisen nur noch um die Arbeit. Für frühere Hobbys (Garten, Wandern, Theater, Konzerte) finde sie keine Zeit mehr. Seit Jahren schon habe sie sich keinen richtigen Urlaub mehr gegönnt. Es sei die Regel, daß sie unerledigte Akten mit nach Hause nehme, um sie am Abend mit mehr Ruhe abarbeiten zu können. Nachts könne sie oft nicht schlafen, da ihr die Arbeitsprobleme nicht aus dem Kopf gehen. Gern wäre sie etwas weniger genau, doch sie könne nicht umhin, je-de von ihrer Abteilung geleistete Arbeit nochmals zu prüfen und gegebenenfalls zu verbessern. Eine solch „zwanghafte Pedanterie" habe sie schon immer ausgezeichnet. Diese „persönliche Note" trage ihr zwar die Anerkennung ihrer Vorgesetzten ein, bei denen sie als besonders zuverlässig gelte, führe aber andererseits nicht selten zu Kon-

---

[2] Bei dem BVND handelt es sich um ein umfangreiches persönlichkeits- und neurosendiagnostisches Verfahren; im vorliegenden Fall wurden lediglich die beiden *Screening*-Skalen *Körperlich-funktionelle Beschwerden* und *Unspezifische Befindlichkeitsbeeinträchtigungen* herangezogen. Erstere gibt das Beein-trächtigungserleben in Form von körperlich-funktionellen Symptomen wieder (vorrangig Beschwerden und Befürchtungen in bezug auf das Herz-Kreislauf- und Verdauungssystem sowie Beeinträchtigungen des allgemeinen Körpergefühls), letztere bezieht sich auf das Erleben von Erschöpfung, Energiemangel, Nervosität und Leistungsinsuffizienz.

flikten mit ihren durchweg jüngeren MitarbeiterInnen, von denen sie sich oftmals mehr berufliches Engagement und Verantwortungsbewußtsein wünscht. Diese Spannungen belasteten sie sehr, da ihr viel an einem guten sozialen Klima am Arbeitsplatz gelegen sei. Denn schließlich betrachte sie die Dienststelle, der sie seit Beginn ihrer Berufstätigkeit angehört, als ihr eigentliches Zuhause, zumal auch die Beziehung zu den Kindern immer lockerer geworden sei und sich die früheren Freunde der Familie seit der Scheidung sehr rar gemacht hätten.

2.2. Arbeitspsychologische Analyse

Mittels eines *Ratings,* das eine verkürzte Fassung eines bewährten Arbeitsanalyse- und Bewertungsverfahrens (Hacker, Iwanowa & Richter, 1983) darstellt, wurde der Tätigkeits- und Verantwortungsbereich von Frau S. einer differenzierten Beurteilung unterzogen. Es ergaben sich keine Anhaltspunkte dafür, daß sich die Arbeitsanforderungen, denen Frau S. ausgesetzt ist, bezüglich Quantität und Qualität wesentlich von denen vergleichbarer anderer Funktionsbereiche unterscheiden. Und die übrigen Personen mit ähnlichen Arbeitsanforderungen brachten allesamt nicht derart massive Klagen über Arbeitsbelastung vor.

2.3. Testergebnisse

Die Ergebnisse (in Stanine-Werten) in den Skalen des FPI-R lauten: *Lebenszufriedenheit* 3, *soziale Orientierung* 5, *Leistungsorientierung* 9, *Gehemmtheit* 4, *Erregbarkeit* 7, *Aggressivität* 5, *Beanspruchung* 9, *körperliche Beschwerden* 9, *Gesundheitssorgen* 4, *Offenheit* 6, *Extraversion* 5, *emotionale Labilität* 7. Diese Ergebnisse machen die Schwere des Belastungserlebens deutlich: Höchstmögliche Ausprägungen in den Skalen *Beanspruchung* und *körperliche Beschwerden*, geringe Ausprägung in der Skala *Lebenszufriedenheit*. Bemerkenswert ist, daß trotz der massiven Beschwerden den *Gesundheitssorgen* relativ wenig Bedeutung zukommt. Das (problematische) Bild vervollständigt sich durch den höchstmöglichen Wert auf der Skala *Leistungsorientierung* sowie durch die hohen Ausprägungen in den Skalen *Erregbarkeit* und *emotionale Labilität.*

Die Ergebnisse der beiden *Screening*-Skalen des BVND bestätigen die stark erhöhten Niveaus sowohl in bezug auf *körperlich-funktionelle Beschwerden* (Stanine-Wert = 9) als auch hinsichtlich allgemeiner bzw. *unspezifischer Befindlichkeitsbeeinträchtigungen* (8) - eine differenzierte Auswertung macht deutlich, daß innerhalb des gesamten Spektrums möglicher Beeinträchtigungen Beschwerden des Herz-Kreislauf-Systems sowie Gefühle allgemeiner Angespanntheit und Reizbarkeit mit der jeweils größten Intensität angegeben werden.

Das Profil im AVEM weist mit einer Wahrscheinlichkeit von .99 die Zugehörigkeit zum Risikotyp A aus (vgl. Abb. 1). Dieser Typ eines arbeitsbezogenen Verhaltens und Erlebens ist durch die ausgeprägte Neigung zur Selbstüberforderung gekennzeichnet. Dabei zeigt Frau S. noch extremere Ausprägungen als dies für das Referenzprofil gilt. Hervorzuheben sind insbesondere die sehr hohen Werte in den Dimensionen *Bedeutsamkeit der Arbeit, Verausgabungsbereitschaft* und *Perfektionsstreben* sowie die extrem geringe Ausprägung in der *Distanzierungsfähigkeit.* Bemerkenswert ist außerdem der niedrige Wert in der Dimension *Innere Ruhe und Ausgeglichenheit.* Und schließlich tritt mit aller Deutlichkeit die zum Bild des Risikotyps A gehörende Diskrepanz zwischen dem überhöhten Engagement auf der einen und dem eingeschränkten Lebensgefühl auf der anderen Seite hervor - auf letzteres weisen die niedrigen Werte in den Dimensionen *Lebenszufriedenheit und Erleben sozialer Unterstützung* hin; und auch der nur durchschnittliche Wert in der Dimension *Erfolgserleben im Beruf* ist, angesichts der hohen Bedeutsamkeit des Berufes, hier einzuordnen.

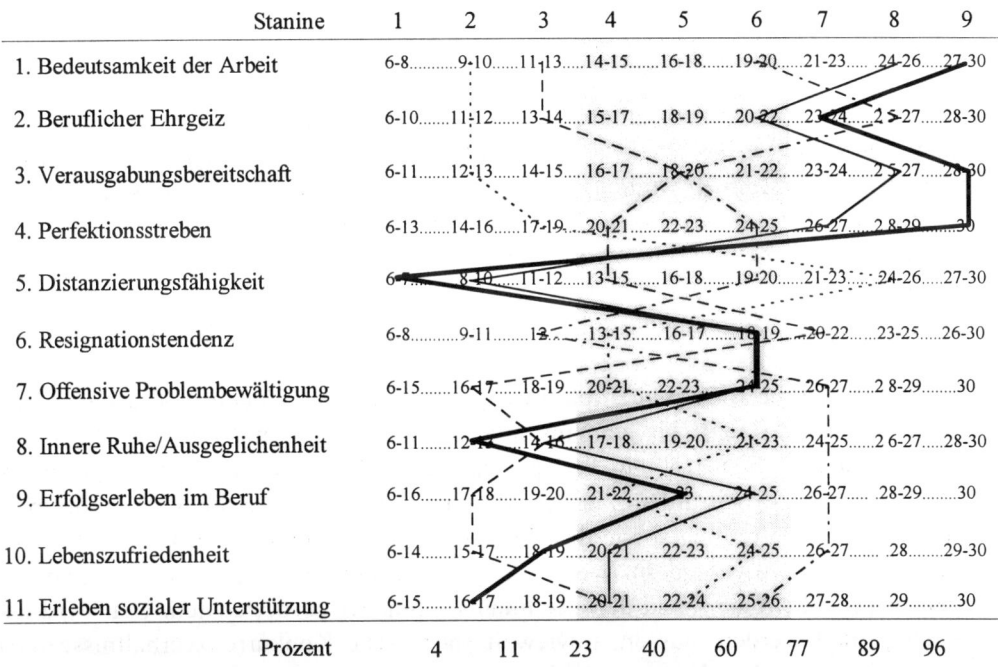

Abbildung 1: Das Testprofil von Frau S. im AVEM (starke Linie); zur Orientierung sind außerdem die Referenzprofile der Typen G und S (Strich-Punkt-Linie und gepunktete Linie) sowie der Risikotypen A und B (dünn-ausgezogene und gestrichelte Linie) angegeben.

2.4. Schlußfolgerung

Es ergibt sich insgesamt das Bild einer gesundheitlich stark gefährdeten Persönlichkeit. Dabei machen die Ergebnisse deutlich, daß die vorgefundenen Beeinträchtigungen nicht als eine direkte und unvermittelte Folge der objektiv gegebenen Arbeitsanforderungen in der zweifellos beanspruchenden Tätigkeit zu verstehen sind - wie dies Frau S. zunächst für sich selbst interpretiert hatte; sondern daß die eigentlichen Ursachen im persönlichen Erleben und Verhalten gegenüber der Arbeitssituation und den damit unmittelbar verbundenen Lebensbereichen liegen dürften. Dieser Schluß findet im Gespräch mit Frau S. eine eindrucksvolle Bestätigung. Hervorzuheben ist insbesondere die Kombination von exzessivem Arbeitsengagement und eingeschränktem Lebensgefühl. Dieses Zusammentreffen von extremer Selbstüberforderung und negativen Emotionen ist - das weisen gesundheitspsychologische Erkenntnisse immer wieder aus - als eine ernste Risikokonstellation zu betrachten.

Es besteht kein Zweifel, daß Interventionsbedarf dringend angezeigt ist.

3. Beantwortung der Fragestellung

Neben der ärztlichen Untersuchung, die aufgrund der geschilderten Beschwerdesymptomatik unbedingt erforderlich ist, bisher aber von Frau S., angeblich aus Zeitgründen, nicht wahrgenommen wurde, ist eine breite Palette von Interventionsmaßnahmen zu empfehlen. Als Rahmen für deren Realisierung wird ein *Coaching* vorgeschlagen, das einen längeren Zeitraum in Anspruch nehmen dürfte. Dieses ist als unterstützendes Instrument für aktive Veränderungsbemühungen, die von Frau S. selbst ausgehen müssen, zu verstehen. Das *Coaching* sollte sich auf zwei Schwerpunkte konzentrieren:

– Zum einen ist die Arbeitssituation im engeren Sinne zum Gegenstand der Aussprache zu machen. Es gilt, sie gemeinsam auf solche Bedingungen hin zu prüfen, die eine exzessive Verausgabung und perfektionistische Arbeitshaltung begünstigen. Dabei sind die Arbeitsabläufe in der Abteilung, insbesondere die Verantwortungsund Aufgabenverteilung sowie das Zeitmanagement, gründlich zu analysieren und gegebenenfalls zu verändern. Wesentlich wird es auch sein, die sozialen Beziehungen in der Abteilung - und darüber hinaus - genauer zu betrachten. U.a. wird danach gefragt werden müssen, inwieweit spezifische Konkurrenzverhältnisse oder anderweitig gestörte Kommunikations- und Kooperationsbeziehungen (wie etwa ein autoritärer Führungsstil übergeordneter Leiter) als verursachende oder unterstützende Faktoren mit in Frage kommen.
– Zum zweiten wird es darauf ankommen, durch direkte Einflußnahme auf die Person zu einer gesundheitsförderlichen Veränderung des arbeitsbezogenen Verhaltens und Erlebens beizutragen. Insbesondere müßte eine Relativierung des Stellenwertes der Arbeit in bezug auf die übrigen Bereiche des Lebens angezielt werden. In diesem Sinne wird es darum gehen, vernachlässigte außerberufliche Interessen und Lebensinhalte sowie verlorengegangene Freundschaften zu reaktivieren und die dafür erforderliche arbeitsfreie Zeit verfügbar zu machen.

Schließlich scheint als eine unterstützende Maßnahme die Aneignung angemessener Entspannungstechniken zweckmäßig.

Sowohl für das *Coaching* als für das Erlernen von Entspannungstechniken wurde Frau S. an zuständige Stellen verwiesen. Sollten entsprechende Bemühungen nicht zu einer spürbaren Entlastung führen, wäre auch eine psychotherapeutische Intervention zu erwägen.

Literatur

Hacker, W., Iwanowa, A. & Richter, P. (1983). *Tätigkeitsbewertungssystem (TBS)*. Berlin: Psychodiagnostisches Zentrum (PdZ).

Hänsgen, K.D. (1991). *Berliner Verfahren zur Neurosendiagnostik (BVND)*. Göttingen: Hogrefe.

Schaarschmidt, U. & Fischer, A. W. (1996). *Arbeitsbezogenes Verhaltens- und Erlebensmuster (AVEM)*. Frankfurt/M.: Swets.

21.

Begutachtung der Schuldfähigkeit eines des Totschlags Angeklagten - Johann W., 52 Jahre

Hans Dietze

Straubing

An der *Forensisch-psychiatrischen Klinik* des Bezirkskrankenhauses Straubing werden im Auftrag des jeweils zuständigen Gerichts regelmäßig Gutachten erstattet: Fragestellungen bezüglich der Schuldfähigkeit von Delinquenten (§§ 20, 21 StGB) und gegebenenfalls über die Notwendigkeit der Unterbringung in einem psychiatrischen Krankenhaus gemäß § 63 StGB werden hauptverantwortlich von Fachärzten unter Hinzuziehung sachverständiger Psychologen geklärt. Häufig werden die Klienten zur Gewährleistung der umfänglichen medizinischen und psychologischen Untersuchungen gemäß §§ 81 bzw. 126a StPO zeitlich befristet im Krankenhaus aufgenommen.

Johann W., 52 Jahre

1. Fragestellung

Im vorliegenden Fall erfolgten die psychologischen Untersuchungen während der U-Haft: Im Rahmen eines Strafprozesses wurde vom Landgericht Landshut ein forensisch-psychiatrisches Gutachten zu Klärung der Schuldfähigkeit des Angeklagten hinsichtlich der verfahrensgegenständlichen Tat angefordert. In diesem Zusammenhang war das psychologische Zusatzgutachten zu erstellen, das die Beurteilung der Einsichts- und Steuerungsfähigkeit des Beschuldigten zum Gegenstand hatte.

2. Sachverhalt

Der damals 52jährige Johann W. hatte während eines zivilrechtlichen Verfahrens - es ging um Unterhaltszahlungen an seine geschiedene Ehefrau und seine Tochter - die

Rechtsanwältin seiner Ehefrau durch Messerstiche im Gerichtssaal getötet. Der Tathergang war weitgehend klar und von mehreren anwesenden rechtskundigen Zeugen berichtet.

Offen war jedoch die Frage, ob der Angeklagte hinsichtlich des Tatvorwurfs schuldfähig sei und je nach Ausgang des Verfahrens der eventuellen Unterbringung in einem psychiatrischen Krankenhaus bedürfe.

Der Klient wurde zunächst über den Zweck der psychologischen Begutachtung aufgeklärt und erklärte sich mit der Durchführung der entsprechenden Untersuchungen einverstanden.

3. Psychologische Untersuchung

Die Untersuchung erfolgte am 10.7.1993. Folgende Verfahren kamen zum Einsatz:

- WIP (*Reduzierter-Wechsler-Intelligenztest;* Dahl, 1986)[1]
- APM *(Advanced Progressive Matrices)*
- *Benton-Test* (Benton Sivan & Spreen, 1996)[2]
- FAF *(Fragebogen zur Erfassung von Aggressivitätsfaktoren)*
- FPI *(Freiburger Persönlichkeitsinventar,* Form A1)
- TAT *(Thematischer Apperzeptionstest)*

Herr W. sicherte dem Untersucher seine uneingeschränkte Kooperationswilligkeit zu und zeigte während des gesamten Untersuchungszeitraums das unveränderte Bestreben, die erforderlichen Untersuchungen zügig und mit erkennbarer Leistungsbereitschaft abzuschließen.

Zwischen den einzelnen Verfahren fand der Klient immer wieder Gelegenheit, sich zur Tat und zum bisherigen Gang der Ermittlungen zu äußern. Dabei beklagte er sich sehr eindringlich insbesondere darüber, daß einzelne Zeugen über sein Verhalten

---

[1] Beim WIP handelt es sich um eine aus den Untertests *Allgemeines Wissen, Gemeinsamkeitenfinden, Bilderergänzen* und *Mosaik-Test* bestehende Kurzform des HAWIE *(Hamburg-Wechsler Intelligenztest für Erwachsene),* der ursprünglich zum Einsatz bei Psychiatriepatienten entwickelt wurde. Dementsprechend gibt es eigene Normen, allerdings aus dem Jahre 1972. Es ermöglicht kaum differentialdiagnostische Aussagen über die Intelligenzstruktur der jeweiligen Testperson, reicht jedoch für eine allgemeine Einschätzung der intellektuellen Grundbefähigung im gegebenen Zusammenhang aus.

[2] Dieses Prüfverfahren erfaßt die Fähigkeit, geometrische Figuren aufzufassen, sie kurzfristig im Gedächtnis zu speichern und sie dann zeichnerisch zu reproduzieren. Unter Standardbedingung sind die Testvorlagen (10 Karten mit geometrischen Figuren) jeweils nach einer Darbietungszeit von 10 Sekunden nachzuzeichnen. Im klinischen Bereich hat der *Benton-Test* insbesondere für die Differentialdiagnostik hirnorganisch bedingter Leistungsstörungen weite Verbreitung gefunden. Bei der quantitativen Auswertung werden die Anzahl der richtigen Reproduktionen sowie die Anzahl der Fehler bestimmt und in Beziehung vor allem zum Intelligenzniveau der Testperson gesetzt (die *Retest*-Reliabilität des Tests liegt bei .85). Zudem erfolgt eine qualitative Beurteilung der Fehler nach verschiedenen Fehlertypen.

während der Auseinandersetzungen im Gerichtssaal ganz andere Darstellungen abgegeben hätten als es seinem Erinnern nach gewesen sein müßte. Jedenfalls habe er große Schwierigkeiten damit, seine (bruchstückhaften) Vorstellungen über den damaligen Tathergang mit den Aussagen der beteiligten Personen in Einklang zu bringen. Verschiedenes wisse er noch so genau, daß ihm die Tatbeschreibungen durch andere Personen als Lüge erschienen. Anderes hätte sich in seinem Denken so vermischt, daß er nicht zwischen persönlichen Eindrücken und später hinzugekommenen Ermittlungsergebnissen unterscheiden könne. Hinzu käme, daß er manche Zeugenaussagen zumindest teilweise für richtig erachte, jedoch an einige der benannten Details in seinem Gedächtnis nicht herankäme. Solche Dinge halte er zwar für möglich, besitze jedoch keine verfügbare Erinnerung darüber. Als Beispiel dafür nannte er die offensichtlich erwiesene Tatsache, daß er der getöteten Rechtsanwältin zwei Messerstiche versetzt haben soll. Nach Lage der Dinge (Autopsie) müsse er dies wohl als tatsächlich geschehen akzeptieren, könne sich jedoch nur erinnern, daß er sein Messer *einmal* benutzt habe.

Im Verlaufe der mehrstündigen Untersuchung erwies sich Herr W. jederzeit als vollkommen bewußtseinsklar sowie umfassend orientiert. Er vermochte Fragen sinnerfassend zu beantworten und ließ auch unter zeitlicher Belastung kein deutliches Nachlassen seiner psychischen Spannkraft erkennen. Formale Denkstörungen waren während der Gesprächsführung nicht beobachtbar. Bezüglich gedanklicher Fixierungen (inhaltlicher Denkstörungen) ergaben sich jedoch wiederholt Hinweise auf das Vorhandensein paranoider Vorstellungen. Konkret bezogen sich solche Beeinträchtigungs- und Gefährdungsideen auf das Verhalten von Frauen und auf die vermeintliche Unfähigkeit von Behörden, den „Lebensträumen" einfacher Menschen ohne Bevormundung oder Hinterhältigkeit begegnen zu können.

In diesem Zusammenhang erörterte Herr W. auch den Umstand, daß er zunächst nicht bereit war, psychologische Tests durchzuführen. Er habe die Befürchtung gehabt, daß der Psychologe auf Umwegen an Gedanken herankommen könnte, die besser in seinem Kopf verschlossen blieben. Gegenwärtig habe er solche Ängste weniger, weil er hoffe, auf diese Weise eine gewisse Ordnung in seine Erinnerungen zum Tatgeschehen zu bringen. Trotz angestrengten Nachdenkens fühle er sich im Hinblick auf sein konkretes Erinnerungsvermögen deutlich eingeengt.

Im Laufe der Gespräche erwies sich der Klient als umgänglich und besonnen. Ihn selbst belastenden Fragen wich er in keiner Hinsicht aus, sondern reagierte eher nachdenklich. Selbst dann, wenn er durch insistierende Fragestellungen in die Enge getrieben wurde, erwies er sich als gut selbstkontrolliert und geriet kaum in affektive Erregung. Er erklärte, daß er des öfteren mit Menschen in Kontakt käme, die ganz andere Auffassungen hätten als er selbst. Was er jedoch hasse wie die Pest und was ihn auch zu heftigen (unter Umständen tätlichen) Reaktionen veranlasse, wären hinterhältige Gemeinheiten oder die Androhung körperlicher Gewalt. Dann könne er für sich selbst nicht garantieren; er raste einfach aus.

Mit Stolz berichtete Herr W. auch darüber, daß er während der U-Haft des öfteren Besuche nicht nur von Angehörigen, sondern auch von früheren Kollegen gehabt habe. Er fühle sich nicht nur anderen „Scheidungsgeschädigten" zugehörig, sondern sei imstande, verläßliche und tragfähige Beziehungen auch zu Arbeitskollegen oder Bekannten zu unterhalten. Er empfinde sich in keiner Weise als unberechenbar, launisch oder aggressiv. Für Menschen, die ihm Wohlwollen entgegenbrächten, sei er ein zuverlässiger Partner, auch „wenn's mal hart auf hart kommt".

Im wesentlichen fühle er sich auch während des jetzt laufenden Verfahrens körperlich und geistig vollkommen gesund. „Wenn's lange dauert, kann ich mich nur schwer konzentrieren." Sonst aber hätte er keine Probleme damit, der Verhandlung zu folgen. Allerdings habe er das deutliche Gefühl, daß man vor Gericht nur über sein Negativbild spräche. Zwar habe er hin und wieder auch in der Vergangenheit von seinen Körperkräften in Auseinandersetzungen Gebrauch gemacht, er habe jedoch rückwirkend das Gefühl, daß es stets in irgendeiner Weise berechtigt oder für ihn unausweichlich war.

4. Psychologische Befunde

4.1. Leistungsdiagnostik

Im WIP erreichte Herr W. einen *IQ* von 82, was einer knapp unterdurchschnittlichen intellektuellen Befähigung entspricht; neben erkennbaren Bildungslücken ist das weitgehende Versagen gegenüber formal-logischen Anforderungen in den ausgewählten handlungspraktischen Untertests *(Bilderergänzen, Mosaik-Test)* als verursachend für den intellektuellen Grenzbefund anzusehen. Speziell erschienen die Fähigkeiten zur Form- bzw. Gestalterkennung erkennbar behindert. - Ein solcher Befund ist daraufhin zu werten, daß differentialdiagnostische Untersuchungen zum möglichen Vorhandensein hirnorganischer bzw. hirnfunktioneller intellektueller Leistungsbeeinträchtigungen erforderlich sind.

Die APM, zur Erfassung der nonverbalen Komponente der Intelligenz, waren insofern zur Intelligenzdiagnostik angezeigt, als mit Defiziten im Bereich der Schulbildung zu rechnen ist. Mit 22 richtigen von insgesamt 48 möglichen Lösungen erreichte der Klient einen Prozentrang von 16, was einem *IQ* von 85 entspricht. - Die bereits beim WIP ermittelte unterdurchschnittliche intellektuelle Grundbefähigung wird durch dieses Ergebnis betätigt.

Als verursachend für die Leistungseinbußen des Klienten waren aus der Verlaufsanalyse zwei Faktoren ersichtlich: Zum einen hatte Herr W. erkennbar Schwierigkeiten damit, die logische Schrittfolge der jeweiligen Aufgabenlösung zu erkennen (leichte Sinnerfassungsstörungen). Zum anderen gelang es ihm relativ selten, die einmal gewählte Lösungsstrategie aufzugeben und erforderliche neue Ansätze zu entwikkeln (Beeinträchtigungen der Umstellungsfähigkeit; mangelnde geistige Flexibilität;

Ansätze von Starrsinnigkeit). Diese Auffälligkeiten im Testverlauf sind differential-diagnostisch nicht eindeutig zuzuordnen. Sie könnten folgende Ursachen haben:

- Ungeübtsein des Klienten in der geistigen Bearbeitung formal-logischer Problemstellungen
- Beginnender altersbedingter Abbau der hirnorganischen Leistungsvoraussetzungen
- Hirnfunktionell bedingte Leistungseinbußen unklarer Genese (Beeinträchtigungen der sog. sekundären Leistungsvoraussetzungen: Konzentrationsfähigkeit, psychische Belastbarkeit, Aufgabenorientierung).

Im *Benton-Test* erreicht Herr W. (in bezug auf den Erwartungswert seiner Intelligenzhöhe) bei einer Fehlerzahl von vier ein deutlich vom Durchschnitt der Altersnorm abweichendes Ergebnis. Gegenüber den spezifischen Testanforderungen erweist er sich als unterdurchschnittlich leistungsfähig. Seine normabweichenden Testergebnisse sind wesentlich bedingt durch die stark nachlassende Konzentrationsfähigkeit - feststellbar aus dem zögerlichen Untersuchungsablauf - und die damit verbundenen Einbußen des Kurzzeitgedächtnisses. Die qualitative Fehleranalyse (Auslassungen, Fehlstellungen, Form-Fehlerkennungen) ist dahingehend zu interpretieren, daß bei dem Klienten mit hoher Wahrscheinlichkeit hirnfunktionell bedingte intellektuelle Leistungsstörungen vorhanden sind - auch wenn sich dieser Verdacht nicht durch medizintechnische Untersuchungen (z.B. EEG, Computertomographie) objektivieren lassen sollte, kann das nicht gegen eine *funktionelle* Beeinträchtigung des operativen Gedächtnisses sowie der logischen Informationsbearbeitung sprechen.

Das Insgesamt der psychologischen Leistungdiagnostik ergab bei Herrn W. einen von der Altersnorm abweichenden, unterdurchschnittlichen Befund. Dabei bilden gering unterschiedliche Resultate bei der Beurteilung seiner intellektuellen Befähigung in sich keinen Widerspruch, da sie zum Teil aus der Variabilität der Testanforderungen resultieren.

Bezüglich der rechtsrelevanten Kategorie der Einsichtsfähigkeit - für die in der psychiatrischen und psychologischen Praxis relativ niedrige Normen angesetzt sind - können die umschriebenen Auffälligkeiten jedoch nur dann im Sinne einer möglichen Schuldminderung in Anspruch genommen werden, wenn weitere, die Urteilsfähigkeit schmälernde Faktoren nachweisbar wären (z.B. Realitätsverkennungen auf der Grundlage paranoid eingefärbter Wahrnehmungen).

4.2. Persönlichkeitsdiagnostik

Für eine weitgehend der Realität angenäherte Selbstbeurteilung von Herrn W. spricht, daß er sich laut FAF eine ungewöhnlich stark ausgeprägte reaktive Aggressivität bescheinigt. Im einzelnen stehen folgende Stanine-Werte im FAF zu Buche:

Spontane Aggressivität	5
Reaktive Aggressivität	8
Erregbarkeit	7
Selbstaggression	7
Aggressionshemmungen	6
Offenheit	6
Summe der Aggressivitätsfaktoren	8

Mit einem solchen Befund ist zu belegen, daß der Klient grundsätzlich über eine hinreichende Verhaltenskontrolle verfügt. Im Zusammenhang mit denkbaren oder tatsächlichen Beeinträchtigungen oder Frustrationen kommt es jedoch in größeren Abständen aufgrund unzureichend entwickelter Hemmungsmechanismen zu affektiven Durchbrüchen, die Herr W. an sich selbst zwar kritisch bewertet, aber offensichtlich nicht verhindern kann. Hinzukommt, daß er wegen gedanklicher Fixierungen und subjektiv empfundener Benachteiligung durch andere (paranoide Einstellungen) zum Teil den Anspruch entwickelt, sich unter Einsatz körperlicher Gewalt „wehren" zu müssen. Insofern hat seine Orientierung an Rechtsnormen und üblicherweise gültigen Regeln für den Umgang mit seinen Mitmenschen gewissermaßen „Löcher", die ihn zur Selbstjustiz ermächtigen. In Anbetracht der niedrigen Hemmschwelle sind impulsive Aggressionsentladungen vor allem dann leicht möglich, wenn der Klient sie aufgrund negativer Erwartungen und Vorerfahrungen aus seiner ganz persönlichen Sicht als „begründet" erachtet.

Im FPI erzielte Herr W. folgende Stanine-Werte:

Nervosität	7
Spontane Aggressivität	7
Depressivität	6
Erregbarkeit	7
Geselligkeit	6
Gelassenheit	4
Reaktive Aggressivität	9
Gehemmtheit	6
Offenheit	7
Extraversion	7
Emotionale Labilität	8
Maskulinität	6

Auch im Ergebnis des FPI wird die Unausgewogenheit von Erregungs- und Hemmungsprozessen bei der Verhaltensregulierung des Klienten deutlich. Wiederum ist zu erkennen, daß seine von ihm selbst erkannte Fähigkeit zu aggressiven Verhaltensweisen in Alltagssituationen gut von ihm unter Kontrolle zu bringen ist. In der Regel bedarf es konkreter Anlässe und/oder einer entsprechenden Vorgeschichte, damit die reaktive Aggressionsbereitschaft ausgelöst werden kann. Herr W. beschreibt sich als extravertierte, gesellige und unternehmungslustige Persönlichkeit mit ausreichendem Selbstvertrauen, aber gegenwärtig stark beeinträchtigter Lebenszufriedenheit - letzteres erklärt sich u.a. aus einigen seiner Stellungnahmen zur Biographie und aus seinen gegenwärtigen Lebensumständen. Bezüglich der Skala *Offenheit*, die ein wesentliches Kriterium der Zuverlässigkeit der Selbstauskünfte einer Testperson darstellt, erweisen sich die Angaben des Klienten nachvollziehbar als realitätsnah und selbstkritisch. Er ist durchaus in der Lage (und bereit), persönliche Schwächen zuzugeben und Normverletzungen mit hinreichender Introspektionsfähigkeit zu bewerten.

Die persönlichkeitsspezifischen Auffälligkeiten des Klienten gruppieren sich zunächst augenfällig um die Charakteristik einer emotional-instabilen Persönlichkeitsstörung: Unter Einbezug der Selbstschilderungen von Herrn W. ist er als eine extravertierte, paranoide Persönlichkeit mit gelegentlich fanatisch-expansiven Zügen zu beschreiben. Das seinen bisherigen Aggressionshandlungen zugrundeliegende Verhaltensmuster legt nahe, daß Aggressionsdurchbrüche mit faktischem Steuerungsverlust vor allem dann stattfinden können, wenn ihm bereits vor der Dekompensation[3] seiner Verhaltenskontrolle Schuldzuweisungen gegenüber den Betroffenen möglich waren.

Im Verlaufe der Untersuchungen mit dem TAT bezeichnete sich der Klient mehrfach selbst als „Scheidungsgeschädigten". Bildvorlagen, auf denen die Mann-Frau-Beziehung vorgegeben war, lösten bei ihm immer wieder Empfindungen von „Heimtücke", „Hintergangen-Werden" oder Gefühle des „Sich-zur-Wehr-Setzens" aus. Dieser auch durch entsprechende Wortwahl definierte Konflikt wird von ihm nahezu ständig thematisiert. Die dargestellten Männer wenden sich von Frauen ab, fühlen sich durch sie kontrolliert und gelegentlich sogar bedroht, können mit weiblicher List nicht umgehen. Frauen sind des öfteren Ziel von aggressiven Vorstellungen: Sie „wurden geschlagen"; „erhalten ihre Strafe", indem der Mann sie verläßt. Weniger negativ besetzt erscheinen ältere Frauen, deren Lebensalter deutlich über dem des Klienten zu liegen scheint. Älteren Männern wird die Rolle des ungerecht Strafenden zugeschrieben. Bildliche Darstellungen, bei denen eine gewisse Identifikation des Klienten mit dem im Thema des Bildes agierenden Mann stattfand, wurden des öfteren so kommentiert: „Da will sich einer der weiblichen Gefahr entziehen", „Der will sich nicht überlisten lassen".

Insgesamt ergab sich aus dem TAT-Protokoll eine Reihe möglicher Ansatzpunkte für die nachfolgende Exploration.

4.3. Exploration

So findet auch die gedankliche Verarbeitung der Scheidung von seiner Ehefrau unter recht einseitiger Betrachtung statt: *Sie* hat ihn betrogen, *sie* hat seine positiven Bestre-

---

[3] als Dekompensation wird hier der Zusammenbruch der willentlichen Verhaltenssteuerung im rechtsrelevanten Sinne verstanden

bungen zur Rettung der Ehe zunichte gemacht; *sie* hat sich in ihrer Rechtsanwältin ein Werkzeug gesucht, mit dem sie ihm noch lange nach der Scheidung zusetzte, *sie* ist schuld an der Zerstörung seines Lebenstraumes (eigenes Haus für seine Familie). Seine Frau sei es auch gewesen, die ihn wegen seiner vermeintlichen Zeugungsunfähigkeit in den Augen ihrer Bekannten bloßgestellt habe: „Ganz Landshut hat davon gewußt, daß das Kind überhaupt nicht von mir sein kann" (der Klient hat eine Tochter aus der inzwischen geschiedenen Ehe, für die er unterhaltspflichtig ist).

Bezogen auf seine gegenwärtige Lebenslage beschreibt der Klient seine Empfindungen und Gefühle mit der unverkennbaren Grundtendenz, sich als Opfer von Mißverständnissen und Intrigen darzustellen. Er fühle sich gelinkt, hintergangen und betrogen und habe sich deshalb schon vor längerer Zeit mit anderen „Scheidungsgeschädigten" zusammengetan. Unter solchen Gleichgesinnten falle es ihm nicht schwer, über seine persönlichen Probleme zu sprechen. Anderen gegenüber sei er eher zurückhaltend und mißtrauisch. Grundsätzlich sei er Frauen gegenüber in keiner Weise abweisend oder gar feindselig. Nach der Trennung von seiner Frau habe er noch mehrfach Bekanntschaften geknüpft. Er fühle sich jedoch als „gebranntes Kind" und habe deshalb bisher vermieden, sich auf erneute Abhängigkeiten von Frauen einzulassen.

Aus seiner Sicht habe er sich in aufopfernder Weise dafür eingesetzt, die materiellen Existenzgrundlagen seiner Familie zu sichern und planmäßig Harmonie sowie einen gewissen Besitzstand herbeizuführen.

Schon 1976/77 habe er zunehmend den Eindruck gehabt, daß seine Frau sich mit einem anderen Mann eingelassen habe. Darüber sei im Bekanntenkreis der Familie ausgiebig getratscht worden. Vor allem deshalb habe er sich zunehmend von seiner Frau zurückgezogen und nur noch ganz selten zu ihr Sexualkontakt gehabt. Seine Frau habe wegen dieses Sachverhalts in der Bekanntschaft herumerzählt, er sei nicht zeugungsfähig. Allerdings habe er auch eine entsprechende ärztliche Untersuchung an sich selbst abgelehnt. Wegen des „Fremdgehens" seiner Ehefrau habe er von Anfang an seine Vaterschaft an der 1980 geborenen Tochter in Zweifel gezogen. Da damals jedoch die Errichtung des Eigenheimes weitgehend abgeschlossen war, habe er seine Familie zusammenhalten wollen. Er habe sogar eine nachtarbeitliche Tätigkeit (Zeitungen ausfahren) angenommen, um sich tagsüber um die Tochter zu kümmern. Seinen Bemühungen sei es auch zu verdanken, daß die Tochter schließlich einen Kindergartenplatz fand, weil seine Frau um keinen Preis ihre angeblich so wichtige Tätigkeit als Küchenhilfe aufgeben wollte.

Im Jahre 1969 habe er eine tätliche Auseinandersetzung mit seinem Stiefvater gehabt. Dieser habe immer wieder die Mutter des Klienten verprügelt. Herr W. habe ihn deswegen zur Rede gestellt und dabei sei der Stiefvater mit einem Stuhl auf ihn losgegangen. Er habe jedoch dem Stiefvater den Stuhl entwinden können und statt dessen selbst damit auf ihn eingeschlagen. Diese innerfamiliäre Auseinandersetzung hätte gut zwischen den Beteiligten geschlichtet werden können, wenn nicht „irgend ein Arzt" den Vorfall bei Gericht angezeigt hätte. Der Klient gab an, er sei damals wegen Körperverletzung zu neun Monaten Haft mit dreijähriger Bewährungszeit verurteilt wor-

den. „Hinter seinem Rücken" habe sich seine Ehefrau mit einer Anwältin zusammengetan, um die Scheidung einzuleiten. Nach einem Trennungsjahr sei die Scheidung erfolgt und mit einem vermögensrechtlichen Vergleich abgeschlossen worden, der ihn
stark benachteiligt habe. Das überwiegend durch seine persönliche Arbeit errichtete
Haus sei zwangsversteigert worden, wobei der größte Teil der Verkaufssumme an seine Frau gegangen sei.

Im Auftrage seiner geschiedenen Ehefrau habe sich die Rechtsanwältin dazu ver-
dingt, Zwangsgelder gegen ihn zu vollstrecken und immer wieder „unbegründete
Nachforderungen" für Unterhaltszahlungen bei Gericht einzureichen. Dies habe u.a.
bei ihm dazu geführt, daß er nur noch wenig Lust verspürt habe, einer geregelten Arbeit nachzugehen. Die Anwältin hätte ihm quasi allgegenwärtig mit Pfändungsbe-
scheiden im Genick gesessen. Sie habe auch 1989 die Zwangsversteigerung seines
nach der Scheidung neu gekauften Hauses veranlaßt, jedoch sei dies durch Aufnahme
einer Bankhypothek von ihm verhindert worden. Vom Büro der Rechtsanwältin (des
späteren Opfers) seien ihm immer wieder Zahlungsaufforderungen zugesandt worden.
Er habe kaum noch Zeit gefunden, auf die entsprechenden Schreiben termingemäß zu
reagieren. Infolge seiner unregelmäßigen Arbeit - zwischenzeitlich sei er auch arbeitslos gewesen - hätten sich die von ihm zu leistenden Unterhaltszahlungen auf ca. DM
10.000.- belaufen. Wiederum auf Betreiben der Rechtsanwältin sei ein gerichtlicher
Festsetzungstermin beschlossen worden.

4.4. Exploration zum Tathergang

Am Vortage sei er mit dem Fahrrad nach Hause gefahren und habe dabei eine Packung
leerer Getränkepfandflaschen gefunden, bei der sich auch ein Messer befand, das
wahrscheinlich zum Öffnen der Flaschen verwendet worden war. Dieses Messer habe
er in seine Jackentasche gesteckt. Die Jacke habe er anschließend zusammengerollt
und an das Messer überhaupt nicht mehr gedacht. Während der morgendlichen Bus-
fahrt zum Gericht habe er dann diese Jacke wieder angezogen und dabei festgestellt,
daß sich das Messer noch darin befand. Er habe es in den Hosenbund gesteckt, ohne
weitere Überlegungen anzustellen. Am frühen Vormittag habe er noch etwas mit einem seiner Anwälte regeln wollen, sei jedoch damit erfolglos geblieben, da er zuvor
keinen Sprechtermin vereinbart hatte. So sei er in ziemlicher Erregung gerade noch
zum Verhandlungstermin um 11.05 Uhr zurecht gekommen. Bereits vor dem Betreten
des Gerichtsraumes sei er der Anwältin seiner vormaligen Ehefrau begegnet. Diese
habe ihn angegrinst und er habe wieder das äußerst unangenehme Gefühl gehabt, daß
er erneut „ausgemolken werden sollte". Obwohl der Verhandlungstermin mit fünf Minuten nach 11 angesetzt war, sei die Anwältin erst mit Verzögerung erschienen. Gleich
als sie den Raum betrat, habe er ihr ins Gesicht geschlagen, woraufhin sie zu Boden
stürzte. In der Folge sei eine allgemeine Rauferei entstanden, in die sich auch der da-
malige vorsitzende Richter und andere Beteiligte eingemischt hätten. Er habe sich
durch die Überzahl der „Angreifer" bedroht gefühlt und habe eigentlich sein Heil in

der Flucht suchen wollen. Das Messer habe er bereits in der Hand gehalten, um durch Drohung damit Angriffe auf sich zu verhindern. Seine Absicht, den Gerichtsraum fluchtartig zu verlassen, sei jedoch dadurch verhindert worden, daß er über die Beine der am Boden liegenden Rechtsanwältin gestolpert sei. In seiner damaligen Aufregung habe er dies jedoch nicht wahrgenommen, sondern vermutet, sie wolle ihn festhalten. Deshalb habe er blindwütig auf sie eingestochen, um loszukommen. Er könne sich nicht daran erinnern, mehr als einen Stich in ihre Richtung geführt zu haben. Er habe auch nicht gezielt zugestochen.

Vieles von dem, was jetzt über den Ablauf des damaligen Geschehens bekannt wurde, sei ihm in keiner Hinsicht erinnerlich. Er habe auch immer das Gefühl gehabt, das Ganze sei innerhalb weniger Sekunden geschehen. Wie sich jetzt herausstelle, habe die Auseinandersetzung im Gerichtssaal wohl doch längere Zeit gedauert.

Aus seiner Sicht sei doch verstehbar, daß er eine Wut auf die Rechtsanwältin gehabt habe. Er habe ihr endlich einmal seine Meinung sagen wollen über die Ungerechtigkeit ihrer ständigen Geldnachforderungen und habe auch die Absicht gehabt, sie ins Gesicht zu schlagen. Das wäre es von seiner Seite aus aber auch gewesen. Weiteres habe er nicht vorgehabt. Alles, was danach kam, sei die Folge unglücklicher Umstände. Er habe ja nicht ahnen können, daß sich andere Amtspersonen in den Streit einmischen.

Auf den Vorhalt, warum er denn mit solcher Urgewalt auf die Anwältin und weitere Anwesende eingeschlagen habe, meinte Herr W., er habe bereits als Kind lernen müssen, sich gegen andere durchzusetzen. Dabei sei es wichtig, eine körperliche Auseinandersetzung möglichst schnell zu beenden. Nach dieser Devise habe er auch später als junger Mann und bei anderen Gelegenheiten gehandelt. Zwar sei er in keiner Weise rauflustig, wisse sich jedoch zu wehren, wenn ihm eine Auseinandersetzung aufgedrängt werde. Üblicherweise müsse er sich überhaupt nicht anstrengen, um Streitereien oder gar Tätlichkeiten aus dem Wege zu gehen. Wildfremde Menschen könnten ihn kaum beleidigen. Allerdings könne ihn das feindselige oder hinterhältige Verhalten von Personen aus seiner näheren Umgebung äußerst jähzornig machen.

5. Zusammenfassung und Interpretation

Bei Zusammenschau der im Verlauf der psychologischen Untersuchungen gewonnenen Befunde konzentrieren sich die psychopathologischen Besonderheiten des Klienten zunächst um eine *paranoide Grundstörung*:

– In seinen Vorstellungen treten gedankliche Fixierungen auf, in denen er sich von Behörden oder Einzelpersonen unrechtmäßig verfolgt oder benachteiligt sieht. Zudem erfolgt eine selektive Wahrnehmung seines sozialen Umfeldes durch ihn, indem er zwischen möglichen Gegnern oder Freunden Unterscheidungen vornimmt, die häufig jeder sachlichen Grundlage entbehren. Diese Zuschreibung von Negativeigenschaften erfolgt zudem mit unflexiblen, apodiktischen Aussagen, die auf tief verwurzeltes und kaum korrigierbares Gekränktsein schließen lassen. Daraus folgen aber auch Wahrnehmungsverzerrungen und Fehlinterpretationen des Verhaltens anderer, die keinen konkreten Realitätsbezug mehr aufweisen.

– Herr W. fühlt sich hintergangen, durch Intrigen und Verschwörungen heimtückisch bedroht und unterstellt einer Vielzahl seiner Mitmenschen, daß sie nur darauf warten, ihn in Schwierigkeiten zu bringen oder schlechtes über ihn zu reden. Eine gewisse Ausnahme stellen Personen dar, mit denen ihn ein - aus seiner Sicht - gemeinsames Lebensschicksal verbindet (z.B. „andere Scheidungsgeschädigte"). Auf dieser Grundlage unterstellt er vielen Personen, die mit ihm befaßt waren, vorsätzliche Gemeinheiten, zieht deren Selbständigkeit und verantwortliches Handeln grundsätzlich in Zweifel.

– Gegenüber eigenen Fehlern und persönlichem Versagen entwickelt er ein System von Rechtfertigungen, mit dem andere Beteiligte zugleich ins Unrecht gesetzt werden. Deren Fehler sind in seinen Augen unverzeihliche Sünden, die er äußerst nachtragend be- und verurteilt. Die übernachhaltige Verarbeitung von Mißerfolgen führt wiederum bei ihm zu generalisiertem Mißtrauen und zu extrem negativ eingefärbten Erwartungen. Infolge ihrer Dichte und Realitätsentfremdung tragen diese gedanklichen Fixierungen und Beziehungsideen nahezu wahnhaften Charakter.

Zu dieser paranoiden Wesensveränderung tritt intermittierend eine in der Grundstruktur seiner Persönlichkeit verankerte Erregbarkeitssteigerung mit zugleich auftretender verminderter Impulskontrolle. Dadurch kann sich der, latent auf der Grundlage seiner paranoiden Vorstellungswelt, stets vorhandene Ärger sehr rasch in Wut und Haßgefühle steigern. Eine solche explosible Störung wird insbesondere durch das Mißverhältnis zwischen Gewaltanwendung und auslösender Situation charakterisiert.

Diagnostisch ist das Zustandsbild als paranoide Persönlichkeitsstörung (nach ICD 10: F60.0) mit fanatisch-expansiven Zügen bei intermittierend auftretender dispositionell bedingter Erregbarkeitssteigerung zu beurteilen.

Die Symptome erfüllen einzeln und erst recht in ihrer Vergesellschaftung die rechtsrelevante Kategorie der „schweren anderen seelischen Abartigkeit"[4]. Insofern kann auf die gutachterliche Beurteilung der verfahrensgegenständlichen Tat als Affekthandlung weitgehend verzichtet werden[5]. Das explosive und enthemmte Durchbre-

---

[4] Die „schwere andere seelische Abartigkeit" stellt den rechtsrelevanten Oberbegriff z.B. für Neurosen, Persönlichkeits- und Anpassungsstörungen dar. Laut Gesetzestext müssen die psychiatrischen/ psychologischen Befunde und Diagnosen auf die vier juristischen Merkmale: krankhafte seelische Störung, tiefgreifende Bewußtseinsstörung, Schwachsinn und/oder schwere andere seelische Abartigkeit ausgerichtet werden, wenn damit die Anwendungsvoraussetzungen des § 20 StGB (Schuldfähigkeit) oder des § 21 StGB (verminderte Schuldfähigkeit) begründet werden sollen. Seitens der Rechtspflegeorgane wird vom Gutachter erwartet, daß er seine Diagnose gleichsam in dieses juristische Begriffssystem umsetzt.

[5] Dadurch, daß bei dem Klienten ein Störungsbild im Sinne der „schweren anderen seelischen Abartigkeit" festgestellt war und damit bereits die Anwendungsvoraussetzungen des § 20 StGB (Schuldfähigkeit)

chen elementarer Verhaltensregeln gehört zum Störungsbild. Zudem erfolgt von seiten des Klienten keine Ich-fremde Verarbeitung des Geschehens, sondern eine Darstellung der Tat als Folge eines bereits längerwährenden Konflikts. Die Tatausführung selbst ist als Ausdruck seiner Befindlichkeit zum Tatzeitpunkt einzuordnen: Herr W. war nicht mehr imstande, dem Impuls nach Vergeltung und Rache irgendwelche Hemmnisse entgegenzustellen. Seine Handlungen während des relativ kurzen Tatzeitraums unterlagen nicht mehr seiner Kontrolle. Insofern ist aus der Sicht des Gutachters der Sachverhalt des *situativen Zusammenbruchs der Verhaltenssteuerung unzweifelhaft gegeben.*

Aus psychologischer Sicht ist außerdem bezüglich der Handlungs- bzw. Einsichtsfähigkeit des Klienten zur Tatzeit folgendes zu bedenken: Nach Ventzlaff (1986) sind Ausmaß und Intensität einer Störung für die Beurteilung der *Schuldunfähigkeit* von entscheidender Bedeutung. Die Frage, ob Herr W. unter Alltagsbedingungen in der Lage ist, das Unrecht seiner Handlungsweise einzusehen, ist zwar zu bejahen, obwohl auch da bereits paranoid-verzerrte Wahrnehmungen sozialer Gegebenheiten und dementsprechend veränderte Denkinhalte zu belegen sind. In der konkreten Tatsituation war jedoch durchaus möglich, daß es ihm die Insuffizienz seiner Impulskontrolle im Zusammenwirken mit den aus der schweren paranoiden Grundstörung herrührenden Beeinträchtigungs- und Rachegedanken zumindest erschwerte, Beurteilungen der Unrechtmäßigkeit seines Vorgehens vorzunehmen.

6. Entscheidung des Gerichts und Verlauf

Herr W. wurde hinsichtlich seines Tatverhaltens gemäß § 20 StGB exkulpiert[6] und zur Behandlung in ein psychiatrisches Krankenhaus eingewiesen (vgl. den umseitig wiedergegebenen Zeitungsbericht der *Mittelbayrischen Zeitung* vom 17.7.1993).

Er zeigte im Verlaufe seiner inzwischen mehrjährigen Behandlung unter strikt geschlossenen stationären Bedingungen eine außerordentlich günstige Entwicklung. So haben sich z.B. die wahnhaft-paranoiden gedanklichen Fixierungen gegenüber seiner vormaligen Familie und insbesondere gegenüber Polizei und Justiz aufgelöst. In absehbarer Zeit kann der Patient zur Fortführung des Maßregelvollzugs in eine andere Klinik verlegt werden, wo ihm bei weiterhin günstigem Behandlungsverlauf auch Vollzugslockerungen ermöglicht werden können.

---

erfüllt wurden, konnte auf die umfassende Darstellung der Tat als Affekthandlung (hier käme dann der begriff der „tiefgreifenden Bewußtseinsstörung" zur Anwendung) tatsächlich verzichtet werden. Als Gutachter hätte man erst dann beide Merkmale („schwere andere seelische Abartigkeit" und „tiefgreifende Bewußtseinsstörung") diskutieren müssen, wenn das Gericht im erkennenden Verfahren Einschränkungen der Schuldfähigkeit nicht akzeptiert hätte.

[6] von einer Schuld befreit

Mord im Gericht: 52jähriger freigesprochen

Unterbringung in psychiatrischer Klinik / Permanente Gefahr für die Allgemeinheit / Paranoide Störung

L a n d s h u t (mws). Einen Freispruch verkündete – wie erwartet – das Schwurgericht beim Landgericht Landshut für den 52jährigen Johann Winklmeier, der die Anwältin Ute Ertel im Gerichtssaal getötet hat. Dem 52jährigen war sowohl im psychologischen als auch im psychiatrischen Gutachten u. a. eine schwere, paranoide Persönlichkeitsstörung und damit die Schuldunfähigkeit bescheinigt worden. Das Gericht hob am Freitag den Haftbefehl auf und ordnete die vorläufige Unterbringung „auf unbestimmte und unabsehbare Zeit" im Bezirkskrankenhaus Straubing an.

Dieses Urteil, so die Vorsitzende Richterin Alexandra Pflügler-Wörle, könne nach den Gutachten und den enthaltenen Aussagen niemanden überraschen. Winklmeier könne für die Tat, die vorsätzliche Tötung der Anwältin Ute Ertel, nicht zur Rechenschaft gezogen werden. Die Gutachter hätten bei ihm eine schwere seelische Abartigkeit festgestellt, eine paranoide Persönlichkeitsstörung, die bereits im jungen Erwachsenenalter eingesetzt und immer stärkere fanatisch-expansive Züge bekommen habe. Dies habe letztlich zu einem totalen Realitätsverlust und zu einem totalen Verlust seiner Steuerungsfähigkeit geführt, so daß er nicht schuldfähig sei.

Der Angeklagte habe aber, so die Vorsitzende Richterin weiter, zweifelsfrei die ihm zur Last gelegte Mordtat ausgeführt. Da es aufgrund seiner geistigen Erkrankung und seiner Persönlichkeit immer wieder zu derartigen Handlungen kommen könne, stelle er eine permanente Gefahr für die Allgemeinheit dar und deshalb sei eine Unterbringung auf unbestimmte und unabsehbare Zeit anzuordnen gewesen.

In ihrer Urteilsbegründung ging Alexandra Pflügler-Wörle nochmals auf die Vorgeschichte des Mordes ein, auf die Scheidung der Eheleute, den Kampf um das Sorgerecht für die heute 12jährige Tochter und auf die Auseinandersetzungen um den Unterhalt für das Kind, den Winklmeier zuletzt nicht mehr bezahlt habe.

Er habe es zu Zwangsversteigerungsterminen und sogar zur Zwangshaft kommen lassen, habe Zweifel an seiner Vaterschaft angemeldet und diese Vorstellung sei im Lauf der Zeit bei dem Geisteskranken zur Gewißheit geworden. In seiner Sturheit und Uneinsichtigkeit habe er sich von Feinden umgeben gesehen, die Anwaltschaft sei für ihn zur „schwarzen Mafia" geworden. Sein Haß und sein Groll seien ins Maßlose gewachsen, dazu sei der Drang nach Vergeltung und Rache für die Niederlagen und das im vermeintlich zugefügte Unrecht gekommen.

Die Ursache des Todes der Anwältin, die Winklmeier am 11. August 1992 im Sitzungssaal mit zwei Messerstichen – von denen der erste bereits tödlich gewesen sei – niedergestochen habe, sei gewesen, daß die Anwältin nicht gewußt und erkannt habe, daß sie es mit einem geisteskranken Mann zu tun habe. Das Motiv der Tat seien Rachsucht und Haß gewesen, „niedrige Beweggründe", so daß objektiv der Tatbestand des Mordes erfüllt sei.

In ihren Schlußworten nahm die Schwurgerichtsvorsitzende zum Schlußplädoyer von Winklmeier-Verteidiger Peter Weitzdörfer Stellung, der das geltende moderne Scheidungsrecht und die Unverständlichkeit der Juristensprache als Motive für die Tat hingestellt und aus

Winklmeier ein „unschuldiges Opfer" gemacht habe. „Das paßt für den Sachverhalt so wenig wie ein Handschuh für einen Fuß. Das waren Ausführungen die dazu angetan waren, den Angeklagten in seinen wahnhaften Vorstellungen zu bestärken. Gut sei es gewesen, daß Winklmeier zum Schluß sein Schweigen gebrochen und Worte des Bedauerns gegenüber den Hinterbliebenen gefunden habe: „Dies ist ein Hoffnungsschimmer, daß es ihm eines Tages gelingen wird, einen Ausweg, einen Ausgang aus dem Gebäude seines Wahnes zu finden."

Literatur

Benton Sivan, A. & Spreen, O. (1996). *Benton-Test.* Bern: Huber.

Dahl, G. (1986). *Reduzierter-Wechsler-Intelligenztest (WIP).* Königstein/Ts.: Hain.

Ventzlaff, U. (1986). *Psychiatrische Begutachtung. Ein praktisches Handbuch für Ärzte und Juristen.* Stuttgart: G.Fischer.

22.

Rehabilitationspsychologische Beratung und Behandlung bei Asthma bronchiale - Frau N., 53 Jahre

Rolf Kramer & Jürgen Bengel

Freiburg

Die *Rehabilitationsklinik Wehrawald* der Bundesversicherungsanstalt für Angestellte (BfA) in Todtmoos, Baden-Württemberg, ist eine Einrichtung für kardiologische und pulmologische Erkrankungen. Es werden neben Anschlußheilbehandlungen und der Tumornachsorge medizinische Rehabilitationsmaßnahmen durchgeführt, die in der Regel drei bis sechs Wochen dauern.

Frau N., 53 Jahre

1. Vorgeschichte

Frau N., medizinisch-technische Assistentin, beantragte vor allem wegen zunehmender Atemnot eine medizinische Rehabilitation. An ihrem Arbeitsplatz, in einem chemischen Labor, hatte sie Phasen mit ausgeprägter Luftnot erlebt und war aus diesem Grund mehrmals über einige Wochen arbeitsunfähig. In den letzten Jahren waren noch weitere körperliche Beschwerden hinzugekommen. Nach einer Versetzung innerhalb ihrer Dienststelle hatten sich im Laufe des letzten halben Jahres die verschiedenen Beschwerden, darunter auch die Atemnot, langsam gebessert. Die für vier Wochen bewilligte stationäre Heilmaßnahme an der genannten Rehabilitationsklinik ist ihre erste.

2. Überweisungsgrund innerhalb der Klinik

Die Überweisungsdiagnosen auf der schriftlichen Anmeldung lauteten: *Asthma bronchiale*, chronische Kopfschmerzen und Verdacht auf eine depressive Verstimmung oder Somatisierungstendenz.

Die Patientin wurde von der behandelnden Stationsärztin am Tag der Ankunft in der Klinik, nach der Eingangsuntersuchung, zu einem Erstgespräch in der psychologischen Abteilung angemeldet. Das beabsichtigte Vorgehen wurde mit ihr ausführlich besprochen und sie zeigte sich damit einverstanden.

Die Stationsärztin teilte dem Psychologen ihre Annahme mit, daß die von Frau N. geschilderten Asthmabeschwerden aus den letzten Jahren wahrscheinlich durch die Inhalation chemischer Dämpfe am Arbeitsplatz ausgelöst und durch emotionale Konflikte und Belastungen im Sinn einer psychosomatischen Überlagerung verstärkt wurden. Diese Hypothese kam in Betracht, weil die Patientin Konflikte mit Kollegen am Arbeitsplatz beschrieb und Zusammenhänge mit dem Auftreten der Atemnot andeutete. Im Rahmen eines verhaltensmedizinischen Krankheitskonzeptes lassen sich solche psychosomatischen Beschwerdezusammenhänge grundsätzlich gut erklären (s. z.B. Kaiser, Lütke Fremann & Schmitz, 1995; Petermann, 1995; Schüffel, Herrmann, Dahme & Richter, 1996).

Frau N. schilderte im ersten ärztlichen Gespräch ferner, daß sie im letzten Jahr häufiger Herzrhythmusstörungen gehabt habe, die aber zur Zeit nicht mehr beobachtbar waren. Für diese kardialen Beschwerden konnte kein angemessenes organisches Korrelat gefunden und somit keine sichere medizinische Diagnose gestellt werden. Weiterhin fiel Frau N. dadurch auf, daß sie im Gespräch mit der Stationsärztin weinte. Es kam von Seiten der Ärztin der Verdacht auf eine depressive Problematik hinzu, welche in Beziehung zu den Konflikten am Arbeitsplatz stehen und auch psychosomatische Beschwerden erklären würde. Im psychosomatischen Kontext könnten umgekehrt die chronischen Kopfschmerzen (Migräne oder Spannungskopfschmerzen) verstanden werden.

Was die psychologische Abteilung betrifft, war zentrales ärztliches Anliegen die Durchführung einer testpsychologischen Depressionsdiagnostik bzw. eine weitergehende diagnostisch orientierte Exploration. Die aus dem ersten Kontakt entwickelten Hypothesen über die berufliche und psychosoziale Situation der Patientin und die möglichen Zusammenhänge mit den geschilderten Beschwerden sollten auf diesem Weg überprüft werden.

3. Planung der diagnostischen Arbeit

Im Rahmen der stationären medizinischen Rehabilitation sind Kontakte mit der psychologischen Abteilung für viele Patienten nicht selbstverständlich. Vorurteile und Widerstände oder auch falsche und überzogene Erwartungen an die Möglichkeiten der psychologischen Versorgung und auch gegenüber der psychologischen Diagnostik können den Zugang zum Patienten erschweren. Frau N. zeigte sich jedoch beim ärztlichen Eingangsgespräch gegenüber einem psychologischen Konsil nicht abwehrend, sondern eher neugierig und offen. Die Dauer des Aufenthaltes von Frau N. war, wie erwähnt, auf vier Wochen beschränkt, was ein problemzentriertes und ökonomisches

Vorgehen erforderte. Neben der diagnostischen Zielrichtung stand die Frage einer psychologischen Beratung im Vordergrund.

In den ersten Gesprächskontakten sollte eine tragfähige Beziehung aufgebaut werden. Frau N. sollte den Sinn und den subjektiven Nutzen der psychologischen Diagnostik verstehen können. Die anschließende Untersuchung mit Hilfe von Fragebogen hatte das Ziel, zu prüfen, ob sich bei der Patientin zur Zeit Hinweise für psychische Auffälligkeiten, vor allem für eine depressive Entwicklung zeigen, die zu einer psychosomatischen Beschwerdebildung führen könnten. Dieses Arbeitsziel orientierte sich an dem Prinzip, daß eine psychosomatische Diagnose, nicht nur als Ausschlußdiagnose - im Sinn einer Ursachenzuschreibung aus nicht erklärbaren körperlichen Beschwerden - gestellt werden sollte (vgl. Csef, 1995). Weiter sollte aus Gründen der Dokumentation im Interesse des Kostenträgers versucht werden, potentielle psychische Auffälligkeiten näher nach DSM IV zu klassifizieren.

Parallel dazu wurde eine ausführliche Exploration im Sinne einer anamnestischen Befunderhebung durchgeführt. Prinzipiell ist eine solche Erhebung mit einem halbstrukturierten Interview zu vergleichen. Danach wurden mit der Patientin weitere Kontakte vereinbart, die Schlußfolgerungen ausführlich besprochen und das weitere Vorgehen für die Zeit des Aufenthaltes geplant.

4. Diagnostischer Prozeß

4.1. Beschwerdeanamnese

Die Patientin lebt mit ihrem Ehemann in einer Großstadt. Sie haben keine Kinder, wobei bei beiden aber zu Beginn ihrer Ehe der Wunsch bestanden hatte. Als sich ihr Kinderwunsch im Laufe der Jahre nicht erfüllte, entschlossen sich beide Ehepartner zu einer bewußten Kinderlosigkeit und planten so ihren Alltag und ihre Zukunft. Frau N. beschreibt ihre Ehe als sehr harmonisch und berichtete auch, daß sie sich in ihrem Beruf über viele Jahre sehr zufrieden gefühlt habe. Sie habe einen großen Freundes- und Bekanntenkreis, und sie unternehme mit ihrem Mann in ihrer Freizeit sehr viel.

Im Sommer 1994 hatte sie in ihrer Freizeit nach einer körperlichen Belastung ihren ersten schweren Asthmaanfall. Im Februar 1995 wechselte sie in ein anderes Labor beim gleichen Arbeitgeber, in dem sie aber chemischen Dämpfen stärker ausgesetzt gewesen sei als bisher. Dort hatte sie ihren zweiten Asthmaanfall, wurde von dieser Zeit an lungenfachärztlich betreut und nimmt seither Medikamente gegen die Atemnot. Für über vier Monate wurde sie danach arbeitsunfähig geschrieben. Während dieser Zeit stellten sich bei der Patientin Herzrhythmusstörungen und Bluthochdruck ein, die ebenfalls medikamentös behandelt wurden.

Im Dezember 1995 wechselte die Patientin in einen neuen Bereich (Büro), wiederum beim gleichen Arbeitgeber, wo sie nur noch gelegentlich chemischen Substanzen ausgesetzt gewesen sei. Auch dort hatte sie, mittels eigener *Peak-flow* Messungen überprüft, konstant Atemnot, jedoch keine schweren Asthmaanfälle mehr. Daneben entwickelten sich massive Konflikte mit Arbeitskollegen, die für Frau N. nur schwer auszuhalten waren. Hintergrund dieser Probleme war, daß sie von ihren Mitarbeitern wegen ihrer wiederholten Krankschreibungen massiv angegriffen wurde und sich unter Druck gesetzt fühlte. Diesen Angriffen konnte sie kaum etwas entgegensetzen. Eine Konfliktlösung kam nicht zustande und die Patientin versuchte in der Folge, wiederum den Arbeitsbereich zu wechseln. Im Januar 1996 stellte Frau N. bei ihrer Berufsgenossenschaft einen Antrag auf Anerkennung des *Asthma bronchiale* als Berufskrankheit und einen Antrag bei ihrer Rentenversicherung zu einer stationären Rehabilitationsmaßnahme. Der Antrag auf Anerkennung als Berufserkrankung wurde im Juni 1996 abgelehnt.

Im Frühjahr 1996 erhielt sie wegen der andauernden Atemnot und auch wegen den noch akuten Konflikten mit Kollegen abermals einen neuen Arbeitsplatz in der Verwaltung des gleichen Betriebes, an dem sie keinerlei chemischen Substanzen mehr ausgesetzt sei. Auch die Konflikte mit den Arbeitskollegen seien nun nicht mehr vorhanden. Sie fühle sich dort wohl, habe in der Folge keine nennenswerten Atembeschwerden mehr und auch die anderen Beschwerden würden langsam abklingen. Während dieser Zeit wurde sie in unsere Klinik zu einem vierwöchigen Heilverfahren einbestellt.

Für die Patientin sind in erster Linie die langjährigen Kontakte mit chemischen Substanzen für ihr *Asthma bronchiale* verantwortlich. Die Herzrhythmusstörungen führte sie auf Medikamente, die zur Behandlung des *Asthma bronchiale* eingesetzt wurden, zurück.

In der ersten Explorationsphase war Frau N. sehr aufgeschlossen und begrüßte das Angebot zu weiterführenden Beratungskontakten. Sie zeigte keine Widerstände gegenüber einer ausführlichen psychologischen Fragebogendiagnostik. Sie wirkte sehr aktiv, hochmotiviert und öffnete sich auch hinsichtlich problematischer Themen. Es entstand ein tragfähiges therapeutisches Arbeitsbündnis. Bei emotional belastenden Themenbereichen, wie zum Beispiel die Konflikte mit den Arbeitskollegen, weinte die Patientin. Sie berichtete zugleich, schon immer sensibel und „dünnhäutig" gewesen zu sein. Ausgeprägte Stimmungsschwankungen, Rückzugstendenzen, Selbstzweifel oder andere Symptome einer Depression schilderte Frau N. nicht.

Im Gegensatz zu ihrer prinzipiellen Offenheit war Frau N. jedoch psychologischen Denkansätzen oder einem psychosomatischen Krankheitsverständnis des *Asthma bronchiale* gegenüber sehr reserviert und abwehrend. Dabei entstand schnell der Eindruck, daß sie ein eher organisch orientiertes Krankheitsverständnis des *Asthma bronchiale* besaß. Psychosomatische Zusammenhänge verband sie konsequent mit Assoziationen wie „selbstverschuldet" oder „eingebildet". Für sie kamen implizit nur zwei Krankheitsmodelle in Frage: Entweder ein allergisches Asthma oder ein „psychisches" Asthma.

4.2. Ergebnisse der Fragebogenerhebung

Um Hinweise auf akute intrapsychische Konflikte bzw. konfliktfördernde Persönlichkeitsanteile zu bekommen, wurden Persönlichkeitstests eingesetzt:

1. FPI-R
2. TPF

Neben diesen eher breit angelegten Erhebungsinstrumenten zur Persönlichkeitsdiagnostik wurde versucht, mittels spezifischer klinischer Verfahren weitere Informationen zu gewinnen:

3. SAM (*Fragebogen zur Erfassung dispositionaler Selbstaufmerksamkeit;* Filipp & Freudenberg, 1989)[1]
4. TSK (*Trierer Skalen zu Krankheitsbewältigung;* Klauer & Filipp, 1993)[2]
5. HADS-D (*Hospital-Anxiety and Depression-Scale - Deutsche Version;* Herrmann, Buss & Snaith, 1995)[3]

---

[1] Der Fragebogen SAM erfaßt die Persönlichkeitseigenschaft, inwieweit eine Person fähig ist, ihr Selbst oder Teilaspekte ihres Selbst in den Mittelpunkt ihrer Wahrnehmung zu setzen. Die Skala *öffentliche Selbstaufmerksamkeit* bezieht sich auf Selbstaspekte, die von außenstehenden Personen erkennbar sind (z.B. Aussehen), die Skala *private Selbstaufmerksamkeit* erfaßt Gedanken oder verdeckte Verhaltensweisen. Gerade für die Arbeit mit chronisch körperlich kranken Patienten sollen die Skalen eine diagnostische Hilfe sein. So wird einerseits erwartet, daß Personen mit einer mittleren *privaten Selbstaufmerksamkeit* dazu neigen, körperbezogene Phänomene angemessen wahrzunehmen und adäquat einzuschätzen. Empirische Befunde deuten auch an, daß Patienten mit einer erhöhten *privaten Selbstaufmerksamkeit* eher zu problematischen Krankheitsverarbeitungsmodalitäten neigen. Ebenso spielen bei neueren Modellen zur Ätiologie psychosomatischer Beschwerden die Konzepte des SAM eine Rolle (Sachse, 1995). Die *Retest*-Relibilität über 12 Monate liegt zwischen .72 und .84.

[2] Die TSK erfassen fünf Modalitäten oder Stile, wie körperlich kranke Menschen mit ihrer Erkrankung umzugehen versuchen: *Rumination* (in die Vergangenheit gerichtetes, zurückgezogenes, grüblerisches Verhalten), *Suche nach sozialer Einbindung* (aktives, handlungsorientiertes, nach sozialen Kontakten suchendes Verhalten), *Bedrohungsabwehr* (intrapsychisches, abwehraufbauendes und auch kämpferisches Verhalten), *Suche nach Information und Erfahrungsaustausch* (orientiert auf die Erkrankung und aktives Suchen nach Wissen über Hintergründe und Behandlungen) sowie *Suche nach Halt in der Religion* (religiös orientierte Verhaltensweisen und Fragenstellen nach dem Sinn der Erkrankung). Theoretischer Hintergrund bildet ein von den Autoren entwickeltes dreidimensionales Schema zur Einordnung von Bewältigungsreaktionen. Diese Dimensionen sind: Art der Reaktion (intrapsychisch *vs.* aktionalmotorisch), Fokussierung der Aufmerksamkeit (krankheitszentriert *vs.* krankheitsdezentriert) und Grad der Soziabilität (hoch *vs.* niedrig). Validierungsstudien dazu liegen (noch) nicht vor; die *Split-half*-Reliabilität liegt zwischen .76 und .82.

[3] Der Fragebogen HADS-D ist speziell für die ökonomische Anwendung in der somatischen Medizin entwickelt worden. Er leistet eine frühe Differenzierung psychisch belasteter Patienten im Sinne eines *Screening*-Verfahrens, und zwar vor allem zur Früherkennung von Patienten mit funktionellen Beschwer-

Der FPI-R zeigte auf fast allen Skalen durchschnittliche Stanine-Werte von plus/minus 1 um den Mittelwert 5: *Soziale Orientierung* (5), *Gehemmtheit* (4), *Erregbarkeit* (4), *Aggressivität* (4), *Beanspruchung* (4), *körperliche Beschwerden* (5), *Gesundheitssorgen* (5) und *Extraversion* (6). Auf der Skala *Offenheit* hat Frau N. ebenfalls einen durchschnittlichen Wert (4), so daß die Ergebnisse nicht von Tendenzen in Richtung sozialer Erwünschtheit beeinflußt waren. Außerhalb des Wertebereiches von einer Standardabweichung um den Mittelwert liegen die Skalen *Lebenszufriedenheit* (8), *Leistungsorientierung* (3) und *Emotionale Labilität* (2).

Der TPF ergab auf fast allen Skalen durchschnittliche *T*-Werte von plus/minus 10 um den Mittelwert 50: *Verhaltenskontrolle* (40), *seelische Gesundheit* (49), *Sinnerfülltheit vs. Depressivität* (56), *Beschwerdefreiheit vs. Nervosität* (53), *Expansivität* (46), *Autonomie* (48), *Selbstwertgefühl* (50) und *Liebesfähigkeit* (44). Ausnahme war die Skala *Selbstvergessenheit vs. Selbstzentrierung* mit einem *T*-Wert von 62. Auch mit diesem Verfahren konnten keine Hinweise auf belastende Aspekte beobachtet werden.

Im SAM ergab sich bei Frau N. auf der Skala der *privaten Selbstaufmerksamkeit* ein *T*-Wert von 37 und auf der Skala der *öffentlichen Selbstaufmerksamkeit* ein *T*-Wert von 40. Diese Ergebnisse liegen somit am Rand bzw. unterhalb einer Standardabweichung unter dem Mittelwert.

Die TSK erbrachte auf der Skala *Rumination* einen *T*-Wert von 30 und auf der Skala *Suche nach Halt in der Religion* einen *T*-Wert von 32. Alle anderen Skalenwerte sind durchschnittlich: *Suche nach sozialer Einbindung* (52), *Bedrohungsabwehr* (44), *Suche nach Information und Erfahrungsaustausch* (58).

Mit dem HADS-D ergaben sich keine Hinweise auf eine klinisch auffällige Angstproblematik oder Depressivität. Die Werte beider Skalen lagen jeweils bei einem Punktwert 1, wobei Werte zwischen 0 und 7 als sicher „unauffälliger Befund" zu deuten sind.

4.4. Zusammenfassung und Interpretation der diagnostischen Informationen

Die Fragebogenuntersuchung ergab keine sicheren Anzeichen für eine manifeste psychische Konfliktsituation mit Störungswert. Eine Depressions- oder Angstproblematik, ebenso wie eine Somatisierungsstörung konnte zum gegebenen Zeitpunkt relativ sicher ausgeschlossen werden, was sich auch mit dem Eindruck aus den Beratungsgesprächen deckte. Insofern kann die Untersuchung im Sinne einer Ausschlußdiagnostik interpretiert werden. Würde bei Frau N. eine Angst- oder Depressionsproblematik bzw. eine Somatisierungsstörung vorliegen, hätten verschiedene Skalenwerte Hinweise geben müssen (z.B. *körperliche Beschwerden* im FPI-R oder *Sinnerfülltheit vs. Depressivität* im TPF).

---

den oder Krankheitsverarbeitungskonflikten. Die beiden Subskalen *Angst* und *Depressivität* wurden konstruktvalidiert. Die *Retest*-Reliabilität über 2 Wochen beträgt .84 bzw. .85.

Zahlreiche Informationen deuten an, daß Frau N. trotz ihrer zurückliegenden Schwierigkeiten und Beschwerden mittlerweile eine gute psychische Stabilität und Zufriedenheit entwickelt hat. So untermauerten die Werte des FPI-R, daß Frau N. derzeit mit ihrem Leben ausgesprochen zufrieden ist, unter bloß mittelmäßigem „Streß" steht, keine auffälligen somatischen Beschwerden hat und sich auch um ihre Gesundheit keine besonderen Sorgen macht. Sie ist eher wenig leistungsorientiert, nicht auffallend gehemmt und aggressiv, dabei aber durchaus aufgeschlossen und kommunikativ. Der auffälligste Wert ist der der Skala *Lebenszufriedenheit*. Obwohl die Patientin in einigen Situationen während der Beratungstermine weinte, gab sie eine grundsätzlich hohe Zufriedenheit mit ihrer derzeitigen Lebenssituation an. Ihrer Aussage nach ist dieser scheinbare Widerspruch so zu verstehen, daß sie vor allem dann aufgewühlt war, wenn sie an die zurückliegenden Konflikte in ihrem Betrieb erinnert wurde. Andere Gründe für die heftigen emotionalen Reaktionen sah sie nicht. Dies steht auch im Einklang mit Schilderungen der Patientin, wonach sie seit der betriebsinternen Umsetzung keine Schwierigkeiten mehr mit Kollegen habe und mit ihrer beruflichen Situation wieder zufrieden sei.

Auch die Daten des TPF bestärken die allgemeine Einschätzung. Frau N. beschrieb sich darin als eher wenig selbstkontrolliert und als häufig spontan handelnd, mit einer guten körperlichen und seelischen Stabilität und Gesundheit. Sie beschrieb ein durchaus sicheres Selbstwertgefühl verbunden mit Selbständigkeit, Kommunikations- und Liebesfähigkeit. Bedeutsam erscheint der Befund der Skala *Selbstvergessenheit vs. Selbstzentrierung*. Der auffällige Wert läßt sich so interpretieren, daß die Patientin nicht oft über sich selbst ins ängstliche oder sorgenvolle Grübeln gerät. Auch diese Eigenschaft ist verbunden mit einem eher nach vorne orientierten und ausgefüllten Lebensstil.

Die erniedrigten Werte auf den Skalen des SAM deuteten an, daß Frau N. die Tendenz besitzt (unter Umständen i.S. einer relativ stabilen Persönlichkeitseigenschaft), in ihrer Wahrnehmung eher auf äußere Aspekte, ihre Umgebung und weniger auf sich selbst konzentriert zu sein. Dies kann im Zusammenhang mit ihrer Erkrankung dazu führen, daß sie Auslösefaktoren für Asthmabeschwerden eher in ihrer Umgebung sucht bzw. auf solche konzentriert ist. Internale Auslöser, wie Streß, Anspannungszustände oder emotionale Belastungen, liegen weniger in ihrer Wahrnehmungszentrierung und werden tendenziell vernachlässigt. Der Befund liegt konform mit den Informationen aus dem TPF hinsichtlich der Selbstzentrierung der Patientin, der die Tendenz zur Selbstvergessenheit beschreibt.

Hinsichtlich ihrer Krankheitsverarbeitung zeigten sich in den TSK keine meßbaren Einschränkungen oder Auffälligkeiten. Frau N. geht mit ihrer Erkrankung so um, wie es letztlich für ihre Lebensqualität und ihre Asthmabeschwerden gut ist. Sie sucht und nutzt krankheitsrelevante Informationen und zeigt keine sozialen Rückzugstendenzen. Auch den allgemeinen emotionalen Belastungen einer chronischen Erkrankung verschließt sie sich (i.S. einer Abwehrhaltung) wenig. Die niedrigen Werte auf der Skala *Rumination* zeigen die derzeitige Tendenz der Patientin, sich kaum mit vergangenheitsbezogenen Hintergründen der Erkrankung auseinandersetzen zu wollen und sich auch weniger in Grübeleien zu verlieren. Eine auffällig erhöhte *Rumination* würde in enger Verbindung zu depressiven Symptomen stehen können. Frau N. scheint eher zu einer gegenteiligen Haltung zu neigen, mit mehr aktiven, sozialen und angemessenen krankheitsbezogenen Reaktionen.

Insgesamt muß die Tatsache beachtet werden, daß diese Beschreibung nur auf die momentane Situation in der Klinik bezogen werden kann. Die diagnostischen Befunde können keinen sicheren Aufschluß darüber liefern, ob früher ausgeprägte intrapsychische Konflikte vorhanden waren. Insofern kann durch die Fragebogenuntersuchung nicht gesichert geklärt werden, ob die von der Patientin geschilderten Asthmabeschwerden in der Vergangenheit einzig durch die Inhalation chemischer Dämpfe (als unspezifische Reize) entstanden sind oder durch die beschriebenen körperlichen oder emotionalen Belastungen mit ausgelöst wurden. Grundsätzlich können alle Komponenten eine wechselseitige und sich gegenseitig verstärkende Rolle spielen.

5. Psychologische Beratung

5.1. Planung der Beratungskontakte

In der weiteren Beratungsarbeit sollte die Thematik der Krankheitsverarbeitung im Vordergrund stehen. Diese Zentrierung ergab sich aus den Resultaten der Fragebogenuntersuchung sowie aus den bisherigen inhaltlichen Gesprächen mit der Patientin. Frau N. sollte im Laufe der Beratung ein differenzierteres Krankheitskonzept kennenlernen und es auf die eigene Lebenssituation umsetzen können.

Was sich in den Gesprächen mit der Patientin immer wieder herausstellte, war ihre Skepsis gegenüber „inneren", psychischen Asthmaauslösern. Frau N. blieb bisher auf externale, in ihrer beruflichen Umgebung auftretende Beschwerdeauslöser konzentriert und fixiert. Sie leidet mit hoher Wahrscheinlichkeit aber nicht unter einem allergischen Asthma. So hat die Allergiediagnostik keine spezifischen Auslöser gefunden. Ihre primäre Diagnose lautet demzufolge: Endogenes *Asthma bronchiale*. Die bisherige Ausgrenzung psychischer Anfallsauslöser sollte somit von der Patientin im Sinn eines psychosomatischen Krankheitsverständnisses erweitert werden.

Die Zentrierung der Beratungsarbeit auf die Bewältigung der chronischen Erkrankung entspricht den allgemeinen psychologischen Interventionsprinzipien in der medizinischen Rehabilitation innerhalb der Bundesversicherungsanstalt für Angestellte (1995). Ausgehend von Konflikten in der Krankheitsverarbeitung sollen vor allem damit verbundene Themen in die Beratung eingehen, wie zum Beispiel unangemessene Krankheitskonzepte, Familienkonflikte oder Selbstwertprobleme. Entwickelt sich auf dieser Basis die Notwendigkeit für eine längerfristige psychotherapeutische Hilfe, kann diese vorbereitet (z.B. im Sinne von Motivationsarbeit) und für Zuhause geplant werden.

Bisher entstand auch der Eindruck, daß die Arbeitsplatzkonflikte von Frau N. noch nicht angemessen bewältigt wurden und immer wieder zu Traurigkeiten Anlaß gaben. Als weiterer Aspekt sollten diese Konflikte in der Beratung Raum einnehmen können, wenn von Seiten der Patientin das Bedürfnis dazu vorhanden ist. Sie sollte die Möglichkeit haben, die problematischen oder emotional belastenden Themen ausführlich ansprechen zu können. Auf diesem Wege könnte die psychologische Beratung eine emotionale Entlastung sein, aber auch Hilfen zur Bewältigung der zurückliegenden Probleme anbieten.

5.2. Verlauf der psychologischen Intervention

Im Laufe der Beratungskontakte wurden die verschiedenen Widerstände, die einer Veränderung des subjektiven Krankheitsmodells im Wege stehen, immer deutlicher. Dazu zählte auch das Bemühen um die Anerkennung des Asthmas als Berufskrankheit, die Frau N. nach der erstmaligen Ablehnung mittlerweile gerichtlich erreichen möchte. Sie schien wenig Aussicht auf eine solche Anerkennung zu sehen, wenn sie sich für ein psychosomatisches Krankheitskonzept öffnete - obwohl sich beide Aspekte, Anerkennung als Berufserkrankung und psychische Überlagerung, durchaus nicht grundsätzlich widersprechen müssen. In den Gesprächen wurde dies offen thematisiert.

Weiterhin wurden die Vorurteile gegenüber psychosomatischen Denkmodellen und Krankheitskonzepten besprochen. So berichtete sie, daß psychosomatisches Denken für sie sehr eng mit schweren psychiatrischen Erkrankungen in Verbindung stehe. Frau N. konnte diese Widerstände zunehmend besser wahrnehmen, ansprechen und reflektieren. Sie verstand immer mehr, welche Funktion oder Bedeutung die Fixierung auf ein eher eindimensionales Krankheitsmodell für sie besaß und welche einseitigen Annahmen sie implizit mit ihrer Erkrankung verband.

Sie realisierte, was Asthmabeschwerden grundsätzlich auslösen kann: Spezifische Allergene, unspezifische Reize, wie zum Beispiel chemische Dämpfe, körperliche Belastungen sowie psychische Anforderungen und Belastungen bzw. Angstsituationen. Eine Hilfe war die Lektüre eines Selbsthilfebuches, welches diese Aspekte aus der Sicht eines erfahrenen Asthmapatienten beschreibt (Zenker, 1992). Daneben wurden diese Themen in einer Gesprächsgruppe für atemwegskranke Patienten von ärztlicher und psychologischer Seite angesprochen.

Im Laufe der Beratung konnte Frau N. schließlich diese Zusammenhänge zunehmend auf die eigene Biographie beziehen. Sie sah, daß bei Konflikten am Arbeitsplatz und der gleichzeitigen Belastung durch chemische Dämpfe beides für die ausgeprägte Atemnot verantwortlich war. Insofern veränderte Frau N. langsam nicht nur ihr allgemeines Krankheitskonzept, sondern konnte auch immer mehr die Bedingungen ihrer Erkrankung differenzierter wahrnehmen und verstehen.

Auf der Grundlage eines klientenzentrierten Ansatzes wurde sie so in ihrer Wahrnehmung auf internale und emotionale Anteile ihrer intrapsychischen Krankheitsbewältigung gelenkt. Der allgemein niedrigen Selbstzentrierung wie auch der geringen

Neigung zur Wahrnehmung privater Personenanteile sollte so im positiven Sinne entgegengewirkt werden, ohne daß daraus eine nach Innen gekehrte Rückzugstendenz entstand. Gerade im Zusammenhang mit ihrer Asthmaerkrankung schien es hilfreich, die Wahrnehmung körperbezogener Phänomene zu schulen, um akute und in seltenen Fällen lebensbedrohliche Zustände *(Status Asthmaticus)* eher vorhersehen zu können.

Hinsichtlich der anderen Beschwerden, wie der Rhythmusstörungen und der chronischen Kopfschmerzen konnte sie ebenfalls ein differenzierteres Verständnis entwickeln. Vor allem für die weitere Behandlung der Kopfschmerzen wurden Hilfsansätze gefunden. Frau N. erhielt die Empfehlung, eine neurologische Diagnostik am Heimatort in Anspruch zu nehmen. Zusätzlich wurden psychologische Ansätze zur Bewältigung chronischer Kopfschmerzen ausführlich besprochen. Es wurde versucht, einige individuelle Ansätze für die Zukunft zu entwickeln (nach Pfaffenrath & Gerber, 1992). Frau N. übte eine Entspannungstechnik ein (Progressive Relaxation nach *Jacobson*). Zudem wurde die Wahrnehmung von Körperempfindungen und Spannungen geschult. Frau N. nahm das Angebot motiviert auf.

Literatur

Bundesversicherungsanstalt für Angestellte (Hrsg.)(1995). *Klassifikation therapeutischer Leistungen in der stationären medizinische Rehabilitation.* Berlin: Eigenverlag.

Csef, H. (1995). Somatoforme Störungen in der inneren Medizin. *Internist, 36,* 625-636.

Filipp, S.H. & Freudenberg, E. (1989*). Der Fragebogen zur Erfassung dispositionaler Selbstaufmerksamkeit (SAM).* Göttingen: Hogrefe.

Herrmann, C., Buss, U. & Snaith, R. P. (1995). *Hospital Anxiety and Depression Scale - Deutsche Version (HADS-D).* Bern: Huber.

Kaiser, U., Lütke Fremann, H. & Schmitz, M. (1995). Atemwegserkrankungen. In F. Petermann (Hrsg.), *Verhaltensmedizin in der Rehabilitation* (S. 165-187). Göttingen: Hogrefe.

Klauer, T. & Filipp, S.H. (1993). *Trierer Skalen zur Krankheitsverarbeitung (TSK).* Göttingen: Hogrefe.

Petermann, F. (1995). *Asthma und Allergie.* Göttingen: Hogrefe.

Pfaffenrath, V. & Gerber, W.D. (1992). *Chronische Kopfschmerzen.* Kohlhammer: Stuttgart.

Sachse, R. (1995). *Der psychosomatische Patient in der Praxis: Grundlagen einer effektiven Therapie mit „schwierigen" Klienten.* Stuttgart: Kohlhammer.

Schüffel, W., Herrmann, J. M., Dahme, B. & Richter, R. (1996). Asthma bronchiale. In T. v.Uexküll (Hrsg.), *Psychosomatische Medizin* (S. 810-838). München: Urban & Schwarzenberg.

Zenker, W. (1992). *Mit Asthma leben lernen.* Düsseldorf: Econ.

23.

Berufliche Rehabilitation und Gedächtnistraining nach Virusencephalitis - Ein 56jähriger Hochschullehrer

Dorothea Roether

Rostock

Die *Institutsambulanz am Nervenzentrum* der Universität Rostock ist verhaltenstherapeutisch orientiert; es werden hierher Patienten von anderen Universitätskliniken zur spezialisierten psychologischen Diagnostik, Behandlung und Therapie überwiesen.

Ein 56jähriger Hochschullehrer

1. Überweisungsgrund

Auf Empfehlung eines Facharztes für Neurologie und Psychiatrie wurde der Patient zum Gedächtnistraining überwiesen. Er hatte vor vier Monaten eine Virusencephalitis durchgemacht und befand sich nun in der ambulanten neuropsychiatrischen Nachbetreuung. Im Vordergrund der aktuellen Beschwerden des Patienten standen eine ausgeprägte Selbstunsicherheit sowie Merkfähigkeitsprobleme. Das Einprägen von neuem Fachwissen und das Merken von Namen bereiteten dem früher sehr leistungsfähigen Wissenschaftler derartige Probleme, daß er sich kaum noch etwas zutraute und den sozialen Kontakt zu Berufskollegen, Freunden und Verwandten mied.

2. Vorbehandlung

2.1 Zur Vorgeschichte

Fünf Tage nach allgemeinen Symptomen eines Infektes (Fieber, Schüttelfrost sowie allgemeine Schwäche) zeigte der Patient die Symptome einer motorischen Aphasie[1]. Fremdanamnestisch beschrieben wurde ein „wirrer Wortsalat", zeitweilig war der Patient delirant[2]. Er wurde stationär auf einer internistischen Abteilung eines Krankenhauses betreut. Liquor, Blut- und Hirndiagnostik erbrachten unter Berücksichtigung des klinischen Bildes Hinweise auf eine Encephalitis bei Virusinfektion, die medikamentös behandelt wurde. Nach sechs Wochen wurde der Patient aus der internistischen Klinik entlassen und in die ambulante neuropsychiatrische Nachbetreuung überwiesen. Während die delirante Symptomatik und die aphasischen Störungen nur wenige Tage anhielten, entwickelte sich in der Folge ein hirnorganisches Psychosyndrom[3] mit ausgeprägten Merkfähigkeitsstörungen.

2.2. Zusammengefaßte Ergebnisse der Exploration

Bei dem Patienten handelt es sich um einen wissenschaftlich anerkannten Hochschullehrer, der bisher bei Studenten und Assistenten wegen seiner anregenden Lehrtätigkeit und seines verläßlichen Leitungsstils sehr beliebt war. Bis zur Erkrankung führte er eine harmonische Ehe, pflegte vielseitige, zum Teil auch körperlich aktive Interessen und hatte einen großen Freundeskreis. Er hatte guten Kontakt zu seinen drei erwachsenen Kindern, Schwiegerkindern und Enkeln.

Die anhaltende Arbeitsunfähigkeit machte ihn unzufrieden, was auch zu Spannungen im Familienkreis führte, zumal er bisher in seiner wissenschaftlichen Arbeit seinen Lebenssinn gesehen hatte. Befremdlich für die Familie war, daß er die Namen der Kinder, Enkel usw. durcheinander brachte, sich an Absprachen nicht erinnern konnte und kaum Interesse an den Erlebnissen und Problemen der einzelnen Familienmitglieder zeigte.

Der Patient war durch seine Erkrankung, die bereits ein halbes Jahr andauerte, völlig aus seinem bisherigen Lebenskonzept herausgerissen. Versuche, seinen gewohnten Arbeitsstil und Tagesrhythmus aufzunehmen, machten ihm sein aktuell geringes Leistungsvermögen bewußt. Dies führte zu einer erheblichen Verunsicherung und zu einem sozialen Rückzug. Er vermied den Kontakt zu seinen Mitarbeitern, las zwar unsystematisch gelegentlich Fachtexte, wußte aber bald nicht mehr, ob und was er gelesen hatte.

3. Fragestellung

Aufgrund dieser Vorinformationen sollte geklärt werden:

---

[1] Sprachverständnis- und Wortzugriffsstörungen, beruhend auf einer Hirnschädigung
[2] Rückbildungsfähige Bewußtseinsstörung, wie z.B. örtliche und zeitliche Desorientierung, illusionäre oder wahnhafter Verkennung der Umgebung
[3] als Folge körperlicher Erkrankungen auftretende Hirnleistungsstörungen und Persönlichkeitsveränderungen, wie z.B. Merk- und Konzentrationsstörungen, Antriebsschwäche, Affektlabilität

– Wie ist das Leistungsspektrum des Patienten in einzelnen Fähigkeitsbereichen?
– Gibt es Veränderungstendenzen des hirnorganischen Psychosyndroms im Behandlungsverlauf?
– Wie spricht er emotional, motivational und kognitiv auf verhaltenstherapeutische Interventionen an?
– Lassen sich die geklagten Merkfähigkeitsstörungen durch ein gezieltes Gedächtnistraining vermindern?
– Wie ist die Arbeitsfähigkeit des Patienten nach der Therapie einzuschätzen?

4. Diagnostisches Vorgehen

Die psychologische Erstuntersuchung erfolgte 16 Wochen nach dem Erkrankungsbeginn, 10 Wochen nach der akuten stationären Betreuung des Patienten. Im Vordergrund der psychologischen Diagnostik stand zunächst die Erfassung des allgemeinen Intelligenzniveaus sowie der Tempo- und Merkfähigkeitsleistung. Die Ergebnisse der psychologischen Erstdiagnostik sollten dann zur Erstellung des weiteren Therapieplanes genutzt werden. Nachfolgeuntersuchungen waren zur Einschätzung des Therapieerfolges vorgesehen.

4.1. Testergebnisse

Zur Erfassung der allgemeinen Intelligenz wurden aus dem HAWIE-R *(Hamburg-Wechsler-Intelligenztest für Erwachsene Revision 1991)* die Untertests *Allgemeines Wissen* (WP = 10), *Gemeinsamkeitenfinden* (WP = 14), *Zahlen-Symbol-Test* (WP = 10), *Bilderergänzen* (WP = 12), *Mosaik-Test* (WP = 14) durchgeführt. Die Untersuchungsergebnisse liegen im durchschnittlichen bis überdurchschnittlichen Bereich und weisen insgesamt auf eine gute Intelligenz hin. In Relation zur beruflichen Qualifikation sind dabei jedoch das Allgemeinwissen und das kognitive Tempo weniger gut ausgeprägt.

Sodann wurde das Verfahren TME *(Tempoleistung und Merkfähigkeit Erwachsener;* Roether, 1984)[4] durchgeführt. Die Tempoleistungen in den 10 Testdurchgängen variierten zwischen WP = 8 und WP = 11 bei einer Durchschnittsleistung von WP = 9.7. Somit liegt die Tempoleistung im Normbereich, wobei sich in der ersten Testhälfte ein diskontinuierlicher Leistungsverlauf zeigte, der sich in der zweiten Testhälfte

---

[4] Dieses Verfahren prüft mit Hilfe von drei Untertests das mittelfristige Behalten von Bildern konkreten Inhalts, das Wortgedächtnis und die Tempoleistung beim Zeigen und Benennen von Zahlen auf einer ungeordneten Zahlentafel. Die Untertests werden wiederholt angewendet, um die wiederholungsbedingte Leistungsverbesserung diagnostisch nutzbar zu machen. Das Verfahren wurde u.a. differentialdiagnostisch in bezug auf hirnorganischen Abbau validiert; die *Retest*-Reliabilität (innerhalb ein und derselben Testung) liegt zwischen .79 und .83. Die Normierung bezieht sich auf N = 320 Gesunde, und erfolgte analog zum HAWIE-R in Wertpunkte.

auf ein mittleres Leistungsniveau einpegelte. Die Prüfung der visuellen Merkfähigkeit lag im ersten Versuch bei *WP* = 4, im zweiten Versuch bei *WP* = 6 und die auditive Merkfähigkeit ebenfalls bei *WP* = 4 und *WP* = 6. In beiden Tests liegen die Merkfähigkeitsleistungen unterhalb des Normbereichs, wobei jeweils in den Testwiederholungen ein (relativer) Anstieg der Leistungsergebnisse erzielt werden konnte, der auf die Bekanntheit des Testmaterials zurückgeführt werden kann. Die wiederholungsbedingten Verbesserungen führten jedoch nicht zu normgerechten Leistungsergebnissen im zweiten Versuch.

10 Wochen nach der Erstuntersuchung erfolgte eine Testwiederholung mit dem TME. Die durchschnittliche Tempoleistung (*WP* = 9.9) erbrachte bei wiederum diskontinuierlichem Leistungsverlauf in der ersten Testhälfte ein gleiches Testergebnis. Es ließen sich leichte Verbesserungen der visuellen (*WP* = 7 und *WP* = 6) und auditiven (*WP* = 6 und *WP* = 9) Merkfähigkeit ermitteln. Gleichzeitig waren jedoch vermehrt, nämlich 7 Falschnennungen zu registrieren, die auf eine konfabulatorische Ausfüllung von Gedächtnislücken hinweisen.

Zur gleichen Zeit wurde der BAT (*Berliner Amnesietest;* Metzler, Voshage & Rösler, 1992)[5] durchgeführt. Abbildung 1 veranschaulicht die einzelnen Untertestleistungen. Der Patient zeigt nur in vier Untertests Leistungen oberhalb des Mittelwertes. Das figurale Gedächtnis für Muster (Untertests 7A, 6 und 4) und die Kurzzeitgedächtnisspanne für Zahlenreihen (Untertest 5) sind uneingeschränkt, während die verbalen Testanforderungen erheblich unterhalb des Normbereiches liegen. Bemerkenswert ist, daß auch sinnvoll geordnete Wortgruppen (Untertest 8) nur sehr lückenhaft

---

[5] Diese Testbatterie erfaßt hirnorganisch bedingte kognitive Leistungsbeeinträchtigungen in verbalen sowie figuralen Gedächtnisfunktionen und basiert auf allgemeinpsychologischen Forschungsergebnissen. Abgesehen von der unmittelbaren Interpretation der einzelnen Untertests als Testprofil (normiert in z-Werte) werden auch verschiedene Summen-Scores angeboten zur Diagnostik krankheitsspezifischer Ausfälle, z.B. zum *Korsakow*-Syndrom. Folgende Anforderungen werden in den Untertests des BAT gestellt:

1 *Recall* unstrukturiert (verbal): Freies Reproduzieren einer unstrukturierten Wortliste

2 Semantische Indifferenz: Die im Untertest 1 dargebotenen Wörter sollen aus einer schriftlich vorgelegten Geschichte wiedererkannt werden

3A *Recognition* (verbal): Eine Lernliste soll aus einer unstrukturierten Testwortliste wiedererkannt werden

3B Proaktive Interferenz: Einbindung von Wörtern aus dem Untertest 1 in die Wiedererkennungsliste von Untertest 3.

3C Korrekturwert für proaktive Interferenz

4 Muster*recognition*: Jeweils ein Muster soll aus vier ähnlichen Mustern herausgefunden werden

5 Kurzzeitgedächtnisspanne: Zahlennachsprechen vorwärts

6 Muster*recall*: Jeweils für 5 Sekunden dargebotene Mustervorlagen sind nachzulegen

7A *Recall* begrifflich assoziierbarer Muster: Figuren sollen nach kurzzeitiger Darbietung aus dem Gedächtnis nachgezeichnet werden

7B *Recall* nach Distractor: Die Muster von Untertest 7A sollen nach einer Ablenkungsaufgabe erneut reproduziert werden.

8 *Recall* bei semantischer Struktur: Freies Reproduzieren einer strukturierten Wortliste, der Oberbegriffe zugeordnet werden können

- Siehe zum BAT auch den Beitrag von *Metzler* in diesem Buch.

reproduziert werden können und der Patient zu erheblichen Interferenzen[6] beim Erinnern von Gedächtnismaterial neigt (Untertests 3B und 2). Letztes Ergebnis korrespondiert mit den vielen Falschnennungen bei der visuellen und auditiven Merkfähigkeitsprüfung im TME. Laut Handanweisung im BAT zeigt der Patient das Bild einer *Korsakow*-Psychose mit unauffälligen Gedächtnisleistungen bei figuralem Material und abnorm niedrigen Leistungen beim Erinnern von verbalem Gedächtnismaterial.

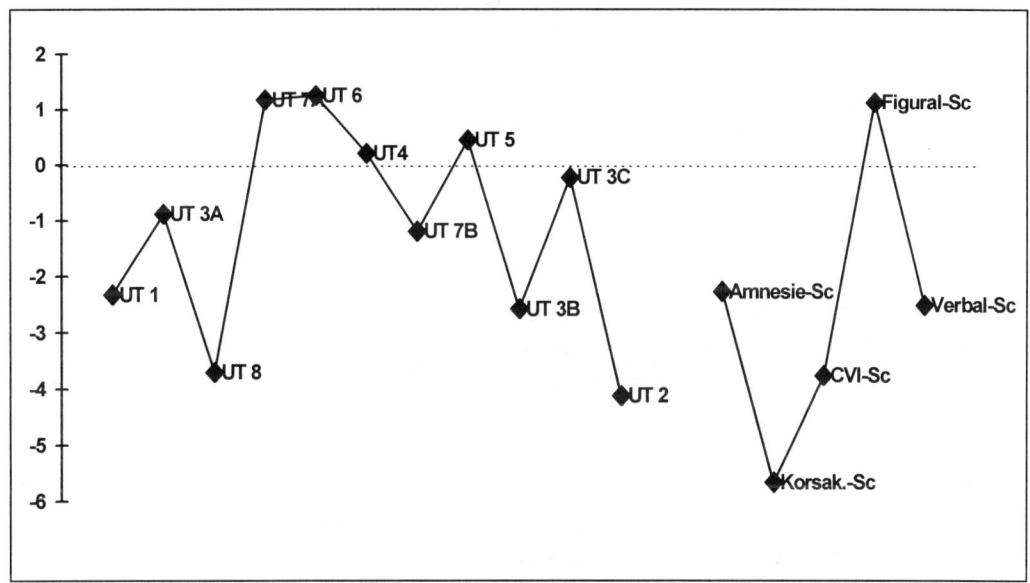

Abbildung 1: Ergebnisse im BAT (UT für Untertest, Sc für Score; CVI für *„cerebrovaskuläre Insuffizienz"*).

30 Wochen nach Erkrankungsbeginn wurde das *Aphasieprüfverfahren* (Frühauf, 1984) durchgeführt[7]. Insgesamt wurde kein pathologischer Befund ermittelt. Beim Reproduzieren einer einfachen Fabel *(„Die Biene und die Taube")* war auffällig, daß der Patient die gleichnishafte Symbolik der Geschichte zwar erfaßte, jedoch die Details der Handlung (auch nach Testwiederholung) nur in groben Zügen wiedergeben konnte. Er begründete dies, darauf angesprochen, mit seinem Denk- und Erfassungsstil, der darauf gerichtet sei, Gelesenes in das System der Erfahrungen zu integrieren und von Nebensächlichem zu abstrahieren.

---

[6] Überlagerung von Gedächtnisinhalten, die zu fehlerhaften Zuordnungen führen

[7] Das *Aphasieprüfverfahren* testet sensorische und motorische Sprachstörungen nach dem neuropsychologischen Untersuchungskonzept von *Luria*.

Im Namengedächtnis, geprüft mit Fotos aus seinem engen Familien- und Bekanntenkreis, fanden sich die markantesten „Ausfälle". Der Patient wies selbst darauf hin,
daß er nicht einmal die Familiennamen seiner zwei verheirateten Töchter bzw. der
Verlobten des Sohnes kenne. Auch die Namen der Enkel, die häufig bei ihm sind,
würde er verwechseln bzw. würden ihm immer wieder entfallen. Kollegennamen
konnten ebenfalls nicht reproduziert werden. Lediglich Namen von engen Freunden
aus seiner Studienzeit waren ihm noch geläufig.

Zusammenfassend weisen die psychologisch-diagnostischen Ergebnisse auf ein
ausgeprägtes hirnorganisches Psychosyndrom mit besonderen Beeinträchtigungen im
Bereich der Merkfähigkeit sowie erheblicher Interferenzneigung beim Merken von
verbalem Gedächtnismaterial hin. Der Patient hat einen hohen Leidensdruck und befindet sich in einer Selbstwertkrise.

5. Klinisch-psychologische Interventionen

Versuche des Patienten, ohne therapeutische Anleitung und Kontrolle durch Lesen,
Aufschreiben der Namen usw. das Gedächtnis zu trainieren, scheiterten an der Inkon-
sequenz in der Durchführung und Ungeduld bei der Erreichung selbst gesteckter Ziele.
Insuffizienzgefühle wurden durch Mißerfolge verstärkt und führten zu einem ausge-
prägten Vermeidungsverhalten. Der Patient bat daher um bessere Methoden eines Ge-
dächtnistrainings. Hierbei war er darauf bedacht, daß er bei der Überwindung seiner
Gedächtnisstörungen unterstützt wird, ohne durch „Therapiekonzepte", die seinem
Arbeitsstil nicht entsprechen, überfordert zu werden.

5.1. Behandlungsziele und Methoden

Dem kognitiven Training wurde das Konzept „Optimierung durch Selektion und
Kompensation" von Baltes und Baltes (1989) zugrunde gelegt:

Teil 1
- Unterstützung der beruflichen Rehabilitation unter Beachtung der aktuell einge-
  schränkten Belastbarkeit
- Systematisches Heranführen an Fachtexte durch Portionierung der Stoffeinheiten,
  Protokollierung der Zeitintervalle, die für wissenschaftliche Zwecke genutzt wer-
  den
- Einhalten eines Pausenregimes mit aktiven Erholungsphasen
- Selbst- und Fremdkontrolle der Gedächtnisqualität durch mündliches Wiedergeben
  des Gelesenen

Teil 2
- Verbesserung des Namengedächtnisses durch Fotos von Personen aus dem nahen Verwandtenkreis, dessen Namen der Patient für wichtig hielt
- Der Patient sollte die Namen in erlebnisbezogenen Zusammenhängen häufig gebrauchen, um den richtigen Zugriff von Namen in den entsprechenden Situationen zu verbessern
- Gleiches Vorgehen wurde zu einem späteren Zeitpunkt auch beim Einprägen von Namen aus dem Kollegenkreis angestrebt

Teil 3
   Verbesserung der Assoziationsstiftung im konkret-anschaulichen Bereich mittels „Hirnjogging" durch das Erlernen einer Mnemotechnik (Assoziationsmethode nach Loeser, 1974) - diese Methode entspricht gedächtnispsychologisch der „Methode der Orte", wie sie am Max-Planck-Institut für Bildungsforschung erfolgreich in Altersstudien durchgeführt wird (vgl. Kliegl, Smith, Heckhausen & Baltes, 1986). Die einzelnen Lernschritte waren:

- Assoziationsliste lernen
- Lernlisten entsprechend den Interessen des Patienten erstellen
- Bildliche, möglichst originelle Verknüpfung von Lern- und Assoziationsitems
- Anwendung der Assoziationsmethode bei Alltagsanforderungen

Das Training wurde zweimal wöchentlich in der Klinik über einen Zeitraum von sechs Monaten und täglich mehrmals als „Hausaufgabe" durchgeführt.

5.2. Verlauf

Mit dem Patienten wurde anfangs vereinbart, die Zeit, die er zu Hause zum Lesen und Verarbeiten von Fachtexten verwendete, zu protokollieren und über den Inhalt der Texte (Dissertationen, Diplomarbeiten) zusammenfassend zu berichten. Soweit für den Laien nachvollziehbar, wurde der jeweilige Inhalt verstanden und auch das Neuartige der Texte erfaßt und kritisch gewürdigt. Er fühlte sich beim mündlichen Wiedergeben der Inhalte sicher, war darüber erleichtert und nahm nach der sechsten Behandlungswoche Fachgespräche mit Kollegen auf, die er bis dahin gemieden hatte. In der Folgezeit wurde auf die Textreproduktion verzichtet, jedoch jeweils im Anfangsgespräch an den fachlichen Aktivitäten Anteil genommen und darauf geachtet, daß der Patient sich nicht überfordert. Hierdurch sollte vor allem der Zusammenhang zwischen dem Lerntraining und der angestrebten beruflichen Rehabilitation unterstrichen werden. Gegen Ende der Behandlung beschäftigte er sich engagiert an der Erarbeitung einer neuen Vorlesungskonzeption.
   Anhand der gesammelten Fotos sollte der Patient darüber berichten, mit welchen Personen er in den vergangenen Tagen Kontakt hatte, ihre Namen nennen und die Art

der Begegnung kurz schildern. Letzteres schien wichtig, damit die Namen nicht wie Vokabeln gelernt, sondern mit den jeweiligen Bedeutungsstrukturen verknüpft wurden. Bei schwierigen, aber wichtigen Namen wurden Gedächtnishilfen erarbeitet und der Patient aufgefordert, diese bewußt bei der Reproduktion anzuwenden. Zum Beispiel: eine Person, mit der er viel zusammen kam, hieß Weiland - charakteristisch für diese Person war, daß sie „die Ruhe weg hatte"; mit der Vorstellung: „gut Ding braucht eben Weile" konnte der Zugriff des Namens „Weiland" erleichtert werden. Obwohl die in Einzelfällen gemeinsam erarbeiteten Gedächtnishilfen ihre Wirkung nicht verfehlten, sträubte sich der Patient, von sich aus solche Methoden zum Einprägen neuer Namen anzuwenden. Sein internes Namensgedächtnis sei alphabetisch geordnet und würde hierdurch nicht unterstützt. Er vertraute beim Namenlernen mehr auf die Methode der steten Wiederholung, schaute sich täglich ein paar Fotos an, kontrollierte die Richtigkeit der reproduzierten Namen und konnte so im Verlaufe der Trainingswochen die wichtigsten (14) Familienmitglieder sicher mit Namen nennen. Um sich die Namen der Kollegen einzuprägen, setzte er zusätzlich zu den (wenigen) Fotos tabellarische Übersichten ein, aus denen die Funktionsbereiche mit den Kollegennamen ersichtlich waren. Auf den Vorschlag, neue Fotos herzustellen, ging er nicht ein. Vor den Kollegen war es ihm offensichtlich peinlich, seine Schwäche zuzugeben. Auch hier verbesserte er sein Repertoire im Laufe der Zeit auf 8 Kollegennamen, allerdings war der Zugriff zu den Kollegennamen häufig affektiv erschwert.

Der Patient akzeptierte die Einführung der Assoziationsmethode als „Hirnjogging" und war motivational gut auf die Übungsaufgaben einzustellen. Pro Konsultationstermin wurde jeweils nur eine Lernliste (9 Assoziationen) erarbeitet, die er bis zum nächsten Termin zu lernen hatte, was auch zuverlässig erfolgte. In den ersten Stunden bereitete es dem Patienten Schwierigkeiten, einzelne Lernwörter mit den Assoziationsbildern („Eselsbrücken") zu verknüpfen. Waren von ihm erst einmal Vorstellungsbilder gefunden, „saß" die Assoziation zuverlässig und konnte auch, nachdem bereits andere Lernlisten erarbeitet wurden, im richtigen Zusammenhang reproduziert werden. Mit Hilfe der Wiedererkennungsmethode wurde jeweils nach vier Konsultationen überprüft, ob auch diejenigen Assoziationen noch „fest" sind, welche in den vergangenen Konsultationen nicht mehr geübt worden waren. Dadurch sollte überprüft werden, ob die einzelnen Lernlisten miteinander konfundieren oder die internen Ordnungen beständig sind; letzteres traf in erstaunlichem Ausmaß zu. Der Versuch, die Lernlisten von 9 auf 12 und mehr zu erweitern, schlug fehl. Mit der Erarbeitung von 9 Assoziationspaaren pro Sitzung war das Leistungsvermögen des Patienten erschöpft. Da es nicht auf die Quantität, sondern auf die Stärkung des bildhaften Gedächtnisses und deren kompensatorische Nutzung zur Verbesserung der Gedächtnisleistung ankam, wurde die Lernliste also regelmäßig auf 9 begrenzt. Nachdem der Patient mit dem Prinzip der Assoziationsmethode vertraut war, wurde er aufgefordert, selbständig Wörter auszuwählen, um sie assoziativ zu verknüpfen. Dadurch sollte versucht werden, daß er sich dieser Methode beim Merken für ihn bedeutsamer Aufgaben selbst bedient und somit ein Transfer der Methode auf die Bewältigung von Alltagsanforderungen möglich wird. Er erstellte danach Einkaufszettel, einen Arbeitsplan sowie eine Liste „schwieriger Worte", bei denen gelegentlich Wortfindungsstörungen auftraten. Dem Patienten gelang es in den Konsultationen originelle Assoziationen zu stiften, hatte Spaß an komischen Verknüpfungen, kam aber der Aufforderung, auch zu Hause solche Assoziationen zu erarbeiten, nicht nach. Sein zweifellos bemerkenswerter Lerneifer beschränkte sich auf das Lernen der Listen. Obwohl er vor den Konsultationen oft unsicher war, ob er die Listen richtig behalten hat, wurden die als „Hausaufgabe" einzuprägenden Wörter zum nächsten Termin meist fehlerfrei reproduziert. Auf den Vorschlag, sich mit dieser Methode auch wichtige Zahlenfolgen (z.B. Telefonnummern) einzuprägen, ging der Patient nicht ein. Dafür habe er von jeher sein Notizbuch benutzt.

5.3. Kontrolluntersuchung nach Abschluß des Gedächtnistrainings

Zur Prüfung des Satzgedächtnisses und des mittelfristigen Behaltens gesprochener Sprache wurde das *Sätzenachsprechen* aus dem NAI (*Nürnberger-Alters-Inventar;* Oswald & Fleischmann, 1995)[8] durchgeführt. Dabei wurde ein normgerechter Testwert ermittelt, was nicht ausschließt, daß bei Ermüdung oder emotionaler Belastung unspezifische Sprachstörungen doch in Erscheinung treten - wie die Ehefrau berichtet hatte.

Die visuelle und auditive Merkfähigkeit wurde erneut mit dem TME geprüft: Die (durchschnittlichen) Testergebnisse für die visuelle Merkfähigkeit lagen unverändert bei $WP = 6.5$, die auditive Merkfähigkeit hatte sich auf $WP = 9$ verbessert; hierbei traten allerdings wiederum vermehrt Falschnennungen auf.

Das Gedächtnis für semantisch geordnete Wortgruppen wurde erneut mit dem BAT, Untertest 8 geprüft. Hierbei ergab sich keine Verbesserung zur Erstuntersuchung. Der Patient zeigte ein seinem verminderten Lernvermögen angepaßtes Vorgehen: Nach dem Erfassen der Struktur der Lernaufgabe nahm er von sich aus eine Reduktion der Itemmenge vor. Er wählte 12 von 20 Items aus und konnte davon bei 4 Falschnennungen 7 richtig reproduzieren. Bei der Testwiederholung wurden 16 von 20 Items gelernt und bei einer Falschnennung 14 richtig reproduziert. Eine Wiederholung des gesamten BAT war nicht zu vertreten, weil der Patient über sein Leistungsversagen sehr stark reflektierte und die Anforderungen als lebensfremd abwertete.

---

[8] Es handelt sich dabei um eine sich aus verschiedenen Leistungstests sowie Fragebogen zur Selbst- und Fremdbeurteilung zusammensetzende Testbatterie zur Diagnostik kognitiver und emotionaler Störungen bzw. Kompetenzeinbußen im Alter; zum großen Teil beruhen die Leistungstests auf Untertests des HAWIE sowie auf dem ZVT und *Benton-Test.* Die Normierung ist durch die letzte Auflage teilweise aktualisiert.

6. Katamnese

Zwei Jahre nach der Erkrankung kann über den Patienten folgendes gesagt werden: Er war nach der Erkrankung zwei Semester arbeitsunfähig und wurde danach unter Schonarbeitszeitbedingungen (4½ Stunden täglich) wieder in den Arbeitsprozeß integriert. Mit Eifer bereitete er sich auf die neu zu haltende Grundvorlesung vor. In den nur noch wöchentlich durchgeführten Konsultationen wurden Definitionen wichtiger Fachbegriffe rekapituliert und die funktionsbezogene Namensliste der wissenschaftlichen Mitarbeiter wiederholt. Er berichtete dabei über seine noch begrenzte Belastbarkeit. Nach dem Vormittag im Institut lege er sich zu Hause hin, könne gut entspannen und arbeite am Abend ca. zwei Stunden am Schreibtisch. Bei seinen Schilderungen wiederholte er sich jedoch sehr oft.

Nach Ablauf der ärztlich bescheinigten Schonarbeitszeit von drei Monaten habe er wieder ganztags im Institut gearbeitet, halte seine Entspannungspause am Mittag (10 Minuten Kurzschlaf) und am Abend ein, arbeite dann aber bis gegen 24.00 Uhr weiter. Im Familienverband werde sein schlechtes Gedächtnis, seine berufliche Überlastung und eine geringe gemeinsame Freizeitgestaltung beklagt. Lediglich einmal in der Woche gönne er sich einen freien Abend, an dem er in einer Seniorenmannschaft Fußball spiele. Sonst versuche er, durch ein erhöhtes Zeitvolumen seine Leistungsgrenzen im Erfassen neuer Texte, die er 3 Mal lesen müsse, auszugleichen (1 Mal orientierend, 1 Mal, um sie zu verstehen, und 1 Mal, um sie in den Fachbezug einzuordnen). Seine Vorlesung werde von den Studenten gut besucht. Der Aufwand, den er hierfür betreibe, sei jedoch sehr, eigentlich zu hoch. Auch habe er Angst, daß er wichtige Forschungsentscheidungen nicht umfassend genug übersehen könne und damit der Entwicklung des Faches schade. Besorgt sprach er sich über seine berufliche Perspektive am Institut aus und wirkte im Gespräch depressiv verstimmt.

Zusammenfassend muß eingeschätzt werden, daß durch das Gedächtnistraining die hirnorganische Leistungsminderung zwar nicht wesentlich verbessert werden konnte, aber ein angemessenerer Umgang mit den vorhandenen Beeinträchtigungen, nicht zuletzt auch eine Verbesserung internaler Kontrollüberzeugungen im Rahmen der beruflichen Rehabilitation erreicht wurde. Durch das Gedächtnistraining wurden Teilerfolge beim Einprägen von Namen und von wissenschaftlichen Texten erzielt. Hierbei wendete der Patient nach dem Training verstärkt bewährte Methoden, wie die systematische Wiederholung und Strukturierung des Gedächtnismaterials an, während die erlernte Assoziationsmethode als Mnemotechnik nicht in praxisrelevante Bereiche transferiert werden konnte. Zu Beginn des Trainings war der Therapieerfolg noch nicht abzuschätzen, obwohl sich bereits frühzeitig die Grenzen der Aufnahmekapazität des Patienten abzeichneten.

Um im Sinne des angestrebten Rehabilitationskonzeptes ein befriedigendes Ergebnis zu erzielen, muß eine Belastungsreduktion erfolgen. Die vom Patienten erfolgreich praktizierte Systematisierung des Lernstoffes trägt zwar zur Kompensation seiner

Gedächtnisstörung bei, reicht aber nicht aus, die erheblichen Leistungsdefizite auszugleichen. Um einem weiteren Leistungsversagen vorzubeugen, strebt der Patient selbst eine vorzeitige Ausgliederung aus dem regulären Studienbetrieb an, ohne die Verbindung zu seinem Institut voll aufzugeben. Durch die Aufrechterhaltung des Kontaktes zum Institut, zum Beispiel durch die Betreuung von Dissertationen, sieht er für sich günstige Möglichkeiten, wissenschaftlich aktiv zu bleiben und selbstgesteckte Arbeitsziele an sein reduziertes Leistungsvermögen anzupassen. Zur Stabilisierung seines Befindens ist eine vorzeitige Versetzung in den Ruhestand zu empfehlen.

Literatur

Baltes, P.B. & Baltes, M. (1989). Optimierung durch Selektion und Kompensation. Ein psychologisches Modell erfolgreichen Alterns. *Zeitschrift für Pädagogik, 35*, 85-105.

Frühauf, K. (1984). *Aphasieprüfverfahren.* Berlin: Psychodiagnostisches Zentrum.

Kliegl, R., Smith, J., Heckhausen, J. & Baltes, P. B. (1986). Ausbildung zum Gedächtniskünstler. Ein experimenteller Zugang zur Überprüfung von Theorien kognitiven Lernens und Alterns. *Unterrichtswissenschaft 14*, 29-39.

Loeser, F. (1974). *Gedächtnistraining.* Leipzig: Urania.

Metzler, P., Voshage, J. & Rösler, P. (1992). *Berliner Amnesietest (BAT).* Göttingen: Hogrefe.

Oswald, W.D. & Fleischmann, U. M. (1995). *Nürnberger- Alters-Inventar (NAI).* Göttingen: Hogrefe.

Roether, D. (1988). *Test zur Prüfung der Tempoleistung und Merkfähigkeit Erwachsener (TME).* Berlin: Psychodiagnostisches Zentrum.

24.

Beurteilung des beruflichen Rehabilitationserfolgs bei drohender Frühberentung - Herr E., 57 Jahre

Christiane Fügemann & Volker Rust

Das Rehabilitationsklinikum Brandis, Sachsen, ist eine Klinik, in der Hirnfunktionsstörungen behandelt werden, neurologische Syndrome, Stimm- und Sprechstörungen sowie psychosomatische und auch orthopädische Erkrankungen. Aus dem Leistungsspektrum ergibt sich bei zahlreichen Patienten die Notwendigkeit, neben medizinischer Diagnostik und Therapie auch psychologische Betrachtungsweisen zu nutzen, um dem jeweiligen Krankheitsbild gerecht zu werden. Die Klinik verfügt deshalb über eine *Psychologische Abteilung*, deren Mitarbeiter, Diplom-Psychologen, in Teamarbeit mit Ärzten bestimmte Fragestellungen bearbeiten und psychotherapeutische Maßnahmen vorschlagen. Bei Patienten mit Hirnleistungsstörungen erfolgt zum Beispiel zur Beurteilung ihrer Leistungsfähigkeit eine differenzierte Hirnleistungsdiagnostik, aus der sich erstens Hinweise für die Zuordnung zu Behandlungsmethoden im Haus sowie zweitens auch eine Einschätzung ihrer weiteren Leistungsfähigkeit unter Beachtung von Umstell- und Anpassungsfähigkeit ergeben. Ein weiterer Schwerpunkt der *Psychologischen Abteilung* ist das Erkennen psychischer und psychosomatischer Krankheiten. Hierbei wird Anamnesegespräch, Fragebogenmethodik und Verhaltensbeobachtung genutzt. In Abhängigkeit der diagnostischen Befunde sowie der somatischen Diagnosen werden für den Patienten weiterführende psychologische Therapien (z.B. Entspannungstherapien, Gruppengespräche, Einzelberatung und -therapie sowie Hirnleistungstrainings) angeboten. Wesentlich erscheint dabei auch, die Patienten für psychologische Behandlungsmethoden zu sensibilisieren und zu motivieren.

Herr E., 57 Jahre

1. Anlaß der Behandlung und Fragestellung

Herr E. wurde zu einer stationären Rehabilitationsmaßnahme von der Landesversicherungsanstalt Sachsen in unsere Klinik eingewiesen. Die Dauer der Behandlung war für 4 Wochen festgelegt; bei der Fragestellung ging es um die weitere berufliche Einsetzbarkeit als Gärtner, um eventuelle Einschränkungen seines Leistungsvermögens in bezug auf diesen, weiteren beruflichen Einsatz, um mögliche berufsfördernde bzw. berufsbegleitende Rehabilitationsmaßnahmen und um die Frage der weiteren fachärztlichen ambulanten Betreuung.

Einer solchen Einweisung liegt üblicherweise ein sogenanntes Hausarztgutachten bei, welches als ärztlicher Befundbericht vom Rentenversicherungsträger angefordert wird. Im gegebenen Fall geht dieses Gutachten nur auf Beschwerden der Hals- und Lendenwirbelsäule ein. In der Rangfolge als zweite Diagnose wird eine Arthrose des linken Kniegelenkes angegeben. Das Knie wird als Reizknie mit erheblicher Bewegungseinschränkung beschrieben. Tätigkeitsbedingter Belastungsfaktor ist die schwere körperliche Arbeit als Gärtner in einer Baumschule. Es wird also nur auf Beschwerden von seiten des Bewegungsapparates eingegangen. Alle anderen Organsysteme einschließlich des Nervensystems und der „Psyche" werden als „o.B." bezeichnet, zeigen also keinen pathologischen Befund. Die Betonung des Bewegungsapparates setzt sich bei der Anregung spezieller Maßnahmen in Form von Krankengymnastik, Bewegungs- und Sporttherapie und Rückenschule fort. Möglichkeiten, wie Entspannungstherapie, Psychotherapie, Hirnleistungstraining und anderes finden keine Beachtung.

2. Anamnese bei Aufnahme des Patienten

Für die Betreuung und Behandlung ist nun die Erfahrung von Bedeutung, daß sich bei Wirbelsäulenbeschwerden oft auch psychogene Fehlverarbeitungen entwickeln bzw. Patienten mit psychischen Störungen Wirbelsäulenbeschwerden häufig überbewerten. In diesem Fall war aufgrund der sozialen Anamnese (jahrzehntelange Tätigkeit als Gärtner) die Belastung der Wirbelsäule unbestritten und durch Röntgen- und klinische Befunde objektiviert. Ein Hinweis für eine psychische Störung gab es weder von seiten des Patienten, noch war einer aus den Unterlagen ersichtlich.

Auf einem sogenannten Selbstauskunftsbogen hat der Patient keinerlei gesundheitliche Probleme geschildert, die ihn gegenwärtig belasten. Ebenso nennt er keine aus dem beruflichen oder privaten Bereich bestehenden Umstände, die belastenden Einfluß haben können.

Anamnestisch werden von seiten der Familie keine schweren Erkrankungen angegeben; es gibt keinen Hinweis für eventuell abgelaufene Nervenerkrankungen. Der Patient selbst war nie ernstlich krank; seit Jahren besteht ein Lendenwirbelsäulenschmerz, zusätzlich in letzter Zeit deutliche Schmerzsymptomatik am linken Knie. Internistisch ist ein gering erhöhter Blutdruck bekannt; von seiten der vegetativen Anamnese werden eine Flasche Bier und 10 Zigaretten täglich angegeben. Die soziale Anamnese bietet keine Besonderheiten; der erlernte Beruf als Gärtner wurde ununterbrochen ausgeführt. Die jetzige Situation ist durch die Gefahr gekennzeichnet, daß aufgrund der zunehmenden körperlichen Beschwerden dieser Beruf vom Patienten nicht mehr ausgeführt werden kann.

Es erhebt sich demnach die Fragestellung einer möglichen beruflichen Veränderung, wobei die Umstellfähigkeit, besonders in psychischer Hinsicht und vom Intellekt her, zu prüfen ist.

3. Jetzige Beschwerden und Befunde

Bei der Angabe der derzeitigen Beschwerden steht wiederum der Lendenwirbelsäulenschmerz sowohl bei Belastung als auch unabhängig davon mit einer Ausstrahlung bis zum linken Unterschenkel im Vordergrund. Zusätzlich werden zweimal wöchentlich Kopfschmerzen im Stirnbereich - ohne Übelkeit - angegeben.

Der Patient wirkt vorgealtert und ist mit 104 kg bei 193 cm Körpergröße übergewichtig. Insgesamt ist der Aufnahmebefund unauffällig. Im psychischen Befund wird eine „leicht verwaschene Sprache" und eine „wahrscheinlich im Intelligenzbereich einfach strukturierte Persönlichkeit mit verlangsamter Auffassung" beschrieben. Weitere psychische Befunde bestehen nicht. Der Patient gibt auch bei nochmaligem Befragen keine diesbezüglichen Probleme an.

Aufgrund der übermittelten Vorbefunde und der bei Aufnahme erhobenen Anamnese und Befunde steht im Vordergrund der beginnenden Behandlung ein Programm für die Lendenwirbelsäule und für das linke Kniegelenk. Des weiteren ist eine Vorstellung beim Logopäden wegen der leicht verwaschenen Sprache vorgesehen und für die Einschätzung der weiteren Leistungsfähigkeit eine psychologische Diagnostik geplant.

4. Verlauf

Die ersten 5 Tage der stationären Behandlung gestalten sich für den Ablauf einer Rehabilitationsmaßnahme in üblicher Form. Der Patient geht seinen Therapien nach und von seiten der Therapeuten werden keine Auffälligkeiten geäußert. Am 6. Tag wird erstmals festgestellt, daß das psychische Verhalten des Patienten auffällig erscheint. Er fragte mehrmals, wann er die Klinik verlassen könne, ob er gesund sei und wann er wieder arbeiten gehen müsse; er äußerte Zweifel an seinen geistigen Fähigkeiten, versuchte sich aber weiterhin korrekt und unauffällig zu verhalten. Am nächsten Tag wurde fremdanamnestisch von der Tochter des Patienten in Erfahrung gebracht, daß er bereits vor einem Jahr eine depressive Phase durchgemacht habe. In der Familie seien - so auch die Angabe der Tochter - keine psychischen Erkrankungen bekannt. Kurz vor Antritt der Rehabilitationsmaßnahme wären die Reaktionen des Vaters wieder etwas von Nervosität gekennzeichnet gewesen und er habe die „Kur" eigentlich nicht antreten wollen. Eine zusätzliche Nachfrage bei dem damals behandelnden Neurologen ergab, daß der Patient im Jahr 1994 unter anderem auch wegen der Verdachtsdiagnose eines hirnorganischen Psychosyndroms in Behandlung stand.

Die Strategie der Behandlung wird daher in Richtung Diagnostik und Therapie des zunehmend psychiatrisch gefärbten Krankheitsbildes geändert.

Das nun sofort abgeleitete Hirnstrombild und die Kontrolluntersuchung ergaben unwesentliche Allgemeinveränderungen, die am ehesten mit einer zerebralen Durchblutungsstörung zusammenhängen. Ein Schädelcomputertomogramm erbrachte einen unauffälligen Befund, ohne Hinweis auf Blutung oder Raumforderung.

5. Psychologische Befundung

Bei der psychiatrischen Befunderhebung stand im Vordergrund eine ausgeprägte Gehemmtheit, die sowohl im Kontakt deutlich wurde, als auch in allen seelischen und motorischen Abläufen. Der Patient wirkt verlangsamt, manchmal fast schwerbesinnlich, ausgesprochen wortkarg und einsilbig. Das Denken erscheint inhaltlich verarmt; stereotyp werden Zukunftsängste geäußert: „Werde ich wieder gesund, kann ich wieder nach Hause?" Außerdem wird im Erlebnisinhalt ein allgemeines Gefühl der Bedrücktheit deutlich, vor allem im körperlichen Bereich im Sinn einer vitalen Depression[1]. Auffällig ist auch die Hypomimie[2] und Hypokinese[3]. Es handelt sich am ehesten um eine mittelschwere depressive Episode, wobei die Ursache nicht klar ist. Unter Beachtung der Vorgeschichte könnte es sich um die 2. Phase einer endogenen Depression handeln, jedoch müßte dazu ein depressives Durchgangssyndrom[4] ausgeschlossen werden.

Die nächsten Tage verliefen wieder unauffälliger. Es wurde mit der psychologischen Zusatzuntersuchung bzw. der entsprechenden Leistungsdiagnostik begonnen. Klinisch trat inzwischen zeitweilig eine leichte Verwirrtheit auf und der Patient geriet zunehmend in eine depressive Verstimmungsphase.

Die psychologische Diagnostik war besonders im Hinblick auf die aktuelle Behandlung des Krankheitsbildes wichtig; gleichzeitig mußte die weitere Beurteilung des Patienten in bezug auf seine Leistungsfähigkeit neu diskutiert werden. Weitere wichtige Gründe für die Einschaltung des Psychologen waren die Diskrepanzen innerhalb der Anamnese des Patienten (er selbst hatte eine frühere nervenärztliche Behandlung nicht angegeben), die Absicherung der klinischen Befunde und die Abstimmung zum psychiatrischen Befund. - Bei der wechselnden Ausprägung des sich zunehmend entwickelnden psychopathologischen Befundes des Patienten war also die gegenseitige Konsultation von Arzt und Psychologen dringend erforderlich.

---

[1] Depression, in deren Vordergrund die Störung der vegetativen Funktionen und des Vitalgefühls (Erleben des Körpers als Ganzheit) steht
[2] verminderte Mimik
[3] verminderte Beweglichkeit
[4] akut organische depressive Psychose ohne grobe Bewußtseinstrübung

Die bei dem Patienten angewandte psychologische Testbatterie bestand aus: MWT-B (*Mehrfach-Wortschatz-Wahltest;* Lehrl, 1977)[5], ZVT, *Test d2, Benton-Test* (Benton Sivan & Spreen, 1996)[6], *Lerntest nach Luria*[7] sowie BAT (*Berliner Amnesietest;* Metzler, Voshage & Rösler, 1992)[8]. Es ergaben sich folgende Befunde:

- Laut MWT-B ist die allgemeine verbal-orientierte, „kristalline" Intelligenz knapp durchschnittlich (*IQ* = 86), d.h., es ist gegebenenfalls auch prämorbid von einer durchschnittlichen Intelligenz auszugehen.

- Dagegen ist nach dem Ergebnis im ZVT (*T* = 34) die Informationsverarbeitungsgeschwindigkeit und die allgemeine psychomotorische Geschwindigkeit des Patienten mittelgradig eingeschränkt. Da von diesen Fähigkeiten angenommen wird, daß sie Abbauerscheinungen unterliegen, spricht das Ergebnis für eine Hirnfunktionsstörung.

- Die mittels *Test d2* gemessene Konzentrationsfähigkeit (visueller Diskriminationsanforderung unter Zeitdruck) ist insgesamt (laut Konzentrationsleistungswert; KL) mittelgradig eingeschränkt (PR = 15), und zwar bei eingeschränkter Mengen- (GZ; PR = 16) und normgerechter Sorgfaltsleistung (GZ-F; PR = 35). Es besteht die Tendenz zum Leistungsabfall gegen Testende hinsichtlich der Leistungsgüte. Die kurzzeitige konzentrative Leistungsfähigkeit, die eine Vorfeldfunktion der Intelligenz darstellt, ist also im Vergleich zur Norm beim Patienten reduziert.

- Die visuelle Merkfähigkeit liegt gemäß *Benton-Test* in bezug auf die Fehlerzahl deutlich unter dem erwarteten Niveau (14 Fehler bei 8 erwarteten Fehlern).

---

[5] Der MWT-B ist im wesentlichen ein Vorläufer des mittlerweile bekannteren WST. Als solcher vermag er im Sinne der Intelligenztheorie von *Cattell* die „kristalline" Intelligenz zu messen, zu der vor allem die sprachlichen Fähigkeiten eines Menschen zählen; diese wiederum sind weitgehend altersunabhängig und unterliegen kaum einem degenerativen Geschehen, so daß der MWT-B (wie der WST) herkömmlich als Indikator für die prämorbide Intelligenz gilt.

[6] Traditionell wird dieser Test in der sog. „Hirnschadensdiagnostik" angewendet. Es wird angenommen, daß die damit geprüfte Gestalterfassung bzw. -reproduktion visueller Stimuli sehr sensibel zur Entdeckung von Hirnschädigungen ist. Grundsätzlich geht es also um die kurzfristige visuelle Merkfähigkeit und Gestalterfassung als Vorfeldfunktionen der Intelligenz.

[7] Bei diesem unpublizierten Verfahren in Anlehnung an *Luria* (s. dazu Wolfram, Neumann & Wieczorek, 1989) geht es um die Erfassung der kurzzeitigen verbalen Merkfähigkeit, und zwar von akustisch vorgegeben (10) Wörtern, sowie um die Lernfähigkeit infolge von Testwiederholungen. Es besteht die Annahme, daß die Lernfähigkeit sensibel ist zur Entdeckung von Hirnschädigungen und somit eine (weitere) Vorfeldfunktion der Intelligenz angesprochen werden kann.

[8] Die Zusammenstellung von Untertests zum BAT umfaßt Gedächtnis- und Lernaufgaben für verschiedene Materialien und Abrufbedingungen unter Berücksichtigung spezifischer Merkmale von Amnesien bei verschiedenen Erkrankungsgruppen (u.a. auch *Korsakow*-Syndrom); zu diesen Merkmalen zählen: Freier Abruf ist gestörter als das Wiedererkennen; Kurzzeitgedächtnisspanne erscheint weitgehend erhalten, Übertragung in Langzeitspeicher erschwert; erhöhte proaktive Interferenz (Verwechslung inhaltlich verknüpfter Gedächtnisinhalte); erhaltener Fertigkeitserwerb; Defizite in der spontanen Anwendung effektiver Kodierungsstrategien. - Siehe zum BAT auch den Beitrag von *Metzler* in diesem Buch.

– Im *Lerntest nach Luria* ergab sich, daß die verbal-akustische Merkfähigkeit des Patienten in Relation zur Altersnorm im durchschnittlichen ($C = 6$) und in bezug auf das intellektuelle Niveau im überdurchschnittlichen Bereich ($C = 8$) liegt; die Lernfähigkeit für verbal-akustisches Material ist extrem eingeschränkt ($C = 0$).

– Laut BAT besteht eine anterograde Amnesie[9], die am ehesten einem *Korsakow*-Syndrom bzw. einer Demenz vom *Alzheimer*-Typ zuzuordnen ist (vgl. Abb. 1). Sehr deutlich konnte die nachlassende Leistungsfähigkeit über die Zeit hinweg beobachtet werden.

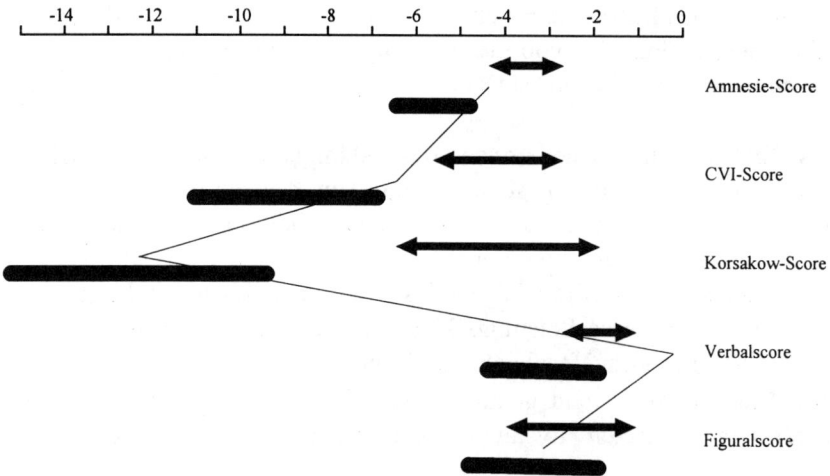

Abbildung 1: Die Ergebnisse im BAT in *z*-Werten. Zum Vergleich sind für die Stichprobe von *Korsawkow*-Patienten (dicke abgerundete Linie) und die Stichprobe von Patienten mit CVI („*cerebrovaskuläre Insuffizienz*"; dünne Linie mit Pfeilen) aus der Erhebung der Testautoren die Intervalle plus/minus eine Standardabweichung um den Mittelwert pro Score eingezeichnet.

Der psychologische Befund erbrachte in seiner Zusammenfassung folgendes Bild: Die anfänglich sehr auf die Beurteilung körperlicher Defizite gerichtete Einschätzung des weiteren Leistungsvermögens erhält durch die nun im Vordergrund stehende psychische Dekompensation[10] eine neue Dimension.

Herr E. wirkt im psychologischen Kontakt bewußtseinsklar und voll orientiert. Er erscheint zurückhaltend und gehemmt. Seine Stimmung ist depressiv, er wirkt im Antrieb vermindert und erscheint innerlich unruhig sowie angespannt. Auffallend sind starke Insuffizienzgefühle und eine Einschränkung des Denkens auf eventuelle Mißer-

---

[9] Störung bei Bildung und Abruf neuer Gedächtnisinhalte
[10] Manifestwerden einer latent vorhandenen psychischen Erkrankung

folge sowie auf sein Unvermögen, Leistungen nicht erbringen zu können. Dem gegenüber steht ein großes Bemühen, gute Ergebnisse während der psychologischen Leistungsdiagnostik zu liefern.

Er ist den Aufgabenstellungen sehr verhaftet und nicht in der Lage, sich zu freuen. Die Leistungen lassen im Verlauf erheblich nach. Der Patient erscheint wenig belastbar. Seine intellektuelle Befähigung ist als knapp durchschnittlich einzuschätzen. Es bestehen Einschränkungen der kognitiven und psychomotorischen Geschwindigkeit sowie der Konzentrationsfähigkeit. Weiterhin eingeschränkt erscheinen die Gedächtnis- und Lernleistungen für verschiedene Material- und Abrufbedingungen; allerdings werden einfache Anforderungen nur leicht eingeschränkt bis normgerecht erbracht und lediglich komplexere Anforderungen können kaum bewältigt werden.

Die Befunde weisen auf eine hirnorganisch bedingte Einschränkung der kognitiven Leistungsfähigkeit hin, wobei das Leistungsprofil des BAT am ehesten dem *Korsakow*-Syndrom bzw. der Demenz vom *Alzheimer* Typ entspricht.

6. Abschluß der Behandlung

Inzwischen hatte sich das klinische Bild in eine schwere depressive Phase mit paranoider Komponente entwickelt. Es bestand, obwohl vom Patienten selbst verneint, zeitweilig akute Suizidgefahr. Psychisch waren besonders Angstzustände und „Verarmungsgedanken" im Vordergrund; der Patient wirkte unruhig, getrieben und teilweise mißtrauisch. Nach entsprechender medikamentöser Einstellung einschließlich Infusionsbehandlung und psychotherapeutischer Krisenintervention normalisierte sich der Zustand.

Ergänzend zu den Befunden war aber noch folgendes zu beobachten: Im Gehirntraining erscheint der Patient verlangsamt und besonders unter Leidensdruck stehend; beim räumlichen Sehen bestehen eindeutig Defizite; der Patient ist äußerst bemüht, Defizite, die er selbst erkennt, nicht wirksam werden zu lassen, kommt aber dabei in sehr hohe Belastungssituationen. Bei den logopädischen Übungen wirkte der Patient selbstunsicher und mutlos; trotz Verlangsamung erfüllte er aber die in der Logopädie gestellten Aufgaben korrekt und gewissenhaft.

Insgesamt dauerte die Behandlung 24 Tage; danach konnte der Patient nach Hause entlassen werden.

7. Diskussion

Da im Vordergrund zunächst die körperliche Symptomatik stand, trat die psychische Dekompensation für die Umgebung plötzlich ein; unter Beachtung der sich ergebenden anamnestischen Hinweise hatten jedoch Zeichen einer depressiven Verstimmung mit paranoiden Zügen bereits zuvor bestanden.

Der mit Eintritt der akuten psychiatrisch-psychotherapeutischen Behandlungsbedürftigkeit erstellte psychische Befund durch den Psychiater spiegelte eine ausgeprägte Gehemmtheit, Schwerbesinnlichkeit und Bedrücktheit wieder: Der Patient litt unter einem schweren depressiven Gefühl mit vitaler Gefährdung.

Daraus erwuchsen drei Konsequenzen des weiteren Vorgehens:

- Eine medikamentöse antidepressive Einstellung zur Linderung des Leidensdruckes des Patienten und zur Abwendung der suizidalen Gefährdung erfolgte sofort, wobei eine Verlegung in eine psychiatrische Akutklinik ebenfalls erwogen wurde. Letzteres hätte aber eine Traumatisierung des Patienten mit sich gebracht; er selbst war damit nicht einverstanden.
- Die exakte differentialdiagnostische Abklärung (Elektroenzephalogramm, Computertomogramm) erbrachte keine organische Erkrankung im Gehirnbereich, die zu einer akuten therapeutischen Konsequenz geführt hätte. Das weitere Vorgehen war deshalb von der dritten Konsequenz gekennzeichnet, das war eine exakte psychologische Diagnostik sowohl durch eine Testbatterie als auch durch eine Gesprächsstrategie zur bausteinhaften Gesamteinschätzung des Patienten in bezug auf seine Behandlungsbedürftigkeit bzw. auf sein weiteres Leistungsvermögen.
- Die psychologische Diagnostik erbrachte eine deutlich verminderte Belastbarkeit bei Dauerleistung, die Einschränkungen der kognitiven und psychomotorischen Geschwindigkeit sowie der Konzentrationsfähigkeit und die nicht mehr mögliche Bewältigung komplexer Anforderungen.

Die psychologischen Befunde haben für die Einschätzung des Leistungsvermögens und somit für die sozialmedizinische Beurteilung wesentliche Bedeutung. Der psychiatrische Befund liegt in seiner Tragweite mehr auf dem Gebiet der weiteren medizinischen Betreuung, hat aber das Bild der rein körperlich geprägten Beschwerden richtungsweisend verändert. Dennoch müssen letztere in der Gesamteinschätzung Beachtung finden.

8. Beurteilung

Im Rahmen einer Rehabilitationsmaßnahme sollte geklärt und durch entsprechende Befunde unterlegt werden, wie sich der weitere berufliche Einsatz des 57jährigen Herrn E. und die begleitende fachärztliche ambulante Betreuung gestalten sollte. Dabei standen die körperlichen Beschwerden des Patienten von seiten des Bewegungsapparates völlig im Vordergrund. Bei einer Einschätzung der Leistungsfähigkeit auf dieser Grundlage ging es um berufsfördernde bzw. berufsbegleitende Rehabilitationsmaßnahmen.

Aufgrund der psychologischen Diagnostik kam es zur Feststellung erheblicher Defizite im intellektuellen Bereich, die eine Umstellfähigkeit aus sozialmedizinischer Sicht ausschließen. D.h., bei der bisher sehr einseitig geprägten beruflichen Tätigkeit ist eine berufliche Veränderung mit teilweise höheren Anforderungen an das intellektuelle und psychische Leistungsvermögen ausgeschlossen. Aufgrund der aber eindeutig vorhandenen körperlichen Beschwerden kommt es zunehmend zu Problemen bei Ausübung des erlernten Berufes. Nicht unerwähnt sollte dabei bleiben, daß auch steigende Anforderungen im erlernten Beruf sowohl von seiten der „Psyche" als auch der „Physis" nicht verkraftet werden würden.

Das Hauptanliegen des Kostenträgers, durch eine Rehabilitation eine Frühberentung vor Eintritt der Altersruhe zu vermeiden, konnte nicht erreicht werden. Obwohl der Patient selbst, glaubhaft, keinerlei Wunsch nach Berentung geäußert hat, kann es trotz Abklingens der akuten psychischen Dekompensation in nächster Zeit zu deutlichen Einschränkungen des Leistungsvermögens kommen. Anstatt einer Rehabilitation ist eine Berentung wegen des *Korsakow*-Syndroms vonnöten.

Literatur

Benton Sivan, A. & Spreen, O. (1996). *Benton-Test.* Bern: Huber.

Lehrl, S. (1977). *Mehrfach-Wortschatz-Wahltest (MWT-B).* Erlangen: Verlag Straube.

Metzler, P., Voshage, J. & Rösler, P. (1992). *Berliner Amnesietest (BAT).* Göttingen: Hogrefe.

Wolfram, H., Neumann, J. & Wieczorek, V. (1989). *Psychologische Leistungstests in der Neurologie und Psychiatrie.* Leipzig: Thieme.

Adressenverzeichnis der Autoren

Dr. Klaus Althoff
Diplom-Psychologe
Deutsche Gesellschaft für Personalwesen e.V., Stammestraße 40 D, D-30459 Hannover

Dr. Wolfgang Beiglböck
Gesundheitspsychologe, Klinischer Psychologe; Psychotherapeut
Anton-Proksch-Institut, Stiftung Genesungsheim Kalksburg, Mackgasse 7-11, A-1237 Wien

Univ.-Prof. Dr. Dr. Jürgen Bengel
Diplom-Psychologe; Klinischer Psychologe; Psychotherapeut; Arzt
Abteilung Rehabiliationspsychologie, Psychologisches Institut der Universität Freiburg, D-79085 Freiburg

Dr. Birgit Bukasa
Gesundheitspsychologin, Klinische Psychologin
Institut für Verkehrspsychologie, Kuratorium für Verkehrssicherheit, Ölzeltgasse 3, A-1031 Wien

Dr. Michael W. Bzufka
Diplom-Psychologe; Klinischer Psychologe
Universitätsklinik und Poliklinik für Psychiatrie des Kindes- und Jugendalters, Universitätsklinikum Charité der Humboldt-Universität zu Berlin, Schumannstraße 20-21, D-10098 Berlin

Mag. Mag. Dr. Rainer Christ
Gesundheitspsychologe, Klinischer Psychologe; Soziologe
Institut für Verkehrspsychologie, Kuratorium für Verkehrssicherheit, Ölzeltgasse 3, A-1031 Wien

Dr. Klaus-Peter Dahle
Diplom-Psychologe; Klinischer Psychologe; Psychotherapeut
Institut für Forensische Psychiatrie, Universitätsklinikum Benjamin Franklin, Freie Universität Berlin, Limonenstr. 27, D-12203 Berlin

Univ.-Prof. Dr. Günther Deegener
Diplom-Psychologe; Klinischer Psychologe
Abteilung für Kinder und Jugendliche der Universitäts-Nervenklinik/Psychiatrie und Psychotherapie, D-66421 Homburg/Saar

Dr. Pia Deimann
Gesundheitspsychologin, Klinische Psychologin; Psychotherapeutin
Abteilung für Entwicklungspsychologie und Pädagogische Psychologie, Institut für Psychologie der Universität Wien, Liebiggasse 5, A-1010 Wien

Dr. Hans Dietze
Diplom-Psychologe
Bezirkskrankenhaus Straubing, Forensisch-psychiatrische Klinik, Lerchenhaid 32, D-94315 Straubing

Dr. Andreas W. Fischer
Diplom-Psychologe
Sterngasse 14, A-2483 Ebreichsdorf

Christiane Fügemann
Diplom-Psychologin
Rehabilitationsklinikum Brandis, Am Kohlenberg, D-04821 Brandis

Mag. Astrid Görtz
Gesundheitspsychologin, Klinische Psychologin
Pädagogisch-Psychologisches Zentrum, Wienerstraße 18, A-2340 Mödling

Dr. Carmen Hagemeister
Diplom-Psychologin
Institut für Psychologie II der Technischen Universität Dresden, Mommsenstraße 13, D-01062 Dresden

Dr. Reinhard Hilke
Diplom-Psychologe
Hauptstelle der Bundesanstalt für Arbeit, D-90327 Nürnberg

Dr. Karla Hofmann
Diplom-Psychologin
Institut für Rehabilitationswissenschaften der Humboldt-Universität zu Berlin, Sitz Georgenstraße 36, Unter den Linden 6, D-10099 Berlin

Henning Hustedt
Diplom-Psychologe
Hauptstelle der Bundesanstalt für Arbeit, D-90327 Nürnberg

Dr. Michael Hutter
Gesundheitspsychologe, Klinischer Psychologe
Institut für Verkehrspsychologie, Kuratorium für Verkehrssicherheit, Ölzeltgasse 3, A-1031 Wien

Dr. Ursula Kastner-Koller
Gesundheitspsychologin, Klinische Psychologin; Psychotherapeutin
Abteilung für Entwicklungspsychologie und Pädagogische Psychologie, Institut für Psychologie der Universität Wien, Liebiggasse 5, A-1010 Wien

Dr. Adam Kormann
Diplom-Psychologe
Staatliche Schulberatungsstelle für Niederbayern, Jürgen-Schumann-Straße 20, D-84034 Landshut

Dr. Andreas Krafack
Gesundheitspsychologe, Klinischer Psychologe; Psychotherapeut
Psychologische und Psychiatrisch-Neurologische Begutachtungsstelle der Wiener Magistratsabteilung 15/ Gesundheitswesen, Neutorgasse 18, A-1010 Wien

Rolf Kramer
Diplom-Psychologe; Klinischer Psychologe
Rehabilitationsklinik Wehrawald der BfA, D-79682 Todtmoos

Univ.-Prof. Dr. Mag. Klaus Kubinger
Gesundheitspsychologe, Klinischer Psychologe; Psychotherapeut; Statistiker
Institut für Psychologie der Universität Wien, Liebiggasse 5, A-1010 Wien

Bern Meinardus
Diplom-Psychologe
Personalstammamt der Bundeswehr - Offizierbewerberprüfzentrale, Kölnerstraße 262, D-51140 Köln

PD Dr. Peter Metzler
Diplom-Psychologe
Bereich Klinische Neuropsychologie am Wilhelm Griesinger Krankenhaus Berlin, Brebacher Weg 15, D-12683 Berlin

Univ.-Prof. Dr. Klaus-Jürgen Neumärker
Facharzt für Neurologie und Psychiatrie, Facharzt für Kinder- und Jugendpsychiatrie
Universitätsklinik und Poliklinik für Psychiatrie des Kindes- und Jugendalters, Universitätsklinikum Charité der Humboldt-Universität zu Berlin, Schumannstraße 20-21, D-10098 Berlin

Dr. Jörg Reichert
Diplom-Psychologin
Institut für Rehabilitationswissenschaften der Humboldt-Universität zu Berlin, Sitz Georgenstraße 36, Unter den Linden 6, D-10099 Berlin

Univ.-Prof. Dr. Dorothea Roether
Diplom-Psychologin; Klinische Psychologin
Institut für Medizinische Psychologie am Zentrum für Nervenheilkunde der Universität Rostock, Gehlsheimer Straße 20, D-18147 Rostock

Dr. Volker Rust
Facharzt für Neurologie und Psychiatrie
Rehabilitationsklinikum Brandis, Am Kohlenberg, D-04821 Brandis

Univ.-Prof. Dr. Helfried Teichmann
Diplom-Psychologe; Klinischer Psychologe
Institut für Rehabilitationswissenschaften der Humboldt-Universität zu Berlin, Sitz Georgenstraße 36, Unter den Linden 6, D-10099 Berlin

Univ.-Prof. Dr. Uwe Schaarschmidt
Diplom-Psychologe; Klinischer Psychologe
Institut für Psychologie, Universität Potsdam, Lehrstuhl für Persönlichkeits- und Differentielle Psychologie, Universitätskomplex II, Karl-Liebknecht-Straße 24-25, D-14469 Potsdam

Dr. Aiga Stapf
Diplom-Psychologin
Psychologisches Institut, Universität Tübingen, Friedrichstraße 21, D-72072 Tübingen

Univ.-Prof. Dr. Karl Westhoff
Diplom-Psychologe
Institut für Psychologie II der Technischen Universität Dresden, Mommsenstraße 13, D-01062 Dresden

Univ.-Prof. Dr. Heinrich Wottawa
Psychologe
Fakultät für Psychologie, Ruhr-Universität Bochum, Lehrstuhl für Psychologische Methodenlehre, Diagnostik und Evaluation, D-44780 Bochum

Testverzeichnis[*]

---

[*] Aufgenommen sind nur diejenigen Verfahren, welche verlagsmäßig vertrieben werden und daher leicht zugänglich sind.

Kieler Einschulungsverfahren
59, 60, 61
Fröse, S., Mölders, R. & W. Wallrodt (1986). *Das Kieler Einschulungsverfahren.* Weinheim: Beltz Test.

KVT   **125, 127, 129, 223, 226**
Abels, D. (1954). *Konzentrations-Verlaufs-Test (KVT).* Göttingen: Hogrefe.

LPS   **223, 225, 226**
Horn, W. (1962). *Leistungs-Prüf-System (LPS).* Göttingen: Hogrefe.

MSI   **167, 169, 170**
Deegener, G. (1996). *Multiphasic Sex Inventory (MSI). Fragebogen zur Erfassung psychosexueller Merkmale bei Sexualtätern.* Göttingen: Hogrefe.

MWT-B **317**
Lehrl, S. (1977). *Mehrfach-Wortschatz-Wahltest (MWT-B).* Erlangen: Verlag Straube.

NAI   **309**
Oswald, W.D. & Fleischmann, U. M. (1995). *Nürnberger- Alters-Inventar (NAI).* Göttingen: Hogrefe.

Paardiagnostik mit dem Gießen-Test
253, 259, 260, 261, 262
Brähler, E. & Brähler, C. (Hrsg.) (1993). *Paardiagnostik mit dem Gießen-Test.* Bern: Huber.

PFK 9-14
171
Seitz, W. & Rausche, A. (1992). *Persönlichkeitsfragebogen für Kinder zwischen 9 und 14 Jahren (PFK 9-14).* Göttingen: Hogrefe.

Problemfragebogen für 11- bis 14jährige
171
Westhoff, K., Geusen-Asenbaum, C., Leutner, D. & Schmidt, M. (1981). *Problemfragebogen für 11- bis 14jährige (PF 11-14).* Göttingen: Hogrefe.

Reaktionszeitanalyse
225
Pfeifer, T. (1997, in Vorb.). *Reaktionszeitanalyse.* Mödling: Dr.G.Schuhfried GmbH.

SAM   **295, 296, 297**
Filipp, S.H. & Freudenberg, E. (1989*). Der Fragebogen zur Erfassung dispositionaler Selbstaufmerksamkeit (SAM).* Göttingen: Hogrefe.

Scenotest
81, 86
Staabs, v.G. (1992). *Der Scenotest.* Bern: Huber.

Signal Detection
243, 244
Ohne Autor (1986). *Signal Detection.* Software und Manual. Mödling: Dr.G. Schuhfried GmbH.

SPM **39, 41, 42, 94, 96, 125, 127, 132, 243, 244**
Kratzmeier, H. & Horn, R. (1988). *Standard Progressive Matrices (SPM)*. Weinheim: Beltz.

SVF **200**
Janke, W., Erdmann, G. & Kallus, W. (1985). *Streßverarbeitungsfragebogen (SVF)*. Göttingen: Hogrefe.

TAT **278, 273**
Revers, W.J. (1973). *Der Thematische Apperzeptionstest (TAT)*. Bern: Huber.

TME **303, 305, 309**
Roether, D. (1988). *Test zur Prüfung der Tempoleistung und Merkfähigkeit Erwachsener (TME)*. Berlin: Psychodiagnostisches Zentrum.

Token Test
73, 75, 77
De Renzi, E. & Vignolo, L.A. (1982). *Token Test*. Weinheim: Beltz.

TPF **167, 168, 295, 296, 297**
Becker, P. (1989). *Der Trierer Persönlichkeitsfragebogen (TPF)*. Göttingen: Hogrefe.

TSK **295, 296, 297**
Klauer, T. & Filipp, S.H. (1993). *Trierer Skalen zur Krankheitsverarbeitung (TSK)*. Göttingen: Hogrefe.

Verzauberte Familie
81, 86
Kos, M. & Biermann, G. (1973). *Die verzauberte Familie*. München: Reinhardt.

WET **31, 32**
Kastner-Koller, U. & Deimann, P. (in Druck). *Der Wiener Entwicklungstest (WET)*. Göttingen: Hogrefe.

Wiener Determinationsgerät
71, 76, 243, 244, 245
Ohne Autor (1986). *Wiener Determinationsgerät*. Software und Manual. Mödling: Dr.G. Schuhfried GmbH.

WIP **278, 280**
Dahl, G. (1986). *Reduzierter-Wechsler-Intelligenztest (WIP)*. Königstein/Ts.: Hain.

WIT **137, 141**
Jäger, A.O. & Althoff, K. (1983). *Der WILDE-Intelligenz-Test (WIT)*. Göttingen: Hogrefe.

WST **223, 226, 234, 236**
Schmidt, K.H. & Metzler, P. (1992). *Wortschatztest (WST)*. Weinheim: Beltz.

ZVT **197, 317**
Oswald, W.D. & Roth, E. (1987). *Der Zahlen-Verbindungs-Test (ZVT)*. Göttingen: Hogrefe.

Einführung in die Psychologische Diagnostik

Ein verständlich geschriebenes Lehrbuch, das sich am Aufbau einer Lehrveranstaltung orientiert. Es beruht auf der 10jährigen Erfahrung des Autors als Dozent von Einführungsveranstaltungen zum Thema und kann daher viele Verständnisprobleme und Diskussionsthemen seitens der Studierenden berücksichtigen. Die Inhalte decken den Umfang einer solchen Vorlesung samt Übungen ab. Das Buch ist kurz und prägnant abgefaßt, es verzichtet auf weit ausholende historische Betrachtungen, um der Zielsetzung besser gerecht zu werden, dem Leser entweder als unmittelbare Anleitung für die Praxis oder zur Information über alle praktischen Probleme der Psychologischen Diagnostik zu dienen.

Neben den Beschreibungen zahlreicher, heute bedeutender Verfahren („Tests") umfaßt das Buch Betrachtungen, wonach diese zu bewerten sind bzw. welche inhaltliche Bedeutung sie haben. Das Buch versucht, eine wissenschaftlich fundierte und inhaltlich reiflich überlegte Diagnostik nahe-zubringen. Fallbeispiele illustrieren dies. Neuen Trends in der Psychologischen Diagnostik wie der Computerdiagnostik und den sog. „Objektiven Persönlichkeitstests" wird breiter Raum geschenkt.

Klaus D. Kubinger
Einführung in die Psychologische Diagnostik
2., korrigierte Auflage 1996.
348 Seiten. Gebunden.
ISBN 3-621-27259-3

Kubinger
Einführung
in die
psychologische
Diagnostik

BELTZ
PsychologieVerlagsUnion

BELTZ
PsychologieVerlagsUnion